ロシアの対日政策 上

帝政ロシアから
ソ連崩壊まで

斎藤元秀

慶應義塾大学出版会

ロシアの対日政策（上）――帝政ロシアからソ連崩壊まで

目次

目次〔上　帝政ロシアからソ連崩壊まで〕

第3章　アジアの冷戦とスターリンの対日政策　127

第4章　フルシチョフの日ソ国交正常化政策と権力闘争　159

連邦全図

北極海
レナ川
ロシア連邦共和国
バイカル湖
イルクーツク
オホーツク海
カムチャツカ半島
ベーリング海
サハリン
(樺太)
ペトロパヴロフスク・
カムチャツキー
ハバロフスク
ウランバートル
モンゴル人民共和国
ナホトカ
ウラジオストク
朝鮮民主主義
人民共和国
日本海
山東半島
大韓民国
太平洋
人民共和国
黄海
日本
ブータン
バングラデシュ
東シナ海
ミャンマー
尖閣諸島

基に作成

（出典）外務省欧亜局ソヴィエト連邦課編『ソヴィエト社会主義共和国連邦』日本国際問題研究所、1983年を

序章　ロシア対日政策の分析視角――重層的アプローチをめざして

一九九一年一二月、ソ連が崩壊した。冷戦時代と異なり、ロシアはもはや超大国ではない。しかし、米国に次ぐ数の核兵器を持つ世界第二の軍事大国であり、国連安全保障理事会の常任理事国でもある。世界有数の天然ガスや石油の埋蔵量を誇る天然資源大国でもある。ユーラシア大陸の北に君臨し、独特の個性を持つロシアは、二〇一四年春に発生したウクライナ危機を例に挙げるまでもなく、国際政治の舞台における無視しがたい重要なプレーヤーなのである。日本にとっては、「引っ越しのできない隣国」だ。日本人の目は米国、中国、北朝鮮などの動向にともすれば向けられがちだが、一九世紀以降の国際情勢に関する理解を深めるためにも、またアジア太平洋地域の安全保障問題などを考察する上でも、ロシアの動向は無視することはできない。冷戦終結後、アジア・太平洋地域で国際変動が起こっている中で、日本にとってロシアの重要性は高まっている。

ウクライナ危機後、国際市場における原油の値段が下がりロシア経済は苦境に立たされているが、ロシアを過小評価するのは間違っている。ロンドンに拠点を持つシンクタンク欧州外交評議会（ＥＣＦＲ）のグスタフ・グレッセルは、ロシアのクリミア併合後の二〇一五年一〇月に発表した論文の中で、米国や欧州連合（ＥＵ）は、ロシアの軍事能力を低く見積もってきたと批判している。[1]ロシアの国力を過大評価したり、過小評価したりするのは禁物である。

日ソ・日露関係に関する学問的研究の蓄積は相当あり、優れた業績がさまざま存在する。泰斗ジョージ・アレグザンダー・レンセンは戦前の日露関係に関し多くの著作を遺した。細谷千博『シベリア出兵の史的研究』（新泉社、一九七六年）、木村汎『新版　日露国境関係史――北方領土返還への道』（角川学芸出版、二〇〇五年）、同『遠い隣国――ロシアと日本』（世界思想社、二〇〇二年）、和田春樹『北方領土問題――歴史と未来』（朝日新聞社、一九九九年）、長谷川毅『北方領土問題と日露関係』（筑摩書房、二〇〇〇年）、同『暗闘――スターリン、トルーマンと日本降伏』（中央公論新社、二〇〇六年）、富田武『戦間期の日ソ関係一九一七―一九三七』（岩波書店、二〇一〇年）、なども定評ある学術的な業績である。本田良一『日ロ現場史　北方領土――終わらない戦後』（北海道新聞社、二〇一三年）、同『証言　北方領土交渉』（中央公論新社、二〇一六年）は、研究書ではないが、ベテラン記者が足を使って書いた臨場感に満ちた優れたノンフィクション作品である。岩下明裕『北方領土問題――4でも0でも、2でもなく』（中公新書、二〇〇五年）や佐藤優『国家の罠』――外務省のラスプーチンと呼ばれて』（新潮社、二〇〇五年）も一読に価する。二〇一六年にはヴィクトル・クジミンコフ『日露間の領土画定の歴史に寄せて』（Kuz'minkov, V. K, *istorii territorial'nogo razmezhevaniya mezhdu Rossiei i Yaponiei* Moskva: IDV RAN, 2016）が刊行された。

日米露の学者が協力して出版した作品として、ギルバート・ローズマン編『日本とロシア――正常化への曲がりくねった道』（Gilbert Rozman, ed., *Japan and Russia: The Tortuous Path to Normalization* 1949–1999, New York: St. Martin's Press, 2000）、同編『日本ロシア関係――日米関係にとっての意味』（Gillbert Rozman, ed., *Japan-Russia Relations: Implications for the U.S.-Japan Alliance*, Washington, D.C.: SASAKAWA USA, 2017）などがある。近年、日露の研究者が協力し、五百旗頭真、下斗米伸夫、A・V・トルクノフ、D・V・ストレリツォフ編『日ロ関係史――パラレル・ヒストリーの挑戦』（東京大学出版会、二〇一五年）を出版した。ロシアでは、『日露関係史――一八世紀から二一世紀初頭まで』（S. Grishachev, *Istoriya rossiisko-yaponskikh otnoshenii*, XVIII-nachalo XXI veka, Moskva: Aspekt Press, 2015）と銘打ったロシア人の学者の

共同研究が二〇一五年に出版された。日本では注目されていないが、日露関係に対するロシア人の見方が簡潔にまとめられている。

対日政策を含むロシアのアジア政策の定評ある先行研究として、ヴィクトル・A・ヤホントフ『極東におけるロシアとソ連』(Victor A. Yakhontoff, *Russia and the Soviet Union in the Far East*, New York: COWARD-McCANN, Inc., 1931)、デーヴィッド・J・ダーリン『ソヴィエト・ロシアと極東』(David Dallin, *The Soviet Russia and Far East*, New Haven: Yale University Press 1948)、マックス・ベロフ『ソ連の極東政策 一九四四年から一九五一年まで』(Max Beloff, *Soviet Policy in the Far East, 1944–1951*, New York: Books for Libraries Press, 1953)、レシック・ブシンスキー『冷戦後のロシア外交』(Leszek Buszynski, *Russian Foreign Policy after the Cold War*, Westport: Praeger, 1996) などが挙げられる。ボリス・スラビンスキーの『日ソ戦争への道——ノモンハンから千島占領まで』(加藤幸廣訳、共同通信社、一九九九年)、同『千島占領——一九四五年夏』(共同通信社、一九九三年) も読みごたえのある業績である。近年は、セルゲイ・ラドチェンコが、ソ連崩壊後ロシアで公開された外交文書を渉猟して対中・対日・対朝鮮半島政策を分析し、『望まざるシナリオ——冷戦終結期のアジアにおけるソ連の失敗』(Sergey Radchenko, *Unwanted Visionaries: The Soviet Failure in Asia at the End of the Cold War*, Oxford: Oxford University Press, 2014) を刊行し、ロシア外交研究者の間で話題となった。アレクサンドル・パノフは元駐日大使で学者ではないが、同氏が著した『不信から信頼へ——北方領土交渉の内幕』(高橋実・佐藤利郎訳、サイマル出版会、一九九二年) は、ゴルバチョフ政権の対日政策の内幕について言及しており、参考になる。パノフは、『日本について——外交官の随想と論文』(Aleksandr Panov, *O Yaponii—Ocherki i issledovaniya diplomata*, Moskva: OLMA Media Grupp, 2014) と題する書を刊行している。

日本人の手によるロシアの東アジア外交の研究としては、斎藤良衛『ソヴィエト露国の極東進出』(日本評論社、一九三一年)、石原哲二『ロシアの東進』(学藝社、一九四三年)、伊東六十次郎『機密文書でつづるロシアの太平洋侵略史』(日本生活問題研究所出版局、一九八〇年) がある。日露関係に特化した優れた業績としては、沼田市郎『日露外交史』（大阪屋號書店、一九四三年）、郡山良光『幕末日露関係史研究』（国書刊行会、一九八〇年）、平岡雅英『日露交渉史話――維新前後の日本とロシア』（原書房、一九八二年）などが挙げられる。そのうち、郡山良光の研究が特に優れている。NHK日ソプロジェクト『NHKスペシャル　これがソ連の対日外交だ――秘録・北方領土交渉』（日本放送出版協会、一九九一年）は、冷戦期のソ連の対日政策を理解するために役立つ。共同研究の成果として出版された木村汎・袴田茂樹編『アジアに接近するロシア――その実態と意味』（北海道大学出版会、二〇〇七年）は、ロシアの対日政策を多角的に考えるうえで示唆に富む。ソ連解体後解禁された外交文書を使って書かれた名越健郎『クレムリン秘密文書は語る――闇の日ソ関係史』（中公新書、一九九四年）、石郷岡健『ヴラジーミル・プーチン――現実主義者の対中・対日戦略』（東洋書店、二〇一三年）、小町恭士『対ロ平和的積極外交』（中央公論新社、二〇一七年）も参考になる。日ソ国交正常化交渉全権を務めた松本俊一の『モスクワにかける虹――日ソ国交回復秘録』（朝日新聞社、一九六六年）は、北方領土交渉を考察するにあたって必読文献である。佐瀬昌盛『対ソ国交回復交渉の軌跡――戦後日本の政治風土』（南窓社、二〇一六年）は、鳩山一郎政権時代の日ソ国交正常化交渉とコンラート・アデナウアー政権下の西独の独ソ正常化交渉を比較した意欲的な著作である。また、米国に在居していたヤン・C・キムの『クレムリンの対日戦略――日米中ソ四極構造の中で』（TBSブリタニカ、一九八三年）も示唆に富む。

日米の専門家がロシアの対日政策を分析した業績としては、ギルバート・ローズマン、東郷和彦、ジョセフ・P・ファーガソンが著した『アジアに対するロシアの戦略思想』（Gilbert Rozman, Kazuhiko Togo and Joseph P. Ferguson, eds. *Russian Strategic Thought toward Asia*, New York: Palgrave/Macmillan, 2006）がある。しかし、論文は別として、ロシアの対日政策に焦点を絞った英文の研究書（単行書）は、マイルズ・L・C・ロバートソン『ソ連の対日政策――一九七〇年代と一九八〇年代の趨勢分析』（Myles L.C. Robertson, *Soviet Policy towards Japan - An Analysis of Trends in the 1970s and 1980s*, Cambridge: Cambridge University Press, 1988）以外は存在しないようである。

今日のロシアの対日政策を深く理解するためには、日露関係を歴史的に遡って考察する必要がある。本書は一七世紀の帝政ロシアのピョートル大帝から始まって、一八五五年の日露通好条約（下田条約）締結、日露戦争、ソ連対日参戦、日ソ国交正常化、クラスノヤルスク会談などを経て二〇一七年の日露モスクワ首脳会談に至るロシアの対日政策を分析するものである。ロシア対日政策の長い歴史をたどりながら体系的に分析して一冊にまとめた研究書は、日本のみならず米国、ロシアにおいても皆無の状態である。本書では、二〇一四年春に起こったウクライナ危機のロシアの対日政策へのインパクトについても考察を加える。なおどこから読んでも理解しやすいように、各章に「はじめに」と「おわりに」をつけて概要がわかるようにしている。

本書の執筆にあたっては、ソ連崩壊後解禁になった外交文書をはじめ、アンドレイ・グロムイコ外相、ニキータ・フルシチョフ第一書記、ミハイル・ゴルバチョフ大統領、ボリス・エリツィン大統領、アンドレイ・コーズィレフ外相、イーゴリ・イワノフ外相、アレクサンドル・パノフ駐日大使その他の回顧録、サハリンで発行された新聞を含むロシア語新聞、英米日の解禁外交文書などの第一次資料、それに日露や欧米の研究業績なども参照した。さらに北方領土の旧島民は無論、外交官ＯＢ、学者、専門家、ジャーナリスト、シンクタンク研究員、商社ＯＢなどさまざまな方々とも面談した。

日ソ・日露関係の研究は北方領土問題に偏りがちであるが、本書では、日ソ・日露関係の節目の出来事に注目し、北方領土問題だけでなく経済関係や安全保障問題などにも触れて、ソ連・ロシアの対日政策の解明に努める。これが第一の特色である。

第二の特色は、ロシアの対日政策を単に日露の二国間関係の文脈で分析するだけでなく、フレームワークを広げ、ロシアのグローバルな政策の文脈の中で分析を試みる点である。ロシアの対米政策、対中政策、対朝鮮半島政策、対東南アジア政策、対中央アジア政策、対中東政策と対日政策との関連性はなにか。「狭義の対日政策」のみならず「広義の対日政策」も分析することによって、ロシアの世界政策の一環としての対日政策を立体的に理解することができるであろう。近年脚光を浴びている尖閣諸島問題のみならず、ロシアの北極圏開発や北極海航路政策と対日政策の関連についても論究する。

第三の特色は、「ブラックボックス」ともいうべきロシアの対日政策の決定プロセスの解明に努める点である。帝政ロシア、ソ連および新生ロシアの対日政策がどのようにして決定されたのか。「国内ファクター」と「対外ファクター」が対日政策の形成にどのような影響を与えたのかは、外部からなかなかわかりにくいが、考察を試みる。ロシアの対日政策の形成に「米国ファクター」や「中国ファクター」が一般に想定されている以上に影響力を及ぼしてきたことを、ここで指摘しておきたい。

第四の特色は、ソ連およびロシアの対日政策の連続性・非連続性を総括したうえで、予見しうる将来におけるロシアの対日政策の展望についても論究を試みている点である。

第二次世界大戦終結後、長きにわたって国際秩序を支えてきた超大国米国の指導力に陰りが見え、国際関係に地殻変動が起きつつある今日、国際市場において原油価格が暴落して財政難に苦しんでいるのにもかかわらずロシアは強気の外交政策を展開し、中国と連携しつつ米国優位の一極支配に代わって多極的な世界を構築しようとしている。独特の個性と歴史を持つロシアの対日政策や国際関係の理解に、本書がいささかなりとも貢献することができれば、著者としてこれに勝る喜びはない。

（1） Gustav Gressel, “Russia's Quiet Military Revolution and What It Means for Europe,” *Policy Brief*, European Council on Foreign Relations, October 12, 2015.

第1章　帝政ロシアの対日政策——友好・対立・戦争・協商そして同盟へ

はじめに

日本人とロシア人はいつ、どのような出会いをしたのか。ピョートル大帝（在位一六八二〜一七二五年）は、なぜ日本に関心を持つようになったのか。エカテリーナ二世（在位一七六二〜一七九六年）は、なぜ対日使節を送ったのか。一八五三年六月、米大統領の国書を携えて、東インド艦隊マシュー・ペリー提督が浦賀に来航した。ペリー来航を追うようにして翌月、露帝ニコライ一世の国書を携えてロシア東洋艦隊エフィム・プチャーチン提督が長崎に来航し、幕府に国境の画定と外交関係の樹立を促した。なぜニコライ一世は、日本との外交関係樹立を望んだのか。またなぜ得撫島《うるっぷ》と択捉島《えとろふ》の間で日露国境を画定しようとしたのか。一八七五年に締結した樺太千島交換条約は、ロシアにどのような利益をもたらしたのか。ロシア政治史上、日露戦争の敗北は、いかなる歴史的意義を持つのか。

一八六七年以後、アムール河（黒龍江）河口のニコラエフスク・ナ・アムーレを主港とする帝政ロシアのオホーツク小艦隊の軍艦が、避寒のため冬の期間中長崎に停泊した。こうした状態は、日露戦争勃発近くまで続いた。日露関係はともすれば対立の歴史と見られがちだが、友好的な時期もあった。軍事同盟を結んだこともある。

本章では、帝政ロシアの対日政策を動かした「地経学的（geo-economics）ファクター」、「地政学ファクター」「米国ファクター」、「中国ファクター」、「英国ファクター」などを念頭において、世界政治の文脈で日露の出会いから外交関係樹立までの過程を明らかにするとともに、その後の対立から戦争、協商をへて軍事同盟締結に至った経緯を明らかにしたい。

I　帝政ロシアの南下政策と江戸幕府

ロシアの南下とイルクーツク商人

チンギス・ハンの孫バトゥの軍隊に襲われ、ロシアは一三世紀から二世紀半にわたってモンゴルの支配下に置かれた。一四八〇年になって、モスクワ大公国のイワン三世の治世に「タタールのくびき」から解放された。ロシア人は以前から陸路や海路でウラル山脈を越えていたが、イェルマーク・チモフェーイエヴィチが率いるロシアの遠征隊がウラル山脈を越えシベリアを征服し始めたのは、イワン四世（雷帝）の治世の一五八一年といわれる。リチャード・パイプスの研究によれば、一六世紀から一七世紀中葉にかけて一五〇年にわたり、ロシア帝国は毎年約三万五〇〇〇平方キロ――今日のオランダの領土とほぼ同じ面積――のペースで急速に版図を広げた(1)。清国の国境に迫るまで強力な敵が存在しなかったため、一八世紀から一九世紀の前半、シベリアやロシア極東への進出は急ピッチで進んだ。帝政ロシアのシベリア、アラスカへの進出には、高級品クロテンをはじめ、ラッコ、リスなどの毛皮や金銀銅を獲得するという要因が強く働いていた。イルクーツクの毛皮商人たちは、毛皮を獲得してロシア国内の富裕層に売り込んだり、ヨーロッパ市場に輸出したりした。一八世紀後半におけるロシアの最大の貿易相手国は、イギリスであった(2)。

ロシアの東進を分析する際、触れておきたいのは、隆盛期の清国との国境の画定である。一六八九年八月、ロシア

帝政ロシアの東方進出

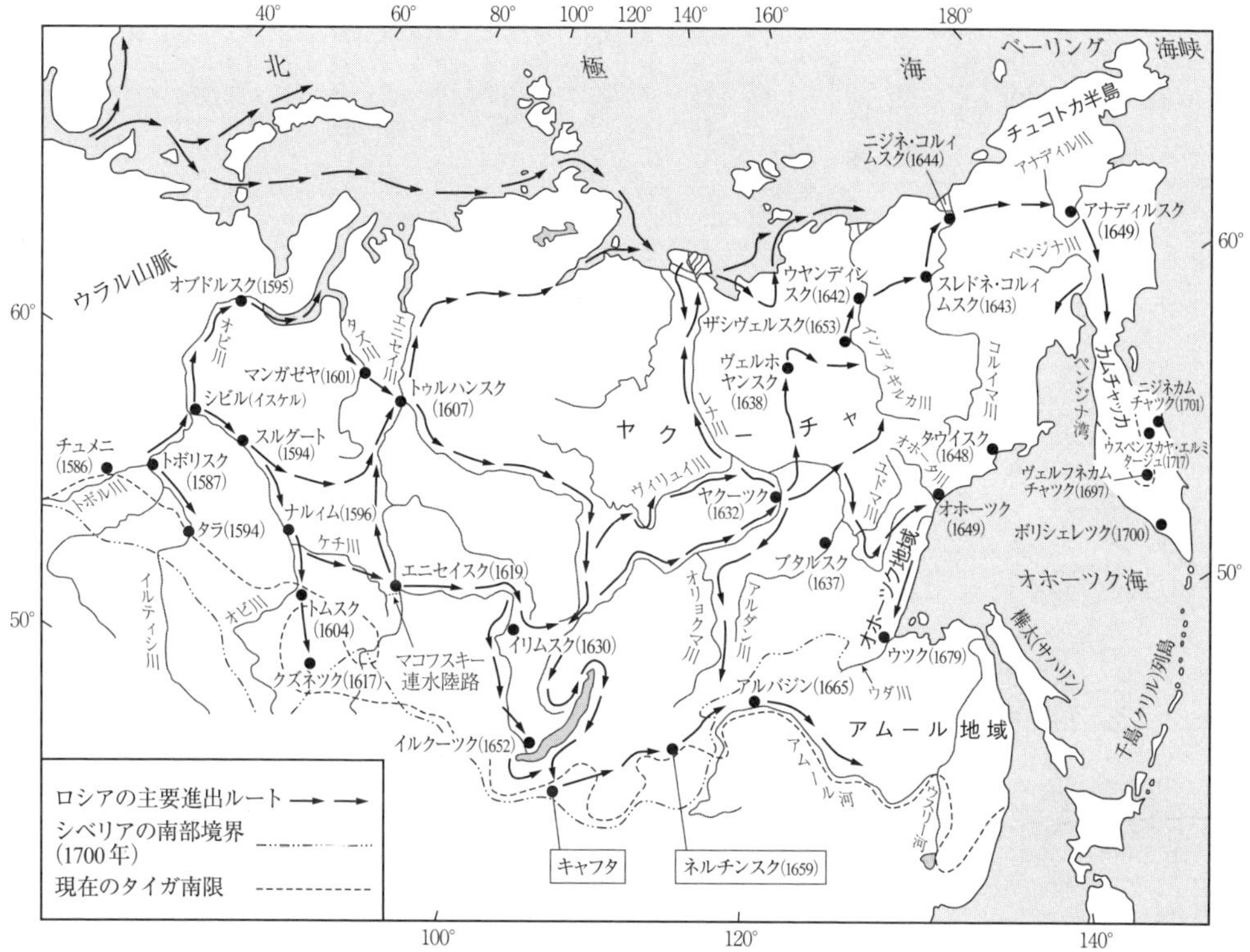

(出典) 森永貴子『ロシアの拡大と毛皮交易』彩流社、2008年を基に作成

との国境の画定を望む清国からの申し入れを受けて、ロシアは東シベリアのネルチンスクで国境画定交渉を始めた。ロシア側がアムール河（黒龍江）から日本海までの地域を国境とするよう主張したため、当時大国であった清国は強く抵抗した。厳しい交渉の末、同月下旬、清国と帝政ロシアとの間の最初の国境条約であるネルチンスク条約が締結された。アムール河に注ぐアルグン川以北をロシア領、以南を清国領とし、オホーツク海に注ぐウダ川以北と大興安嶺以北の部分は当面中立にして後日決定することで妥協したのである。ラテン語を正文とし八条からなるネルチンスク条約は、その当時の状況（de facto）を条約を締結して法律的（de jure）に認めたところにその特色が認められる。[3] ネルチンスク条約は、ロシアとの領土交渉において清国の「たっ

た一度のつかの間の勝利」であった。

国境を全面的に確定しなかった点では、ネルチンスク条約は後述の日露通好条約と類似した面がある。条約締結以前から相手国の領域に居住していたそれぞれの国民は、そのまま残留を許されたが、どちらの国が裁判権を持つかは未定とされた。ネルチンスク条約締結によって、ロシアは念願の中国貿易を行う権利を獲得した。さらに北京にロシア正教会を設け牧師を置いた(4)。

日本人は帝政ロシアの東進をどのように見ていたのであろうか。内田甲は一九〇二年に刊行した『露西亜論』の中で、ロシアは欧州方面では外交を行っているがあまり巧妙でなく失敗が多く、アジアに対しては、ひたすら抵抗の弱いところに向かい侵略ばかりをしており、「十年、二十年引続きて一定の方針を取り、百折千挫すと云へ毫も屈撓の色なく、必ず其素謀を達せずんば止まざるもの」と痛烈に批判している(5)。

日本人とロシア人の接触は、ロシア人のカムチャツカ進出とともに始まった。一六九八年には隊長ウラジーミル・アトラーソフに率いられたコサックの分遣隊がカムチャツカ川流域を占領した時、暴風雨に遭遇し漂流の末現地の部落に捕らわれていた大阪商人の伝兵衛を救出した。一七〇二年一月、首都ペテルブルクに連行された伝兵衛からピョートル大帝は日本についての話をもろもろ聞いた。大帝はヨーロッパの進んだ科学技術を積極的に導入したり帝国《インペーリヤ》を名のったり、ネヴァ川の三角州に首都サンクトペテルブルクを建設したことで有名であるが、日本が産出する金、銀などにも強い関心を示し、伝兵衛にロシア語を学ぶとともに日本語をロシア人に教えるよう命じた(6)。

それまで帝政ロシアは千島列島（露語クリーリスキエ・オストロヴァもしくはクリル諸島、英語クリール・アイランズ）を重視してこなかった。ジョージ・アレグザンダー・レンセンは、ロシアが日本に関心を持つようになったのはピョートル大帝に始まったと分析している(7)。『幕末日露関係史』の中で、著者の郡山良光も同様の指摘をしている。大帝は伝兵衛を引見した後、ヤクーツクの長官に対して勅令を発し、日本への海路を調査するとともに日本の軍事状況、日本の商品の種類、ロシアの商品に対する日本人の需要なども調べるよう指示した(8)。さらにコサックの隊長にカムチャツカの南端がどこまで広がっているか探検調査を行うよう勅令も出している。[9]

伝兵衛から話を聞いた後、ピョートル大帝はカムチャツカ半島やロシア極東の要港オホーツクから日本に至る海路を拓き、日本、中国それに南方バタヴィアなどとの通商を行うための「踏み石《ステッピングストーン》」(ジョン・ステファン)と千島列島を見なすようになった。「クリル」とは、もともと人を意味するアイヌ語で、先住民のカムチャダールやロシア人が変形させてクリルになったとされる。ロシアではクリル諸島の火山がいつも煙を出しているため、「煙を出す(курить《クリーチ》)」というロシア語の動詞からクリルという言葉が作られたとする俗説もある。[10]

ロシア人が千島には金が産出するという誤った情報をアイヌから聞いて信じたことも、千島列島への関心を引きつける一因となった。[11] 一七一一年から一三年にかけてコサックのイワン・コズィレフスキーが千島に遠征して国後島に到着し、不正確ながら千島列島の地図を作製している。[12]

帝政ロシアの対日接近には、イルクーツク商人も大きな影響を与えていた。一七七八年から七九年にかけてイルクーツク商人一行が道東の厚岸《あっけし》を訪れアイヌの通訳を介して通商を求めたが、松前藩は「鎖国」を理由に拒否した。

ピョートル大帝の没後、日本に大きな関心を寄せたのは、エカテリーナ二世であった。一七八二年、伊勢の樽廻船の船頭で嵐のため遭難して海流に運ばれてアリューシャン(アレウト)列島に漂着し、先住民族のアレウト人やロシア人狩猟団に助けられた大黒屋光太夫《こうだゆう》らの日本人漂流民は、やがてイルクーツクに移り住んだ。当地で光太夫は、長崎のオランダ商館付き医師で江戸参府の経験を持つスウェーデン人植物学者ペーテル・ツュンベリーの友人で、かねてから日本に関心を寄せていたフィンランド出身の著名な植物学者キリル・ラクスマンの知遇を得た。ラクスマンは光太夫の境遇を憐れみ、公務で帝都に行く用事があった際に光太夫を連れて行き、エカテリーナ二世の側近などに働きかけて、女帝との謁見を実現させた。女帝は光太夫の苦難の生涯に同情し、イルクーツク総督に「対日遣使勅令」を出し、光太夫を本国に送還するよう命じた。[13]

光太夫ら三人の漂流民の帰国が可能になったのは、アリューシャン列島やアラスカで毛皮を得て販売することによって財を築いたイルクーツクの豪商たちが資金を提供したおかげである。一七八五年、キャフタにおける中国との交易が中止されたため、毛皮の滞貨が生じていた。イルクーツク商人たちは、中国との交易の再開を望むとともに、日本との間に通商関係を樹立し、日本に毛皮を売り込もうとしたわけである[14]。

留意すべきは、エカテリーナ二世は日本が鎖国政策をとっていたことを知っていたため、日本との通商を直ちに求めなかった点である。女帝がイルクーツク知事に出した対日遣使勅令には、イルクーツク商人たちを同行させ、日本との交易の可能性を探るが、漂流民送還を第一の目的とし、通商関係の樹立を従とする方針が示されていた[15]。女帝はイギリスやオランダが日本との通商関係の樹立に反対し妨害するかもしれないと思ったり、日本側が拒否した場合面目が潰されると危惧して、自らの名義で国使を派遣せず、代わりにイルクーツク知事の使節というかたちをとったわけである。

大黒屋光太夫ら三人の漂流民を連れて日本に向けて出帆したのは、キリル・ラクスマンの息子でキレンスクという町の守備隊長アダム・ラクスマン中尉であった[16]。アダム・ラクスマンは「聖エカテリーナ号」で沿海地方のオホーツクを出航して一七九二年一〇月根室に来航し通商を求めたが、外交関係樹立までは要求しなかった。漂流民を連れてきたのは、幕府の心証をよくするためであった。当時「鎖国政策」をとっていた幕府は、大国ロシアとの関係悪化を危惧し、ラクスマン一行を北海道南部の松前藩で応接した後、長崎入港の許可証を与えた。ラクスマンは、しばし長崎に滞在したが、中国とオランダ以外とは通商をしないという幕府の方針に阻まれ何の成果も上げることなく帰国した。

千島列島には当時先住民のアイヌ民族が住んでいたが、国家を形成していなかった。ロシア人の入植者が得撫島で定住を開始したのは、一七九四年のことであった。

ラクスマン来航を契機に江戸幕府はロシアの南下政策を恐れ北門の防衛体制の強化に着手し、松前藩を通じて択捉島の経営に乗り出した。一七九八年、幕府の命を受けて近藤重蔵《じゅうぞう》と最上徳内が荒波を乗り越え国後島と択捉島に行き、「大日本恵登呂府《えとろふ》」と書いた標柱を建て、日本の領土であると宣言した。

一八〇〇年、幕府は蝦夷地と内地の間で輸送と交易に従事していた淡路島出身の箱館の豪商、高田屋嘉兵衛《かへい》に択捉島への航路の開発を要請し、一七カ所に漁場を開設させた。さらに翌年からは択捉・国後両島に津軽・南部両藩の藩士を派遣し常駐させ、要所に見張所を設けて防衛にあたらせた。[17]

エカテリーナ二世没後、日本に関心を示したのは、アレクサンドル一世（在位一八〇一年三月～一八二五年一二月）である。露帝はナポレオン・ボナパルトが率いるフランスが欧州に覇権を確立するのを防ぐため、イギリス、オーストリアを誘って一八〇一年、対仏大同盟の結成に力を尽くす一方、極東では全権を派遣して中国や日本と通商関係を樹立しようとした。[18] 一八〇三年二月、露帝の隣席の下で閣議が開かれ、中国と日本に使節を派遣することを承認した。[19] 侍従官の要職にありアラスカ、アリューシャン列島、および千島列島で高価な毛皮獣の捕獲と販売を独占的に担っていた国策会社の露米会社代表ニコライ・レザーノフは、露米会社の経営がうまくいかなかったことから商務大臣ニコライ・ルミャンツェフに接近し、北太平洋での利益を増やすため日本との通商交渉を行う必要があると熱心に説いた。それを受けてルミャンツェフはアレクサンドル一世に上申書を提出し、中国との海上貿易実現と日本との通商関係の樹立の必要性を訴えた。[20] 露帝は、日本に毛皮やセイウチや象の骨、羅紗などを持っていけば高価で売れるうえ、日本で銅の延べ棒、絹織物などを入手できるというレザーノフの上申に同意したようだ。露帝はレザーノフに幕府宛の国書を託して日本に派遣した。

レザーノフは、ラクスマンより高位の人物で、英国から購入した「ナジェジダ号」に、帰国を切望していた津田夫ら漂流民を乗せてカムチャツカ半島のペトロパブロフスク・カムチャツキー港を出帆し、一八〇四年九月、長崎に入港した。そして日本はロシアから毛皮商品、象やセイウチの骨、革製品、ラシャなどを得ることができ、ロシアはこれと交換に米、銅の延板、絹などを受け取ることになり、日本とロシアの交易が多大な利益をもたらすと強調して通商開始を求めた。[21] とはいうものの幕府と直接交易を開始することを求めたのではなかった。幕府宛のアレクサンドル一世の国書はロシアの統治下の北方地域の住民に入港地が許可されるよう強く要請しており、蝦夷地での交易を念頭に置いていたことが判明する。(22) 幕府は中国とオランダとは交易をしていたが、ロシアとは鎖国を理由に応じず、のらりくらりとかわした挙句、門前払いをした。(23)

怒ったレザーノフは部下に命じ、樺太（サハリン）南部のアニワ湾と択捉島を襲撃し、家を焼いたり財産を奪ったり、日本人を捕虜にしたりした。こうしたレザーノフの行動は、ロシア皇帝の許可を得ていなかったものであったが、ロシアの動きに幕府は危機感を募らせ、蝦夷地を直轄にするなど北辺の経営に本腰を入れるようになった。当時日本人はロシア人を赤人《あかひと》と呼んで恐れていた。そのように呼んだのは、アイヌがフーレシャム（赤い人）と呼んだためであるとか、深紅の猩猩緋《しょうじょうひ》の長衣を着ていたロシア人が多かったためといわれている。赤蝦夷事情に通じていたオランダは、幕府に対しロシアは日本に対し陰謀を図ろうとしていると注進したらしい。

一八〇六年一一月、フランスのナポレオン・ボナパルトが大陸封鎖令を出し、ロシアはイギリスとの通商関係を断つことを余儀なくされたが、日本との関係では翌年アレクサンドル一世は、英国海軍に留学した経験を有するヴァシリー・ゴロヴニン海軍少佐にロシア帝国に属する東洋の未知の土地の調査をするよう命じている。ゴロヴニンは、千島列島測量のため艦長として英国製の「ディアナ号」に乗って、カムチャツカを出航し現地調査に向かった。ところが、国後島《くなしり》で防衛にあたっていた小銃や弓や槍を手にした三百〜四百人に及ぶ武装した日本人藩士に捕らわれ、二年以上にわたって北海道南部の松前に「幽閉」されてしまった。ロシアは報復として、国後から択捉への航路を拓き、択捉島に多くの漁場を開拓した淡路島出身の高田屋嘉兵衛を捕らえ、カムチャツカに連行した。必死にロシア語を学んだ高田屋嘉兵衛は「ディアナ号」の副艦長と信頼関係を築き、その尽力でゴロヴニンが釈放された。釈放にあたって、日露の国境を明確にしなければ今回のような事件が起こるため国境を画定したいとする提案がロシア側からなされたのは、興味深い。(24)

放還後、手記を刊行したゴロヴニンは、松前藩の待遇が良かったことに触れるとともに、「もしこの人口多く抜け目のない模倣上手な、忍耐強く勤勉でどんなことでもできる国民の上に、わがピョートル大帝ほどの偉大な王者が君臨すれば、日本が内蔵している能力と財宝によって、多年を要せずして日本は全東洋に君臨する国家になるであろう」と記した[25]。日本人に対する帝政ロシアの評価は高かったが、日本人に優越感を持っていたといえる。

一方、日本人とロシア人の出会いは、樺太でも始まった。樺太に最初に影響を及ぼしたのは、中国人で六世紀の隋の時代のことのようである。ロシア人はこの地をサハリンと呼んだ。サハリンというのは、ツングース語のサガリンが訛ったもので、ツングース語ではアムール河（黒龍江）の流域をサガリンワラと呼ぶ[26]。サハリンはアムール河の河口にある。諸説存在するが、米国人で日露関係の権威ジョン・ステファンの研究によれば、一七世紀の半ば日本人とロシア人がほぼ同時に樺太にやってきた[27]。一七九二年には、幕府の命を受けて最上徳内が北海道や樺太を探査している。日本人は定住しなかったが、ロシア人との間で紛争が時折起きた。一八〇六年一〇月、ロシア人が漁期の終了後樺太南部の久春古丹（大泊、クシュコタン）に残っていた日本人の番小屋を襲い、米、酒、衣類を奪う事件が発生した。翌年四月には、ロシア船が択捉島の港に入港し、番所にいた日本人を襲撃した。

当時「鎖国政策」を順守していた幕府は一八〇七年一二月、ロシア船打払《うちはらい》令を出して、沖合でロシア船を見つけ次第、追い払えと命じた。巷では、ロシア人が今にも攻めてくるという噂が広まった。ロシアの南下に幕府は危機感を抱き、探検家の間宮林蔵らに北蝦夷（樺太）を探査するよう命じた。

その頃ヨーロッパ人は、樺太が中国大陸と陸続きになっていると考えていた。日本でも樺太が島なのか、それとも中国大陸と陸続きなのか、諸説存在した。一八〇八年、松前奉行支配下役元締松田伝十郎と間宮林蔵が樺太に渡り、四月に間宮は樺太が島であることを発見した[28]。間宮林蔵らの調査から、樺太にはロシア人が定住しておらず、清国の支配が宗主権の形で及んでいることが判明した。ただし、清国は樺太を支配するため兵を送ることはなかった。

Ⅱ　日露通好条約締結と友好時代の到来

プチャーチン来航

一八五三年プチャーチン提督が長崎に来航した。プチャーチンの来航は、帝政ロシアの対中貿易の不振などと密接な関係があった。帝政ロシアは植民地であったアラスカで採取した毛皮を清露貿易の拠点キャフタに送り、ロシア国内、欧州ならびに中国に輸出していた。一八三〇年代以降カナダや米国からの海上輸送で清国に毛皮が輸出されるようになり、陸上輸送によるロシアの商品を凌駕するようになると、キャフタ貿易は不振に陥った。第一次アヘン戦争で清国が敗北したのを受け一八四二年南京条約が締結され、清国が広東、福州、上海、廈門《アモイ》、寧波《ニンポー》の開港に踏み切った。英国や米国が清国の市場に参入し毛皮や紡績製品を販売するようになるに従い、ロシアの対中貿易はますます不振となっていった。こうした情勢を見て、軍人でありながら外交にも通じていたプチャーチン海軍中将は、清国の開港がロシアに及ぼす影響を察知し、全権代表の清国への派遣、日本との交渉の再開、樺太の測量を上申した。日本に遠征隊を送り、通商関係を開くべきだとするプチャーチンの上申を受けて、一八四三年、ニコライ一世はプチャーチンを全権とする遠征隊を中国と日本に送り通商関係を樹立する決定をした。しかし、カール・ロベルト・ネッセルローデ宰相兼外相が強硬に反対したため、派遣は中止された[29]。財政難も中止の理由であった。

九年後の一八五二年五月、東シベリア提督アムールスキー・ムラヴィヨフが、米国が武装船団を日本に派遣する計画があるという話を聞きつけ、コンスタンチン大公宛に書簡を送った。英国、フランス、米国の急速なアジア進出に伍して新国際情勢に対応するため、一八五二年五月、ニコライ一世は極東政策特別審議会を結成した。諸説存在するが、特別審議会に参加を許されたのは、メニシコフ海軍参謀総長、ブローク蔵相、チュルヌイショフ陸相、セニャーヴィン外務次官兼アジア局長の四人であったようだ[30]。同年一一月、日本事情に造詣の深いドイツ人フィリップ・シーボルトはロシア外務省に露日関係樹立案を提出している。

特別審議会は、経営不振に陥っていた国策会社の露米会社ではなく国家を前面に押し出して日本を足掛かりにしてアジア進出を図ることを、ニコライ一世に上申した。皇帝は上申を了解し、軍人でありながら外交にも通じていたプチャーチン海軍中将を全権とする使節団の派遣を認可した。[31]「地経学的ファクター」が帝政ロシアの対日政策を動かした。ただし、どのような方針で日本との交渉に臨むのかをめぐって、意見が分かれた。「砲艦外交」で行くべきだとする意見が優勢であったが、ニコライ一世の決断で穏便な交渉方針を採用することにした。[32] 帝政ロシアの外交政策は、皇帝がトップダウンで決定する形態をとっていた。[33] ただし、ときとして、非公式ルートで黒幕が皇帝に近づき、大きな影響力を発揮することもあった。[34]

当時、ロシア帝国はアラスカやカムチャツカ半島を支配していたが、補給路が貧弱で資材、食糧、医薬品不足が深刻なため、生活物資はウラル山脈以西から運ばなければならなかった。プチャーチンの使命は、①日露の国境画定、②日本との交易開始、③中国開港場への参入、④東アジアおよび北太平洋方面における情報収集、それに⑤外国捕鯨団の活動調査であった。[35] その頃帝政ロシアは、黒龍江省と樺太の植民地化も狙っていた点も指摘しておきたい。

クリミア戦争（一八五三年〜五六年）勃発前でロシアがオスマン・トルコおよび英仏と戦う以前であったため、一八五二年一〇月、ロシアは英国から老朽木造帆船を購入することができた。プチャーチンは、英国製最新蒸留式淡水化装置をつけて「パルラダ号」と命名し旗艦にした。プチャーチン提督が率いる旗艦フリゲート艦は、同月帝都ペテルブルクのクロンシュタット港を出帆し、翌五三年七月中旬、長崎に来航した。長崎を選んだのは、長崎だけは外国船の入港を限定的ながら認めているというシーボルトの助言に従ったためであった。ラクスマンやレザーノフの来航と異なっていたのは、プチャーチンが外交関係の樹立を求めたことであった。

プチャーチン提督長崎来航後の一八五三年一〇月、クリミア戦争が勃発した。オスマン・トルコ帝国の衰退を好機と見たニコライ一世が、黒海方面に版図を広げようとしたところ、ロシアの黒海進出を嫌う英仏両国がトルコを支援して、戦端が開いたのである。クリミア戦争が始まると、イギリス太平洋艦隊とフランス太平洋艦隊は、ロシア艦隊を探し求めて行動を開始した[36]。

二つの訓令

ロシアがクリミア戦争で苦境に陥っていたこともあって、プチャーチン提督は、「砲艦外交」を行ったペリー提督とは対照的に、幕府に対して終始穏健な姿勢で国交樹立を求めた。当時ロシアと「グレートゲーム」(勢力圏争い)を演じ敵対関係にあった英国は、クリミア戦争勃発後、日本がロシアに開国することに異論を唱えていた。

出港前にニコライ一世は、日本との「貿易の利益が、われわれにとって重要な意義を有していることを考慮し、国境問題に関するわれわれの希望は(われわれの利益を損なわない範囲で)可能な限り寛大であるべきである」という趣旨の訓令をプチャーチン提督に与えていた[37]。日露の国境については、プチャーチン提督に小笠原諸島父島の二見港で伝書使によって追加訓令が手交された[38]。そこには、①千島列島(クリル諸島)に関しては、得撫島をロシア帝国の南限とし、日本は択捉島の北端を国境として画定する。②樺太は日露の雑居の地として国境を画定しない旨が、記されていた。得撫島は別名ラッコ島と呼ばれ、ラッコの毛皮がふんだんに採れたため、ロシアにとって魅力的で手放すわけにはいかなかったのである。

プチャーチン提督はペリー提督と同様四隻編成で日本に来航した。ペリー提督とプチャーチン提督の来航の最大の相違点は、後者が国境問題の画定という難問を抱えていたことであった[39]。長崎で開始された交渉で、日本側の全権として露西亜応接掛大目付の筒井《つつい》肥前守《ひぜんのかみ》と勘定奉行の川路聖謨《かわじとしあきら》がプチャーチン全権の相手を務めた。高齢の筒井は川路の補佐役に回った。アレクサンドル一世は露領クリル諸島の南限を得撫島と定める勅令を出していたが[40]、プチャーチンは得撫島と択捉島の間で日露の国境を画定するという腹案を持ちながらも領土交渉を有利に運ぶため、択捉島全島の領有を主張したが、やがて日露両国が択捉を折半する案を提示した。それに対し、川路は得撫島の中立と択捉全島の日本領有を主張した。川路が択捉諸島は日本領であると強く主張すると、プチャーチンは反論しなかった。樺太については、プチャーチンが国境を定めず日露雑居の地とすることを主張したのに対し、川路が北緯五〇度を国境とする案をプチャーチンに提示し、押し問答が続いた。ロシアが求めていた通商開始に関しては、日本は交易について熟知していないのでこれからどのように交易すべきか学んでいかなければならないと述べて、プチャーチンの要請をかわした。

川路が安全保障問題に触れていないとプチャーチンに質すと、「外国からやってきた輩が暴力的騒動を引き起こした場合、われわれはいかなる支援でも行う用意がある」と答えているが、実際にはクリミア戦争のさなかで、ロシアは軍事支援をする余裕を欠いていた。

時期尚早として幕府がロシアとの国境の画定や通商開始に回答延引策をとり難航したため、長崎での交渉は中断することになった。

日露通好条約の締結

一八五四年一〇月、プチャーチンが四隻の艦隊を解散し新鋭の「ディアナ号」に乗り替え一隻で沿海州から再来日し、交渉が下田で始まった。長丁場の交渉の末、翌五五年二月七日、日露通好条約が締結された[41]。ロシア側は下田条約と呼んでおり、日本語正文、ロシア語正文があるが、双方が合意したのは両国が理解できたオランダ語正文である。露語の正式名称は、「露日通商ならびに国境に関する条約」で、日本では日露和親条約と呼ぶこともある。

国境については、得撫島以北はロシア領、択捉島以南は日本領とし、初めて日露の国境が定まった。樺太は「日露雑居の地」とした。当時幕府は強力な軍事力を持っていなかったにもかかわらず、樺太を帝政ロシア領と認めなかったことは、快挙であったといえよう。プチャーチンに同行したイワン・ゴンチャロフは、著書『日本渡航記（フレガート「パルラダ」号より）』（井上満訳、岩波文庫、一九四一年）の中で川路の外交手腕を絶賛している。なお、一九八一年一月、衆参両院が全会一致で決議したのを受けて、日本政府は日露通好条約が定めた国境を根拠として、択捉、国後、歯舞、色丹を「日本固有の領土」と呼んで、同条約が調印された二月七日を「北方領土の日」に制定している。
ここで特筆すべきは、日露通好条約を締結し、得撫島と択捉の間に国境を画定することは、帝政ロシアの既定の作戦で、交渉開始後に譲歩して国境を画定したわけではなかったという点である。ゴルバチョフ政権末期の一九九一年一〇月、ソ連外務省はロシア共和国最高会議に設置された北方領土問題に関する公聴会に、一九世紀初頭、得撫島と択捉島の間が日本とロシアの国境とすでに認めていたことを示す興味深い文書を提出している[42]。

日露通好条約締結後、幕府は、米国と同様にロシアにも最恵国待遇を与えた。しかし、米国よりも一港多い箱館(現・函館)、下田、長崎の三港がロシアに開港された。その結果、ロシアは薪水、食糧、石炭を補給できるようになった。ロシアは三つの港町に領事館を開く権利を獲得し、プチャーチンはペリーよりも大きな成果を得た。プチャーチンの低姿勢外交が功を奏したともいえる。ただし、プチャーチンはロシアにとって長崎は地理的に不便であると主張し大坂や兵庫の開港を要請したが、幕府の了解を引き出すことはできなかった。

プチャーチンはペリーと同じく幕府に通商条約の締結を求めたが、これも「鎖国政策」を理由に阻まれ要望は実現しなかった。ただし、幕府はロシアに治外法権を認めた[43]。その結果、ロシア人が日本で法を犯し捕らえられた場合、本国の法制度によって処罰されることになった。日露通好条約は日米和親条約と同じく日本にとって不平等条約であった。

ここで紹介したい逸話がある。下田で交渉が開始された翌日、ロシアの軍艦「ディアナ号」が駿河地方を襲った安政東海地震で発生した津波に襲われ舵やマストなどが壊れて大破し、修理のため東伊豆の戸田《へだ》村に曳航中座礁し沈没する事件が起きた。プチャーチンは代わりの軍艦の建造を要請した。しかし、ロシアの要請に応じた場合、ロシアと交戦中の英国やフランスから必然的に激しい反発を受けると考え、幕府は軍艦を新造せず非武装の代船を造ることにした。戸田村の船大工や村人たちが「ディアナ号」の乗組員と力を合わせて、『海軍集録』に収録されていた沈没前に入手したロシア船の設計図を参考にして、ロシアの海軍技術士官たちの指導のもとで代船の建造にあたった。友好的であった当時の日露関係を裏づける人間味あふれる逸話である。代船建造のおかげで、日本でも西洋型の帆船を建造することができるようになった。プチャーチンが終始日本に対し紳士的で友好的な態度で接したため、ロシアに対するイメージが好転したとされる。日本人はロシア人を恐れていたというのが通説だ。だが、興味深いことに、ロシアの南下に警鐘を鳴らした林子平の『海国兵談』などにもかかわらず、ロシアに漂着した後帰国した漂流民たちがロシアが好意的に処遇してくれたと報告したため、一八世紀から一九世紀の変わり目において、日本人の対露感情は実際には悪くはなかったという分析もある。(44)

日露通好条約締結の翌年にあたる一八五六年三月、ロシアが英国、フランス、トルコの連合軍に敗れ、クリミア戦争が終結した。クリミア戦争で敗北した帝政ロシアは再び東方に目を向けた。ロシアはアロー号戦争（第二次アヘン戦争）で英仏軍を相手に苦戦していた清国に対して高圧的な態度で接し、ネルチンスク条約（一六八九年締結）で定めた国境の改定を迫った。そして、わずか一週間の交渉ののち、一八五八年五月、愛琿《アイグン》条約を結んでアムール河（黒龍江）左岸とその支流であるウスリー江と日本海の間に横たわる、フランスとスペインを合わせたほどの約六五万平方キロメートルに及ぶ広大な領域を獲得したのである。(45)条約の正文はロシア語、満洲語およびモンゴル語である。アムール河左岸をロシアに割譲し、沿海州は清露の共同統治とした。アムール河左岸に住んでいた満洲人らはそのまま居住することを許された。しかし、共同統治地域は、二年後に結ばれた北京条約でロシア領となり、清国は日本海へのアクセスを失った。(46)中国が弱体化したときを狙って広大な領土を獲得したロシアに対し中国は不信感を募らせ、後年、中ソ対立の原因となった。

日露修好通商条約締結と対馬占領事件

一八五八年六月、幕府は日米修好通商条約を締結し、米国と貿易を開始した。この情報を耳にすると、好機到来と判断し翌七月、プチャーチンがふたたび来航して日露修好通商条約（別名、江戸条約）を結んだ。日露両国は最恵国待遇を相互に認めるとともに、下田に代わって神奈川を開港することで合意した。また兵庫も開港されることになった。貿易を行うためロシア人が江戸や大坂に入ることも許された[47]。箱館にロシアの領事館が開設され、ヨシフ・ゴシケーヴィチが初代領事として着任した。

日露修好通商条約ではロシアに認められていた治外法権が廃止され、裁判権が日本に属することになった。幕府は、ロシアを皮切りに欧米諸国と締結した不平等条約の改定に成功したのである[48]。ロシアが不平等条約の改定に応じたのは、欧米諸国よりも日本との貿易の拡大を望んだためであった。ところが、①ロシアが切望した米や小麦を幕府が輸出しようとしなかったこと、②ロシアが当時の日本の主要な輸出品の絹や茶の輸入に関心がなかったこと、③ロシアが日本に主として売り込もうとした毛皮や木材などに日本側が関心を示さなかったこと、④ロシアが欧州の機械や工業製品を日本に対し適切な価格で輸出できなかったことから、日露貿易は低迷した。

一八六一年二月、日露の友好関係を揺るがす事件が起きた。ロシア軍艦対馬《つしま》占領事件の発生である。軍艦「ポサードニク号」が修理を口実に対馬に滞留して、占領を企てたのである。ロシアは領土拡張の野望を持っていた。対馬は日本海と太平洋の出入り口を制し、地政学上重要な位置にあり、年中使用可能な不凍港を有し、石炭、食糧や水などの調達も容易で、ロシア海軍にとってきわめて魅力的な要衝であった。対応に苦慮した幕府は、当時世界的規模でロシアと「グレートゲーム」を展開していた英国に助けを求めた。ロシアが対馬海峡の制海権を握り、朝鮮半島、日本を領有することになれば、オーストラリアから米国の海岸に至る英国の通商にとって脅威となると懸念し、英国は幕府の要請を受け入れた[49]。半年後の九月、幕府は英国の力を借りてロシアの軍艦を退去させることに成功した。

樺太千島交換条約締結における日露と列国の思惑の交錯

一八六七年、クリミア戦争で大敗した帝政ロシアは、毛皮を採り尽くしたためアラスカは無価値になったと考えて、わずか七二〇万ドル（二〇一六年現在の貨幣価値で一億二三〇〇万ドル）の安値で米国に売却した。売却しない場合は、英国が武力にものを言わせ奪取する危険性がある、あるいは地理的な近さと国力のめざましい伸張から判断して「明白なる運命」を信奉する新興国米国がアラスカを奪う事態も考えられる。[50]したがって、たとえ安価でも売却したほうがましと判断し、帝政ロシアはアラスカを米国に売却したわけである。

アラスカ売却以後、ロシアはアメリカ大陸への進出を断念し、樺太や朝鮮半島に目を向けた。樺太ではロシアの南下が次第に顕著になり、幕府を不安にさせた。一八六七年一二月、樺太における日露の国境を画定するため、幕府は帝都サンクトペテルブルクに函館奉行小出大和守《こいでやまとのかみ》および石川駿河守らを派遣した。ロシア外務省ピョートル・ストレモーホフ・アジア局長との間で交渉が始まった。ストレモーホフは、サハリンはアムール軍港から近く、ロシアにとって国防上重要な島であり、もしも島上に国境を設け日本の領土にした場合、英仏が占領を試みるかもしれないと述べた。そのうえで、サハリンをロシア領とし日露の国境を宗谷海峡（ラペルーズ海峡）とするが、サハリンでの日本の漁業権はそのまま認めるし、得撫島はロシアの軍艦一隻とともに日本に割譲してもよいと提案してきた。こうした提案からロシアにとって重要なのは樺太であり、千島列島ではなかったことが判明する。

小出大和守は樺太は古来日本の領土であるが、厚意の印として北緯五〇度で境界を設けても可と応じたが、ストレモーホフは樺太全島領有を主張して譲らなかった。翌一八六八年二月、樺太島仮規則（通称、雑居条約）が調印され、①樺太島上で国境を定めず日露雑居の地とすることのほか、②アイヌを日本人だけでなくロシア人も雇用できることとした。[51]国境が定まらなかったため、仮規則調印後、ロシアは南下を強めたが、日露関係を悪化させるところまでは行かなかった。

注目すべきは、一八六七年、ロシアの軍艦が不凍港の長崎と箱館で越冬するのを幕府が許可したことである。[52]しかし、一八七三年、帝政ロシアがシベリア小艦隊の主港をニコラエフスクからウラジオストクに移動すると、[53]箱館にはロシアの軍艦が寄港しなくなったが、長崎には四季を通じてロシアの軍艦が来航した。一八九五年の三国干渉後の九九年には、年間五〇隻以上のロシアの軍艦が長崎に寄港している。ウラジオストクには公立の梅毒病院と陸軍病院がそれぞれ一つあるだけで、病院が整っていなかった。ちなみに、長崎には、ロシア海軍病院やロシア水兵用の遊郭があった。雲仙にはロシア人患者用のサナトリウムがあった。とはいえ、ロシアの軍艦の寄港が次第に減少し、一九〇二年二月に日英同盟が締結されてからは、長崎来航は皆無になった。[54]

一方、樺太（サハリン）ではどのような動きがあったのであろうか。帝政ロシアはサハリン支配を強固にするため移住を奨励したが、辺境でなかなか人が集まらなかったため、一八六九年、サハリンを流刑地にすることを定めた。帝政ロシアの刑法では、死刑が廃止されており、最高刑はサハリン流刑であった。[55]新方針採用を契機にロシア人の入植が増えるにつれ、ロシア人の窃盗、暴行事件や殺人事件が頻発するようになった。日露通好条約でも日露修好通商条約でも双務的犯罪規定が定められていたため、樺太での裁判は属人主義に基づいて行われた。ちなみに日露通好条約では、「若し法を犯すものあらば、是を取押へ処置するに各其の本国の法度を以てすべし」（第八条）となっている。

樺太（サハリン）の帰属問題は、大政奉還後に成立した明治新政府が抱えた問題の一つであった。一八五八年の日米修好通商条約（第二条）に明記されている「米国大統領は日本政府の要請に基づき、日本政府と欧州のいづれかの国との間に発生することあるべき紛争事件に対し、友好的調停者として行動する」という規定を援用して、樺太の帰属について、明治政府はお雇い外人や外国の外交使節に助言を求めた。[56]一八七三年、明治政府は、帝政ロシアを相手にアラスカ買収交渉にあたったウイリアム・スワード米国務長官の助言により、アラスカ売却の例に倣って樺太におけるロシアの権益を二〇〇万円（二〇一六年の時価換算では、約二億三〇〇〇万円）で買収する案をロシア側に提示した。だが、ロシアは樺太は流刑地として必要だとしてこれに応じず、逆に幕府が樺太に日本が持っていた権益を売り渡すよう迫った。

翌一八七四年、ロシアが樺太を日本に売却すると決定したと駐日フランス公使が明治政府に内報した。ところが、明治政府は樺太の買収に動かなかった。明治政府は気候が厳しく農業に適さず石炭もさほど産出しないため、樺太を放棄してロシアに与え、その代わり全千島列島を日本領とすべきだとする北海道開拓長官黒田清隆《きよたか》の意見を採用し、ロシア側と交渉を行うことにしていたからである。

黒田長官の方針は、日本は遠方の樺太を放棄して北海道の開発に専心すべきで、さもなければ、北海道もロシアに取られてしまうとするハリー・パークス駐日英公使の勧告に沿ったものであった。後年サハリンで豊富な油田や天然ガス田が見つかったことから、明治政府は間違った選択をしたとする批判があるが、当時北海道開拓が軌道に乗っていなかったことを勘案すれば、明治政府の決定はやむを得なかったように思われる。

一八七四年三月、明治政府は榎本武揚《えのもとたけあき》を特命全権公使に任じ、帝政ロシアの首都サンクトペテルブルクに派遣した。ロシアが日本に対し牙をむく前に領土問題を話し合いで決着したほうがましと考えたのである。榎本全権は樺太をロシアに譲る代償としてそれに「釣り合うべきもの」として全千島列島を日本が獲得するという方針で交渉に臨み、ロシア側から譲歩を引き出す作戦をとった(57)。ロシア側の全権は、ストレモーホフ・アジア局長であった。ロシア側は宗谷海峡（ラペルーズ海峡）を境界として樺太全島を自国の領土とすることを要求した(58)。その代わりに千島列島を日本に譲る方針をとったが、千島列島のどの島まで譲るかを巡って榎本全権との間で攻防が続き、交渉が長びいた。

ところが、欧州でオットー・フォン・ビスマルク宰相の率いるドイツとロシアが対立し、さらにバルカン半島でロシアの南下政策を嫌うイギリスやトルコとの関係が険悪化してきた。こうした風雲急を告げる国際情勢下の五月七日、アレクサンドル二世は、以下の決断をした。イギリスが樺太南部に軍事基地を築くのを未然に防止したり、他の地域におけるロシアの地歩を強化するため、帝政ロシアが樺太全部を獲得し国境を宗谷海峡とする。その代償に、得撫島だけでなく千島列島全部を日本に譲ずるという内容であった(59)。付言すると、英露関係はその後も悪化し一八七七年、露土戦争が勃発すると、イギリスはトルコの肩を持って、対ロシア戦に参戦した(60)。

一八七五年五月、榎本特命全権公使とアレクサンドル・ゴルチャコフ首相兼外相が樺太千島交換条約に署名した(61)。ロシアでは、サンクトペテルブルク条約と呼ばれている。正文は、当時国際語であったフランス語である。ロシアが交渉を急いだのは、長引いた場合イギリスが介入することを恐れたためであったらしい。榎本全権が帝政ロシアの内部情報を入手して粘り強く交渉を行った結果、得撫島のみならず同島以北の千島列島の島嶼すべてが日本領となった。国境は宗谷海峡ならびにカムチャツカ半島のラパッカ岬と占守島《シュムシュトウ》の間の海峡とし、樺太に残留を希望する日本人については、日本とロシアのどちらの国籍を取得するかについては彼らの意思に委ねるが、帝政ロシアの法律に従うこととした。帝政ロシアは大泊《コルサコフ》と久春古丹《クシュコタン》に来航する日本船に対しては、条約批准後一〇年間港税と海関税を免除するものとし、さらに日本船にオホーツク海での操業を認めた。その結果、日本の漁場は大きく拡大した。

とはいえ、帝政ロシアは日本と有利な取引をしたことになる。前述のように一八六七年、帝政ロシアは、価値がないとしてアラスカを手放し米国にひどく安値で売却したが、五〇年後アラスカで豊富な石油が発見された。サハリンの獲得は、アラスカ売却の正反対の事例である。獲得後、石油や天然ガスが発見されたからである。

樺太千島交換条約締結により、樺太における「日露雑居の時代」は、終わりを告げた。ポーツマス講和条約で日本が南樺太を取り戻すまで、帝政ロシアが樺太全島を支配することになったのである。ただし、交換条約締結により千島列島を放棄した結果、ロシアは日本の領海を通過することなく、太平洋に出られなくなった。

樺太千島交換条約は、日露通好条約締結以後続いていた樺太の領有問題に終止符を打ち、日露関係の新時代を拓くものと期待された。ところが、ロシアが樺太全島を領有した結果、日本人はロシアの脅威にさらされることになった。樺太南部で、ロシア兵が日本漁民が所有する板蔵や漁業用の薪に放火し、暴行を加える事件が発生し、日本人漁民を不安にさせた。日本は米国公使や英国公使に調停を要請しようとしたが、ロシア側の意向により日露両国政府が直接交渉をして事態を収拾した。その後、ロシアと日本の関係は概して友好的な時代が続いた。

一八九一年春、ニコライ皇太子（のちのニコライ二世）がアレクサンドル三世の名代としてシベリア鉄道の起工式に参列するのにあわせて巡洋艦「アゾフ号」に坐乗し、四艦に先導させ二艦を従え親善訪問のため、長崎に来航した。日本滞在中、滋賀県大津で警備にあたっていた無政府主義者の津田三蔵巡査にサーベルで顔面を切りつけられ、「大津事件」と呼ばれる明治時代の日露関係を揺さぶる衝撃的な出来事が起こったが、ロシア側は好意的に対応し、幸い大事には至らなかった。ニコライ皇太子は、帰路ウラジオストクに立ち寄り、予定通りシベリア鉄道の起工式に参列した(62)。開通した場合、欧州方面からの軍隊の移動が容易になり極東におけるロシアの地位強化につながるため、シベリア鉄道の着工は日本にロシアの脅威を実感させた。そのころから、帝政ロシアの極東政策は急速に変化し、侵略的な様相を帯びるようになった(63)。

Ⅲ　対立時代の始まり

三国干渉

朝鮮半島の支配権をめぐる日本と清国の確執が昂じて、一八九四年八月、日清戦争が勃発した。陸奥宗光外相によれば、日清戦争とは、「清韓両国の間に存在していたあいまいな宗属の関係を断絶」させなければ日本の安全は危ういと判断し、日本が出兵したことに起因した戦争であった。東学党の乱を鎮圧するため清国が朝鮮に出兵したのに呼応して日本が派兵し、日清戦争が勃発した(64)。

ロシアは日本の指導者が日清戦争に踏み切ったのは、英国の支援を確信した結果であると判断していた(65)。満洲の一部を併合し、朝鮮半島に不凍港を獲得し、同港と敷設工事が始まったシベリア鉄道とつなぐことを虎視眈々として狙っていたロシアは、日清戦争の帰趨に大いなる関心を寄せた。「眠れる獅子」清国に敗北するのは必至とする欧米列強の大方の予想を裏切って、東洋の小国日本が勝利を収めた。一八九五年、下関条約を締結し、朝鮮が「完全無欠なる独立自主の国たること」を清国に認めさせるとともに、日本は遼東半島、台湾、澎湖諸島を獲得した。さらに清国に二億両《テール》（約三億円）の賠償金を得た。

下関条約を締結し日本が大陸進出の地歩を固めることは、ロシアの東方進出にとって地政学的脅威であり、旅順が位置する遼東半島が日本の支配下に入るのは、著しく不利な出来事であった。下関条約締結後一週間もたっておらず、日清戦争の勝利の美酒に日本国民が酔いしれているときに、露独仏が下関条約に明記されている遼東半島の日本獲得に抗議し、日本に遼東半島の還付を迫ってきた。これが三国干渉である。ロシアが主導権をとって三国干渉をしたと通常いわれている。しかし、ベルリン・ビザンチン（イスタンブールの旧名）・バグダッドをつなぐ「三B政策」を推進中のドイツがロシアの目をバルカン方面から東方に向けさせ自国に対するロシアの脅威を減じるとともに、ドイツの極東進出の足場を獲得するため、ウィルヘルム二世がニコライ二世をそそのかして三国干渉を行ったというのが真相であったようだ(66)。

三国干渉に屈し、日本は清国に遼東半島を還付した。こうした動きを経て、ロシアは大連と旅順口を二五年間租借し、さらに南満洲鉄道（ハルビン～遼東半島南端）を敷設する権利を清国に認めさせた。租借とは、条約によって他国の領土の一部を借りることを意味するが、その地域を借用した国家が独占し、かつ排外的に管理できるため、実際には割譲とほぼ同義である。三国干渉の結果、ロシアは長年の夢であった大連と旅順口に不凍港を獲得し、旅順にはロシア太平洋艦隊の軍事基地を設けた。スターリン死後の一九五四年にフルシチョフ第一書記が中国に返還するまで、ロシアは大連と旅順口を軍事拠点として使用した。

三国干渉に成功した後ウィルヘルム二世は、書簡を出して、「ウラジオストクと旅順の間には朝鮮半島があり、これがひとたび敵の手に渡れば、新しいダーダネルスになる。そのような事態の発生を絶対に許してはならない。朝鮮は当然ロシアのもので、またそうなるはずだ」と指摘して、ニコライ二世を再び鼓舞したとされる(67)。ダーダネルス海峡は、ロシアの黒海艦隊が地中海方面に出るときに通過する狭い海峡で、オスマン・トルコ帝国の支配下にあった。「新しいダーダネルス」とは、ウラジオストクに母港を持つロシア太平洋艦隊が日本海に出る際、ダーダネルス海峡の場合のように、敵性国家から監視される恐れがあることを意味したらしい。

日本は臥薪嘗胆を合い言葉に三国干渉という国難を耐えた。三国干渉によって旅順、大連を獲得したロシアは、一九〇〇年、「扶《ふ》清滅洋《しんめつよう》」を唱え排外的な義和団の乱が山東省で発生すると、平定を大義名分として中国東北部に大軍を送った。一九〇一年、ウィルヘルム二世にまたもや鼓舞されて、ニコライ二世は清国と密約を結んで満洲を手中に収めようとした。ちなみに、満洲は、現在の中国東北三省、つまり遼寧省、吉林省、黒龍江省に内蒙古自治区東部と河北省東北部を合わせた地域にあたる。

ロシアは義和団の乱の平定後も満洲から撤兵しようとせず、義和団が妨害し運転不能になった東清《とうしん》鉄道保護を名目に満洲において兵力を増強した。さらに朝鮮半島にも触手を伸ばし、親日的であった朝鮮国王の排除に動いた。こうした事態に直面し、英国はロシアの領土拡張政策によって自国が極東に持っている利権が侵されるのを危惧し、日英同盟の締結を日本に持ち掛けた。その結果、翌一九〇二年一月、日英同盟が調印された。ロシアは締結交渉をまったく察知できず、日英同盟締結の通告を受けると、驚愕したという(68)。

ロシアは日本との衝突を回避すべく、同年一〇月から三次に分けて満洲から撤兵することを明記した協定を清国と結んだ。ところが、満洲からの撤兵に反対する勢力がロシア政府の中で台頭したため、二回目以降は撤兵を実施せず、兵を朝鮮国境に移動したのである。日本は繰り返し口上書によって撤退を求めて抗議したが、ロシアは無視し兵力を増強した。

日露戦争勃発

このように緊迫した情勢の中で、一九〇四年二月、日露戦争が勃発した。南下政策を推進し満洲から朝鮮半島に迫ってくるロシアに対し、日本は、朝鮮半島における優越的な権益と満洲における「門戸開放」と「機会平等」を確保しようとした。東郷平八郎海軍大将が率いる連合艦隊が、旅順口に停泊していたロシア極東艦隊に奇襲をかけ、戦端が開かれた。当時の国際法では、戦争前に宣戦布告を行わければならないという明確な規定はなかった。日露戦争は、帝国主義国家間の戦争であった(69)。ポーツマス講和会議で全権を務めたセルゲイ・ウィッテは回顧録の中で(70)、日本のやり方を表立って批判していない。宣戦を義務づけたのは、一九〇七年に改定されたハーグ陸戦条約である。

時の経過とともにロシアの軍事・戦略的立場が改善に向かっていると判断していたことやシベリア鉄道の全線が当時開通していなかったことから、ニコライ二世は早期開戦には消極的であった[71]。戦局はロシアにとって不利に展開し、七カ月でロシア太平洋艦隊は七隻の護衛艦のうち一隻を残すに過ぎなくなった。そのためロシアは、バルチック艦隊を本拠地サンクトペテルブルクから南アフリカの喜望峰、インド洋を経てマラッカ海峡経由で極東に振り向けることを余儀なくされたのである。特筆すべきことに、その間、英国は台頭するドイツと対抗するため、ロシアと摩擦を起こすことを好まず、中立を守った[72]。

一九〇五年五月下旬、ジノーヴィー・ロジェストヴェンスキー海軍中将が率いる大国ロシアのバルチック艦隊を相手に、国家の存亡をかけた日本海対馬沖の海戦で、日本の連合艦隊が奮戦し同艦隊を撃破した。バルチック艦隊が敗北を喫するとロシアはセオドア・ルーズヴェルト米大統領の仲裁を受け入れるようになった。ところが、ロシアには余力が残っており、日本は追い詰めることができなかった。

講和条約締結交渉は、米国の軍港ポーツマスで行われた。「一コペイカの賞金は払うを欲せず、魯国の領土は一寸の土地も割くを欲せず」と語り、ニコライ二世は「名誉ある講和」を求め、セルゲイ・ウィッテ主席全権に難題を突きつけていた[73]。日本側の主席全権は、小村寿太郎《じゅたろう》外相であった。講和交渉の土壇場で、小村主席全権が卓越した外交手腕を発揮し、軍隊を樺太南部に上陸させて南樺太を占領した。

一九〇五年九月、小村外相や金子堅太郎前農商務相と同じくハーヴァード大学出身のルーズヴェルト米大統領の仲介で、ポーツマス講和条約が締結され、日露戦争が終結した。その功績で、ルーズヴェルト大統領はノーベル平和賞を授与された。米ソ関係に通暁したジョン・L・ギャディスによると、ルーズヴェルトが仲介に乗り出したのは、アジア大陸において日本とロシアのいずれかが優越権を握るのを避け、「門戸開放政策」のもとで米国が中国市場に進出できる余地を確保するためであった[74]。他方、ロシアの外交文書を渉猟したコンスタンチン・サルキソフの研究によれば、ルーズヴェルト大統領は、駐米ドイツ大使に、次のような興味深い話をしている。日露の対立が続けば、両国の国力は大いに消耗し、その結果他の領土に触手を伸ばせなくなり、日本は当時ドイツ領であった青島《チンタオ》やアメリカ領であったフィリピンを脅かすことができなくなるし、ロシアは西部国境を越えて勢力を伸ばせなくなると。[75] ルーズヴェルト大統領は、中国大陸のみならずフィリピンまで視野に入れて、日露戦争の仲裁に乗り出したわけである。

ポーツマス講和条約で、ロシアは三国干渉で獲得した遼東半島の租借権を日本に譲った。くわえて韓国における日本の優越権も認め、樺太では北緯五〇度に国境が設定された。そして、南面には菊の紋章と「大日本帝国」と「境界」の文字が刻まれ、北面にはロシア帝国の双頭の鷲の紋章と「ロシア」と「境界」を表すキリル文字が刻まれた国境標石が四カ所に置かれた。[76] ポーツマス講和条約によって、樺太に出現した日露の陸上国境は、一九四五年八月のソ連対日参戦まで存在した。日本は南樺太の豊原（ユジノサハリンスク）に樺太庁を設置して統治を開始した。

小村外相が奮闘したおかげで、オホーツク海およびベーリング海沿岸における日本人の漁業権を認める協定をロシアは結ぶという文言が講和条約に明記され、日露戦争後、北太平洋における日本漁船による母船式北洋漁業が飛躍的に伸びた。一方、ウィッテも奮闘した。日本は戦争に勝ったものの、強い日本の登場を嫌ったルーズヴェルト大統領の胸中を巧みに読んで外交手腕を発揮した結果、ロシアは日本に多額の賠償金を払わずに済んだのである。また樺太の北緯五〇度以北がロシア領として残された。ウィッテはこうした講和条件を知ると「嬉悦の情」を抑え難くなった、と日本の外交文書に活写されている。[77] 他方、こうした講和条件に日本の民衆が不満を持ち、「日比谷公園焼き討ち事件」が起きたのは、周知の事実である。

講和条約の内容は過酷なものではなく、賠償金を払わずに済み、ロシアの民衆は平和の到来を喜んだ。[78] ところが、右派勢力は日本に南樺太を割譲したのはウィッテの失敗と決めつけ，「半樺太伯爵」と呼んで嘲笑した。しかし、後日、ウィッテが宰相に選ばれたことに注目すると、ポーツマス講和条約締結はウィッテにとって致命傷とはならなかったようだ。[79] 参考までに付記すると、ロシアの知識人や革命家たちは日露戦争で帝政ロシアが敗れたのを知って歓喜した。[79] 革命家ウラジーミル・レーニンは、日露戦争における日本の勝利を高く評価している。フィンランド、トルコ、インドなどは日露戦争における日本の勝利に鼓舞された。

日露戦争には、以下の後日談もある。敗者となったバルチック艦隊司令官ロジェストヴェンスキー提督は、日本軍の砲弾で負傷し、降伏した後、佐世保の海軍病院に入院中、東郷平八郎大将の見舞いを受けた。東郷大将から「はるばる遠路回航してこられたのに、ご勇戦の甲斐なく重傷を負われ、衷心よりご同情申し上げます。我ら武人は祖国のため命をかけておりますが、もちろん私欲などはありません。ここで十二分にご療養され、一日も早く全癒されることをお祈りします。何かご希望の次第がありましたら、ご遠慮なく申し伝え下さい」と述べたところ、ロジェストヴェンスキー提督は涙を浮かべ、東郷をじっと見つめたといわれる。東郷が示した「惻隠《そくいん》の情」であった(80)。

日露戦争終結後、日本はロシア人捕虜を四国松山の収容所で人道的に扱い、ロシア側から感謝された。あまり知られていないが、ロシア側も日本人捕虜を厚遇した。ニコライ二世は、日露戦争の主戦場であった満洲から遠く離れた首都サンクトペテルブルクからあまり遠くないノーヴゴロド州メドヴェージ村にシベリア鉄道で輸送して、厚遇した。捕虜を遠くまで連れてきたのは、日本人にロシアの広大さを実感させ、将来、ロシアに攻め込まれないようにするためであった(81)。また日本人捕虜を厚遇したのは、捕虜に対する人道的な処遇を決めたハーグ陸戦条約を順守し、国際世論を味方につける思惑があったようである(82)。帝政ロシアの日本人捕虜に対する人道的な待遇は、第二次世界大戦後、シベリアなどに強制抑留された日本人捕虜への厳しい処遇と対極をなすものである。

日露戦争のさなか、ロマノフ王朝に対する批判がロシアで空前の高まりを見せた。一九〇五年一月、首都で一〇万人規模の労働者とその家族たちが決起したところ、軍隊が発砲し、多数の死者が出た。この「血の日曜日事件」はロマノフ王朝の終焉を告げた一九一七年の二月革命の遠因となった。日本公使館付駐在武官としてサンクトペテルブルクに赴任していた明石元二郎陸軍大佐が、日露戦争勃発後スウェーデンに飛び、極秘作戦に基づきロシアの内外にいた革命派に総額八〇億円の資金を提供し、ロシア政府打倒運動を支援した。このことが「血の日曜日事件」(第一次ロシア革命)につながったとする見方もある。

Ⅳ　日露戦争後の接近と軍事同盟締結

日露戦争で敗北した後、帝政ロシアはピョートル・ストルィピン宰相の指揮の下で起死回生のため近代化に乗り出した。[83] 対外政策の面では、バルカン半島に再度目を向けるとともに、アジア政策を練り直し、モンゴルから清国の影響力を排除するためモンゴルの独立運動を支援した。その一方で、ロシアは清国と交渉し、一九〇八年、北満洲を横断してハルビンと旅順口を結ぶ鉄道線の支線であるアムール鉄道の工事に着工する権利と旅順口および大連港を二五年間租借する権利を獲得した。[84] 満洲国時代、日本はこの鉄道を北満鉄道と呼んだ。ロシアは北満洲を横断する鉄道線と海への出口を支配下に置くことに執念を燃やした。鉄道線のロシア語名は、キタイスコ・ヴォストーチナヤ・ジェレーズナヤ・ダローガで、日本側呼称は、東清《とうしん》鉄道または東支鉄道である。

一九〇五年のポーツマス講和条約締結から一九一七年にロシア革命によってウラジーミル・レーニン首班のボリシェビキ政権が誕生するまでの時期は、帝政ロシアがアジアからヨーロッパに再び軸足を置いたことや日本に友好的な政策をとったことから、日露関係は良好であった。日本はロシアを敵視した日英同盟を継続する一方、ロシアとの間で一九〇七年七月、第一次日露協約を締結した。以後、一九一六年まで四度にわたって結ばれた日露協約は、一見平凡な内容であったが、モンゴル、満洲、朝鮮半島の権益をめぐって秘密協定がついていた。そのなかで、日露関係を強固にすることが謳われ、①紛争を回避するため南北満洲に境界線を画定して互いに侵犯しないこと、②朝鮮半島においては、日本が南満洲に隣接する韓国と関係を発展させることにロシアは干渉しないこと、③北満洲に隣接するモンゴルにおいては、日本はロシアの特殊利益を尊重して干渉しないこと――で日露両国が合意した点が明記された。[85]

日露協約に基づいて、一九一〇年八月、日本は韓国を併合した。他方、ロシアは満洲北部を横切る鉄道線建設に力を入れた。米国は門戸開放を旗幟に日露が満洲を勢力圏として分割するのを阻止するため、清国擁護に傾いた。米国の対中接近は日露の接近に拍車をかけ、日露関係は協約から同盟へと緊密化していった。[86] 明治の終わりから大正の初めごろまでは、日露関係史上両国の友好関係が最も高まった時期にあたり、日本にロシア文学が次々と入ってきたといわれる。一九〇九年、ウラジオストクに日本総領事館が開設された。中国では一九一二年一〇月、清国で革命が起こり、中華民国が誕生した。

ロシアとの絆を強化するにあたって、明治政府は英仏両国に秘密協定草案の複写を内示し、日英同盟と矛盾するものではないことを強調した。さらに、日露が関係を深めることにより、ロシアは日本から弾薬を獲得しやすくなり、極東において脅威がなくなることで欧州で戦いやすくなるため、英仏の国益に叶うと利点を力説した。[87]

一九一四年八月、第一次世界大戦が勃発すると、帝政ロシアはドイツに対抗すべく「極東永久の平和と日露永遠の利益のため」、英仏露からなる三国協商に参加するよう日本に打診してきた。日本は打診に応じなかったものの、ロシアの要請を受け入れ、要塞砲、速射砲、小銃、弾薬、食糧を供与することにした。その結果、日本は帝政ロシアに最も多くの武器を輸出する国家となった。[88] 対露武器輸出は日本の産業の発展に大いに刺激を与えたとされる。

第一次世界大戦のさなかの一九一六年七月、ロシア側の発案でサンクトペテルブルクで第四次日露協商の名のもとで秘密裏に日露軍事同盟が締結された。[89] その目的は、極東における平和を維持するため、両国に敵対する第三国が中国を政治的に支配するのを阻止する点にあった。「支那国が日本またはロシアに対し敵意を有する第三国の政治的掌握に帰せざること緊要なりと認める」場合、とるべき措置について協議すべきこと（第一条）、「締約国の一方と前条に記述した第三国との間に宣戦があった場合は締約国の他の一方は請求に基づき同盟国に援助を行うべきこと」（第二条）が明記された。[90] 明瞭に規定されてはいないが、日露軍事同盟は米国を仮想敵としたものであったようだ。[91]

日露戦争で日本が勝利を収めた結果、日英同盟が形骸化していったのは確かだが、日英同盟に加え、日本がロシアと事実上の軍事同盟を締結することにより、日本は海と陸の双方の安全を強化することができた、とロシアの研究者D・B・パヴロフは分析している。[92] 他方、日露軍事同盟を締結することにより、帝政ロシアは日本が背後から襲ってくるのではないかという懸念を払拭することができた。

こうした日露の友好関係を根本的に変えたのが、ロシア革命である。一九一七年、二月革命の結果、帝政ロシアが倒れ、レーニンの指導の下で一〇月革命が起こり資本家に代わり労働者が支配する国家の建設をめざす社会主義政権が誕生すると、日露は敵対関係に入ることになった。

おわりに

日露通好条約締結から日露戦争が勃発する二年ほど前まで、日露関係は友好的であった。しかし、一転して一九〇四年から〇五年にかけて、日露は満洲と朝鮮半島における覇権をめぐって戦火を交えた。ところが、日露戦争後、ロシアは外交政策を再検討して、日本に接近し、日露友好の「黄金時代」（ワシーリー・モロジャコフ）もしくは「例外的な友好時代」（エドワルド・バールィシェフ）が到来し、四次にわたって日露協約が結ばれ、さらに、軍事同盟を結ぶまでになった。ポーツマス講和条約調印後、門戸開放、機会平等を唱道し中国市場への参入を狙っていた米国は、英国の衰退に乗じて日露とりわけ日本が中国市場を独占するのではないかと懸念し、牽制を加えたが、第一次世界大戦のさなかにロシア革命が起こり、ボリシェビキ政権によって日露軍事同盟は破棄されてしまった。米国は安堵したに違いない。

ロシアは第一次世界大戦にも敗北しているが、元ロシア外務次官ゲオルギー・クナーゼによれば、ロマノフ王朝の三〇〇年に及ぶ歴史で、戦争に負けたのは英国、フランス、オスマン・トルコ帝国の三国を敵に回して戦ったクリミア戦争と日本と戦った日露戦争だけであった。日露戦争での敗北は、一九〇五年の「血の日曜日事件」（第一次ロシア革命）、一七年のボリシェビキ革命につながり、二〇世紀のロシアの壮大な悲劇の幕開けとなった。日露戦争での敗北がなければ、ロシアの歴史は変わっていたかもしれない。クナーゼは日本の力を過小評価したニコライ二世や側近は戦略的ミスを犯したと指摘している(93)。他方、日本は日露戦争で勝利することによって列強の仲間入りをした。日露戦争におけるロシアの敗北は極東における力のバランスを大幅に変えた。

日露戦争で敗北した結果、ロシアの東方政策は大きく挫折し、修正を余儀なくされた。ロシアの東方政策が再び活発化したのは、一九四五年二月に開催されたヤルタ会談以降のことである。歴史的に回顧すると、日露戦争後出現した「ポーツマス講和体制」期は、今日に至るまで樺太・千島列島に対する日本の影響力が最も強い時にあたる。

日本は両国間の国境を定めた日露通好条約を北方四島返還の拠り所としている。それに対し、ロシアは帝政ロシア時代に幕府を相手に締結した条約はロシア革命が起こった結果失効したと力説しており、両国の主張は今日に至るまで平行線をたどっている。

（1） Richard Pipes, *Russia under the Old Regime*, revised ed.（London: Penguin Books, 1997）, p. 83.
（2） ロシアの毛皮貿易や東方進出については、森永貴子『ロシアの拡大と毛皮交易――16～19世紀シベリア・北太平洋の商人世界』彩流社、二〇〇八年が詳しい。
（3） Victor A. Yakhontoff, *Russia and the Soviet Union in the Far East*（New York: COWARD-McCANN, 1931）, p. 15. ネルチンスク条約の条文は、同書 pp. 351–352 に所収されている。
（4） 吉田金一『近代露清関係史』近藤出版社、一九七四年、八八～九〇頁、大野正美「中ロ国境交渉に見るロシアの領土外交の特質」『海外事情』二〇一五年六月号、七六～七八頁、加藤九祚『シベリアの歴史』紀伊國屋書店、一九九四年、七七頁。
（5） 内田甲『露西亜論』黒龍會本部、一九〇一年、七〇頁。
（6） 森永『ロシアの拡大と毛皮交易』、一六頁。なお、ピョートル大帝は一七一五年、サンクトペテルブルクを正式に首都と宣言している。サンクトペテルブルクとは「ピョートル大帝」の町ではなく、同大帝の守護聖人の名前に由来し、「聖ペテロの町」という意味である。土肥恒之『ピョートル大帝とその時代――サンクト・ペテルブルグ誕生』中公新書、一九九二年、二〇九頁。ソ連時代はレニングラードと呼ばれたが、ソ連解体後は旧名に戻った。
（7） George Alexander Lensen, *The Russian Push toward Japan: Russo-Japanese Relations 1697–1875*（Princeton: Princeton University

Press, 1959), pp. 40–41.

（8）木崎良平『漂流民とロシア――北の黒船に揺れた幕末日本』中公新書、一九九一年、一五頁。

（9）秋月俊幸『千島列島をめぐる日本とロシア』北海道大学出版会、二〇一四年、三六～三七頁。

（10）石郷岡建・黒岩幸子『北方領土の基礎知識』東洋書店新社、二〇一六年、八四頁、および村山七郎『クリル諸島の文献学的研究』三一書房、一九八七年、六頁参照。

（11）John J. Stephan, *The Kuriles Islands: Russo-Japanese Frontier in the Pacific* (Oxford: Clarendon Press, 1974), pp. 35–36.

（12）Lensen, *The Russian Push toward Japan*, pp. 40–60.

（13）山下恒夫『大黒屋光太夫――帝政ロシア漂流の物語』岩波新書、二〇〇四年、一三九～一四〇頁、秋月『千島列島をめぐる日本とロシア』、一一二～一一三頁。

（14）秋月『千島列島をめぐる日本とロシア』、一一二頁、および木崎良平『光太夫とラクスマン――幕末日露交渉史の一側面』刀水書房、一九九二年、六〇頁。

（15）山下『大黒屋光太夫』、一三九～一四〇頁。

（16）木崎『漂流民とロシア』、六四～六五頁。

（17）秋月『千島列島をめぐる日本とロシア』、一三〇～一三一頁。

（18）E・ファインベルク（小川政邦訳）『ロシアと日本―その交流の歴史』新時代社、一九七三年、九九～一〇五頁。

（19）郡山良光『幕末日露関係史研究』国書刊行会、一九八〇年、一七二頁。

（20）レザーノフ（大島幹雄訳）『日本滞在日記　一八〇四―一八〇五年』岩波文庫、二〇〇〇年、一〇～一一頁。

（21）同右、三八三頁。

（22）山下『大黒屋光太夫』、二二五頁。

（23）S. Grishachev ed., *Istoriya rossiisko-yaponskikh otnoshenii: XVIII - nachalo XXI veka* (Moskva: Aspekt Press, 2015), pp. 49–50.

（24）ゴロヴニン（井上満訳）『日本幽囚記』（上）、岩波文庫、一九四三年、一六頁。

（25）W・M・ゴロウニン（徳力真太郎訳）『ロシア士官の見た徳川日本――続・日本俘虜実記』講談社学術文庫、一九八五年、一三頁。

（26）岡田和裕『ロシアから見た北方領土――日本から見れば不法でも、ロシアにとっては合法』光人社ＮＦ文庫、二〇一二年、七二頁。
(27) ジョン・J・ステファン（安川一夫訳）『サハリン――日・中・ソ抗争の歴史』原書房、一九七三年、六頁。
(28) 秋月『千島列島をめぐる日本とロシア』、四五頁。間宮林蔵の黒龍江流域の探索については、間宮林蔵述・村上貞助編『東韃地方紀行他』平凡社、一九八八年を参照されたい。
(29) Lensen, *The Russian Push toward Japan*, p. 263.
(30) 和田春樹『開国――日露国境交渉』日本放送出版協会、一九九一年、一三～一五頁。
(31) 玉木功一『プチャーチン使節団の日本来航――ロシアからみた安政の日露通好条約への道』協同組合岐阜マルチメディア研究所、二〇〇七年、二二頁および木崎『漂流民とロシア』、一八二頁、和田『開国』、三六頁など参照。
(32) 石川一洋「歴史の文脈で見た日ロ関係」『ロシア・ユーラシアの経済と社会』第一〇〇〇号、二〇一五年一二月～二〇一六年一月号、一一五～一一六頁。
(33) Robert C. Tacker, *The Soviet Political Mind: Stalin and Post-Stalin Change*, revised ed. (New York: W. W. Norton & Company, 1971), pp. 205–211.
(34) 安野正士・河原地英武「近代化とアイデンティティの模索」東郷和彦、アレクサンドル・パノフ編『ロシアと日本――自己意識の歴史を比較する』東京大学出版会、二〇一六年、四六頁。
(35) 山下『大黒屋光太夫』、五七頁、木崎『漂流民とロシア』、一八二頁。
(36) 真鍋重忠『日露関係史　一六九七―一八七五』吉川弘文館、一九七八年、二三六頁。
(37) 「ニコライ一世のプチャーチン提督宛訓令（一八五三年）」日本国外務省・ロシア連邦外務省編『日露間領土問題の歴史に関する共同作成資料集』一九九二年、邦文六頁、露文 p. 9。
(38) 保田孝一「『北方四島日本帰属』記す外交文書　ペレストロイカの国」『朝日新聞』一九九一年一〇月一五日。
(39) 日露通好条約締結交渉の詳細については、川路聖謨（藤井貞文・川田貞夫校注）『長崎日記・下田日記』平凡社、一九六八年を参照されたい。
(40) 郡山良光『幕末日露関係史研究』、二五三～二五五頁。
(41) 日本国外務省・ロシア連邦外務省編『日露間領土問題の歴史に関する共同作成資料集』、邦文六頁、露文 p. 9。
(42) 『朝日新聞』一九九一年一〇月二四日夕刊。

(43) A. E. Zhyukov, *et.al.* eds., *Istoriya Yaponii*, vol. 1 (Moskva: Ivran, 1998), p. 613.
(44) George Alexander Lensen, "The Importance of Tsarist Russia to Japan," *Contemporary Japan*, vol. xxiv, nos. 10–12 (April 1957), p. 631.
(45) デニス・ウォーナー、ペギー・ウォーナー（妹尾作太男・三谷庸雄共訳）『日露戦争全史』時事通信社、一九七八年、一一五頁。
(46) 井出敬二『〈中露国境〉交渉史――国境紛争はいかに決着したのか?』作品社、二〇一七年、三四～三六頁。
(47) Aleksandr Shirokorad, *Russko-yaponskie voiny, 1904–1945* (Moskva: Kharvest, 2003), p. 26.
(48) 下斗米伸夫「初めて日本を『対等な交渉者』に――樺太千島交換条約の舞台裏」榎本隆充・高成田享編『近代日本の万能人 榎本武揚一八三六―一九〇八』藤原書房、二〇〇八年、一二四頁。
(49) ピーター・バートン『日露領土問題１８５０―１８７５』鹿島研究所出版会、一九六七年、五二～五三頁。
(50) John Lewis Gaddis, *Russia, The Soviet Union, and the United States: An Interpretive History* (New York: John Wiley and Sons, 1978), pp. 24–25.
(51) 秋月俊幸「幕末の樺太における日露雑居の成立過程（承前）」『北方文化研究』第一二号（一九七八年）、一九七頁。なお、樺太島仮規則の本文は、外務省調査部編『大日本外交文書』第二巻第一冊、日本國際協會、一九三七年、二九一～二九五頁に所収されている。
(52) Demin, S. A. Drzdov, A. Lazarev, V. Perfil'ev, eds. *Rossiya-Yaponiya: istoricheskii put' k doveriyu* (Moskva: Yaponiya segodnya, 2008), p. 93.
(53) 平岡雅英『日露交渉史話――維新前後のロシアと日本』原書房、一九八二年、三八七頁。
(54) 宮崎千穂「外国軍隊と港湾都市――明治三〇年代前半における雲仙のロシア艦隊サナトリウム建設計画を中心に」『スラヴ研究』第五五号（二〇〇八年）、二二九～二三三頁。
(55) 生田美智子「一八―一九世紀の遺産――日本型華夷秩序から西洋型国際秩序へ」五百旗頭真、下斗米伸夫、A・V・トルクノフ、D・V・ストレリツォフ編『日ロ関係史――パラレル・ヒストリーの挑戦』東京大学出版会、二〇一五年、一六～一七頁。
(56) 三浦信行「樺太、千島交換条約に関する歴史的展開」『日本政教研究所紀要』第四号（一九八〇年）、一一七頁。
(57) 醍醐龍馬「榎本武揚と樺太千島交換条約（一）――大久保外交における「釣合フヘキ」条約の模索」『阪大法学』第六五巻

二号、二〇一五年、八五二頁。

（58）Grishachev, ed., *Istoriya rossiisko-yaponskikh otnoshenii*, p. 106.

（59）醍醐龍馬「榎本武揚と樺太千島交換条約（二・完）——大久保外交における「釣合フヘキ」条約の模索」『阪大法学』第六五巻三号（二〇一五年）、八五二頁および清澤洌『日本外交史』上巻、東洋経済新報社出版部、一九四二年、一八六頁など参照。

（60）Warren Bartlett Walsh, *Russia and the Soviet Union: A Modern History*（Ann Arbor: The University of Michigan State Press, 1958, pp. 276–277.

（61）末澤昌二・茂田宏・川端一郎編著『日露（ソ連）基本文書・資料集』（改訂版）ＲＰプリンティング、二〇〇三年、二三～二五頁。

（62）Vladimir Trofimov, *et al.* ed., *Staryi Vladivostok*（Vladivostok: Utro Rossii, 1992）.

（63）保田孝一「ニコライ二世と明治の日本」ロシア史研究会編『日露二〇〇年——隣国ロシアとの交流史』彩流社、一九九三年、九三頁。

（64）陸奥宗光『蹇蹇録』岩波文庫、一九三三年、一三～一九頁。

（65）セルゲイ・G・ゴルシコフ（宮内邦子訳）『ソ連海軍戦略』原書房、一九七八年、七二頁。

（66）田畑則重『日露戦争に投資した男——ユダヤ人銀行家の日記』新潮新書、二〇〇五年、一九頁。

（67）ウッドハウス暎子『日露戦争を演出した男——モリソン』（上）、新潮文庫、二〇〇四年、二三八～二三九頁。

（68）伊藤之雄『伊藤博文——近代日本を創った男』講談社学術文庫、二〇一五年、五一四頁。

（69）Sergei I. Witte（Avrahm Yarmolinsky, ed.）, *The Memoirs of Count Witte*（New York: Doubleday, Page & Company, 1920）.

（70）日刊労働通信社編『ソヴィエト国際法』日刊労働通信社、一九六二年、五四九頁その他。

（71）Ian Nish, *The Origins of the Russo-Japanese War*（London: Longman, 1985）, p. 241. 保田孝一『最後のロシア皇帝ニコライ二世の日記』講談社学術文庫、二〇〇九年、一四二頁。

（72）稲葉千晴『バルチック艦隊ヲ捕捉セヨ——海軍情報部の日露戦争』成文社、二〇一六年、二四四頁。

（73）保田『最後のロシア皇帝ニコライ二世の日記』、一七四頁。

（74）Gaddis, *Russia, The Soviet Union, and the United States*, p. 39.

(75) コンスタンチン・サルキソフ（鈴木康雄訳）『もうひとつの日露戦争——新発見・バルチック艦隊提督の手紙から』朝日新聞出版、二〇〇九年、二八八頁。

(76) 北緯五〇度で陸の国境を画定するため、天文測量で位置を決めたが、一九七五年にＧＰＳ（全地球測位システム）で台座の経度を調査したところ、四九度五九分五七秒と表示され、日本は緯度にして三秒損をしていたことが判明した。『朝日新聞』二〇一五年一〇月一九日夕刊。

(77) 外務省編『小村外交史』（下）、紅谷書店、一九五三年、一二九頁。

(78) 保田『最後のロシア皇帝ニコライ二世の日記』、一八一頁。

(79) アレクサンドル・ソルジェニーツィン（井桁貞義他訳）『廃墟のなかのロシア』草思社、二〇〇〇年、一六四頁など参照。

(80) 西原正「東京オリンピック決定の歓喜に欠けた惻隠の情」『安保研報告』（安全保障問題研究会）二〇一三年九月二〇日号。

(81) 「ロシアの声」二〇一五年六月二七日。

(82) 内藤泰朗「日露戦争一〇〇年　日本人捕虜の墓地整備」『産経新聞』二〇〇五年七月一八日。

(83) 詳細は、伊藤憲一「ロシア近代化とストルィピンの改革」（一）（二）（三）『月刊共産圏問題』第八巻第一二号、一九六四年一二月、第九巻第一号、一九六五年一月、第九巻第二号、一九六五年二月を参照されたい。

(84) 鄭成『国共内戦期の中共・ソ連関係——旅順・大連地区を中心に』御茶の水書房、二〇一二年、二八頁。

(85) 伊東六十次郎『機密文書でつづるロシアの太平洋侵略史』日本生活問題研究所出版局、一九八〇年、二二頁。

(86) Ian Nish, *Alliance in Decline: A Study in Anglo-Japanese Relations, 1908–23* (London: Longman, 1972), p. 175.

(87) Ibid., p. 175.

(88) エドワルド・バールィシェフ「第一次世界大戦期の『日露兵器同盟』とロシア軍人たちの『見えない戦い』——ロシア陸軍省砲兵本部の在日武器軍需品調達体制を中心に」『ロシア史研究』第九三巻（二〇一三年）、二五頁。D. B. Pavlov, *Russko-yaponskie otnosheniya v gody Pervoi mirovoi voiny* (Moskva: ROSSPEN, 2014), pp. 91–112.

(89) 沼田市郎『日露外交史』大阪屋號書店、一九四三年、二〇三頁。

(90) 外務省編纂『日本外交文書　日本外交追懐録』（一九〇〇—一九三五年）外務省、一九八三年、二四七頁。

(91) Grishachev, ed., *Istoriya rossiisko-yaponskikh otnoshenii*, p. 130.

(92) Pavlov, *Russko-yaponskie otnosheniya v gody Pervoi mirovoi voiny*, p. 149.

（93）「JIJI NewsWide」、二〇〇四年二月九日。

第2章　スターリンと日ソ戦争への道——中立から対日参戦へ

はじめに

一九四五年八月六日、広島に原爆が投下され、九日に四六年まで有効であった日ソ中立条約に背理し、約一五七万のソ連軍が大挙して満ソ国境を越えて、三方面より電撃的な攻撃をかけた。ジョージ・アレグザンダー・レンセンが「奇妙な中立」と命名した日ソの不安定な関係が崩壊し、第二次世界大戦末期、両国は戦端を開くことになったのである。(1)

本章で特に解明したいのは、次の点である。①ロシア革命後、日本が米国と歩調を合わせて行ったシベリア出兵に対して、ボリシェビキ政権はいかなる反応を示したのか、②ヨシフ・スターリンは満洲事変や満洲国建国に対しどのように反応したのか、③スターリンはどのようにして日独連携を打破しようとしたのか、④なぜスターリンは日本側が求めた日ソ不可侵条約締結を嫌い、中立条約の締結という選択肢を選んだのか、⑤スターリンは対日参戦をいつ頃から本格的に考え、どのような準備をし、どのような駆け引きを米英日と行ったのか、⑥スターリンはヤルタ会談でソ連に有利な密約を結ぶため、いかなる準備をしたのか、⑦原爆投下はスターリンのソ連対日参戦計画にいかなる影響を与えたのか。また原爆投下とソ連対日参戦、日本の降伏との間には、どのような相関関係が認められるのか、⑧終戦後なぜスターリンは多数の日本軍将兵をシベリア等に抑留したのか、⑨第二次世界大戦中、スターリンは中国国民党と中国共産党にどの程度支援をしたのか、最後に⑩一九三〇年代初頭から四五年の日本敗戦までのスターリンの対日政策を歴史的視点からどのように総括すべきか。ソ連対日参戦について日米露の資料を渉猟して分析し、スターリンの対日政策の全体像を浮き彫りにしたい。

Ⅰ　日本の勢力拡張とソ連の反応――シベリア出兵・ノモンハン事件・満洲国建国

シベリア出兵

第一次世界大戦のさなかの一九一七年三月、世界各国の共産主義運動を指導するため、モスクワに本部を持つコミンテルン（第三インターナショナル）が創設された。そして一〇月革命によってボリシェビキ政権が樹立された。指導者ウラジーミル・レーニンは欧州でも共産主義革命が起きるのを期待した。それに対しイギリスとフランスは、赤化の波が欧州に広がるのを警戒し、ボリシェビキ政権打倒に乗り出し、軍隊を派遣したというのがソ連の主張である。ところが、英仏はボリシェビキ政権打倒をめざしていたわけではなかった。当時、西部戦線でドイツを相手に熾烈な戦闘を展開していた両国は、ロシアが革命後戦線から離脱して東部戦線が崩壊し、ドイツが西部戦線に戦力を集中させる事態を阻止しようとして介入したのである。(2)こうした考えで英仏は日米両国に出兵を要請した。他方、ロバート・ランシング米国務長官は、米国が要請しない場合、日本が単独出兵することを危惧した。そうした事態になるのを未然に防ぐため、米軍と歩調を合わせてウラジオストクに軍を上陸させるよう日本に要請した。(3)さらにチェコスロヴァキア軍団への弾薬や医薬品の提供も日本に求めた。

シベリアでボリシェビキ軍と戦っていたチェコスロヴァキア軍団を救出するという大義名分のもとで、一九一八年七月末、英仏軍がアルハンゲリスクに上陸し干渉戦争が始まった。八月上旬、英仏軍がウラジオストクに上陸した。後を追うようにして、八月から九月にかけて米国と日本が共同出兵の形をとって陸軍をウラジオストクに上陸させた。日本は、シベリア出兵を契機に北満洲からウラル山脈以東に勢力圏を確立しようとした。八月、日ソの国交が断絶した。その後、一九二五年一月に日ソ基本条約が締結されるまで、日ソ外交関係は六年五カ月にわたって途絶えた。シベリア干渉間もない一九一八年一一月、第一次世界大戦が終結し、英仏軍は撤退した。続いて翌月までに、米国はチェコスロヴァキア軍救出の目的は完了したとして軍隊を撤退させたが、日本は増兵を試みた。

シベリア出兵のさなかの一九二〇年三月から五月にかけて、日本の北洋漁業の中心地で、アムール河の河口に位置する日本人の商店もあったニコラエフスク・ナ・アムーレ（尼港）が、ヤコフ・トリャピーツィンが率いる約四〇〇〇人の共産党パルチザン（遊撃隊）に襲撃され、在留邦人や守備隊のほとんどが殺害されるという惨事が起こった。日本はボリシェビキ政権に対しリーダーの処刑および領土の割譲を求めた。七月、日本は北サハリンを「保障占領」すると宣言した。「保障占領」とは、尼港事件が解決される間の担保として占領することを意味していた。(4) シベリア出兵は、シベリア満洲出兵と呼ばれることがあるが、樺太出兵も付け加えたい。

一九二〇年四月、極東共和国の建国が宣言され、二月革命まで米国に亡命していたアレクサンドル・クラスノシチョーコフを首班とする極東共和国政府が発足した。バイカル湖以東から太平洋岸までが極東共和国の領土であった。極東共和国設立の目的は、①ロシア・ソヴィエト社会主義共和国（以下、ソ連）と日本との軍事衝突を回避すること、②シベリアに出兵していた日本に撤退を促すことと、それに③ソ連国内の反革命勢力に打撃を与えることの三点にまとめられる。(5) 極東共和国は、日米両国に向けて日本の即時撤兵を要求する声明を発表した。

一九二一年には約七万三〇〇〇の大軍がシベリアの荒野に駐留し続けた。日本が撤兵したのは、シベリア出兵に参加した国の中で最も遅い二二年一〇月のことであった。日本軍撤兵は米国が日本に圧力をかけた結果であった。日本軍がシベリアから撤退すると、直ちにソ連は極東共和国を廃止し、自国に統合してしまった。

シベリア出兵は、米国と共同出兵の形で行ったものであったが、撤退が遅れたことから外国の不信を招いたり、ロシアの怨恨を買ったり、莫大な国費を浪費したり、何一つ良いことはなかった。シベリア出兵は、後日ソ連が日本の外交政策の侵略性を立証するための口実にもなった。

一九二二年四月、ソ連は欧州第一の工業国で、ソ連が必要とした物資を供給できるドイツとラッパロ条約を締結して、外交・通商関係を樹立した。日本に対しては、翌二三年にレフ・カラハン・ソ連駐華大使が芳澤謙吉・駐華公使を訪れ、国交樹立交渉の開始を打診し、翌年春、国交樹立交渉が正式に開始された。紆余曲折の後、北樺太において日本人が持っていた油田や炭田の利権に関する日本の主張をソ連側が呑んだため[6]、二五年一月、日ソ基本条約が締結され、翌月、外交関係樹立の運びとなった。北京において調印されたことから、ロシアでは北京条約（ペキンスカヤ・コンヴェンツィヤ）と呼ばれている。日ソ基本条約の第二条で、ポーツマス講和条約の効力が完全に存続することが確認された[7]。

日ソ基本条約では、日ソ両国が「善隣及経済協力ノ関係ヲ促進セシムルコトヲ希望」することが記され、第五条で両締約国は「秩序及安定を危殆ナラシムル」行為をしないことが盛り込まれた。これは、日本が再びシベリア出兵のような行為をしないことのほか、ソ連が日本において共産主義の普及を控えることを意味していた。ちなみに、一九二二年、ソ連は日本にコミンテルン支部（日本共産党）を設立し、日本において共産主義思想の普及に乗り出していたのである。

日ソ基本条約と同時に調印された議定書により、北サハリン（北樺太）からの日本軍撤退を条件に日本は同地での石油の利権を獲得した。だが、日本が獲得した探鉱区が点在し、地質調査や道路建設などで膨大な費用がかかることが予想され、日本にとってあまり魅力的なものとはいえなかった[8]。

日ソ基本条約締結の前年、「中華民国の一部で自治を尊重する」と主張しつつ、ソ連が外モンゴルに衛星国モンゴル人民共和国を誕生させた点についても言及しておく(9)。首都は、モンゴル語で「赤い英雄」を意味するウランバートルに改名された。次第にスターリンはイデオロギーよりも地政学的利益に基づいて外交政策を推進するようになった。

その後もソ連の南下政策は続き、一九二九年には、「馬賊を懲罰する」という大義名分でソ連軍が中国国境を侵犯して満洲北部に入る事件が勃発した(10)。東清鉄道の経営権を確保するため、ソ連軍が満洲北部のいくつかの街を占拠するという事件も起きた。日ソ両国は満洲を舞台に衝突する道を歩んだ。満洲におけるソ連の関心は、以下のように整理することができる。①日本からの軍事的脅威の除去とソ連極東の安全確保、②北満における鉄道線と不凍港の獲得、③朝鮮半島進出のための橋頭堡確保、である。さらに満洲国建国後は、さらに満洲の工業設備などの獲得といった目標が加わった。

満洲国建国とスターリンの対応

一九三一年九月、満洲事変が起きた。奉天(現、瀋陽)郊外柳条湖《りゅうじょうこ》で満洲鉄道の本線が爆破された。日本政府は臨時閣議を開いて不拡大方針を決めたのだが、石原莞爾《かんじ》作戦参謀を中心とする関東軍の一部高級将校は、張学良軍が画策したとして独走した。関東軍は奇襲攻撃をかけ瞬く間に南満洲をほぼ制圧し、満洲を中国から切り離す動きに出た。満洲事変の目的は、ロシア革命の結果生まれたソ連との戦争に備え、戦略的拠点ならびに軍事的資源供給地として満洲を支配することに加え、中国の辛亥革命の余波が満洲に及ばないようにするためであったとされる(11)。

スターリンは日本の大陸進出に危機感を持ち、満洲事変発生の四カ月後の一九三二年一月、クリメント・ヴォロシーロフ、ヴャチェスラフ・モロトフ、ラーザリ・カガノヴィチ、セルゴ・オルジョニキーゼをメンバーとする国防委員会を招集して軍備計画を策定し、日本の脅威に対処するため、急速に極東ソ連軍を増強した(12)。ヨーロッパ・ロシアからの大規模な部隊派遣が中心で、歩兵師団四個、戦車大隊二個、砲兵師団三個、対化学戦部隊、爆撃機と戦闘部隊などを極東に急派するというのが、その内容であった。

満洲事変の舞台

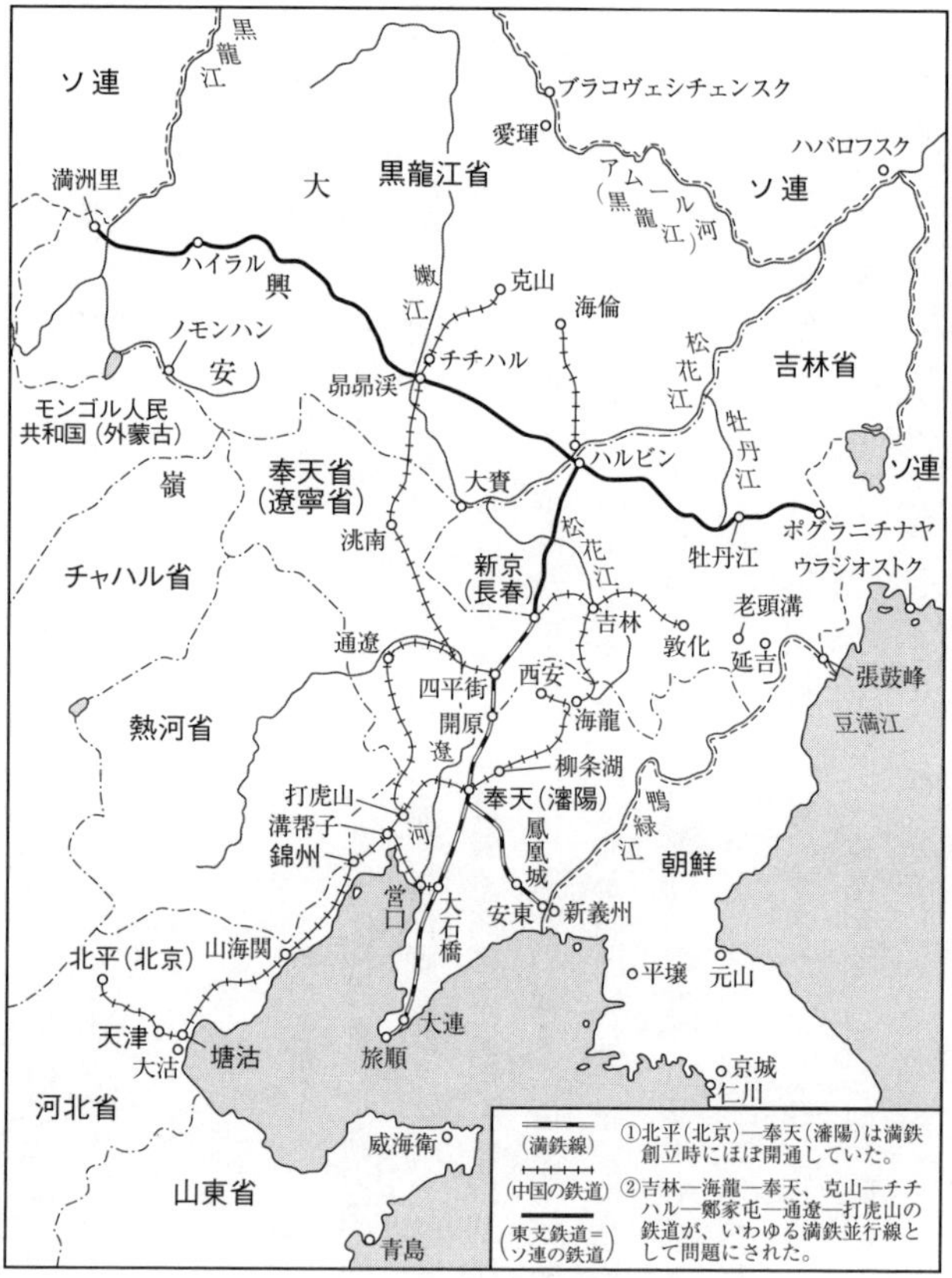

(出典)中山隆志『関東軍』講談社、2000 年を基に作成

その一方で、ソ連極東における自国の脆弱性を実感していたスターリンは、対日宥和策をとった。スターリンは満洲事変の原因を調べるために作られたリットン調査団に代表を送ることを辞退したのみならず、同調査団がソ連領を通過することさえ拒絶した[13]。

一九三一年の年末、マクシム・リトヴィノフ人民委員は広田弘毅駐ソ大使に独ソ不可侵条約の締結を提案した。

ソ連は日本の合意を取りつけることができなかったが、翌三二年、フランス、フィンランド、ポーランド、バルト三国とは不可侵条約を相次いで締結するのに成功した。さらに一九三三年七月、ソ連は条約案を起草して周辺国との間で「侵略の定義に関する条約」を結んでいる。ソ連と条約を締結した国家は、ポーランド、ルーマニア、トルコ、エストニア、ラトビア、アフガニスタン、ペルシャである。侵略の定義は至難で、今日国際法上の一致した見解はないが、同条約は、他国の領土に最初に侵入すればその行為は侵略にあたると定義している[14]。一連の条約は後日ソ連が締結国を攻撃した結果ことごとく破られてしまった。この定義に照らし合わせた場合、一九四五年八月のソ連対日参戦は、「侵略の定義に関する条約」が規定したまさしく侵略行為にあたる。ドイツとソ連は一九三九年に不可侵条約を結んだが、この条約の場合はナチス・ドイツがソ連に侵入し、破ってしまった。

ここで検討すべきは、一九三二年三月の満洲国建国をスターリンがどのように考えていたのかということである。満洲事変後、ヴォロシーロフ政治局員に宛てたスターリンの手紙によると、スターリンが日本が満洲国を建国したのは、①ボリシェビキの悪影響から日本と北部中国を守るとともに、②ソ連と中国の接近を不可能にし、大陸に広範な経済的・軍事的な基盤を作り上げ、将来の日米戦争に備えるためであると考えていたことが判明する。(15)

日本が満洲国を建国したのち、ソ連極東の防衛を固めるため、さまざまな手を打った。スターリンは一九三二年四月、日露戦争で弱体化した海軍を立て直すためソ連太平洋艦隊を創設したり、シベリア鉄道の複線化に取り組んだり、ソ連極東に屯田兵を送り大規模な入植を進めることなどを決定している。一方、満洲国建国後、日本は白系ロシア人、満洲人、朝鮮人、モンゴル人などを諜報員として使ったが、大半はソ連のダブル・スパイであることが多かったとされる。(16)

ここで言及したいのは、一九三三年にスターリンの命令で諜報員を送り込むため中国とソ連の間に秘密の地下トンネルを掘ったことである。地下トンネルはウラジオストクから一五三キロメートルのところにあった。(17) 翌三四年には、スターリンの指令により、ハバロフスクの西方二〇〇キロの地にビロビジャン・ユダヤ自治州が設立され、アムール河を挟んで対峙する満洲国との緩衝地域にユダヤ人が入植した。(18) 三六年三月には、ソ連はモンゴル人民共和国とソ蒙相互援助条約を締結して、防衛体制をさらに強化した。

その一方で、日本との友好関係を維持するため、スターリンは一九二四年以来中ソが共同経営していた全長一七三八キロに及ぶ北満鉄道（東支鉄道）を満洲国に譲渡する方針をとった。東支鉄道は、満洲里からハルビンまで延び、そこで二つに分かれ、東は北満洲を貫いてポグラニチナヤまで走り、西はハルビンから南下し長春で満洲鉄道に接続する。東支鉄道売却の正式交渉は三三年四月に東京で開始され、三五年三月に合意が成立した[19]。

スターリンは米国と外交関係を樹立し、米国と連携して日本を牽制する方針をとった[20]。スターリンは、フランクリン・ルーズヴェルト大統領が日本の中国大陸進出を歓迎せず、満洲国を承認しない方針であることを知って喜び、交渉の末一九三三年一一月、ロシア革命以来ソ連と外交関係がなかった米国との国交の樹立に成功している。将来発生しうる日本との戦争に備え米ソの連帯を印象づけるのが、米ソ外交関係樹立の目的の一つであった。

ドイツでは同三三年一月、ヒトラー政権が登場し、ゲルマン民族発展のため「生存圏」の確保をめざした。国際連盟で、満洲国を建国したのは自衛権の発動であるとする主張が拒否されたため、日本は三月、国際連盟脱退を通告した。ドイツは日本に続いて一〇月、国際連盟を脱退した。翌年九月、日独と入れ替わるようにしてソ連は国際連盟に加入している。

他方、日本は一九三六年一一月、日独防共協定を締結し、共産主義国家ソ連の脅威に備えた。日独防共協定には、日独両国が国際共産主義運動の指導組織コミンテルン（第三インターナショナル）に対抗するため協力することや国内の共産主義運動を取り締まることなどが明記されていた。日独防共協定締結にソ連は反発し、改訂版日ソ漁業条約への調印を拒否し、その後漁業条約を一年ごとに延長するやり方に変えた。日本が北樺太に保有していた石油・石炭の利権に対し、ソ連は露骨にいやがらせをするようになり、生産はじり貧になっていった。モスクワの日本大使館やソ連各地にある日本の領事館に対するソ連の妨害もひどくなった[21]。

日ソ局地戦争――張鼓峰事件からノモンハン事件、盧溝橋事件へ

一九三七年七月、北京郊外の盧溝橋《ろこうきょう》が爆破された。盧溝橋事件の発端については、関東軍説、中国共産党説、スターリン指令説、偶発戦争説などがあり、多岐にわたる。東京裁判では、事件勃発の責任を日本側に帰してはいないが[22]、盧溝橋事件を契機に約八年にわたる日中戦争に突入し、日本は破滅の道を進んでいった。国民党と中国共産党は、

統合司令部を創設して国民党政府の下に国民党軍と中国共産党の八路軍を置いた。[23] スターリンは蒋介石総統の対日参戦要請は断ったものの、盧溝橋事件の翌月の八月二一日、蒋介石総統が率いる国民党政府と中ソ不可侵条約を締結し、「援中抗日政策」に基づき軍事援助を始めた。スターリンが中ソ不可侵条約を締結したのは、中国政府を反コミンテルン陣営から引き離し、抗日陣営に引き寄せ、自国の安全を確保するためであった。[24]

ソ連の軍事支援は、五〇〇万ドルの融資、戦闘機・戦車・大砲・機関銃などの提供、ソ連志願兵からなる戦闘機部隊の編成などから成立していた。ソ連志願兵は南京防衛戦に参戦した。さらに、武漢、南昌を核心基地に、衡陽・宜昌・徐州・洛陽などを前進飛行場として、日本軍占領区域に爆撃をしかけたり、日本軍の戦闘機を迎撃したりした。ソ連は国民党軍に操縦技術を教えたが、[25] ソ連の支援は無償ではなく、鉱物資源などと引き換えであった。

興味深いことに、毛沢東は抗日戦を中国人民が一致団結して戦うべき戦争とは考えていなかったともいわれる。毛沢東は側近たちに「蒋介石と、日本と、われわれは三国志だ」と明言していたという。毛沢東にとって、抗日戦争は日本の力を利用して蒋介石が率いる勢力を滅ぼす好機でもあった。[26]

一九三七年一一月、日独伊三国防共協定が締結された。日本外務省は、この協定はコミンテルンを対象とするもので、ソ連そのものを対象にするものではないとして声明書を出したが、スターリンは協定締結にかなりの衝撃を受けた。というのは、三国が協力して世界を分割しかねないと危惧したからである。[27] 当時モスクワの日本大使館に勤務していた西春彦は、三国防共協定の締結を契機にして、「ソ連は独ソ両国を仮想（?）敵国と見做し、日ソ漁業条約の改定案に調印を拒否するなど、殆ど断交に等しい激しい妨害を加えてきた」と記している。[28]

盧溝橋事件の約一年後の一九三八年七月、地形が複雑で国境がはっきりしない、満洲国とモンゴル人民共和国の国境地帯にある張鼓峰《ちょうこほう》の山頂にソ連兵が侵入し、張鼓峰事件が起きた。張鼓峰事件発生を契機に、日本・満洲国連合軍とソ連・モンゴル連合軍が戦端を開いた。[29] 一九三五年以降、五カ年計画に基づき極東ソ連軍の機械化を進めてきたスターリンは、関東軍の力を試すとともにソ連軍の強さを日本に印象づけ、ソ連極東に日本が勢力を伸ばすのを阻止するとともに、北進ではなく南進や太平洋方面への進出を促そうとした。ソ連は、国境はハッサン湖の西を走り、張鼓峰もソ連領内だと主張し、国境線を朱で書いた写真を日本側に提示して正当化に努めた。押し問答が続いたが[30]、八月一〇日、日ソ両軍とも現状の線にとどまるという条件で停戦が成立した。

ところが、一九三九年五月、今度は関東軍が越境して、ソ蒙連合軍が応戦し、ノモンハン事件（ソ連呼称ハルヒン・ゴールの戦い、もしくはハルヒン・ゴール事件）が起きた。八月、スターリンの命令によってソ連軍が反撃に転じ、再び軍事衝突が起きた。国境地帯の領土の帰属をめぐって、死闘が繰り広げられた。予想外の日本軍の激しい抵抗に遭遇したため、スターリンは指揮官を急遽ゲオルギー・ジューコフ将軍に替えた。ジューコフは、日本側に大規模攻勢を悟られないよう巻き返しを図り、情報を秘匿し敵を欺くマスキロフカと呼ぶ周到な誤情報宣伝工作を展開した。そして攻勢ではなく守勢の構えで塹壕を掘ったり、『防戦の心得』という冊子を作って、故意に日本側に流出させたりして、日本側を油断させた[31]。黒宮広昭によると、関東軍第二三師団の小松原道太郎師団長がハルビンで特務機関長を務めていたときにソ連のハニートラップに引っかかり、ソ連側に機密情報を提供したとされる[32]。

近代的な戦車や大砲を持つソ連軍の前に、ジューコフ将軍の言葉を借りれば、「頑強で防御線に強く、死を恐れないが、老朽で装備も悪い」関東軍は敗れた。ジューコフは、日本兵は優秀だが、上層部の司令官は劣っていると評価した[33]。ところが、通説とは違い、ソ連軍はノモンハン丘陵の高地を占領することができずに終わり、完勝とはいえなかった[34]。

ノモンハン事件では、日本軍の方が犠牲者の数は多いと長年考えられてきた。しかし、ソ連崩壊後解禁された文書によると、死者の数はソ連軍の方が多かった。文献によって死者数は異なるが、ソ連崩壊後公開された新資料に基づく研究によれば、ソ連側の死者は二万五六五五人に上った[35]。他方、日本側の死傷者は一万八〇〇〇から二万人で、ソ連側の死傷者より少なかった。スターリンにとって重要なのは日本に勝利することで、スターリンやジューコフはソ連兵の命が失われることを意に介さなかった[36]。

スターリンはノモンハン事件の後、急速なペースで軍事力の近代化に努めた。ノモンハン事件が日本に残した教訓は、北進は困難ということであった。ノモンハン事件後、日本軍が兵力の近代化に努めなかった結果、ソ連側と日本側の兵力に大きな格差が生じることになる。

一九三九年九月一五日、日本が譲歩し停戦が実現すると一七日、ソ連軍はポーランドに侵攻した。続いてスターリ

ノモンハン事件の舞台

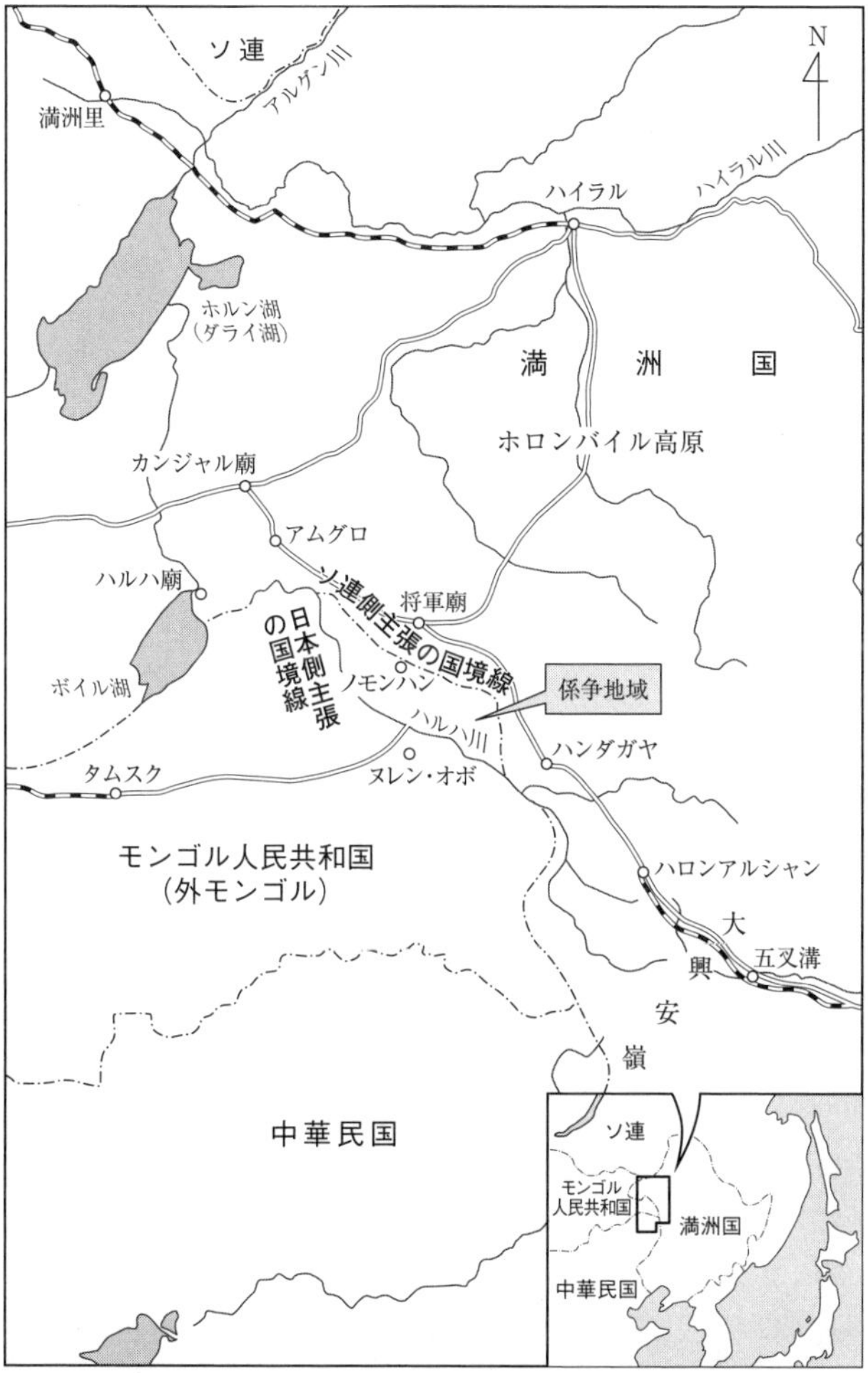

（出典）筒井清忠編『解明・昭和史』朝日新聞社、2010 年を基に作成

ンはソ連軍の大部分を極東からヨーロッパ・ソ連方面に配置転換した。スターリンは極東と欧州双方の情勢をにらみながら二正面作戦を回避しつつ軍事政策を展開していたのである。武力衝突が起きたノモンハン地区は、地形が複雑で明確に国境線が画定していなかったが、四〇年六月、長丁場の外交交渉の末ようやく妥協が成立し、双方が譲り合う形で国境線を画定した(37)。国境線画定から四五年八月のソ連対日参戦まで、日ソ関係は平穏な状態が続いた。

一九三〇年代から五〇年代の日ソ関係に通暁したロシアの歴史家ボリス・スラビンスキーによれば、三〇年代を通じ、スターリンはドイツよりも日本をはるかに深刻な軍事的脅威とみなしていたという。ジョージ・F・ケナンもスラビンスキーと同様の見解である(38)。しかし、ソ連解体後解禁されたロシア語資料を渉猟してスターリンの対日政策を研究したグランツは、スターリンは日本ではなくドイツを主敵と思っていたと指摘している(39)。グランツの分析の方が実証的で説得力がある。日本はソ連の首都モスクワから遠く、スターリンが日本をドイツ以上の脅威と思っていたとは考えにくいからである。

独ソ不可侵条約締結とスターリンの誤算

ところで、ノモンハンで日本軍とソ連軍が死闘を繰り広げていたさなかの一九三九年八月二三日、世界を震撼させる事件が起きた。アドルフ・ヒトラーの呼びかけに応じて、スターリンが独ソ不可侵条約を締結したのである。日独防共協定を締結しソ連を敵国とみなしていた日本にとって、独ソ提携は「晴天の霹靂」であった。「欧州情勢は複雑怪奇なり」と名言を残して平沼騏一郎内閣が総辞職した。

独ソ不可侵条約締結交渉は、スターリン、モロトフ外相、リッベントロップ外相、フリードリヒ・シューレンブルク駐ソ独大使の間で極秘で行われた。独ソ不可侵条約が締結された結果、「それまですこぶる緊密であった日独関係がにわかに冷却した(40)」。日本は独ソ不可侵条約締結のわずか二日前にドイツから通告を受けたにすぎなかった(41)。

独ソ不可侵条約には、ヤルタ協定と同様に密約がついていた。モロトフ・リッベントロップ議定書がそれにあたる。

スターリンはヒトラーがポーランドを侵略したがっているのを逆手にとって、エストニア、ラトビア、リトアニア、それにフィンランドのソ連への併合をドイツに認めさせた[42]。さらにナチス・ドイツとの間でポーランドを分割し、ソ連が得た地域をウクライナに併合した[43]。そのため現在のウクライナ西部には、かつてポーランド領であった地域がある。

ソ連は敵に囲まれていると考えたスターリンは領土の拡大に執着した。領土拡大によりソ連の安全を確保することを欲したのである。九月二九日、追加議定書が調印され、リトアニアもソ連の影響圏に入った。密約によって領土を奪い取られたという点で、日本とバルト三国は、共通点を持つ。ゴルバチョフ政権時代末期の一九九一年八月に独立宣言を出すまで、バルト三国はソ連の支配下に置かれた。

独ソ不可侵条約を締結することによって、スターリンは日本とドイツの間に楔を打ち込むことに成功した。ノモンハンでの勝利と独ソ不可侵条約の締結によって、日ソの間の力関係はソ連に有利になった[44]。今日、ロシアは第二次世界大戦中、ナチス・ドイツと日本というファシズム国家が連携して連合国と戦ったと主張しているが、日独の連携は緊密なものではなかった。

リッベントロップ外相は、独ソ不可侵条約の交渉中、「独ソ不可侵条約は一〇〇年続いてしかるべきだ」と述べたことがあった[45]。だが、スターリンもヒトラーも独ソ不可侵条約を遵守する気持ちを当初から微塵も持っておらず、この条約はまさに「偽りの同盟」(秋野豊)であった。スターリンは当時側近であったニキータ・フルシチョフに対し、ヒトラーをだましてやる、と繰り返し豪語していたという[46]。案の定「偽りの同盟」は長くは続かなかった。欧州主要部を席捲した後、ソ連に侵攻しウラル山脈以西を征服するという野望をヒトラーは捨てなかった。

平沼内閣総辞職直後の一九三九年九月一日、ドイツ軍がポーランドに侵攻すると英仏が抗議し第二次世界大戦が勃発した。スターリンは九月一五日にノモンハン停戦協定に調印すると、一七日、独ソ不可侵条約の秘密付属議定書モロトフ・リッベントロップ協定に基づいて、ナチス・ドイツとポーランドを分割し、ウクライナに併合した。さらにソ連はリトアニア、ラトビア、エストニアのバルト三国をつぎつぎと併合した。スターリンは、第二次世界大戦は数年続き最終的にヒトラーが勝利するとしても弱体化し、世界プロレタリア革命の条件が熟すと期待を寄せていたとされる(47)。

ソ連はフィンランドと一九三二年に不可侵条約(有効期間一〇年)を結んでいた。ところが、一九三九年一一月に調印された独ソ不可侵条約でフィンランドをスターリンがソ連の勢力圏に入れ、バルト三国とフィンランドに駐兵権を求めた。フィンランドが拒否すると、ソ連軍はフィンランドに侵攻して冬戦争が勃発した。フィンランドは日露戦争終結後日本から寄贈された大砲や銃などを使って必死の抵抗をした。フィンランド軍の死者は三万人ほどであった。フィンランドは敗れたものの、ソ連軍の死者は八万人に上ったとされる。ソ連はフィンランドを侵略したことにより、一九三九年一二月、国際連盟から除名されてしまった。

こうした緊迫した情勢の中で、ポーランドに隣接したリトアニアの首都カウナスの日本領事館に出国を求めるユダヤ人が殺到し、一九四〇年七月二六日から杉原千畝《ちうね》領事代理がカウナスを退去する九月一日まで、「命のビザ」(ビザに代わる「通過許可証」)を発行し続け、総計約六〇〇〇人に及ぶユダヤ人避難民に支援の手を差し伸べた。ロシアは杉原領事代理の要請を受けて「通過許可証」を使いシベリア鉄道でソ連を横切ってウラジオストクに行くことを許可した。ソ連は「通過許可証」発行を拒否した場合、日ソ関係が悪化すると懸念したようである。「通過許可証」を入手したユダヤ人難民の多くは、シベリア鉄道でウラジオストクに行き、そこから船で福井県敦賀に逃れ、さらに日本を通過して太平洋を渡り米国に向かった。

日ソ中立条約と中国ファクター

欧州における「複雑怪奇」な外交ゲームを正確に捉えることができないまま、一九四〇年九月、日本は日独伊三同盟条約を締結した。松岡洋右外相は、日独伊が連帯すれば、米国は脅威を感じて対日参戦しない、と誤解したのである。後年松岡外相自身が認めているように、三国同盟の締結は「一生の不覚」であった[48]。法眼晋作元外務次官によると、日本はドイツのハインリヒ・スタマー駐日公使の誘いに乗って、三国同盟に調印することになったという。スタマー駐日公使はドイツは日ソの間を取り持つ「正直な仲買人」になるとして、ソ連を三国同盟に参加させ、米国の参戦を防ぐと述べたとされる。法眼は、「日本は完全にヒトラー一派のペテンに引っかかった」と批判している[49]。

一九四一年三月下旬、松岡外相一行は、ソ連が手配した豪華な特別列車でシベリアを横断してモスクワに到着した。松岡外相はモロトフ外相と直ちに会談し、戦争が勃発した場合どちらにも味方しないという中立条約では不十分だと考えて、不可侵条約の締結を提案したが、話はまとまらなかった。そのため、いったんモスクワを離れて、ドイツに向かった。

翌月上旬、松岡外相はベルリンからの帰途、再度モスクワに立ち寄り、モロトフ外相と再び会談した。そして、日ソ不可侵条約の締結と、石油・石炭資源のある北樺太（北サハリン）の買収を持ちかけた。しかし、モロトフは北サハリンを日本へ売却するという話は冗談としか思えないと述べ、逆にポーツマス講和条約で失った南サハリンのみならずいくつかの北クリルの島も日本から買い戻したいと語った。そして、満洲国と外モンゴルの領土保全と国境不可侵を盛り込んだ中立条約を結ぶべきだと力説して、一歩も譲らず、不可侵条約は締結できないが、ある期間日ソが相互に中立を維持する条約ならば締結できると強調した[50]。

局面打開のため、松岡外相はスターリン首相に直談判することにした[51]。独ソ関係が風雲急を告げる情勢の中で、日独による同時挟み撃ちを恐れていたスターリンにとって、松岡外相が対ソ接近を図ってきたのは、思う壺であった。しかし、スターリンはそのような気配を微塵も見せず、あくまでも中立条約の締結を求めた。松岡外相がスターリンに北樺太の買い取りを申し出たところ、スターリンはそのようなことをすれば、国民が自分の首を切り落とすであろうと述べて断った[52]。そして外務人民委員部のヴィシンスキーが起草した日ソ中立条約草案の細部まで自ら検討し、「領土の保全および不可侵を尊重することを約す」という文言を条約本文に入れ、日本が受け入れやすいよう工夫した。松岡外相が同意した結果、スターリンとのわずか二五分ほどの交渉ののち、四月一三日、日ソ中立条約（有効期間五年、延長可）が締結された。日ソ中立条約の締結と引き換えに、日本は北樺太に持っていた石油の資産（総額一億五〇〇〇万円）をわずか五〇〇万ルーブル（約四〇〇万円）の安値で喪失してしまった。[53] 松岡外相はスターリンに足元を見られてしまったわけである。

中立条約と不可侵条約の違いは、一般的にいかなる点に求められるのであろうか。中立条約は、相手国が第三国との武力紛争に巻き込まれた場合、中立を順守することを約束するもので、武力紛争が発生したときにだけ適用する。そのため中立義務に違反しない範囲で第三国支援は可能である。それに対し、不可侵条約は相互に相手国を侵略しないということを誓約するもので、常時順守の義務がある。相手国と第三国との武力紛争においては、当該の第三国を援助しないことが通例である。[54]

日本と不可侵条約を締結することにスターリンが応じなかったのは、スターリンが持ちかけて締結し、失った領土の回復に言及した独ソ不可侵条約に加え、一九三七年八月にソ連が中国に持ちかけて締結した中ソ不可侵条約の精神に背馳《はいち》していたことなども関連がある。中ソ不可侵条約には「当事国の一方が侵略を受けた場合、侵略国が利用して被侵略国に不利益をもたらす恐れがある。いかなる行動もとらず、またいかなる協定も結ばない」と明記されていた。もしもスターリンが日ソ不可侵条約を締結した場合、中国の主権と領土保全に対する侵略行為であると、中国側に受け取られる恐れがあった。

一九四一年四月一二日にモスクワでスターリンと会談を行った際、松岡外相は日ソ独伊四国同盟条約構想を持ちかけた。スターリンは関心を示しつつも、「ヒトラーが外国からの軍事援助をまだ必要としていないと述べた」とし、日独関係がうまくいかなくなった場合にその問題について話をすることにしようとかわし、「いまは日本との中立条約締結に限定して協議したい」と語って、遠回しに断った。[55]

「一九四一年四月一二日のスターリンと日本の松岡外相との会談記録」は、ソ連では五〇年以上秘密扱いにされ公開されなかった。その理由は、スターリンが日独伊との協力を容認できると述べていたことや、日本と戦っている蔣介石政権を支援していたソ連が日本と中立条約を結ぶことは、蔣介石政権への裏切りを意味すると考えたからである。[56]

日ソ中立条約は、中ソ不可侵条約と同じく四条からなる簡単なものであった。すなわち、相互に他方の締約国の領土保全および不可侵を尊重すべきこと（第一条）、第三国から締約国が軍事攻撃を加えられた場合、他方の締約国は中立を守ること（第二条）、いずれかの締約国が他方の締約国に条約の期限満了の一年前に破棄通告をしなければ、さらに五年間効力を有すること（第三条）、本条約は批准が必要であること（第四条）が明記されたのである。

日ソ中立条約締結は、日ソ両国の思惑が一致したことを証左している。日本は南進するため北辺を固める必要があった。他方、ソ連は日独による同時挟撃を回避するとともに、日本が南進し日米対立が激化することをひそかに期待した。[57] 結果的に見れば、日ソ中立条約締結によって得をしたのは、スターリンの方であった。日本とドイツ双方から挟み撃ちされるという最悪のシナリオに陥らずに済んだからである。スターリンは松岡外相が乗るシベリア鉄道の発車を遅らせて日ソ中立条約締結交渉を行った。日ソ中立条約の調印後、スターリンは松岡外相に同行した海軍武官・山口捨次大佐に対し、「これで日本も安心して南進できる」と耳打ちした。[58] スターリンは中立条約の締結を喜び、異例にもモロトフ外相とともに松岡外相を駅まで見送りにきて、「あなたはアジア人だ。自分もアジア人だ」と述べ、日ソ友好を演出したことはあまりにも有名である。ちなみにスターリンはコーカサスのグルジア（現ジョージア）出身のグルジア人であるが、ロシア人の概念では、コーカサスもアジアに入る。

日ソ中立条約の調印と同時に発表された声明書には、日本はモンゴル人民共和国の領土の保全および不可侵を尊重することやソ連が満洲国の領土の保全と不可侵を尊重することが明記された。[59] このことは、スターリンが満洲国を承認したことを意味する。それまで紛糾していた石油や石炭といった北樺太における日本の利権については、スターリンの提案に基づき、「数カ月以内に解決するよう努力する」ことで日本側は合意した。[60] しかし、その後スターリンに押し切られ、四四年三月、「北『サガレン』ニ於ケル日本国ノ石油及石炭利権ノ以上ニ関スル議定書」が調印された結果、期限満了以前に日本は一九二五年から北樺太に持っていた石油利権を失ってしまった(61)。

ところで、国際社会は、日ソ中立条約の締結にいかなる反応を示したのであろうか。日ソ中立条約の締結を歓迎した国は皆無であった。ソ連に対する軍事攻撃を二カ月後に控えて独ソ戦の準備を進めてきたヒトラーは、日ソ中立条約締結に驚いた。リッベントロップ外相は、大島駐独大使に対し「自分は松岡外相に独ソ戦争が不可避であることをはっきり話しておいたのに、敵方であるソ連と中立条約を結んだことは、(中略)了解に苦しむ」と批判した(62)。日ソ両国が対峙している方が西部戦線に集中でき、ドイツにとって好都合であったためである。

ドイツと同じく、米国も日ソ中立条約の締結をきわめて不快に思った(63)。蔣介石総統は、ソ連は中華民国の領土主権を侵害したのみならず中ソ不可侵条約を破棄したとして、日ソ中立条約締結を糾弾した(64)。

日ソ中立条約に基づく平和は、「ガラス細工の平和」であった。真珠湾攻撃の直後、モスクワを訪問したアンソニー・イーデン英外相に、スターリンは「今は何もできないが、春になれば(対日参戦の)準備ができるであろう」と述べたのは、この点を裏書きしている(65)。

今日ロシアは、欧州情勢の展開次第では日本が日ソ中立条約を破ってソ連に攻め込む計画であったと主張している。ところが、スターリン自身、日ソ中立条約を最後まで順守する意思は持っていなかった。外務省で長年ソ連を担当した曽根明によれば、ソ連は条約を過度的な存在とみなし、利用することのみを目的にする特徴があったという(66)。

独ソ戦勃発と関東軍の軍事演習

日ソ中立条約締結から約二カ月後の一九四一年六月、ナチス・ドイツが独ソ不可侵条約を破りバルバロッサ作戦に基づいてソ連に奇襲を加え、独ソ戦が始まった。一九四一年七月二二日、ドイツがソ連を侵略したのを受けて、スターリンは侵略者と戦い祖国を防衛するようラジオでソ連の全国民に檄を飛ばした。一二四二年、アレクサンドル・ネフスキーが率いるノヴゴロド公国軍がドイツ騎士団を相手にしたペイプス湖の戦いで勝利を収めたことや、一八一二年、ナポレオンが帝政ロシアに侵攻したのを受けてロシアが撃退した戦争をアレクサンドル一世が「祖国戦争」と名づけたことにちなみ、スターリンは独ソ戦を「大祖国戦争」と呼んだ(67)。

ヒトラー総統は一九三九年一〇月の時点でナチス・ドイツ軍の将軍たちに対し、ソ連に進軍することはありうると明言していた(68)。英米の諜報機関は、スターリンにソ連へのドイツの侵攻が差し迫っていると幾度も警告していた。ナチス・ドイツの国家保安本部職員でソ連のスパイのヴィリー・レーマンは、ナチス・ドイツ軍について正確な情報をスターリンに伝えていた。ところが、スターリンは半信半疑で受け止め、独ソ戦急迫の情報を、独ソの離間を図る謀略工作と判断したらしい(69)。スターリン批判で有名な一九五六年に開催された第二〇回ソ連共産党大会におけるフルシチョフ第一書記の演説によれば、「そのようなことをすれば、挑発行為になる」、「国境沿いではいかなる準備作業も実施すべきではない」、「ドイツ側に戦端を開く口実を与えるべきでない」として、スターリンは勧告の受け入れを拒絶していた(70)。スターリンが自らの失敗を恐れ、そうした情報を信じようとせず、自ら好む情報だけを信用した可能性もある。そのため、ナチス・ドイツ軍がソ連の領土に侵入してきたという報告を受けるとひどく動揺した。スターリンは日本がソ連極東を攻撃するかもしれないという恐怖に襲われ、一一日間ほど、人と会うのをやめて善後策を練った。

一方、日本は独ソ戦の開始を事前にキャッチしていた。独ソ戦の七カ月前に白系ロシア人と称する協力者のペーター・イワノフが、ドイツ軍が大量の棺桶を準備しているのを知って独ソ戦争が近いと考え、中立国スウェーデン駐在で上司の小野寺信武官にその旨の報告をし、同武官は参謀本部に連絡した。ところが、独ソ戦はあり得ないと判断していた参謀本部によって握り潰されてしまい、その情報は平沼首相のもとに届かなかった(71)。二・二六事件後、参謀将校からスウェーデン駐在武官に左遷された小野寺陸軍少将からの情報を、参謀本部は信じたくなかったためかもしれない。

ソ連はドイツの侵攻にどのように対処したのであろうか。ドイツ軍侵攻当時、スターリンが軍幹部を粛清してしまっていたため、ソ連軍は弱体化しており、兵士の訓練も不十分であった。ナチス・ドイツ軍の電撃攻撃を受けてソ連軍は多大な被害を出し、最初の六週間で二〇〇万人のソ連兵が捕虜になり、待遇が悪かったためほとんどが餓死してしまった[72]。当初、ソ連の軍事作戦は、ゲオルギー・モロトフ第一副首相兼外相などの発案で新設された国家防衛委員会が担当した[73]。しかし、七月以降は、スターリン首相兼赤軍総司令官が主宰し、モロトフ第一副首相、クリメント・ヴォロシーロフ元帥、ラヴレンチー・ベリヤ副首相、ゲオルギー・マレンコフ・ドイツ軍占領解放地区復興委員会議長などが国家防衛委員会への参加を許された。モロトフは外交を担当し、ヴォシーロフ元帥は軍民当局の連絡にあった。ベリヤは国内政策を担当し、マレンコフは書記局でスターリンの補佐役の一人として党を代表した。ドイツ軍ソ連侵攻を受けて、極東ソ連軍は警戒態勢に入った。

国家防衛委員会は、戦争における軍事指導だけでなく、戦時経済の指導にもあたった[74]。戦禍を逃れるため、ウクライナ、白ロシアそれにソ連の欧州部にある一三〇〇を超える企業体をウラル山脈以東に移動した。

米国のルーズヴェルト政権は独ソ戦勃発にいかなる反応を示したのだろうか。米国は孤立主義の伝統が強く、欧州に軍事介入することを嫌って、欧州戦線に軍隊を送ろうとしなかった。その代わり武器貸与法（一九四一年三月制定）を適用して、ソ連や英国などに武器供与を開始した。米国による武器供与は、東部戦線でドイツと死闘を繰り広げていたスターリンにとって、かけがえのないものであったが、スターリンは武器供与にとどまらず米英にすみやかに第二戦線（西部戦線）を迅速に結成するよう繰り返し迫った。ちなみに、第一戦線とはソ連軍とドイツ軍が死闘を繰り広げていた戦場を意味する。

ところが、ソ連の弱体化を望むウィンストン・チャーチル首相が反対したこともあって、第二戦線はなかなか結成されなかった。そのため次第にスターリンは、米英両国がソ連とドイツが共倒れするのを画策しているのではないかと、猜疑心に苛まされるようになった。第二戦線がようやく結成されたのは、ソ連軍がナチス・ドイツ軍をソ連国内から撃退することに成功した後の一九四四年六月になってからのことであった。

他方、独ソ戦勃発の翌月、関東軍は満ソ国境において約七〇万の兵力を動員して大規模な軍事演習（関特演）を実施した。関特演についてはさまざまな解釈があるが、日露関係に精通したスラビンスキーによれば、関特演は軍事演習の域を超えるものではなかった[75]。とはいえ、スターリンが日本がソ連極東を攻撃するかもしれないという恐怖に襲われた可能性があるのは否定しがたい。もしも当時日本がソ連に軍事攻撃を仕かけていたならば、スターリンは窮地に陥ったに違いない。しかし、日本はそうした方針を採用しなかった。種村左幸『大本営機密日誌』によれば、松岡外相は即時対ソ開戦を主張したが、独ソ戦は必ずしもドイツ有利に展開はしないと海軍が強硬に反対したためである。日米戦争勃発後も、ソ連では日本が北進するのではないかという噂が広まったが、日米開戦後は日本軍には北進する余裕はなかった[76]。

ゾルゲ情報とスターリンの猜疑心

ドイツのソ連侵攻作戦が当初破竹の勢いで進んだため、日本は北進か南進かでは揺れた。こうした日本の内情は、日本にスパイ網を作っていたスターリンに、筒抜け状態であった。スターリンにとりわけ幸運だったことは、ドイツの新聞記者として東京に駐在し、オイゲン・オットー駐日ドイツ大使と懇意で、ヒトラーが承認したバルバロッサ作戦の内容やドイツ国防軍の数をモスクワに知らせて手柄を立てたソ連諜報員リヒァルト・ゾルゲから、一九四一年八月に、①日本軍は当面北進しない、②日本は東南アジア方面に進む方針であるという極秘情報を得たことである[77]。

スターリンは当初父がドイツ人で母がロシア人のゾルゲをドイツの二重スパイではないかと疑って南進に関する情報を鵜呑みにせず、「エコノミスト」という暗号名の日本人協力者などからの情報と照合して真偽を確かめた[78]。ソ連指導部の日本関係の情報源は、合同国家保安部・内務人民部の報告書、外交官らの報告書その他であった。ゾルゲ情報がいかにソ連にとって重要であったかという点は、その後日本で逮捕・処刑されたゾルゲに一九六四年、「ソ連邦英雄」の称号が追贈されたことから立証することができる[79]。

スターリンは対日戦を想定して陸軍総員の約二割を極東に配置していたが、ゾルゲ情報が真実であることが判明すると、初めてシベリアに配置されていた四〇個師団を首都モスクワ防衛などのため欧州部に移動した[80]。そのあとに婦人部隊を補充し、ナチス・ドイツ軍撃破に全精力を傾注した。一九四一年から四四年の間に、ソ連極東から西部戦線に二五万人の兵士が振り向けられた。ソ連の極東における軍事力は低下したが、日本が日ソ中立条約を順守したことや日独の間において軍事戦略面での確固たる連携がなかったことが、ソ連に有利に働いた。

ゾルゲ情報のおかげでスターリンは極東の兵力を西に移動させることができたわけだが、法眼元外務次官は、日本陸軍は当初から北進を考えていなかったのではないかという興味深い指摘をしている[81]。ノモンハン事件で日本陸軍は多くの犠牲者を出している。一九三七年以来ソ連は急速に軍事力の強化を行っており、シベリアの厳しい冬のことを考えれば、とうてい北進の計算は立たなかったのではないか、と分析している[82]。

II　太平洋戦争とスターリン

日米開戦とスターリンの深謀

一九四一年八月、カナダ東部のニューファンドランド島沖の艦上で、ルーズヴェルト大統領とチャーチル首相が、大西洋憲章を発表した。原案はチャーチルが起草した。大西洋憲章は、宣伝効果を狙ったプレスリリース的な性格のものであったが、ルーズヴェルト大統領はその後の国際政治の原則にする意気込みで入念に推敲した[83]。大西洋憲章には、①両国は領土の拡大を求めないとする領土不拡大の原則、②両国は当事者国民の自由に表現された希望と合致しない領土変更は希望しないという原則、③公海における自由航行の原則、④ナチス・ドイツの最終的破壊などが盛り込まれた[84]。

スターリンは大西洋憲章に対しいかなる対応をしたのであろうか。同年九月、スターリンは「侵略防止のために闘っている当事国の状況、必要性ならびに歴史的特性に合致されなければならない」と留保条件を巧妙につけたうえで、イワン・マイスキー駐英大使に大西洋憲章に同意すると伝えた[85]。権謀術策に長けたスターリンは、自分の都合のいいように解釈できる逃げ道を作り、大西洋憲章を骨抜きにしたのである。

一九四一年秋、日本は満洲にいた関東軍の配置転換を始め南方の兵力増強に努めた。九月には、関東軍の陣容では日本が対ソ戦を戦えないことが明白になった。アレクセイ・キリチェンコによると、スターリンは少人数で協議した後、極東のソ連軍部隊を対独戦に投じることを決定した[86]。

一九四一年一二月、スターリンが待望した出来事が起こった。択捉島の単冠《ひとかっぷ》湾に集結した日本連合艦隊がハワイに向かい、真珠湾にある米太平洋艦隊基地に攻撃を加え、太平洋戦争の口火を切ったのである。中国およびインドシナからの日本軍撤退、重慶の国民政府以外の不支持、日独伊三国同盟の廃棄を要求する「ハル・ノート」を米国から突きつけられ窮地に立たされた日本は、「清水の舞台から飛び降りる」覚悟で米国に宣戦する道を選んだのであった。スターリンは日ソ中立条約締結後、日本が北進でなく南進し、日米の帝国主義国家同士の間の対立が激化することを望んでいた[87]。独ソ戦で死闘を展開中のスターリンは、太平洋戦争が勃発した結果、日本はソ連を攻撃する余裕がなくなったと考え、真珠湾攻撃を歓迎した。真珠湾攻撃後、スターリンが極東に配置されていた部隊のうちのいくつかをモスクワ攻防戦に振り向けた結果、ドイツ軍はソ連軍に初の大敗北を喫した。

日米開戦以後、日本は「対ソ静謐」の方針を採用したが、米国はスターリンに速やかに対日参戦に踏み切るよう促した。蔣介石総統も、同様な要請を行った。ところが、ナチス・ドイツ軍と死闘を繰り広げていたスターリンは、そうした要請に耳を貸さず、逆にナチス・ドイツこそ主敵であると強調しつつ、米国に対し速やかに第二戦線を結成するよう求めた。その傍ら、武器貸与法によるソ連への武器供与を米国が削減しないよう細心の注意を払いつつ、日ソ中立条約に言及したり、ほかにもさまざまな口実をつけたりして、対日参戦を先延ばしにした。

引き延ばし戦術と対日戦争準備

日米開戦直後、訪ソした英国のイーデン外相に対し、スターリンは「今は何もできないが、春になれば準備できるであろう」と述べ、将来における対日参戦の意思を伝えた[88]。ところが、春になってもスターリンは対日参戦に踏み切らなかった。スターリンはドイツ軍を相手に死闘を展開中で、その余裕はまったくなかったのである。

一九四二年一月、東條英機首相が帝国議会で演説を行い、その中で大東亜共栄圏構想が発表された。スターリンは日本が大東亜共栄圏構想を実現し、アジアにおいて覇権を確立することを嫌った。そこでスターリンが考えたのは、米国の力を巧妙に利用しつつ、最小の軍事的犠牲で同構想を挫折させ日本を敗北に追い込み、北東アジアにおいてソ連にとっての軍事的脅威を排除することであった。米国のルーズヴェルト大統領がスターリンに好意的な感情を持っていたのは、スターリンにとって好都合であった。

一九四二年一月、米英ソを含む二六カ国代表がワシントンに集まって連合国共同宣言に署名し、勝利を得るまで戦い抜くことを誓約した。領土不拡大の原則を謳った大西洋憲章が同宣言の中に盛り込まれた。かくして、資本主義と社会主義という政治制度や政治理念の異なる国家が、日独伊の枢軸国を共通の敵とするゆるやかな「大連合」(ウィンストン・チャーチル)が結成されることになったのである。ジョン・ディーン将軍は、米ソ連帯を「奇妙な同盟」と命名した[89]。他方、日ソ関係の権威ジョージ・アレグザンダー・レンセンは、当時の日ソ関係を「奇妙な中立」と名づけた。レンセンが「奇妙な中立」と呼んだのは、日ソ両国は中立条約を締結していたが、日独伊三国防共協定(四〇年九月調印)によって日本と同盟関係にあるドイツがソ連と戦争をしていた構図になっていたからにほかならない[90]。

第二次世界大戦の戦局は、一九四二年前半ごろまで枢軸国側が優勢であった。しかし、次第に連合国側の反撃が始まり、太平洋戦線では、六月のミッドウェイ海戦を契機に日本海軍は敗退を余儀なくされ、制海権を失った。こうした状況の中で、ソ連が対日参戦をせずとも日本は敗北する、とスターリンが確信するようになったのは、何ら不思議ではない[91]。ゴルシコフ海軍元帥は、海上輸送は日本の防衛態勢の中で最も脆弱な部分であったと指摘している[92]。

スターリングラードの戦いでナチス・ドイツ軍を相手にソ連軍が死闘を演じていたさなかの一九四二年八月、チャーチル首相とハリマン米大統領特使が訪ソし、スターリンと会談した。その際、スターリンは、「日本はロシアにとって歴史的宿敵で、日本の究極的な敗北はロシアの利益にとって重要である」、「現下の軍事情勢では参戦できないが、いずれ参戦するであろう」と語った。(93)

同年には、極東担当のソ連最高参謀本部（スタフカ）が創設された。スタフカは日本が攻撃した場合どのように対処すべきか検討するよう一連の指令などを出した。(94)スターリンは一九四二年に対日参戦の準備をひそかに始めていた。二〇一五年にモンゴル防衛研究所が開示した資料によれば、一九四二年六月、スターリンはシベリア鉄道の支線をつくりモンゴルのサンベースを経て満洲国境までつなぐ鉄道線を建設するため、極秘に調査するよう命じていた。(95)

一九四三年初め、ソ連軍中央政治局の命令で、コワレンコを中心にして、優秀な日本研究者を選び露日辞書の編集グループがつくられた。極東で戦争が起きた場合、将校やとりわけ政治部員が極東研究を行う際に使える格好な辞書がなかったためである。一九三五年、『日露兵語辞典』と題する立派な辞典が発行された。(96)

一九四三年五月には、国家国防委員会は、ソ連極東のコムソモーリスカヤ・ナ・アムーレと日本海に臨むソヴィエツカヤ・ガヴァニ間の四五〇キロメートルに及ぶ鉄道線「第二シベリア鉄道」（通称、バム鉄道）の建設を決定した。これはシベリア鉄道が日本軍により切断された場合に備えるための布石であった。(97)その一方で、日本から無用な反発を避けるため、ソ連の新聞は、日本に敵対的な記事を掲載しなかった。スターリンはソ連軍兵士に対し、投降者は家族も反逆者として逮捕すると厳令していた（ドミトリー・ヴォルコゴーノフ）。こうした厳命が効果を発揮したこともあって、ソ連軍は一九四三年一月のスターリングラード戦でナチス・ドイツ軍を打ち負かし、ようやく窮地を脱することに成功した。同年五月、第三次インターナショナル（コミンテルン）解散を宣言し、スターリンは米国との協調路線を進めた。

太平洋戦線では同じころ南太平洋ソロモン諸島ガダルカナル島での戦いで米軍の猛攻撃を受けて日本軍が玉砕した。

九月には、イタリアが無条件降伏した。こうした状況の中で、ソ連よりも日本の方が日ソ中立条約の維持を望むようになった。日ソの立場は逆転したのである。イタリア降伏直後、ソ連の仲介により独ソ戦を終結させるため、日本はモスクワに特使を派遣することをソ連に打診したが、戦局がソ連有利に動いていると判断したスターリンは、特使の受け入れを拒否した。(98) 日本の打診は、スターリンに日本が苦境に陥っていることを印象づけた可能性がある。

カイロ会談をめぐるスターリンの懸念

戦局が連合国にとって有利に展開すると、連合国は戦後処理の問題を検討するようになった。一九四三年一一月下旬、ルーズヴェルト大統領、チャーチル首相、蔣介石総統がエジプトのカイロで会談した。第二次世界大戦中、蔣介石総統が巨頭会談に出席を許されたのは、カイロ会談が最初で最後であった。興味深いことに、スターリンは会議に出席すれば機が熟さぬうちに日本を挑発する恐れがあると判断して、参加を辞退した。(99) 満洲における権益をソ連が握ることに蔣介石が激しく反発する恐れが大きかったことも、スターリンがカイロ会談を欠席した理由に挙げられる。

ドイツの敗戦が濃厚になってきた状況の中で開催されたカイロ会談で、日本の戦後処理について協議がなされ、最終日にカイロ宣言が発表された。ルーズヴェルト大統領、チャーチル首相、蔣介石総統が署名したカイロ宣言には、「三大同盟国ハ日本国ノ侵略ヲ制止シ且之ヲ罰スル為今次ノ戦争ヲ為シツアルモノナリ右同盟国ハ自国ノ為ニ何等ノ利得ヲモ要求スルモノニ非ズ又領土拡張ノ何等ノ念ヲモ有スルモノニ非ズ」として領土不拡大の原則を順守することも盛りこまれた。さらに「満洲、台湾及膨湖島ノ如キ日本国ガ清国人ヨリ盗取シタル一切ノ地域ヲ中華民国ニ返還スルコト」および第一次世界大戦開始後「日本国ガ又暴力及貪慾ニヨリ日本国ガ略取シタル他ノ一切ノ地域ヨリ放逐セラルベシ」と明記された(傍点、筆者)。(100)

カイロ宣言に従えば、ソ連軍に占拠されるまで一度も外国の領土になったことがない歯舞、色丹、国後、択捉のみならず、「暴力及貪欲」により奪取したのではなく、樺太千島交換条約によって平和的な話し合いで日本領となった千島列島は、日本の領土として残ることになる。ところが、一九四五年二月に開かれたヤルタ会談において、日本の軍事力を過大評価しソ連の支援を得なければ勝利できないと考えたルーズヴェルト大統領は、カイロ宣言に盛り込まれた領土不拡大の原則を破ってしまったのである。

テヘラン会談とスターリンの野望

カイロ会談に参加しなかったスターリンは、同会談でソ連を抜きに第二次世界大戦後の北東アジアにかかわる密約を三首脳が結んだのではないか、と猜疑心に駆られた(101)。だが、密約は結ばれなかった。

カイロ会談直後の一九四三年一一月二七日、ルーズヴェルト大統領とチャーチル首相はイランの首都テヘランに舞台を替えて、スターリン首相を交えて巨頭会談を持った。スターリンは威風堂々とした態度で会議に臨み、ルーズヴェルトを魅了した。テヘラン会談の主要テーマは、ドイツ問題であった。ルーズヴェルトとチャーチルは翌年五月までに第二戦線を開き、ドイツを敗戦に追い込むとスターリンに明言した。三巨頭はテヘラン会談でソ連とポーランドの国境を西側に移動する点について基本的な合意に達した。スターリンは、ポーランドから奪った領土を大西洋憲章の適用外であると主張して正当化し、了解を得た(102)。このようにして大西洋憲章の空文化に向けた第一歩が踏み出された。北方領土の総面積が約五〇〇〇平方キロメートルであるのに対し、スターリンがポーランドから得た領土(約一八万平方キロメートル)の面積は、けた違いに広大であった。

テヘラン会談の席上、平和を維持するための国際機構の設立についても協議がなされた。スターリンは日独両国が敗戦後復活することを恐れ、第二次世界大戦後、日独両国の復活を牽制するような国際機構設立にも関心を示した(103)。

テヘラン会談では、ソ連対日参戦についても若干討議された。重要なポイントは、スターリンがドイツ降伏後に対日参戦すると述べたうえで、「極東ソ連軍は、防衛のためには多かれ少なかれ満足できる状態にある。しかし、攻撃作戦のためには、三倍ほど兵力を増強しなければならない。ドイツが降伏して初めてそうした状況が生まれる。そうなれば、共同戦線を張って、われわれは勝利を手中にするであろう」と語って、ドイツ敗北後の対日参戦の意思を明確にルーズヴェルトとチャーチルに伝えた点である。[104]

スターリンは朝鮮の独立、台湾ならびに満洲の中国への返還については、異議はないと言明しつつも、旅順は商港よりも軍港として適していると指摘し、不凍港獲得に向けて強い意欲を示した。そして軍港として旅順を確保しようとしたのは、日本の復活に備えるためであると正当化した。[105] スターリンの胸中で、シベリア鉄道と南満洲鉄道を連結し、海への出口を確保するという思惑が働いていたことは明白である。

対日参戦の条件に関しスターリンにとっての収穫は、テヘラン会談において、ソ連が旅順・大連を獲得することにルーズヴェルトが反対しなかったことである。スターリンからソ連対日参戦の同意を取りつけようとしていたルーズヴェルトは、日本に関する軍事情報の交換をスターリンに提案しただけでなく、ソ連によるバルト三国併合を承認する趣旨の発言すら行った。[106] 大西洋憲章に記された領土不拡大の原則の空文化がさらに進んだ。

スターリンが切望した第二戦線の結成については、米国はなかなか同意しなかった。ところが、ソ連がドイツ軍を追い出した後に開催されたテヘラン会談では、オーバーロード作戦（ノルマンディー上陸作戦の暗号名）を翌四四年五月に実施することにルーズヴェルトが賛成したのである。つまり、米英軍をドーヴァー海峡に面するフランスのノルマンディーに上陸させてから、ドイツの首都ベルリンをめざして攻め上ることに同意したのである。歴史家のアイザック・ドイッチャーは、著書『スターリン』の中でスターリンにとって「最高の勝利の瞬間」だったと指摘している。スターリンはテヘラン会談の結果に満足して、意気揚々と帰国した。

戦後、日本外務省が公開した外交文書によると、スターリンがテヘラン会談において英米首脳に対し対日参戦する決意を表示したことを、日本はまったく感知できていなかった。[107]

報告書作成命令

テヘラン会談から帰国後、スターリンは対日参戦の意思があることを日本側にひたすら隠し、ソ連外務省職員に対し日本の外交官に丁寧な態度で接するよう命じた[108]。日本側の記録によれば、ソ連外務省職員が日本大使館員に懇切な態度で接し、日本大使館員の間で話題になった。その一方で、ソ連対日参戦の代償として連合国に何を要求できるか具体的に検討するため、モロトフ外相を通じて外交専門家に対し報告書を提出するよう命令し、対日参戦の準備を着実に進めた。スターリンの命令を受けて、一九四四年一月、駐英大使を歴任し当時外務人民副委員であったイワン・マインスキーは、極東における太平洋への出口を確保するため、南樺太と千島列島を獲得することがソ連の安全保障上必要である、とスターリンに具申した[109]。

七月、ヤコフ・マリク駐日大使が「日ソ関係の諸問題について――太平洋における日本と米英の戦争の現在と将来」と題する報告書を作成した[110]。その中で、マリクは今まではソ連は西にドイツ、東に日本といった強力な敵と対峙して、どちらかというと西の安全保障により注意を払ってきたが、最近では企業がウラル山脈以東や中央アジアにも配置され、新産業として発展してきたと指摘し、日本の敗北が迫っており、米英両国が大日本帝国を解体する前にソ連は行動を起こす必要があると力説した。そして、①中国問題についての発言権確保、②満洲における利権確保、③朝鮮における影響力確保、④対馬の中立化もしくはソ連海軍基地の建設、⑤ソ連に対する南樺太の返還、および⑥クリル諸島（千島列島）のソ連への引き渡しを提案したのである。さらにマリクは報告書の中で、ソ連極東地域に隣接していて日本の支配下にある満洲、朝鮮、対馬、千島列島が日本から他の大国の手に渡ることを絶対に許してはならない、極東におけるソ連の安全保障と国家利益を確保するためにこれらは必要不可欠だと念を押した。マインスキーやマリクの報告書は、スターリンが対日参戦の条件を決めるうえで、大いに参考になったと考えられる。

一九四三年五月、スターリンはコミンテルン解散を突如宣言し、世界中を驚愕させた。コミンテルンは第三インターナショナルとも呼ばれ、一九一九年三月にモスクワで設立された世界の共産主義革命運動を支援する司令塔であった。蔣介石総統は、コミンテルン解散はスターリンの陰謀で、解散してしまえば、クレムリンの指令のもとに各国でどんなことを行ってもソ連が政治的責任を負う必要がなくなるからだと断定し、ソ連に対する中国共産党の従属関係を隠すための偽装の面があり、ソ連の世界戦略は変わっていないと力説している[111]。

欧州戦線に目を向けると、一九四四年六月、米国のドワイト・アイゼンハワー元帥を総司令官として一三万人以上の兵力を動員して米英加連合軍がフランスのノルマンディーに上陸した。スターリンが切望した第二戦線がついに結成されたのである。マリク駐日大使は、ノルマンディー上陸作戦の敢行は日本人に大きな衝撃を与えたと本国政府に報告した。ドイツの敗北は、もはや時間の問題となった。同年夏、スターリンはベラルーシ戦線を指揮していたゲオルギー・ワシレフスキー元帥に対日戦争の暁に総司令官に任命する旨を正式に伝えた。ワシレフスキー元帥は、ベルリン陥落作戦でソ連軍の総指揮をとったジューコフ元帥とならぶ逸材であった。

キリチェンコによれば、対日戦争の最終的政治決定は、一九四四年八月一六日、スターリンと側近モロトフ、ジダーノフのほか労農赤軍政治総本部長シチェルバコフ、駐日大使マリクが参加する小会議でなされた[112]。ソ連対日作戦の準備は、着々と進められた。

「侵略者日本」発言

対日参戦に向け有利な条件を引き出すため、スターリンは米国側と巧妙な駆け引きを行った。一九四四年一〇月、モスクワでチャーチル首相、ハリマン大使、それにディーン将軍がスターリンやソ連軍部と会談した。その際、スターリンは極東ソ連軍の強化はもうすぐ始まるが、対日参戦に踏み切るにはドイツ敗北後三カ月は必要だと断ったうえで、武器貸与法の枠外で、食糧や燃料などを提供するよう米国に要請をした[113]。領土について、日本に対して要求することがあると述べながらも、具体的説明を避け、対日参戦条件を文書で通知することを嫌った。ソ連側の意図が漏れた場合、ほぼ確実にソ連に対する日本の軍事攻撃を惹起するからだと弁明したが、翌月上旬、クレムリンで開催されたロシア革命二七周年記念晩餐会での演説で、スターリンは対独戦争勝利を確信すると明言するとともに、ナチス・

ドイツと同じく日本は「侵略者」であると公の場で初めて日本を糾弾した[114]。

なぜ日ソ中立条約を結んでいた日本を、「侵略者」と罵倒したのであろうか。四つの理由が指摘できる。第一は、真珠湾攻撃をした日本を「侵略者」と批判することによって、米国大統領選挙を控えたルーズヴェルト大統領に応援のメッセージを送ること、第二に、日本は「侵略者」であると烙印を押して日本を挑発し、日本の方から中立条約を破棄するよう仕向けようとしたこと、第三に、ソ連国民は日本に対し一般的に敵意を持っていなかったため、日本を「侵略者」だと決めつけてソ連国民の敵愾心を煽り、スターリンが対日参戦に踏み切った場合強く支持するよう布石を打ったこと、第四に、連合国に対し対日参戦をめぐるソ連の決意が強固であることを示し、ソ連にとって有利な条件で対日参戦できるよう連合国側に真剣に検討させることであった。テヘラン会談後に予定されていたヤルタ会談を意識して、熾烈な駆け引きが米ソ間で活発に行われていたのである。

Ⅲ　スターリン主導のヤルタ会談

スターリンの主導によるヤルタ秘密協定成立

一九四四年一二月、スターリンは、駐ソ米大使ハリマンと会談した。スターリンとハリマンの会談は、ヤルタ秘密協定を考えるうえできわめて重要である。ハリマンとの会談の席上、スターリンはソ連対日参戦の代償として、外モンゴルの現状維持に加え、南樺太の回復、大連ならびに旅順口の租借権回復、奉天から長春、ハルビンを経て旅順・大連に至る南満洲鉄道および東清鉄道の租借権回復、さらに千島列島の領有までも要求した[115]。

帝政ロシアが千島列島を手放したのは、一八七五年の樺太千島交換条約によってであり、日露戦争とはまったく関係がない。ところが、スターリンは大西洋憲章の領土不拡大の原則を念頭に入れ、千島列島は元来ロシアのものであり、日本が千島列島を獲得したのは日露戦争勝利の結果であると言葉巧みに説明して、ルーズヴェルトから同意を取りつけようとした。スターリンによると、南樺太と千島列島をソ連の支配下に置くのは、ソ連極東のウラジオストク軍港から太平洋に至るシーレーンを確保するため不可欠であった[116]。スターリンの要求は、ハリマンからルーズヴェルト大統領に極秘で伝えられた。

一九四五年二月上旬、当時ソ連領であったクリミア半島南端のヤルタで巨頭会談が開かれ、ルーズヴェルト大統領、スターリン首相、チャーチル首相が参加した。ドイツを相手に苦戦しているとか、医師が遠隔地への旅行を禁じているなどとさまざまな理由をつけて、スターリンはソ連の地を離れることを拒否した。そのため、厳冬の二月、ルーズヴェルトは、病を押して長旅をすることを余儀なくされた。スターリンがヤルタを巨頭会談開催の場所として選んだのは、ドイツ軍の攻撃でひどく破壊された光景を見せることによって、英米から譲歩を引き出すためであった。ヤルタ会談が開催された当時、米英連合軍はまだライン川を越えておらず、米国は原弾製造に成功していなかった。ルーズヴェルトは日本が四七年ごろまで戦い抜くと考え、米兵の犠牲を少なくするためにもソ連の対日参戦が不可欠と考えていた。他方、ソ連赤軍は独ソ戦線で優勢に立っていた。こうした情勢の中でスターリンは強気でヤルタ会談に臨んだ。ルーズヴェルトの体調が悪かったこともあり、ヤルタ会談はスターリンのペースで進んだ。

ここで強調したいのは、ヤルタ会談が第二次世界大戦における米ソ協調の頂点に開催された点と、スターリンが諜報活動に力を入れた点である。スターリンは、ワシントンやロンドンにいたソ連の諜報員を通じて、米英両国政府の重要情報の入手に努めた。ヤルタ会談には、ソ連軍参謀本部諜報総局のエージェントでルーズヴェルト大統領の側近でもあったアルジャー・ヒスが出席した。ルーズヴェルトが泊まったリヴァディア宮殿のさまざまな場所に盗聴器が仕掛けられていた。原爆については外部に漏れることを警戒しルーズヴェルトは話さなかったが、それ以外については無防備に細部まで話したため、盗聴によってスターリンは驚いた。ルーズヴェルトが千島列島割譲に反対する米国国務省の日本問題専門家が作成した文書を読まなかったことも盗聴で知って狂喜した[117]。一九三〇年代に米国に参入したGRUのボリス・バザロフにリクルートされ、ヤルタ会談の準備を担当したソ連のスパイで米国務省特殊問題局長のヒスが、一九四四年一二月二八日付の国務省文書をルーズヴェルト大統領がヤルタ会談の場で参照すべき文書に入れなかったため、ルーズヴェルト大統領は目を通さなかったのである(118)。

ヤルタ会談が行われていた際、ルーズヴェルトはチャーチルに原爆開発に関するマンハッタン計画をスターリンに知らせるべきか尋ねたところ、チャーチルが断固反対を唱えたため、ルーズヴェルトはその話題を取り下げた(119)。

ヤルタ会談の中心テーマは欧州問題であった。ソ連に近い地域をソ連がポーランドから獲得する代わりに、ポーランドの国境を西に移動することに関し基本合意が取りつけられ、大西洋憲章に明記された領土不拡大の原則が破られた。ヤルタ会談では、東プロイセン（ケーニヒスベルク）のソ連領編入やドイツ分割統治、ドイツ弱体化も決まった。加えてソ連によるバルト三国領有や国際平和機構の設立についても合意した。

ソ連対日参戦については、二月八日、別個にルーズヴェルトとスターリンの会談で討議された。モロトフ外相、ヴァージム・パブロフ（通訳）、ハリマン駐ソ大使、チャールズ・ボーレン（通訳）の四名だけが同席した。スターリンはヤルタ会談に先立ってモロトフ外相にヤルタ秘密協定の草案を起草させ、自ら検討したうえで事前にルーズヴェルトに送った。対日参戦の代償としてスターリンが出した要求は、マイスキーやマリクやロゾフスキーの勧告におおむね依拠したものであった。ルーズヴェルトの反応はきわめて好意的であった。アンドレイ・グロムイコは回顧録の中で、スターリンがルーズヴェルトの回答に満足した様子を活写している(120)。

なぜルーズヴェルトは、スターリンの要求を寛大に受け入れたのであろうか。ルーズヴェルトは、対日戦争は一九四七年ごろまで続き、ソ連の支援がない場合には、米兵は一〇〇万人ほど死亡すると軍部から説明されていた。米軍の犠牲や経費を極力抑えるためにも、ソ連が速やかに対日参戦し、日本本土への関東軍の移動を阻止することが不可欠と判断していた。ルーズヴェルトはソ連が対日参戦し支援してくれるという大きな利益に比べれば、千島列島は些細な問題だと考えていたのである(121)。ルーズヴェルトにとっては、敵は日本でありソ連ではなかったのである。

スターリンはソ連の生存を危機に陥れたドイツとの戦争をソ連国民は理解しているが、もしもハリマンに提示した条件が満たされないなら、「なぜ日本と戦争するのか、ソ連国民に説明するのが難しくなる」と巧妙に説明して、ルーズヴェルトにすべての条件を呑ませようと努めた[122]。特筆すべきは、スターリンが指摘したように、当時ソ連の国民は日本に対し敵対的な感情を持っていなかったということである。対日戦争はソ連の国民の間で人気がなかった。ソ連国民にとって敵はドイツであって日本ではなかった。ソ連国民はドイツとの戦争に疲れていたため、新たな戦争を望まなかった。通説と異なり、ソ連国民は日露戦争やシベリア出兵の復讐に燃えていたのではなかったのである。それにもかかわらずスターリンがルーズヴェルトの対日参戦の要請に同意したのは、危険がきわめて小さい割に大きな利益が獲得できると判断したからにほかならない[123]。

スターリンに対しルーズヴェルトは、大連は租借するのではなく国際港とすべきだとか、蔣介石政府と協力して北満鉄道の運営をすべきだとして、満洲関連事項については注文をつけた。スターリンは、大連を国際管理のもとで自由港にすることには賛成した[124]。だが、旅順口を軍港としてソ連が使用することについては固執した。一方、ルーズヴェルトが最も固執したのは、外モンゴルの問題であった。ルーズヴェルトは、スターリンに対し対日参戦に先立って蔣介石総統から事前了解を取ってほしいと注文を付けた。

スターリンはチャーチルの了解のもとにルーズヴェルトとの膝詰め会談で同意した点を文書化することを提案し、ルーズヴェルトの同意を得た[125]。スターリンがこのような提案をしたのは、口頭での合意ではなく対日参戦の条件を記録にとどめた方が賢明と考えたからにほかならない。対日参戦をした場合、日ソ中立条約をソ連が一方的に破ったという烙印を押されてしまうため、米英の要請により対日参戦をしたという既成事実をつくりたかったのである。

ルーズヴェルトとスターリンが三〇分ほど協議したあと、日本の紀元節（建国記念日）にあたる二月一一日、スターリン、ルーズヴェルト、およびチャーチルの三首脳が「ソ連対日参戦に関する協定」（以下、ヤルタ秘密協定）に署名した。同協定は、ロシアでは「極東問題に関する三大国のクリミア協定」（クリムスコエ・サグラシェーニエ）または「極東問題に関する三大国のヤルタ協定」（ヤルチンスコエ・サグラシェーニエ）と呼ばれている。

歴史に精通していたチャーチルは千島列島が常にロシア領であったわけではないことを認識していた。だが、あえて異議を挟まなかった。チャーチルはルーズヴェルト・スターリン会談に同席しなかったが、署名はした。チャーチルにとって極東での戦争に勝利することは、遠く離れた二義的な問題であり、主な関心はソ連の東欧支配をいかに阻止するかにあったのである。[126]

ヤルタ秘密協定には以下の条件で、ドイツ降伏後、二、三カ月後にソ連が対日参戦することが明記された。[127]

1　外蒙古（蒙古人民共和国）の現状維持

2　一九〇四年の日本の背信的攻撃により侵害されたロシアの旧権利の回復

（a）南樺太のソ連への返還

（b）大連商港の国際化と同港におけるソ連の優先的利益の擁護、ならびにソ連の海軍基地としての旅順口の租借権回復

（c）東清鉄道および南満洲鉄道の中ソ合弁会社による共同運営とソ連の優先的利益の保障および満洲における中華民国の完全な主権の保有

3　千島列島（英語クリールアイランズ、露語クリーリスキェ・アストラヴァー）のソ連への引き渡し

秘密協定の文面は、ヤルタ会談最終日前日、モロトフ外相がハリマン大使に手交した原案を、中国関係の箇所以外は無修正で承認したものであった。外蒙古の現状維持および旅順口の租借権、東清鉄道と南満洲鉄道の運営については、蔣介石総統の同意を要する旨が記された。

ヤルタ秘密協定は、スターリンの権謀術数の跡をとどめている。[128] スターリンはルーズヴェルトに対し、満洲里からハルビンに至る鉄道線、ハルビンから大連および旅順に至る鉄道線、さらに、ハルビンからニコルスク・ウスリスク

に至りハバロフスク・ウラジオストクに達する鉄道線を利用する権利を帝政ロシアが持っていたと主張した。さらに南樺太も千島列島も元来ロシアのもので、日本がロシアに返すのは当然だと力説したうえで、ソ連対日参戦をドイツ降伏の二、三カ月後としつつ、スターリンは領土不拡大の原則を明記した大西洋憲章やカイロ宣言に背理するという批判が後日出てくるのを予想し、マリク駐日大使の前述の報告書を参考にして、「返還」されるべき領土については別立てとし、ソ連に千島列島は「引渡サルベシ」との文言を盛り込んで、千島列島の領有を確実なものにした。加えて、日本降伏の後に三大国首脳はこれらのソ連の要求が「確実ニ満足セシメラルベキコトヲ協定セリ」という文言をヤルタ秘密協定の中に入れて、駄目押しを図った。[129] ヤルタ秘密協定は当時米ソ英三国の議会にも国民にも知らされなかった。日本は密約で無効だと主張しているが、ロシアはソ連時代から今日に至るまで一貫してヤルタ協定は有効で立派な国際協定だと反論している。

スターリンは「慎重な老人」と自称したことがある。[130] とはいえ、スターリンの交渉戦術が盤石であったわけではない。一八五五年に締結した日露通好条約では、得撫島以北は帝政ロシア領、択捉全島を含み同島以南は日本領で、サハリンは従来通り国境を定めないと厳密に定義がなされた。ところが、ヤルタ会談では、クリールアイランズとはどこからどこまでを意味するのか、詰めの作業が厳密に行われなかったのである。またヤルタ秘密協定では、クリールアイランズ全島（all the Kurils）の引き渡しという文言にはなっていない。[131] そのためもあって、第二次大戦終結後、千島列島の範囲をめぐり日ソ間で論争が発生することになる。

北方領土問題発生の背景には、日本の軍事力を過大評価し、日本を敗北させるためにはソ連参戦が不可欠と考えたルーズヴェルト大統領の誤算がある。ノルマンディー上陸作戦の総指揮を執り、のちに大統領になったアイゼンハワーは、南樺太はやむをえなかったにせよ千島列島までソ連に引き渡す必要が本当にあったのかと疑問を呈している。当時、日本の軍事力は相当弱体化しており、ソ連の対日参戦がなくとも、米軍に制圧される可能性が高かった。ルーズヴェルトは重大な判断ミスを犯したといえる。

ヤルタからの帰途、ルーズヴェルト大統領は、アルジェリアで米国の通信社記者と会見し、ヤルタ会談で密約があったことを明らかにしたが、その内容は発表できないと語った。米国で密約の内容を知っていたのは、ハリマン駐ソ大使ほか、二、三の軍の最高首脳に限られていた[132]。帰国後、ルーズヴェルトはヤルタ秘密協定をホワイトハウスの執務室にある個人用金庫にしまいこんでしまった。一九四五年四月ルーズヴェルトの死去により副大統領から昇格したハリー・トルーマンは、大統領になって初めて密約の存在を知った。ルーズヴェルトは、ヤルタ秘密協定が大西洋憲章に書かれている領土不拡大の原則に違反していることを米国民に知られたくなかったのではなかろうか。

他方、スターリンもドイツ降伏後、二〜三カ月で対日参戦することを極秘にした。こうした方針をとったのは、情報が漏れて関東軍が先手を打ち、ソ連に攻撃をかけることを危惧したためである[133]。ソ連がヤルタ秘密協定を公表したのは、ヤルタ会談からちょうど一年を経た一九四六年二月のことであった。ソ連の新聞は一斉にスターリン、ルーズヴェルト、チャーチルの署名の入った英文の秘密協定を写真入りで報じた[134]。それまでソ連の国民はヤルタでの密約について一切知らされていなかった。ヤルタ秘密協定を発表したのは、南樺太と千島列島の領有は米英の同意を得ている点を印象づけるのが目的であった。

チャーチルはヤルタ秘密協定をどのように扱ったのであろうか。最近の新聞報道によれば、チャーチルはヤルタ密約のコピーを英国外務省に作らせ、国王のジョージ六世はじめ閣僚や軍首脳に配布した[135]。

ヤルタ会談で密約が結ばれたことについて、日本はまったく知らなかったというのが従来通説であった。佐藤尚武《なおたけ》駐ソ大使は、ソ連の秘密警察の厳重な監視下にあったため、日本大使館は情報収集に困難を覚えたと記録にとどめている[136]。ところが、実際には中立国のスウェーデン駐在武官、小野寺信《まこと》少将が一九四五年二月半ばにポーランドの諜報機関からヤルタ秘密協定についての情報を入手し、直ちに機密電報で大本営参謀本部に通報していたのである[137]。しかし、小野寺少将が発信した機密情報は、大本営参謀本部の中枢によって抹殺されてしまったようである。当時日本はソ連の仲介による終戦工作を行っている最中で、ソ連と交渉すれば終戦に持ち込めると考えていた大本営中枢にとって、ソ連が米国と密約を交わしていた事実は、不都合なことであったのである。こうした事例は、日本が重要な政策決定を行う場合、インテリジェンスがほとんど考慮されないことを示している。[138]とはいえ、小野寺情報が伝聞情報として参謀本部を駆けめぐり、参謀本部では「公然の秘密」になっていた可能性がある。陸海軍いずれもヤルタ秘密協定情報をつかんで東京に打電しており、ドイツ降伏後、三カ月後にソ連が対日参戦するというのが参謀本部第二部（情報部）では常識になっていたからである。[139]

Ⅳ　対日参戦

日ソ中立条約不延長通告

ヤルタ会談後、日本にとって戦況はますます不利になっていった。一九四五年四月一日には米軍が沖縄に上陸した。こうした切迫した状況のもとで四月五日、モロトフ外相が佐藤駐ソ大使に対し、通告期限の四五年四月二五日を待たずして、日ソ中立条約の不延長を通告してきた。同年一月、モロトフ外相に提出した覚書の中で、ソロモン・ロゾフスキー外務人民委員代理は、日本の敗戦が迫っており、中立条約をさらに五年間延長することは得策でなく、四月一三日までに条約を破棄する必要があると進言していた。ロゾフスキーは「中立条約の廃棄に関する声明は、日本側が大幅に譲歩した場合、中立条約がさらに五年間延長されるかもしれないという期待を抱かせるように行わなければならない」とも進言した。[140]スターリンはこうした進言を受け入れた。

ソ連は年内対日参戦の方針を固めていた。だが、モロトフ外相はそうしたそぶりを日本に対しては一切見せず、満期終了まで中立条約は有効であるかのような印象を与えて、日本側を油断させた。駐日ソ連大使館駐在武官ミハイル・イワノフ（当時）によれば、日ソ中立条約不延長の通告は、宣戦布告と同様の効果を持つものであった。[141]ところが、日本指導部は希望的観測に終始し、条約不延長の通告を宣戦布告の前触れとみなさなかった。関東軍では、年内のソ連対日参戦はあり得るとする観測もあったが、日本政府は日ソ中立条約は有効期間が切れるまで一年ほど続くという甘い幻想を持ち続け、ロゾフスキーが考えた策略に嵌ってしまった。

米国はソ連が日ソ中立条約の不延長を日本に通告したことを歓迎した。ほとんど知られていないが、米国は一九四五年四月から九月にかけて、一万二四〇〇人に及ぶソ連兵を訓練したり、一四五隻にわたる艦船をソ連側に引き渡したりして対日参戦の支援をしている。[142]

佐藤大使に日ソ中立条約の不延長を通告した当時、スターリンの命令によってソ連軍最高司令部《スタフカ》作戦部のロモフ少将を中心にソ連側は対日参戦に関する本格的検討に着手していた。日本本土侵攻案も作成されたが、日本が強力な艦隊を保有し、本土に陸軍の主力部隊を配備しているため、日本侵攻はノルマンディー上陸作戦以上に困難なものとなり、多数の犠牲者が出る恐れがあるとの理由で、スターリンは却下した。[143]

ヤルタ会談後体調が悪化し、四月一二日ルーズヴェルトが死去し、トルーマン副大統領が大統領に昇任した。スターリンはソ連に好意的であったルーズヴェルトの死去に大きな衝撃を受けた。ルーズヴェルト大統領の死去とともに米ソ両国は冷戦に向けて歩み出した。

ルーズヴェルトと異なりトルーマン新大統領は、ソ連に対しきわめて厳しい姿勢をとった。同月下旬、モロトフ外相がホワイトハウスでトルーマン大統領と会談した際、ソ連側がポーランド問題などでヤルタでの合意に違反した動きをしているとして、トルーマンはモロトフを面と向かって糾弾したのである。そのこともあり、スターリンは、トルーマンが「ヤルタ協定」を遵守する方針なのか疑問視するようになった。

ヒトラー総統自殺の翌月五月八日、ドイツ軍最高司令部は連合国軍総司令部とソ連軍最高司令部に対してなんら条件をつけることなく、無条件降伏を受諾した。ドイツ敗戦の知らせに、駐日ソ連大使館員は歓喜の涙を流した。[144] スターリンがソ連国民の愛国心に訴えて戦った大祖国戦争は、終わりを告げたのである。

ドイツ敗北後、スターリンの関心は、最小限の犠牲で日本を敗戦に追い込み、ヤルタ秘密協定に盛り込まれた対日参戦の代償を確実に手中にすることにあった。ソ連は一九四五年四月ごろから西方に展開していた軍隊をシベリア鉄道で東送し始めた。さらに諜報者を送り込み、旅順、大連を含む満洲情勢の調査にも力を注いだ[145]。その一方で、「時間稼ぎ作戦」もとった。

五月二八日、ハリマン特使と会談した際、スターリンは八月に対日参戦すると述べるとともに、無条件降伏と天皇制廃止を連合国側が日本に要求するよう求めた。このような条件を連合国側が要求すれば、日本が激しく抵抗することは必定で、ドイツ降伏後、欧州方面から満洲方面に兵力を振り向けるため対日参戦準備に時間を確保したいソ連にとって、すこぶる都合がよかったからである。

スターリンはドイツに無条件降伏を求めたが、日本の無条件降伏にも固執した。スターリンは国体の保持を願う日本が無条件降伏を嫌うと予想していた。無条件降伏に固執したのは、対日参戦の準備を整えるため時間稼ぎをする必要のほかに、徹底的に無力化する目的もあった[146]。軍事力を徹底的に破壊しておかなければ、日本は再興しふたたび軍事的脅威になるに違いないと危惧していたのである。

終戦工作の頓挫

ドイツが敗れ、日本敗戦の可能性がいよいよ濃厚になってきたため、日本はソ連の仲介により米国との和平に漕ぎつけるため、藁にもすがる気持ちで対ソ接近を図った。当時外務省で政務第一課長を務めていた曽根明は、日本の対ソ政策を次のように説明している。「終戦工作をストレートにやった場合、軍に天皇陛下を信州松代に監禁され、ナチス・ドイツと同じような最後を見ることになる。そのため無駄とわかっていても、ソ連に中立を守らせながら、ソ連仲介という形でやってみる。それがだめだった時に、初めて陸軍も腹背に敵を受け、もう戦えない。クーデターもできない。そして、鶴の一声で終戦にもっていこう」と計算して、ソ連に仲裁を頼んだ[147]（引用は原文のママ）。

スターリンは、日本の仲裁要請を巧妙にかわし、日本に一縷の期待を持たせ、日本が弱体化した段階で大軍を送り込んで対日参戦をしようとした。その一方で、日本が米英と直接和平交渉に入ることを警戒した。ちなみに、日本がソ連に申し出た仲介の代償は、ポーツマス講和条約と日ソ基本条約を廃棄し、おおむね日露戦争前の状況に復帰させるというものであった。朝鮮半島の支配は日本に残し、南満洲は中立地帯とするという内容で、ヤルタ秘密協定の方がスターリンにとってははるかに魅力的であった。版図拡大を狙っていたスターリンが日本の要請に同意する可能性は皆無に近かった。

仲裁を求めて再三ソ連に接近した結果、日本が窮地に陥っていることをソ連に悟られ、日本は「釣り糸にかかった魚」のように翻弄されてしまった[148]。その後、原爆投下とソ連対日参戦によって日本は終戦を迎えるが、第二次世界大戦で日本人が最も人命を失ったのは、終戦までの残り半年であった。終戦決断が遅延したことが悔やまれる。

ポツダム会談と「暗闘」の始まり

一九四五年七月中旬、ベルリン近郊のポツダムにトルーマン新大統領、スターリン首相ならびにチャーチル首相(イギリス労働党が総選挙で勝利したため、チャーチルは途中でクレメント・アトニーに交代)が一堂に会した。ポツダム会談は第二次世界大戦における最後の米英ソ三巨頭会談であった。スターリンの命令で、ポツダム会談の会場のいたるところに盗聴マイクがしかけられた。モスクワから引き連れてきたメイド、コック、ウエイター、警備要員など三〇〇〇人近くは全員なんらかのスパイの任務を帯びていたとされる[149]。

ポツダム会談に参加するにあたって、スターリンは米英の首脳からソ連対日参戦の了解を確実に取りつけることを重視した。スターリンは、単にソ連が対日参戦するのではなく、日本の無条件降伏を実現するため、米英から要請を受け国際的義務を果たす形で対日参戦をすることを明記したポツダム宣言の作成を望んだ。そのような形で対日参戦をすれば、日ソ中立条約を破っても、日本からソ連だけが指弾されることが回避できるからである。スターリンはポツダム宣言の草案を携えてポツダム会談に臨んだ。ソ連版のポツダム宣言草案は、米国が作成した草案よりも短かった。ソ連版草案には、日本に対し無条件降伏を求める文言が記載されていた。だが、参戦時期がはっきりしておらず、敗戦後の日本を連合国がどのように扱おうとしているかについても、一切言及がなかった。スターリンは、戦争が長引くことを望んでいたのである[150]。

ポツダム会談の主要議題は、ドイツ降伏後の欧州の戦後処理問題であった。親ソ的なルーズヴェルトを相手に対日参戦問題を協議したヤルタ会談のときとは異なり、反ソ的なトルーマンを相手にしたポツダム会談は、スターリンにとって骨の折れるものであった。ポツダム会談に出席するまで、トルーマンは米軍の犠牲を極力低く抑えるため、ソ連の対日参戦が不可欠と考えていた。ところが、ポツダム会談の前日、ニューメキシコ州の実験場で米国が人類初の原爆実験に成功した。この知らせを受けると、トルーマンはソ連の手助けがなくとも日本を敗北に追い込めると確信するように至り、ソ連対日参戦前に戦争終結を望むようになった。そして、日本が降伏を受け入れやすいようにするため、無条件降伏を要求しないことに決めたのである[151]。

ポツダムでトルーマン大統領は、したたかな対ソ外交を展開した。散歩中にトルーマンはスターリンに新型爆弾の開発に成功したことを報告した。直接的に原爆実験成功と言わず、「きわめて大きな破壊力を持った新型の爆弾を開発した」と述べたのは[152]、スターリンを後日動揺させようとする思惑が働いていたためである。

大統領の周辺にソ連の諜報員が多数入り込んでいた関係で、原爆実験の少なくとも一カ月前から、ドイツからソ連に移住した核物理学者でソ連の諜報員クラウス・フックスを通じ、スターリンは米国の原爆開発の進捗状況に関する情報をある程度入手していた[153]。しかし、原爆については何も承知していない様子でスターリンはトルーマンの報告を聞いた。だが、新型爆弾の開発に成功したと知ると、トルーマンと別れた後、スターリンは直ちに本国にとどまっていた側近のラヴレンチ・ベリヤに軍用電話をかけ、原爆研究の責任者イーゴリ・クルチャトフに原爆製造の研究を加速化するよう指令せよと命令したのである。あわせて特記すべきは、米国が原爆実験に成功するまで、スターリンは原爆の開発にあまり力を入れず、戦車、戦闘機、大砲の製造に重点を置いていた点である[154]。

真珠湾攻撃以来、スターリンは対日参戦を引き延ばしてきた。ところが、米国による原爆実験成功後、スターリンにとって対日参戦は一転して時間との戦いとなった。トルーマン大統領から米国が新型爆弾の開発に成功したと聞くや、スターリンとトルーマンの間で「暗闘」（長谷川毅）が始まった。暗闘とは、ルーズヴェルト死後の日本降伏まで繰り広げられたスターリンとトルーマンの間の疑心暗鬼の駆け引きを意味する。前述のようにルーズヴェルト時代、米ソ関係は良好であった。ヤルタにはルーズヴェルト通りという道路もある。しかし、米ソ関係はトルーマン時代になって悪化したため、スターリンは対日参戦しなければヤルタで約束された対日参戦の代償を獲得できなくなると危惧した。他方、トルーマンはソ連の対日参戦前に戦争を終結させることを望んでいた。

ソ連の原爆開発の重責は、ベリヤの肩にのしかかった。当時ベリヤは秘密警察の最高責任者で、原子力発電所やプルトニウム生成工場、核爆弾や核弾頭の製造工場、核兵器の実験場などで働き、閉鎖都市で原爆の研究に携わっていた多くの受刑者を収容していた秘密収容所を、取り仕切っていたからである[155]。命令を受けて科学者たちは米国に追いつくよう必死の努力をした。ソ連が原爆実験に成功したのは、米国の原爆実験成功からの四年を経た一九四九年のことであった。

スターリンはポツダム宣言に署名できると考えていたようである。しかし、人類初の原爆実験の成功によって強気になったトルーマン大統領は、英国とは協議したもののスターリンとは一切協議せずにポツダム宣言を作成し、発表してしまった。

蔣介石総統はポツダム会談に出席していなかったが、連絡を受けポツダム宣言に同意し、トルーマンが代わって署名した。スターリンは抗議したが、ソ連が日本と中立条約を締結しており、対日宣戦布告もしていないというのが、ソ連の頭越しにポツダム宣言を出した理由であると米国は反論した。

ルーズヴェルト、チャーチル、蔣介石の同意の下で発表されたポツダム宣言には、①カイロ宣言の条項は履行せらるべきこととしたうえで、「日本国ノ主権ハ本州、北海道、九州及四国並ニ吾等ノ決定スル諸小島ニ極限」せられるべきこと、②「日本軍ハ完全ニ武装解除セラレタル後各自ノ家庭ニ復帰」すべきことなどが明記された。

スターリンはトルーマンに米国と英国がソ連に対日参戦を要請したという声明を出すよう食い下がった。ところが、トルーマンは一九四三年一〇月に出したモスクワ宣言や国連憲章で十分であると述べて、言下に要請を断った。[156]フォレスタル国防長官によれば、スターリンはヤルタ秘密協定を結んだり、自分の願いをきいたりしてくれたルーズヴェルトに好意を持っていたが、自分が言うことを拒否したトルーマンを好まなかった。[157]

日本はポツダム宣言発表をどのように受け止めたのであろうか。ポツダム宣言にソ連代表の署名がなかったことから、ソ連に仲裁を依頼し、太平洋戦争終結に漕ぎつけることに日本は一縷の望みを託し続けた。ポツダム宣言では、日本が最も望んでいた天皇制維持を認めるという点が明瞭に記載されていなかったため、鈴木貫太郎首相はポツダム宣言の受諾を躊躇し、「黙殺」(ignore)することにした。その結果、勝ち目のない戦争が続き、多くの日本人が命を失うことになったのである。早期に降伏していれば、広島・長崎への原爆投下もソ連対日参戦もなかったのではあるまいか。

日本がポツダム宣言の受諾を拒否したことに、スターリンは安堵した。ソ連の対日参戦を待たずに日本が降伏した場合には、ヤルタ秘密協定で合意された事項が反古になってしまうからである。スターリンは対日参戦の準備を急いだ。そして、ドイツ降伏後、極東ソ連への移動を日本に悟られないよう偽名を使って行動していたワシレフスキー元帥を七月三〇日、極東ソ連軍総司令官に任命した。さらに八月五日、ポツダム会談からモスクワに戻ると、モロトフ外相、ミコヤン武器貸与担当相、ベリヤ内相、ヴィシンスキー外務次官を招集し、米国による原爆実験成功やソ連対日参戦について緊急協議を行った。[158]八月二〇日には、スターリンはベリヤを責任者とする特別委員会を発足させ、クルチャトフ研究所をモスクワ市内に設立して、原爆の開発に力を入れた。

八月六日、米国は広島に原子爆弾(ウラン濃縮型)を投下した。鈴木貫太郎内閣書記官長によれば、日本は米国が原爆を開発しているのは承知していたが、「今回の戦争には間に合わない」と判断していた。そのため原爆が投下されると日本はひどく動揺した。

原爆投下のインパクト

スターリンは原爆投下によってソ連参戦前に日本が降伏することを憂慮した。ところが、杞憂であることが判明した。風雲急を告げる状況の中で、八月七日、佐藤尚武《なおたけ》駐ソ大使がモロトフ外相に面会を求めたためである。佐藤大使は、東郷茂徳外相に宛てた七月二〇日のモスクワ発最後の緊急極秘電報で、「七〇〇〇万の民草枯れて上一人ご安泰なるをうべきや。思うてここにいたれば、個人の立ち場も軍の名誉もはたまた国民としての自負心も社稷には代え難し。すなわち我は早期に及んで講和提唱の決意を固むるほかなしというに帰着す」とする四〇〇〇字に及ぶ勇気ある勧告を行った外交官であった(159)。だが、本省からの指令を受けて、モロトフ外相に働きかけて近衛特使のモスクワ派遣について同意を得ようと尽力した。しかし、モロトフの回答は、日本にとって最悪のものであった。というのも、翌八日、モスクワ時間午後五時（日本時間午後一一時、ソ連極東時間九日午前零時）、モロトフ外相は佐藤大使をソ連外務省に呼びつけて、対日参戦布告文を読み上げ、ソ連は八月九日をもって日本と戦争状態に入ると通告したからである(160)。

八月九日までには、残り一時間もない。佐藤大使は、モロトフ外相に対日参戦布告を本省に打電したいと要請した。モロトフ外相は了解と返答したものの回線が切断されており、佐藤大使は本国政府にソ連対日参戦を通知することができなかった。東郷茂徳外相がソ連対日参戦を知ったのは、外務省ラジオ室が受信した九日午前四時（日本時間）のラジオ放送によってであった。マリク駐日大使が東郷外相に宣戦布告文を手交したのは、八月九日午前一一時一五分のことで、ソ満国境でソ連軍が攻撃を開始してから、五時間以上経過した後であった(161)。英国もソ連の対日参戦を事前に知らされず、蚊帳の外に置かれた。

八月七日午後、スターリンは極秘暗号電報でワシレフスキー極東ソ連軍総司令官に対し、九日をもってソ連軍は満ソ国境を越えよ、と命令を出した(162)。しかし、『イズベスチヤ』紙（一九九三年四月一二日、一三日連載）によると、モロトフ外相が佐藤大使に対日参戦を通告する前の極東時間八月八日正午に、実はソ連軍に対し攻撃命令を出していた。モロトフ外相が佐藤大使にソ連対日参戦を告げてから二時間もたたない八月九日零時（ザバイカル時間）に、スターリンは満洲侵攻に踏み切った。

今日ロシアは、ヤルタ協定は密約ではなく正真正銘の国際協定で、米英の要請により対日参戦に踏み切ったと力説して、ソ連は日ソ中立条約を一方的に破って対日参戦したわけではないとか、関演習に証左されるように、日本も対ソ戦の準備をしていたと強調し、正当化に努めている。しかし、前記の『イズベスチヤ』紙が日ソ中立条約第三条「条約期限の五年の有効期間満了の一年前の廃棄通告の権利」に背理して日本に対し攻撃を仕掛けたと指摘する記事を掲載したのは、きわめて興味深い。

ソ連は一九二六年から四一年までの間に、周辺一五カ国と不可侵条約や中立条約を結んだ。しかし、独ソ不可侵条約を唯一の例外として、スターリンはことごとく破った。外交史家の田村幸策は「条約はパイの皮と同じで、破るために作る」というのはレーニンの条約観であり、「今日調印して明日これを破り、明後日また第二の条約に調印する」というのがスターリンの条約哲学だと記している[163]。

ソ連は原爆投下によってソ連の対日参戦が決して早まったわけではないと主張している。確かに、スターリンはヤルタ会談でドイツ降伏後、二、三カ月で対日参戦すると述べてはいる。ソ連対日参戦はドイツ敗北の三カ月後に実現したのであるが、対日参戦に踏み切るまで、スターリンの心は揺れ動いた。この点は次のことから判明する。

一九四五年六月にスタフカが立案した作戦計画では、ソ連対日参戦は八月二〇日から二五日の間に予定され、一カ月半ないし二カ月ほどで対日戦争は終わる。首尾よくいけば、さらに短期間で戦争は終結する、と想定されていた[164]。ところが、米軍などの動きから判断して、スターリンはそれでは遅すぎると考えるようになった。ポツダム会談開催の前日、スターリンはポツダムからワシレフスキー元帥に軍用電話を使って、「（対日）作戦開始を一〇日ほど繰り上げることができないか」と問い合わせていた。それに対し、ワシレフスキーは、繰り上げ困難と答えている[165]。

だが、米国が広島へ原爆を投下すると八月七日、スターリンは、予定を繰り上げ九日に対日戦争に踏み切る決定をした。(166) ちなみに、一九四四年九月一九日、ロンドンのハイドパークにあるルーズヴェルトの別邸でルーズヴェルトとチャーチルが会談し、秘密覚書いわゆるハイドパーク協定に署名した。その中で、両首脳は原爆が利用可能になった場合、日本に原爆を落とすことに合意している。(167)

スターリンは、日本が日ソ中立条約を破ってソ連を攻撃した場合には国民の士気が高まるので好都合と考えていた。しかし、思惑に反して、日本はソ連に軍事攻撃を加えなかった。こうした状況の中で、日本に極力知られないようにしてスターリンは対日戦争の準備に力を入れた。そして兵士に対する教育宣伝活動を行い、今こそ日露戦争の雪辱を果たす絶好の好機が到来したと強調し、愛国心に訴える作戦に出た。日ソ中立条約を破ってソ連が対日参戦しただけに、さすがに大祖国戦争とは呼べなかったとする見解もある。旧ソ連やロシアは一九四五年八月に開始した戦争をソ日戦争と命名している。興味深いことに、ロシアはソ連軍がフィンランドに侵攻して勃発した冬戦争（一九三九～一九四〇年）も大祖国戦争と呼んでいない。(168)

ドイツの敗北が確実となった一九四五年二月、極東ではソ連軍増強が始まった。四月から急ピッチで増強され、シベリア鉄道を使ってソ連が欧州方面から軍隊を活発に東進させるようになってきたことについては、関東軍は掌握していた。ソ連はドイツからモスクワに戻ってきた兵隊を武装解除しないでそのままシベリア鉄道で極東に送った。(169) 四月、ソ連の攻撃で陥落したケーニヒスベルク（現カリーニングラード）の日本総領事館職員が六月、東郷茂徳外相に「ソ連は欧州戦終了後、対日参戦に転じる」との報告書を本省に提出したが、ソ連に和平交渉の仲裁を要請した関係で、この情報に注意を払わなかった。ところが、関東軍中枢部は、ソ連が対日参戦するには六〇師団が必要で、そういったレベルに達するためには、少なくとも四五年九月ごろまでかかると希望的観測をし、日本に不利に戦局が展開する中で、対ソ静謐《せいひつ》を確保する方針をとったのである。関東軍には「泣く子も黙る関東軍」と恐れられたかつての精強さは残っていなかった。

スターリンはカムフラージュ戦術によって闇にまぎれて兵力を極東方面にシベリア鉄道で移動させ、さらに高官に下級兵士の制服を着せたりして、日本側の目を巧みに欺いた(170)。兵士に対する宣伝教育も慎重に実施した。印刷物とラジオの利用は厳しく制限し、主に口頭で指示を行った。シベリア出兵など日本の侵略的な側面が強調されるとともに、ノモンハンの戦いなどでのソ連軍人の勇敢な戦いぶりが力説された(171)。

スターリンの対日参戦の目的は、以下の六点にまとめることができる。①損失を最低限に抑え電撃戦で満洲を制圧し、中国大陸から日本軍を駆逐するとともに、②満洲の産業施設などをソ連の経済復興のため戦利品として接収する、③不凍港の旅順・大連の租借権ならびに東清鉄道の経営権を確保する、④ヤルタ秘密協定で約束された以外にも領土を獲得し、可能ならば北海道北半分も占拠する、⑤朝鮮半島北部を制圧する、⑥ソ連経済復興のため日本の将兵を捕虜にして労働力として酷使する。

当初スターリンはソウル占領までも視野に入れていたが、米国が原爆実験に成功したため、当初の計画を変更して、占領地域を北緯三八度線以北の朝鮮半島に限定せざるを得なくなった(172)。ちなみに、日本がポツダム宣言の受諾を発表した八月一五日の時点では、ソ連軍はハルビンや瀋陽にも到達していなかったのである。

トルーマンが大統領に就任して以来、米ソ関係は不協和音を奏でたが、ソ連の対日参戦に対し、米国は武器貸与法を適用して積極的に支援した。加えて、アラスカのコールドベイでソ連兵の訓練にもあたった。武器貸与法に従って米国海軍の船舶をソ連に供与した際、米国は船舶の輸送を担当する一万二四〇〇人に及ぶソ連の海軍兵士に操船方法や装備の使用法を教えた(173)。

ソ連対日参戦と「八月の嵐」作戦

一九四五年八月九日午前一時、ワシレフスキー極東ソ連軍総司令官麾下《きか》の約一五七万の大軍が三方面から満ソ国境に攻め込み、日ソ戦争が始まった。日本の情報機関は、チャーチル首相が「英国史上最悪の降伏」と嘆いた南方のマレー作戦ではきわめて優れた能力を発揮したが、ソ連軍が八月に満洲国境を破って進軍してくることについては、予知できなかった。モンゴル人民共和国は、一日遅れで対日参戦した。ソ連軍とモンゴル軍は一緒になって日本軍と戦った。しかし、ソ連の戦車隊は、モンゴル軍が外モンゴルと内モンゴルの国境線にとどまって併合に乗り出すのではないかと危惧し、そうした行動を阻止するための動きをしたとする興味深い指摘がある。[174]

ソ連軍は満洲国の首都新京をめざした。関東軍の兵力は約七〇万であった。だが、関東軍の精鋭部隊は南方にとられており、装備は張り子の虎状態で、ソ連の想定よりもはるかに脆弱であった。ドイツ軍と戦いソ連軍兵士の戦闘技術が向上していたことや、奇襲作戦でソ連軍が裏をかいて予想していなかったルートで侵攻してきたことなどが、関東軍にとって不利に働き、混戦、退却を余儀なくされた。

対独戦では、応戦しながらソ連は軍事作戦を練り上げていった。それとは対照的に、満洲制圧にあたっては、事前にかなり作戦を練り上げていた。ソ連軍にはベルリン解放に貢献した荒くれ者の囚人もまじっていた。[175] スターリンは関東軍の戦闘能力を過大評価していたが、関東軍が前述のように弱体化していたため、ソ連軍は満洲を電撃的に制圧することに成功した。ソ連は「八月の嵐作戦」をソ連軍事史上最も輝かしい作戦の一つである、と絶賛している。[176]

一方、モンゴル軍とは対照的に中国は直ちに対日参戦をしたわけではなかった。ソ連軍が満洲に侵攻したとき、国民党軍と中国共産軍（八路軍）双方とも満洲にいなかったのである。[177]

一九四四年から四五年において、満洲や朝鮮に駐留していた関東軍の中には一五％以上朝鮮人が入っていた。朝鮮兵は日本軍から武器を取り上げソ連軍に引き渡したり、日本兵を捕虜にしたりした。[178]

スターリンは米軍が上陸する恐れがあると考え、大連と旅順口の港湾の占領や朝鮮北部への南下を急いだ。ソ連対日参戦とともにソ連太平洋艦隊はソ連空軍や陸軍の支援を得て朝鮮半島北部で軍事作戦を展開した。ソ連太平洋艦隊が北朝鮮北部の海岸線で展開した上陸作戦は、きわめて大規模なものであった。[179] 日本軍との間で羅津《ラシン》、雄基《ウンギ》、清津《チョンソン》などの海岸地域で激戦が繰り広げられた。ソ連軍は米国との合意に基づき北緯三八度線まで南下して停止した。ソ連

ソ連軍侵攻（1945年8月9日）

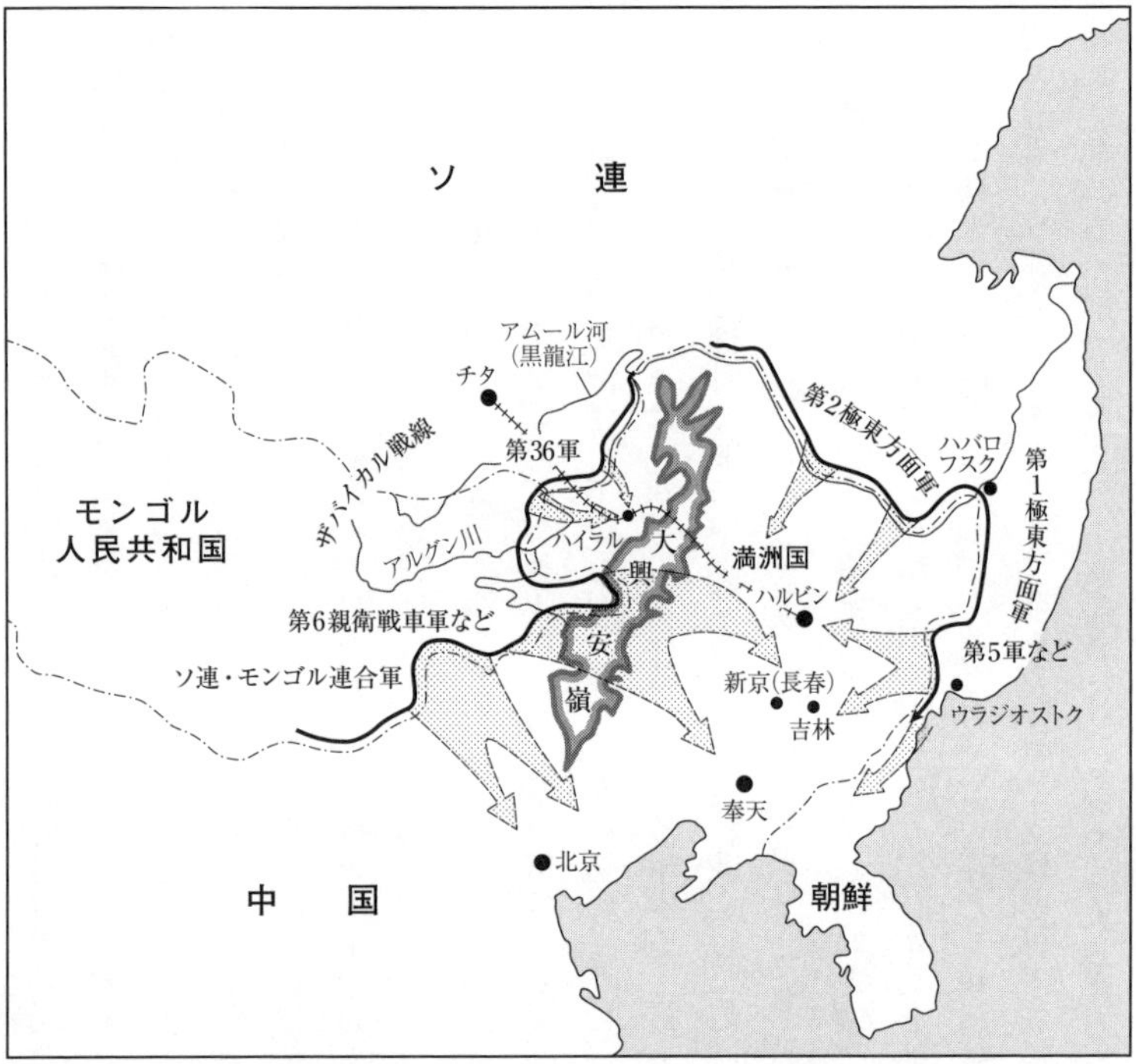

（出典）P. H. Vigor, *Soviet Blitzkrieg Theory*, New York: St. Martin's Press, 1983

の北朝鮮占領の目的は、①日本軍将兵を確保して、シベリアなどに送ること、②日本の工業設備を入手し、ソ連本国に輸送すること[180]、③ウラン鉱床の採決権を獲得すること、④米軍が容易に北上できないよう緩衝地帯を確保することなどに求められる。朝鮮半島北部には、原爆製造用ウランの鉱床――モナズ石鉱床――があり、旧日本軍が採掘に乗り出していた。米極東軍司令部作成の機密文書「北朝鮮におけるモナズ石の産出」（一九五一年一二月二日付）によれば、ソ連の学者が一九四七年、現地調査を行い、朝鮮半島のモナズ石鉱床は世界一良質と判定した。翌四八年、ソ連は北朝鮮との間でモナズ石供給協定を締結し、四九年から本格的に採掘を開始し一九四九年と五〇年の両年で合計二万八〇〇〇トンのモナズ石をソ連に搬出した[181]。ソ連の核兵器製造に使われた可能性もある。

ここで問うべきは、北朝鮮がソ連の対日参戦に参加したのかという点である。金日成は中国の抗日連軍とかかわり合いを持っており、ソ連は抗日遊撃軍を中央アジアで訓練していた。金日成主席は、自己の軍隊がソ連軍と共同作戦を展開し、日本軍を駆逐しつつ勝利の喜びにあふれて祖国の地を踏んだと語っている。ソ連は日本統治下の北朝鮮に居住する朝鮮人民に対し決起を促してはいる。ところが、金日成らがソ連軍による占領後に朝鮮半島北部の建設にあたりたいと願ったこともあって、スターリンは旅団側から要請はあったが、金日成らの軍隊を対日参戦に参加させなかった。金日成たちが第八八特別旅団の仲間とともにソ連船に乗って元山に到着したのは一九四五年九月一九日で、日本降伏後かなりの日数がたってからのことであった。ただし、三〇〇〇人ほどの朝鮮人がソ連赤軍にまじり雄基と清津に上陸したとする指摘もある(182)。

一九四五年九月一二日、ソ連情報局は対日戦争の戦果を発表した。日本軍捕虜は五九万四〇〇〇人で、うち二万人が負傷兵であった。日本側の死者は八万人と推定された。ソ連側の死者は極端に少ない約八〇〇〇人で、負傷者は約二万二〇〇〇人であった(183)。一九四一年から四五年までの独ソ戦におけるソ連軍の死者は二二〇〇万人から二六〇〇万人に上ったとされる。第二次世界大戦において最大の犠牲者を出したのはソ連であった。イリーナ・ベズボロードワによれば、ナチス・ドイツの捕虜になった赤軍軍人は五七〇万人で、そのうち一一〇〇万人が死亡した(184)。死亡率は年によって変動があった。一九四三年の五二・五%で、大戦末期の死亡率は八%であったとされる(185)。

ヤルタ会談でスターリンはルーズヴェルトから対日密約の中国関連条項について、蔣介石総統から事前に了解をとっておくよう求められていた。実際、スターリンは参戦の条件として中ソ友好同盟条約締結を繰り返し主張していた。中華民国との交渉は八月初旬に始まったが(186)、スターリンは同盟締結前に対日参戦に踏み切ってしまった。

蔣介石総統と中国関連条項についてようやく合意に至ったのは、八月一四日のことである。同日、ソ華友好同盟条約（有効期間三〇年）が調印された(187)。同条約の中で、両国は日本が降伏するまで戦うことを誓った。モンゴルについては、中華民国は（ソ連の統制下で実施され結果が明確な）国民投票を実施した後、外モンゴルに対する主権を放棄する用意があることを認めた。その代償に、ソ連は南京政府のみを承認・支援し、毛沢東と手を切ることに同意した(188)。

蔣介石総統は、ソ連と連帯して抗日闘争を続ける関係上、やむなくモンゴルの独立を容認したのである。

今日中国は第二次世界大戦において中ソは連帯して「日本軍国主義」と闘ったと主張している。だが、ソ連と中国共産党の軍隊の連携はさほど強固ではなく、中共軍は脇役にすぎなかった。ロディオン・マリノフスキー・ソ連軍元帥は、国民党は抗日戦より中国共産党との闘争により多くの力を傾注したと記している。[189] 他方、中華民国は、一九三七年から四五年に主要な戦争は国民党軍が戦ったのであり、中共軍（八路軍）ではないと強調している。[190]

満洲制圧後の九月二九日、アレクセイ・アントノフ参謀総長は、戦利品の武器を八路軍に渡すようザバイカル方面軍司令官に命じた。[191] それまでまともな兵器を持っていなかった八路軍に対して、ソ連は武装解除に応じた日本軍から奪取した武器、弾薬を無償で提供した。こうしたソ連の行為は、ソ華友好同盟条約に違反するものであった。[192] スターリンは八路軍による日本軍の武装解除は認めなかったが、ソ連から無償で提供された大量の兵器のおかげで、毛沢東は数百万の兵士を武装させ、蔣介石の軍隊を打ち負かすことができた。ちなみに、第二次世界大戦後、毛沢東は旧日本軍人訪中団（一九五六年九月一四日）と会ったとき、「日本の軍閥がわれわれ（中国に）進攻してきたことに感謝する。さもなかったらわれわれは、今まだ北京に到達していませんよ。」[193] という趣旨の発言をしている。毛沢東が「侵攻」という言葉を使わなかったことにも、留意する必要がある。

スターリンは、国民党政府が当分存続すると判断し、公然と国民政府と敵対することを望まなかったが、戦争で荒廃したソ連経済の立て直しを図るため、満洲にあった日本の工場設備や事務用品などを根こそぎ自国に搬送した。ソ連は東欧からも工場設備などを自国に搬送した。

広島への原爆投下の翌日、スターリンはクレムリンにソ連の指導的原子物理学者五人を呼びつけ、費用は気にせずにできるだけ早く米国に追いつくよう命じた。[194]

ソ連対日参戦から約一〇時間後の八月九日午前一一時、長崎に原爆（広島とは異なり、プルトニウム型）が投下された。ソ連の各紙は、原爆投下について沈黙を続けたが、英字新聞だけは詳細に報道し、高値で販売された。ソ連が対日参戦に踏み切った当時英国の『サンデータイムズ』紙記者でBBCの解説者を兼務し、ロシア生まれで当時モスクワに居住していたアレグザンダー・ワースは、ソ連の国民はドイツに対し感情的になって戦ったが、日本に対しては何の感情もなく、おそらく極東に住むソ連人以外は、日本と新たに戦争することには乗り気でなかった、ときわめて興味深い指摘をしている[195]。ナチス・ドイツとの熾烈な戦いが終わったばかりで、国民はひどく疲弊していたからである。前述のように、通説とは異なり、多くのソ連国民は日露戦争の雪辱を晴らすため、日本と戦ったわけではなかった。大祖国戦争のさなか、ソ連では日本について敵対的な報道がなされておらず、ソ連国民の対日感情は一般に悪いものではなかった。ソ連国民は、何のために再び血を流さなければならないか、疑問視していたのである。多くのソ連国民にとっては、日本はドイツの同盟国であっても敵ではなかったのである[196]。

長崎に原爆が投下された直後、スターリンの命令によって、在日ソ連大使館のミハイル・イワノフらは広島と長崎を視察し、原爆の威力をつぶさに調査し、九月一八日、マリク駐日大使を通じてモロトフ外相に報告され、スターリンに通知された[197]。こうした動きは、米国が広島で予備調査を始めるよりも二〇日以上も早かった。

ソ連はごく短期間しか日本と戦わなかったが、米国による原爆投下でなくソ連対日参戦こそが日本の降伏に導いた決定的要因となったと力説している。ソ連の主張は、冷戦史の修正主義派の学者の見解と一脈通じるものである。モロトフ外相は、米国による原爆投下は日本を降伏に導くよりソ連を威嚇する目的を色濃く持っていたと断定した。アレクサンドル・サムソーノフ編『第二次世界大戦史』は、米国による広島および長崎に対する原爆投下はソ連に力を誇示するため敢行されたものであり、「平和を愛する日本人の犠牲者は四五万人に及び野蛮な行為」であったと強調している[198]。

原爆投下とソ連対日参戦のどちらが日本降伏の決定的要因となったかについては、諸説存在する。梅津美治郎参謀総長はソ連の尋問に対し、①ドイツの敗北、②広島への原爆投下、③ソ連対日参戦の三つが日本の降伏の決め手になったと答えている[199]。

近年刊行された『昭和天皇実録』によれば、昭和天皇は、ソ連対日参戦の報告を受けると、木戸幸一内大臣に終戦に向け鈴木貫太郎首相と懇談するよう指示した。八月一〇日に開催された御前会議で聖断を求められた天皇は、ポツダム宣言受諾を決意すると述べた。こうした事実は、『木戸日記』に記されている[200]。広島への原爆投下直後の八月九日のソ連対日参戦が昭和天皇にポツダム宣言の受諾を促し、長崎への原爆投下後に開かれた御前会議で終戦を決定したことを考慮すると、原爆投下に続いてソ連が対日参戦したことの衝撃が、いかに大きかったかが想像できる。

ポツダム宣言受諾とスターリン

一九四五年八月一四日、日本はポツダム宣言受諾をスイスとスウェーデンの日本公使館経由で連合国側に通告し、その翌一五日、昭和天皇の終戦の詔書が全国にラジオ放送され、日本国民はポツダム宣言受諾を知った。一六日に、天皇は全軍に停戦を下命した。マッカーサー元帥もすべての戦線で戦闘行為を止めるよう指令を出し、米英軍は日本への攻撃を止めた。八月一五日、ソ連のマスメディアは、日本が「無条件降伏」を受け入れたことを大々的に報道した。しかし、アントノフ参謀総長は、日本の申し入れは「一般的な宣言」にすぎず、日本軍に対する停戦命令がまだ出されていない以上、攻撃を続行すると主張して戦争行為の継続を正当化した。同日、モロトフ外相はハリマンと会談し、終戦の詔書ではポツダム宣言受諾について言及されてはいるものの、日本軍が抵抗を続けているためソ連は軍事行動を継続していると釈明した[201]。

関東軍の若手参謀らは徹底抗戦を主張した。しかし、秦彦三郎参謀総長が「われらは、軍人として陛下の命令に従う以外に忠節の道はない」と説得して、停戦が決まった[202]。だが、通信網がソ連軍に破壊されていたため、停戦命令の伝達は難航した。

米国は日本が早期に降伏するとは考えていなかった。ソ連にとっても日本の降伏は、いささか早すぎた。当時ソ連軍は満洲を完全に制圧していなかった。また南樺太や千島列島や北部朝鮮も占領していなかった。満洲国境を越えて入ってきたソ連軍に対し、関東軍は応戦しながら退却した。ソ連軍は少しでも多くの地域を占領すべく進撃を続けた。極東ソ連軍司令部は、関東軍総司令部と円滑に連絡をとろうとせず停戦交渉を引き延ばした[203]。極東ソ連軍の野戦司令部があった満ソ国境の寒村ジャリコーヴォで、ワシレフスキー極東ソ連軍総司令官と秦関東軍参謀総長が停戦に合意したのは、八月一九日になってからのことであった[204]。草地貞吾関東軍参謀は自らの著書の中で、ジャリコーヴォで停戦と武装解除に関する交渉がなされたと記している[205]。だが、実際はソ連側が日本に一方的に命令を伝えるための場にすぎなかった。

ジャリコーヴォで関東軍側が満洲における労働力の提供をソ連側に申し出たため、日本軍将兵のシベリア抑留につながったとする説や、北海道占領を米国から拒否されたためシベリアに日本軍将兵を送ったという説がある。ところが、ワシレフスキー極東ソ連軍総司令官の副官を務めたコワレンコは、投降後関東軍将兵をソ連に移動させる方針はすでに決まっていたと指摘している[206]。

アントノフ・ソ連参謀長が記しているように、対日参戦にあたって、ソ連は満洲制圧と遼東半島占領に最大の力点を置いた。樺太は遠く余分の兵力を投入しなければならないという理由で、第二義的な作戦となった。千島列島占領作戦には、さらに低い優先順位を与えた。

注目すべきはスターリンが、流血や戦火や死を潜り抜けてきた兵士がときには女性と楽しんだり、略奪行為をするのは、非難に値しないと発言している点である[207]。満洲侵入後、ソ連軍は略奪、婦女暴行などを繰り返した。当時満洲には約一五〇万人に上る邦人がおり、過酷な運命に直面し多くの悲劇が起きた。ソ連軍が満洲を制圧したのは、一九四五年八月二二日のことである。翌年一月、ソ連は国民党政府に宛てた覚書で、満洲にあって日本軍に奉仕していたすべての企業はソ連軍の戦利品とみなされると宣言した。ソ連軍は現地にあった機械や資材に加え腕時計、ラジオその他個人の財産までも戦利品として根こそぎ持ち去った。国民党政府と米国政府は、国際法および国際慣習により一般に認められている戦利品の範囲をはるかに逸脱しているとして抗議したが[208]、ソ連は無視した。

ヤルタ会談での合意によって、ソ連はドイツから工場設備や家財を含む膨大な資産や約三〇〇万に上るドイツ軍兵士を自国に搬送した。ヤルタ会談の最終日にスターリン、ルーズヴェルト、チャーチルが署名した議定書には、ドイツがソ連に与えた損害の賠償としてドイツ人の労働力の活用が明記されていた。[209]ドイツ人労働力の活用や賠償について言及がある点が、日本を対象としたヤルタ秘密協定との違いである。

一九四五年一一月、ソ連当局は月末までにソ連軍を満洲から引き揚げると言明していた。ところが、日本の資産を最大限接収する方針をとったため、実際にソ連軍が満洲から撤退したのは、翌年五月になってからのことであった。ただし、ソ連軍はスターリン死後の一九五四年まで、日露戦争に敗れた結果帝政ロシアが失った旅順、大連からは撤退しようとはしなかった。

南樺太および千島列島占領

南樺太と千島列島をソ連軍はどのように占拠したのであろうか。スターリンは満洲を制圧することに全力を投入し、戦況次第では北樺太に配置されていた部隊も満洲に投入する計画であった。[210]だが、満洲制圧作戦がきわめて順調に進展しているのを見て、極東ソ連軍ワシレフスキー総司令官は八月一〇日、第二極東戦線第一六部隊に南樺太攻撃の指令を出し、二二日までに北太平洋艦隊と連携して南樺太占領を完了するよう命令した。[211]作戦開始まで時間が少なくかつ日本軍に関する情報が不足していたことや海軍力が弱かったため、準備に手間取った。ロシア革命後の一九二五年一月、日本とソ連が外交関係を樹立してからは、樺太においては日ソ間に大きな危機は起こらなかったが、四五年八月一〇日に日ソ国境北緯五〇度を突破し南下したソ連軍は、南樺太に居住していた約三八万人の日本人を震撼させた。ソ連軍は本土から樺太に送られた流刑囚が多かったようである。ソ連軍は海からも南樺太に上陸してきた。日本本土守備のため移動していたため、当時南樺太にはわずかに一万九〇〇〇人ほどの日本軍将兵が配置されていたにすぎなかったが、激しく抗戦した。一三日、南樺太から北海道に向けて日本人の緊急疎開が始まった。

八月一五日正午、豊原放送局は天皇の終戦の詔勅を放送した。樺太庁は全島に白旗掲揚を指示した。南樺太の中心地の豊原（ユジノサハリンスク）の師団は、停戦交渉が成立するまで、「敵ノ来攻ニ方リテハ止ムヲ得ザル自衛ノ為ノ戦闘行動ハ妨ゲズ」と命じていた。「自衛戦闘」が樺太各地で起きた。[212] 八月二〇日には、侵攻してくるソ連軍をまえに職場を離れず、「皆さん、さよなら。さよなら。これが最期です」の声をあとにして、樺太西海岸の真岡《まおか》（ホルムスク）の郵便電信局交換手の乙女九名が、青酸カリを飲んで集団自決するという痛ましい悲劇が起きた。その後もソ連軍の攻撃は続き、豊原が空爆された。八月二二日には、南樺太の大泊（コルサコフ）からの緊急引き揚げ船が留萌沖でソ連の潜水艦の攻撃を受け、二隻が沈没、一隻が大破し、約一七〇〇人が命を失った。[213] 翌日、ソ連軍が宗谷海峡を閉鎖し、船舶の渡航禁止を発令したため、樺太庁は緊急疎開を停止した。ソ連軍が南樺太を制圧したのは、当初の予定より遅い八月二五日であった。九月、ソ連は樺太庁があった豊原に南樺太民生局を設置して、日本人を管理下に置き軍政を開始した。終戦当時、南樺太には四〇万ほどの日本人が居住していた。脱出できなかった日本人、特に技術を持っていた日本人は、ソ連経済復興を助けるため、ソ連当局から残留を命じられた。[214] 一九四六年一二月、ソ連地区引き揚げ協定が米ソ間で締結され、樺太から引き揚げることができるようになった。日本人は大半が樺太から引き揚げたが、朝鮮人と結婚していた日本人女性は残留の道を選んだ。

ソ連軍による千島列島の占拠はどのようになされたのであろうか。一九四五年八月一五日、トルーマン大統領がソ連側に提示した「一般命令第一号」（原案）では、日本軍の投降を引き受けるソ連軍の担当地域は、満洲、朝鮮半島北半分および南樺太とされ、千島列島は明記されてはいなかった。このことから、スターリンは米国がヤルタ会談での密約を反故にして千島列島を占領してしまうかもしれないと危惧し、千島列島の占領を急いだ。[215]

スターリンはトルーマンに対し、一般命令第一号の修正を強く求めた。トルーマンから一般命令第一号の修正に同意することを伝える連絡は、八月一八日スターリンのもとに届いた。ところが、玉音放送があった一五日の夜すでにワシレフスキー極東ソ連軍総司令官は、カムチャツカ防衛地区軍第二極東方面軍司令官および太平洋艦隊司令官に対

千島列島占領

（出典）ボリス・スラヴィンスキー（加藤幸廣訳）『千島占領――1945年夏』共同通信社、1993年、および長谷川毅『暗闘――スターリン、トルーマンと日本降伏』中央公論新社、2006年を基に作成

し、千島列島を速やかに占領するよう命令を発していた[216]。千島列島最北の占守島から得撫島までがその対象であり、日本がポツダム宣言受諾を発表した直後に、千島占領作戦の命令が下ったのである。作戦を指揮したのは、カムチャツカ防衛地区軍第二極東方面司令官アレクセイ・グネチコ少将と千島上陸作戦指揮官代理でペトロパヴロフスク海軍基地司令官ドミトリー・ポノマリョフ海軍大佐であった[217]。

満洲を対象とした「八月の嵐作戦」とは対照的に、千島占領作戦は、急遽策定されたためかあまり精錬されたものではなかった。カムチャツカに配置されていたソ連軍は攻撃用上陸用艦艇を持っておらず、上陸訓練もしておらず、燃料も不足しているなど、種々の問題を抱えていた。

こういった事情もあって、日本がポツダム宣言を受諾した後の八月一八日未明になって、ソ連軍はカムチャツカ半島から約一二キロメートルに位置する占守島《シュムシュトウ》にようやく一斉砲撃を開始した。占守島とその南の幌筵島《パラムシルトウ》は、米軍の上陸に備えるため千島列島の島の中で最も強固な守備態勢が築かれていた。当時約二万四五〇〇人の日本軍兵士が配置され、戦車連隊もいた。また島には日露漁業の工場があり女工が住んでいた。カムチャツカ防衛軍の攻撃を受け日本守備隊は、当初、米軍がやってきたと思ったようである。ところが、攻撃を仕掛けてきたのがソ連軍であることが判明し、驚愕するとともに激しく抗戦した。その結果、ソ連軍は日本側の犠牲者一〇一八名をはるかに上回る一五六七名に及ぶ死者を出したとされる。『イズベスチヤ』紙は、「満洲、朝鮮における戦闘よりも占守島の戦いの被害の方がはるかに甚大であった。八月一九日はソ連人民の悲しみの日である」と報じた(218)。占守島で投降した約四〇〇〇名の兵士は極寒のムルマンスクに強制抑留された。戦局は日本軍の方が優勢であったが、大本営が降伏を命じたため、ソ連軍は日ソ戦最大の激戦地であった占守島を八月二〇日までに占領することができた。ソ連軍はその後、日本軍の抵抗を受けることなく南下を続け、八月三一日までに得撫島を占領した(219)。

択捉島《えとろふ》（イトウルプ）、国後島《くなしり》（クナシール）、歯舞《はぼまい》群島（マラクリル）、色丹島《しこたん》（シコタン）の北方領土（南クリル）に対するソ連軍の占領作戦は、どのように実施に移されたのであろうか。北方領土の占領は、カムチャツカ半島から得撫島まで島伝いに南下したソ連軍ではなく、南樺太を制圧した第一極東方面軍が担当し、八月二八日、北方領土の占領に乗り出した。興味深いことに、ヤルタ会談ではソ連が千島列島のどこまで占領するかについて、米ソ間で明確な合意がなかった。米国公文書館所蔵の解禁文書によれば、ポツダム会談中に開催され、ジョージ・マーシャル米陸軍参謀総長とアントノフ・ソ連参謀総長などの米ソ両軍幹部が出席した七月二八日の秘密会議では、米ソ海空軍の行動範囲に関し、「北緯四九度五〇分の線、つまり千島列島の北端の四島以北はソ連軍、以南は米軍の作戦範囲となる」とする合意が成立していた(220)。そのため、ソ連軍は米軍がすでに上陸しているかどうか確かめながら、北方四島を占領していったのである。ソ連軍には少年兵も混じっていた。

八月三一日、グネチコ少将は、戦闘行動は終わったと宣言した[221]。しかし、ソ連軍は九月二日、東京湾に停泊した米軍艦「ミズーリ号」上で日本が降伏文書に調印した後も、南下を止めなかった。志発島《しぼっとう》、水晶島など六つの小島からなる歯舞諸島については、降伏文書に調印した後の九月二日に進軍を開始し、九月五日までに完了したとされる。以来、ソ連・ロシアが北方領土（南クリル）を実効支配している。

トルーマンが大統領になってから米ソ関係は悪化していたが、興味深いことに、ソ連軍による北方領土占拠に対し、米国は抗議しなかった。そればかりか、九月二日以降も米国はソ連にフリゲート艦や武器を供与したり、ソ連軍兵士の訓練を支援したりしている[222]。

今日ロシアは多数のソ連軍兵士の血をあがなって南クリルを「解放」したと主張している。しかし、大本営から命令が出ていたため、占守島の戦いの後、千島列島で日本軍はソ連軍と戦っておらず、ソ連軍が無血で北方四島を占拠したというのが真相である。ソ連の文献では、武装解除が行われた日はまちまちであるが、『イズベスチヤ』紙（一九九二年五月二二日付）に掲載されたスラビンスキー論文によれば、太平洋艦隊司令部が歯舞諸島の占領作戦を作るよう指令したのが誤って伝わり、分遣隊が九月二日から占領を開始し前述のように九月五日までに占領してしまった。

終戦当時、北方領土には一万七〇〇〇強の日本人が居住していた。内訳は択捉が三六〇八人、国後が七三六四人、色丹が一〇三八人、歯舞諸島が五二八一人であった。ソ連軍が択捉に上陸してきたとき、島民たちは日ソ中立条約があるため、ソ連軍が攻めてくるとは考えてはいなかった。①真珠湾攻撃の翌年の四二年夏、米軍の潜水艦が択捉島近海に浮上して根室と択捉島を結ぶ定期船「日照丸」を撃沈したこと、②ソ連軍満洲侵攻や占守島の戦いなどのニュースが入っていなかったこと、それに③根室が米軍によって空襲されていたことから、島民たちは米軍が侵攻してきたと誤解したのである。

ソ連軍によって電話や通信施設が遮断されており、ラジオも普及していなかったため、ソ連軍侵攻の情報は口コミ以外ではほとんど伝わらなかった。ソ連軍択捉島上陸の第一報は、択捉島の沙那《しゃな》郵便局から川村洋一局員により無線機で根室落石無線郵便局に向けて発信された[223]。ソ連軍侵攻の噂が広がり、北海道に近い志発島などから島民が脱出し始めた。しかし、北海道から遠い択捉や国後の大部分の島民は逃げ出すことができず、ソ連軍による占領を経験することになった。ソ連軍は占領地で工場設備のほか企業や個人の資産を接収した。南樺太でも同様に資産の接収がなされた。

北方領土でも略奪があったが、満洲や樺太とは異なり、婦女暴行はなかったようである。囚人部隊が混入していたとされる満洲と違って、興味深いことに、北方領土ではソ連軍の軍紀が結構保たれていたらしい。ある旧島民によれば、ドイツに侵略され苦労したウクライナ出身の兵士が多かったためとされる[224]。ただし、一九四六年一月からソ連内務省直属の国境警備隊が入ってくると、厳しい取り締まりや略奪があったようである。国後島の泊《とまり》の村長は銃殺され、色丹島の村長はスパイ容疑で投獄された[225]。

終戦直後、ソ連政府は一定期間の在住者には、二倍の給与、五年勤めあげたときの割増金、大陸への交通費の支給、住居の提供など「北方特典」と呼ばれる優遇策を発表し、南樺太と千島列島および北方領土の「ソヴィエト化」を始めた[226]。五年の期限で移住者を募集したところ、第二次世界大戦でナチス・ドイツ軍によって激しく破壊されたソ連の地域であったウクライナやベラルーシの出身者の応募が高い比率を占めた。極東で兵役期限を終えた除隊兵が多かったようである[227]。

北方四島に配置されていた日本軍将兵は敗戦後シベリア送りとなった。他方、北方四島に住んでいた日本人の島民はロシア人の移住者に漁労、孵化の方法、畑の作り方などを教えた。だが、一九四七年に、島に残る場合はソ連国籍を取得する必要があり、ソ連国民にならない場合は離島しなければならないとの二者選択をソ連から迫られ[228]、日本人島民のほぼ全員が帰国の選択肢を選んだ。一九四六年から四八年の間に、島民は真岡の高等女学校を改装した送還収容所にいったん集められ、不潔な環境の中で引き揚げ船が来るのを待った。興味深いことに、スターリンは日本人の自治共和国をソ連国内に創設する構想を持っていなかったらしい。

今日、北方四島には日本人は一人も住んでいない。この点が第二次世界大戦後、米国の占領下に置かれた沖縄と異なる点である。米軍による占領後も沖縄では日本人が強制退去をさせられることなく居住を続け、沖縄の本土復帰にあたって大きな原動力となったことは、改めて指摘するまでもない。

幻の北海道上陸作戦と東京分割占領構想

スターリンは満洲、朝鮮半島北部、南樺太、千島列島に加え、留萌《るもい》と釧路を結ぶ線から北の部分の北海道分割占領も狙っていた。留萌と釧路もソ連占領地域に含まれた。一九四五年六月下旬、スターリンを中心にして、北海道分割占領について協議がなされた(229)。

メレツコフ第一極東方面司令官はソ連対日参戦後北海道の一部を制圧する案を提案した。興味深いことに、当時政治局員で一九五六年に第一書記として日ソ国交回復実現に漕ぎつけたフルシチョフは、北海道分割占領構想に支持を表明した。それに対し、モロトフ外相は、北海道占領は連合国からヤルタ協定違反とみなされる恐れが濃厚で、北海道占領に動いた場合、米英との関係が険悪となり、ソ連は国際的に窮地に追い込まれるだろうと主張して、異論を唱えた。第二次世界大戦の英雄ジューコフ元帥も、冒険主義だとして占領案に反対した。スターリンはジューコフ元帥に北海道の上述の北半部を占拠するためにはどのくらいの兵力が必要かと質した。それに対し、ジューコフは、「四個師団が必要」と答えた。六月の時点では、北海道上陸作戦について、それ以上のことは協議されなかった。

一九四五年八月一八日付のワシレフスキー元帥からスターリン宛の暗号文書によれば、八月一九日から九月一日までの期間に、二個師団を北海道に、一個師団を千島列島に配置して、北海道の北半分と千島列島を占領する計画であった(230)。

八月一五日にトルーマン大統領がソ連側に提示した一般命令第一号（原案）で千島列島がソ連軍占領地域に入って

いないのを知って、スターリンがトルーマンに猛烈に抗議したのは指摘した通りである。スターリンはトルーマン宛の八月一六日付秘密書簡で、「シベリア出兵で日本がソ連極東を占領したため、このたびソ連が日本の一部を占領しなければ、ロシアの世論が納得しない」と主張した。[231]そして、「ささやかな提案だ」として千島列島全部と北海道の北半分をソ連軍の占領地域にするよう要求した。スターリンはその理由として、宗谷海峡と千島列島周辺の海峡の安全の確保を挙げた。[232]

スターリンは、ポツダム会談でダーダネルス海峡における管理をトルコが独占しているモントルー条約（一九三六年調印）を見直し、ソ連とトルコの共同管理に替えてソ連艦船が自由に航行できる権利を認めるよう修正を要求し、米英指導者の同意を得たが、トルコは修正に応じず、スターリンは願いを貫徹することができなかった。このことはソ連とトルコの大きな紛争の種にはならなかった。ちなみに、二〇一四年のウクライナ危機発生後、ロシア外務省は七八年間にわたって黒海地域の安全に寄与したとして、トルコの管理を明記した同条約に満足の意を表明している。[233]

次に北海道分割占領に関するスターリンの要求について論じると、トルーマンは断固拒否するとともに、千島列島中部に米軍の航空機の着陸基地を設置できないかと質した。それに対し、スターリンはヤルタで約束していないとして断っている。しかし、北海道の北半部占領や東京の分割占領に関しては、ドイツの分割を許したことを「苦い歴史の教訓」にして、トルーマンは拒否の姿勢を崩さなかった。

スターリンはその後も北海道上陸作戦の実施の準備を進めたが、占守島戦後の八月二二日、北海道上陸作戦「延期」の指令を出した。[234]なぜ北海道上陸を延期（事実上断念）したのであろうか。①南樺太制圧に手間取ったこと、②北海道上陸作戦を展開するに足る十分な兵力を保持していなかったこと、③樺太や占守島で日本軍の激しい抵抗に遭遇した結果、北海道上陸作戦に踏み切った場合にはソ連側に多大な犠牲者が出ると予想されたこと、[235]④ヤルタ秘密協定を一方的に無視して北海道の一部をソ連が占領した場合、米英から猛反発を招きソ連の東欧支配にマイナスの影響が出るのが自明であったこと――という四つの理由が指摘できる。

スターリンは首都東京の分割占領も米国に要求したが、トルーマンに拒否された。トルーマンは、米国とともにソ連が占領行政にかなりの程度参加する「ドイツ方式」を採用することを嫌った。もしもソ連側の要求を受諾していたならば、米ソ冷戦の激化にともないドイツや朝鮮と同様、日本も分断国家の道を歩んでいたであろう。ただし、スターリンは日本の分割統治をあまり重視しなかった。このことは、ブルガリア、ルーマニアにおけるソ連の優位を米国が認めるならば、対日管理問題で米国の優位を認めてもよいと発言した点から裏づけられる(236)。ブルガリアやルーマニアに強い関心を寄せたのは、核兵器開発に意欲を燃やしていたスターリンが東欧におけるウラン採掘権の確保を切望したからであった(237)。

スターリンは朝鮮半島の北半部をどのように占領したのであろうか。トルーマン大統領が八月一五日にソ連側に提示した「連合国最高司令官一般命令第一号」では、北緯三八度以北の日本軍はソ連軍に投降し、北緯三八度以南に展開していた日本軍は米軍に投降する規定になっていた。スターリンが三八度線を承認した八月一六日までは、ソ連軍の作戦は朝鮮半島北部の港に限られ、ソ連軍は雄基、羅津、清津に上陸したが、その後南下し、主要都市を占領した。二四日、平壌を占領した(238)。ソ連軍がさらに南下する余力を持っていなかったという事情もあって、スターリンは北緯三八度を境にソ連軍と米軍が日本軍の投降を分担するという米国案をすんなりと受け入れた。ソ連軍は北緯三八度線で停止した。このことは、第二次世界大戦終結当時スターリンが朝鮮半島をめぐって、米国と決定的な対立の回避を望んでいた点を裏書きしている。

「九八九八号命令」とシベリア抑留

最後に、日本軍将兵などのシベリア抑留について検討したい。日本がポツダム宣言を受諾した直後の一九四五年八月一六日、モスクワ中央政府は極東ソ連軍司令部に日本人捕虜のソ連への移送を禁止すると命じた。ところが、その一週間後の八月二三日、スターリンを長とした国家防衛委員会は、「日本軍事捕虜五〇万人までをソ連領に移送せよ」

との命令を出した。そして、「極東およびシベリアの環境での労働に肉体的に適した日本軍事捕虜の中から五〇万人までを選び出し」、ソ連への移送に先立ち、千人単位の建設大隊を編成し、下級将校、下士官からなる軍幹部を各大隊および中隊の指揮官とすることを「ソ連内務人民委員部ベリヤ同志およびクリベンコ同志」に命じた[239]。同命令は、「九八九八号命令」という名で知られている。

「九八九八号命令」では抑留者の行き先が細かく指示されていた。さらにその他の事項についてもかなり詳細に指示されており、このことから同命令が急遽作成されたのではなく、相当日数をかけて作成したことが判明する。

ソ連によって捕らえられたドイツ人捕虜の死亡率が高かったことや厳しい自然環境や苛酷な労働条件から、多数の死亡者が出ることをあらかじめ予測していたせいか、ベリヤ内相らは「九八九八号命令」に書かれていた五〇万人より多い六三万人以上の日本軍将兵などを確保した。将兵のほかに警察官、鉄道員それに一般人なども一部含まれた。日本軍将兵たちは、「ダモイ」（帰国させる）と言われ貨車に乗ったところ、日本と逆方向に運ばれてしまったとされる。「ダモイ」と言ったのは、逃亡や反乱を防ぐためであった。

朝鮮半島北半部にいてソ連軍に投降した日本兵も、満洲や千島列島でソ連軍に投降した日本兵と同様にシベリアを中心にソ連各地に送られ、長期にわたって抑留された。ウクライナ、グルジア（現ジョージア）、ウズベキスタン、モンゴル、北極圏、カムチャツカに送られたケースもある。またシベリア送りになった後、病気にかかりソ連軍政下の北朝鮮に移送されたものの、健康を回復して再度シベリア送りになった例もある。シベリア抑留研究家ビクトル・カルポフによれば、ソ連が病人を北朝鮮に送った目的は、ソ連で死亡した場合、責任を問われるのを避けるためであった[240]。病人は食糧の配給が半分に減らされたため、なかなか健康を回復できなかった。シベリアから病気で北朝鮮に送られた強制抑留者は二万七〇〇〇人に上り、一万二〇〇〇人以上が北朝鮮の病院や収容所で命を落とした。

終戦直後、ソ連は満洲国で日本に協力した白系ロシア人にソ連に帰国するよう積極的に働きかけた。勧誘に応じたところを逮捕したといわれる[241]。白系ロシア人たちはシベリアを中心にソ連各地に送られ、長期間にわたり強制労働を科せられた。関東軍将兵のみならず、満洲にいた日本人の看護婦、タイピスト、電話交換手など女性も強制抑留の対象となった。

南樺太では、大津敏男樺太庁長官、司法官、企業幹部、警察幹部なども抑留された。ソ連内務人民部が捜査し、ソ連国内の粛清の拠り所となったソ連刑法第五八条「反政府罪」を適用し、最高二五年の自由剝奪の刑が言い渡された[242]。

ソ連は日本人などの抑留者を受け入れるための収容所《ラーゲリ》を確保してはいなかった。そのため、抑留者は自分たちの手で収容所を建設することを余儀なくされた。ドイツ軍捕虜はウラル山脈以西の収容所に送られた。一方、日本軍捕虜の場合、約六割がウラル山脈以東の収容所に入れられた。モンゴル、ウクライナ、グルジア、北極圏に送られたケースもあった。モンゴルの収容所に送られた日本軍捕虜に与えられた食糧や衣類は、満洲国で獲得したものが大半であった。労働条件もソ連より過酷であったといわれる。

ソ連は武装解除した日本軍将兵を第二次世界大戦で疲弊したソ連経済の復興やシベリアのインフラ整備に役立たせようと、鉄道や公共施設の建設、森林伐採、石炭採掘などに動員した。最も多数の抑留者が投入されたのが、日ソ戦争勃発前に着工していたバム鉄道（バイカル・アムール幹線鉄道、別名、第二シベリア鉄道）建設で、約五万人が投入された[243]。モンゴルに強制連行され、そこで命を落とした日本軍捕虜もいる。日本軍捕虜は、ソ連経済の復興にかなりの貢献をした。過酷な気象条件や労働条件により、日本人抑留者一〇万人ほどが命を失った。異常寒波や戦争で体力を消耗していたせいか、特に最初の冬の死亡者が多かった。ユダヤ人自治区の収容所では、日本軍捕虜の半分ほどが命を失った。日本軍捕虜の数は、六〇万人程といわれているが、ソ連の資料が完全に公開されておらず最終的に確定されてはいない。

ソ連は第二次世界大戦で、戦勝国で最も多い約二七〇〇万人もの犠牲者を出し、労働力がひどく不足していた。スターリンにとって、敗戦国の兵士を捕らえて強制労働に従事させることは、しごく当然の行為であった。ちなみに、ポツダム会談において、英国は石炭不足に苦しんでいると嘆くチャーチルに、スターリンは、「それなら炭坑でドイツ人捕虜を使うことだ。私はそうしている」と語っている[244]。

なお、ソ連が日ソ中立条約を破って交戦状態になり捕虜として捕らえた日本軍兵士と比べ、独ソ不可侵条約を破ってソ連に攻め込んだドイツ軍兵士の捕虜の方が、待遇は厳しかった。ソ連によるドイツ人捕虜の研究者アンドレアス・ヒルガーは、ソ連に捕らえられたドイツ軍の捕虜は二七〇万から二八〇万人ほどで、うち約七〇万人が死亡したと試算している[245]。試算が正しければ、死亡率は約二五％に上る（ただし、死亡率は年によってかなり異なる）。

ソ連は日本人抑留者に共産主義教育を施した。強制労働のあと抑留者を本国に送還し、終戦後不安定な日本社会の不安を扇動することも、スターリンの胸中にあった。さらにスターリンは抑留者の中から東京裁判における検察側証人を選び、準備を行ってもいる[246]。日本の軍事的再生を阻止することも、日本軍将兵を長期にわたって抑留した目的であった[247]。加えて抑留者を日ソ国交正常化交渉の切り札とすることも、スターリンは考えていたようである。要するに、シベリア抑留は、スターリンの戦後対日政策と密接に関連する種々の側面を持っていたのである。

敗戦当時、日本は外交権を持っていなかった。そのため日本人抑留者の速やかな釈放を対日理事会の米国代表を通じてソ連に訴えた。そしてシベリアなどに長期にわたって抑留したのは、「日本国軍隊ハ完全ニ武装ヲ解除セラレタル後各自ノ家庭ニ復帰シ平和的且生産的ノ生活ヲ営ムノ機会ヲ得シメラルベシ」としたポツダム宣言（第九条）違反であると主張した。ところが、ソ連側は、ポツダム宣言には、戦争終結後具体的にいつまでに帰国させるとは書いていないなどと反論した。ソ連はポツダム宣言に調印していないが、モロトフ外相が佐藤大使の前で読み上げた対日宣戦布告の中で「四五年七月二六日付の連合国宣言に加入した」と間接的表現ながらポツダム宣言に加わったことを明らかにしている。これによってソ連はポツダム宣言を順守する義務を負うことになる。一九〇七年、帝政ロシアは「平和克服ノ後ハ、成ルベク速ヤカニ俘虜ヲ其ノ本国ニ帰セシムベシ」と明記した「陸戦ノ法規慣例ニ関スル規則」に調印し、ソ連もこれに同意した[248]。こうした事情から、ソ連もその後継国家のロシアもこの規定を逃れることはできないようになっていた。

おわりに――第二次世界大戦終結までのスターリン対日政策の成果と負の遺産

本章において、シベリア出兵から満洲事変を経て第二次世界大戦終結までの日露関係をスターリンの対日政策に焦点を当てて、ソ連解体後公開された外交文書や日米露の研究成果に加え、北方領土の旧島民に対する面談などを行い、多角的に分析した。

スターリンの外交政策の特色は、一般に以下のように要約できる。①領土の拡大、②勢力圏の確保・地政学的ファクターの重視、③国際政治における力の相関関係の重視、④外交および軍事双方における強力な指導力発揮、⑤軍事力を背景にした外交の推進、⑥秘密外交の展開、⑦ナショナリズムの利用、⑧ユーラシア大陸北部の遅れた国家から米国に比肩する超大国ソ連形成のための外交政策の展開。

一九三〇年代、スターリンは、ドイツと日本の台頭をかなり意識しながら外交政策を展開し、両国の弱体化を図るため、米国や英国と協調した。分析を通じて判明したことは、スターリンは独裁者であったが、最終決断を下す前に、側近の意見を参考にしながら対日政策を立案していったという点である。一九三〇年代前半は、スターリンは政治局において政策決定をしていたが、スターリン体制が確立するにつれ政治局決定が少なくなり、執務室で決定することが多くなった[249]。

スターリンが諜報活動に力を入れ、日本や米国の外交政策に関する情報を集めたことも再確認しておきたい。スターリンは満洲に多数のスパイを送った。満洲国では、現地人、ロシア人、朝鮮人、モンゴル人などが日本のスパイとして雇われたが、ソ連のダブルスパイとなっているケースが多かった[250]。さらに、スターリンが巧妙な情報操作を行って日本を油断させ、ソ連は日ソ中立条約の有効期間中は対日参戦をしないという幻想を抱かせたことも、見逃してはならない。スターリンは、ソ連の国益を伸張するため、虚報を流した[251]のである。

スターリンの対日政策は、どのような成果を収めたのであろうか。成果として指摘すべきは、したたかな外交を展開して、早期対日参戦を求める米国の要請をかわし、日本の敗北が明らかになった時点で対日参戦に踏み切り、ごく短期間しか戦わなかったのにもかかわらず、北東アジアで版図を拡大することに成功した点である。ルーズヴェルト大統領が親ソ的であったのはきわめて好都合で、スターリンはヤルタにおいて対日参戦の好条件を引き出すことに成功した。

スターリンは最小限のコストで中国大陸から日本の勢力を締め出し、満洲、南樺太、朝鮮半島北半部に加え、千島列島をも獲得した。択捉海峡を支配下に置くことによって、念願の太平洋への出口を確保することもできた。満洲や樺太の工業施設などを接収し、推定五〇兆九〇〇〇億円以上に上る膨大な利益を得た。加えて、シベリアなどに六〇万人以上の日本軍将兵を抑留し強制労働に従事させソ連経済の復興に利用した。対日参戦はソ連に「濡れ手に粟」の利益をもたらしたのである(252)。

他方、欧州戦線では、ヒトラーに出し抜かれ、不意を突かれてしまった。さらに米英が第二戦線をなかなか設けようとしなかったため、スターリンはドイツとの戦いで多大な犠牲者を出し苦戦した。しかしその後、一九四二年のスターリングラードの戦いの後攻勢に転じ、ソ連軍は東欧を席巻し、ドイツ敗北後、勢力圏を大きく拡大するのに成功した。ソ連が勢力を拡大したのは、北東アジアより欧州方面の方が優る。

スターリンは米国とならんでソ連が超大国となる礎を築いた。だが、第二次世界大戦末期の日本が死に体のときに、日ソ中立条約を破って対日参戦をし、南樺太や千島列島を占領し、さらには約六〇万人以上に上る日本軍将兵などを長期にわたってシベリアを含むソ連各地に抑留したため、日本国民の間にソ連・ロシアに対する克服しがたい不信感を植えつけてしまった。日本国民の多くの目には日ソ中立条約に背理したソ連対日参戦は、条理に反した「火事場泥棒」的な行為と映った。スターリンの対日政策がその後の日ソ・日露関係に大きな「負の遺産」を残したことは、疑問の余地がないだろう。

（1） George Alexander Lensen, *The Strange Neutrality: Soviet-Japanese Relations during the Second World War1941–1945*（Tallahassee: The Diplomatic Press, 1972）.

（2） 山室信一『複合戦争と総力戦の断層――日本にとっての第一次世界大戦』人文書院、二〇一一年、一一六頁。またアダム・B・ウラムは、連合国の対ソ干渉は、当初、ロシアをもう一度参戦させるためで、イデオロギー色を含んでいなかったと指摘している。Adam B. Ulam, *Expansion and Coexistence: Soviet Foreign Policy, 1917–73*, 2nd edition（New York: Praeger Publishers, 1974）, p. 34.

（3） James W. Morley, *The Japanese Thrust into Siberia, 1918*（New York: Columbia University Press, 1957）, p. 260. シベリア出兵については、George F. Kennan, *Russia and the West under Lenin and Stalin*（New York: New American Library, 1961）, pp. 90–102 および麻田雅文『シベリア出兵――近代日本の忘れられた七年戦争』中公新書、二〇一六年なども参照。

（4） 麻田『シベリア出兵』一五四～一七〇頁。

（5） 小澤治子「ワシントン会議とソビエト外交――極東共和国の役割を中心に」『政治経済史学』第三〇七号（一九九二年一月）、六頁。

（6） 外務省欧亜局第一課編『日「ソ」交渉史』、一九四二年、九二～九三頁。

（7） 末澤他編著『日露（ソ連）基本文書・資料集』（改訂版）、三八頁。

（8） 岩瀬昇『日本軍はなぜ満洲大油田を発見できなかったのか』文春新書、二〇一六年、七八～七九頁。

（9） George G. Murphy, *Soviet Mongolia: A Study of the Oldest Political Satellite*（Berkeley: University of California Press, 1966）, p. 74.

（10） K. E. Cherevko, A. A. Kirichenko, *Sovetsko-yaponskaya voina: 9 avgusta-2 sentyabrya 1945g: Rassekrechennye arkhivy*（Moskva: BIMPA, 2006）, p. 273.

（11） 井上寿一『日本の外交』信山社出版、二〇〇五年、八一頁。柳条溝事件計画の詳細については、元関東軍参謀花谷正の手記「満州事変はこうして計画された」『月刊知性』一九五六年一二月号、四二～四四頁を参照されたい。

（12） 麻田雅文『満蒙――日露中の「最前線」』講談社、二〇一四年、二二九頁。

（13） スチュアート・ゴールドマン（山岡由美訳）『ノモンハン　１９３９』みすず書房、二〇一三年、二八頁。

（14） 「侵略の定義に関する条約」の本文については、横田喜三郎・高野雄一編集代表『国際条約集　一九八九年版』有斐閣、一九八九年、三七七頁参照。

（15）寺山恭輔「満州事変とソ連における『備蓄』の構築」『東北アジア研究』第二号（一九九八年）、一七三頁。

（16）小谷賢『日本軍のインテリジェンス――なぜ情報が活かされないのか』講談社、二〇〇七年、五三頁参照。戦間期のソ連の対日諜報活動については、富田武『戦間期の日ソ関係――一九一七―一九三七』岩波書店、二〇一〇年、二八〇～二九九頁が詳しい。

（17）*Siberian Times*, July 1, 2015.

（18）『北海道新聞』一九九四年八月一九日。

（19）西春彦『回想の日本外交』岩波新書、一九六五年、五一～五五頁。

（20）Foster Rhea Dulles, *The Road to Teheran: The Story of Russia and America, 1781–1943*（Princeton: Princeton University Press, 1945）, p. 191.

（21）西『回想の日本外交』七一～七四頁。

（22）波多野澄雄『国家と歴史――戦後日本の歴史問題』中公新書、二〇一一年、二三頁。

（23）*Nezavisimoe voennoe obozrenie*, no. 36, 2005.

（24）駒村哲「中ソ不可侵条約とソ連の対中国軍事援助」『一橋論叢』第一〇一巻第一号（一九八九年）、一一二頁。

（25）Cherevko and Kirichenko, *Sovietsko-Yaponskaya voina, 1937–1945*, p. 161、菊地一隆『中国抗日軍事史 一九三七―一九四五』有志舎、二〇〇九年、一七〇頁および一七四～一七五頁。

（26）ジョン・ハリディ、ユン・チアン（土屋京子訳）『マオ――誰も知らなかった毛沢東』上巻、講談社、二〇〇五年、三四六頁。

（27）Oleg V. Khlevniuk, trans. by Nora Favorov, *Stalin: New Biography of a Dictator*（New Haven: Yale University Press, 2015）, p. 174.

（28）西『回想の日本外交』、一八五頁。

（29）麻田『満蒙』、二四〇～二四一頁。

（30）西『回想の日本外交』、八一～八四頁。なお、張鼓峰附近図は、八一頁に掲載されている。

（31）ジェフリー・ロバーツ（松島芳彦訳）『スターリンの将軍 ジューコフ』白水社、二〇一三年、六七頁。

（32）Hiroaki Kuromiya, "The Mystery of Nomonhan, 1939," *Journal of Slavic Military Studies*, no.24, 2011, pp. 659–676.

（33）*Ibid*., p. 671.

（34）アレクセイ・キリチェンコ（川村秀訳）「東京裁判へのクレムリン秘密指令――ロシアの歴史家が避けようとしている問題とは何か」『正論』二〇〇五年七月号、一二九頁。

（35）死傷者数をめぐっては諸説あるが、ソ連側の死傷者数については、G. F. Krivosheev ed., *Rossiya i SSSR v voinakh XX veka: poteri vooruzhyonnykh sil. Statisticheskoe issledovanie*（Moskva: OLMA-PRESS 2001）, p. 179。三浦信行、ジンベルグ・ヤコブ、岩城成幸「日露の史料で読み解く『ノモンハン事件』の一側面」『Asia Japan Journal』第五巻（二〇一六年）から再引用。日本側の死傷者数については、秦郁彦『明と暗のノモンハン戦史』ＰＨＰ研究所、二〇一四年、三四七頁参照。

（36）Kuromiya, "The Mystery of Nomonhan, 1939," p. 671.

（37）東郷茂徳『時代の一面――大戦外交の手記　東郷茂徳遺稿』改造社、一九五二年、一二九頁。

（38）Kennan, *Russia and the West under Lenin and Stalin*, p. 279.

（39）David M. Glantz, *The Soviet Strategic Offensive in Manchuria, 1945: 'August Storm'*（London: Fank Cass, 2003）, p. 3.

（40）来栖三郎『日米外交秘話――わが外交史』創元社、一九五二年、六六頁。

（41）Jonathan Haslam, *The Soviet Union and the Threat from the East, 1933–41: Moscow, Tokyo and the Prelude to the Pacific War*（London: Macmillan Cass, 1992）, p. 136.

（42）Roger Moorhouse, *The Devils' Alliance: Hitler's Pact with Stalin, 1939–1941*（New York: Basic Books, 2014）p. 25.

（43）Robert V. Daniels, *Russia: The Roots of Confrontation*（Cambridge: Harvard University Press, 1985）, p. 204.

（44）Jonathan Hasslam, *The Soviet Union and the Threat from the East, 1933–41*, p. 135.

（45）Moorhouse, *The Devils' Alliance*, p. 25.

（46）Nikita S. Krushchev（Trans. and ed. by Strobe Talbott）, *Krushchev Remembers*（New York: Bantam Books, 1970）, p. 132.

（47）斎藤勉『スターリン秘録』産経新聞社ニュースサービス、二〇〇一年、四一頁。

（48）斎藤良衛『欺かれた歴史――松岡と三国同盟の裏面』読売新聞社、一九五五年、五頁。

（49）法眼晋作『外交の真髄を求めて――第二次世界大戦の時代』原書房、一九八六年、九五頁および一〇三頁。

（50）Boris N. Slavinskii, *Pakt o neitralitete mezhdu SSSR i Yaponiei: diplomaticheskaya istoriya, 1941–1945 gg.*（Moskva: Too "Nobina," 1995）, pp. 74–90 および法眼『外交の真髄を求めて』、一三四頁など参照。

（51）スターリン・松岡会談については、*Diplomaticheskii vestnik*, no. 232, dekabr' 1994 g., pp. 72–73 参照。

(52) 法眼『外交の真髄を求めて』、一二六頁。

(53) 岩瀬『日本軍はなぜ満洲大油田を発見できなかったのか』、九六〜九七頁。

(54) 堀内謙介監修『日本外交史――日独伊同盟・日ソ中立条約』第二一巻、鹿島平和研究所、一九七一年、二六八頁。

(55) Slavinskii, *Pakt o neitralitete mezhdu SSSR i Yaponiei*, p. 95.

(56) 三宅正樹『スターリン、ヒトラーと日ソ独伊連合構想』朝日新聞社、二〇〇七年、二二三頁。

(57) 新関欽哉『第二次大戦下ベルリン最後の日――ある外交官の記録』日本放送出版協会、一九八八年、七四頁。

(58) 工藤美知尋『日ソ中立条約の研究』南窓社、一九八五年、九九頁。

(59) 末澤他編著『日露（ソ連）基本文書・資料集』（改訂版）、四三頁。

(60) 工藤『日ソ中立条約の研究』、九七頁。

(61) 村上隆『北樺太石油コンセッション　一九二五〜一九四四』北海道大学図書刊行会、二〇〇四年、三三一〜三四五頁。同書によれば、日本は一九二五年から北樺太石油会社を所有していたが、経営が軌道に乗るにつれ、ソ連側からさまざまな嫌がらせを受けるようになった。

(62) 田村幸策『ソヴィエト外交史研究』鹿島研究所出版会、一九六五年、二〇四頁。

(63) Slavinskii, *Pakt o neitralitete mezhdu SSSR i Yaponiei*, p. 110.

(64) 蔣介石（毎日新聞社外信部訳）『中国のなかのソ連――蔣介石回顧録』毎日新聞社、一九五七年、六八頁。

(65) Anthony Eden, *The Reckoning: The Memoirs of Anthony Eden* (Boston: Houghton Mifflin Company, 1965), p. 32.

(66) 曽根明『ソビエト・ウォッチング40年――あたまを狙われる日本人』サンケイ出版、一九八三年、一八四頁。

(67) Markku Kangaspuro and Jussi Lassila, "Naming the War and Framing the Nation in Russian Public Discussion," *Canadian Slavonic Papers*, vol. 54, nos. 3–4 (September/October 2012), p. 379. 同論文によれば、大祖国戦争という呼称が最初に登場したのは、独ソ戦勃発をソ連国民に最初に報じた一九四一年六月二三日付の『プラウダ』紙である。

(68) Kris Bishop and Kristofer Eilsbi, *Voiska SS na polyakh srazhenii Vtoroi mirovai voiny 1939–1945, Zapadnyi i Vostochnyi front* (Moskva: Eksmo, 2006), p. 201.

(69) 細谷千博「三国同盟と日ソ中立条約」（一九三九年――一九四一年）『太平洋戦争への道第五　三国同盟・日ソ中立条約』第五巻、朝日新聞社、一九六三年、三〇三頁。

（70）ニキータ・フルシチョフ（角田安正訳）「ソビエト共産党中央委員会第一書記N・S・フルシチョフ同志の、第二〇回党大会に対する報告」（未公刊）、四〇頁。

（71）岡部伸『消えたヤルタ密約緊急電――情報士官・小野寺信の孤独な戦い』新潮社、二〇一二年、一七七～一七八頁。

（72）Daniels, *Russia: The Roots of Confrontation*, p. 206.

（73）斎藤治子『第二次世界大戦を見直す――終戦六〇年によせて』ユーラシア・ブックレット（東洋書店）、二〇〇五年、二四頁。

（74）Alexander Werth, *Russia at War*, 1941–1945 (New York: Caroll & Graf Publishers, 1964), p. 168.

（75）Slavinskii, *Pakt o neitralitete mezhdu SSSR i Yaponiei*, p. 126.

（76）John Stephan, *The Russian Far East: A History* (Stanford: Stanford University Press, 1994), p. 137.

（77）ロバート・ロイマント（西木正明訳）『ゾルゲ　引き裂かれたスパイ』新潮社、一九九五年、三〇七～三一八頁。Evgenii Gorbunov, *Stalin i GRU* (Moskva: Yauza: Eksmo, 2010), pp. 322–337 にゾルゲ情報のロシア語原文が所収されている。

（78）松島芳彦元共同通信モスクワ支局長がスクープした「エコノミスト情報」については、三宅正樹『スターリンの対日情報工作』平凡社新書、二〇一〇年、一八〇～一八二頁を参照されたい。

（79）新関『第二次大戦下ベルリン最後の日』、五〇頁。

（80）池田佑『秘録大東亜戦史　満洲篇』富士書苑、一九五四年、四七一頁。

（81）花田智之「ゾルゲ事件」筒井清忠編『昭和史講義二――専門研究者が見る戦争への道』ちくま新書、二〇一六年、二六一頁およびA・S・ローナ他「スターリンの日本像と対日政策」五百旗頭他編『日ロ関係史』二八六～二八七頁。

（82）法眼『外交の真髄を求めて』、一六〇頁。

（83）萩原徹『大戦の解剖――日本降服までの米英の戦略』読売新聞社、一九五〇年、五三～五七頁。

（84）大西洋憲章の原文は、野村吉三郎『米国に使いして――日米交渉の回顧』岩波書店、一九四六年、二四〇～二四一頁に所収されている。

（85）Oleg Bondarenko, *Neizvestnye Kurily* (Moskva: VTI-Deita, 1992), p. 81; Herbert Feis, *Churchill・Roosevelt・Stalin: The War They Waged and the Peace They Sought* (Princeton: Princeton University Press, 1967), pp. 23–24.

（86）「一九四五年の旧ソ連対日参戦、正当化論調に異議『約束守るべきだった』アレクセイ・キリチェンコKGB元大佐インタビュー」（「産経ニュース」二〇一六年八月一九日）〈http://www.sankei.com/politics/news/160819/plt1608190005-n1.html〉。

（87）細谷千博『両大戦間の日本外交――一九一四―一九四五』岩波書店、一九八八年、二三一頁。

（88）Eden, *The Reckoning*, p. 342.

（89）John R. Deane, *The Strange Alliance: Soviet-Japanese Relations during the Second World War 1941–1945*: *The Story of Our Efforts at Wartime Cooperation with Russia*（Bloomington: Indiana University Press, 1946）.

（90）Lensen, *The Strange Neutrality*.

（91）Ernest R. May, "The United States, the Soviet Union, and the Far Eastern War, 1941–1945," *Pacific Historical Review*," vol. XXIV（May 1955）, p. 163; Deane, *The Strange Alliance*, p. 226.

（92）ゴルシコフ『ソ連海軍戦略』、一六九頁。

（93）Deane, *The Strange Alliance*, p. 226.

（94）Geoffrey Roberts, *Stalin's Wars: From World War to Cold War, 1939–1953*（New Haven: Yale University Press, 2006）, p. 280.

（95）『朝日新聞』二〇一五年六月一一日。

（96）N. Konrad, ed., *Voennyi yapono-russkii slovar'*（Moskva: Gosudarstvennyi institut « Sovetskaya entsiklopediya», 1935）.

（97）Cherevko and Kirichenko, *Sovetsko-yaponskaya voina*, p. 181.

（98）L. Kutakov, "The Failure of Japan's Foreign Policy at the End of the Second World War," *International Affairs*（August, 1985）, p. 79.

（99）アイザック・ドイッチャー（上原和夫訳）『スターリン』Ⅱ、みすず書房、一九六四年、一六四頁。

（100）末澤他編著『日露（ソ連）基本文書・資料集』（改訂版）、五一頁。

（101）May, "The United States, the Soviet Union, and the Far Eastern War, 1941–1945," p. 165.

（102）伊東孝之「ポーランドとソ連の領土問題」木村汎編『北方領土を考える』北海道新聞社、一九八一年、二三三頁および二三六頁。

（103）Barrington Moore, Jr., *Soviet Politics: The Dilemma of Power: The Role of Ideas in Social Change*（New York: International Arts and Sciences Press, 1950）, p. 370.

（104）*The Soviet Entry into the War against Japan: Military Planning, 1941–1945*（Washington, D.C.: U. S. Department of Defense, 1955）, p. 24.

(105) 石井明「中国の動き」五百旗頭真・北岡伸一編『開戦と終戦――太平洋戦争の国際関係』星雲社、一九九八年、一四六頁。
(106) アレクス・ド・ジョンジュ（中澤孝之訳）『スターリン』心交社、一九八九年、三六四頁。
(107) 外務省調査局第三課『ソ連の対日政策資料（一九四七年度執務報告第五部）』一九四八年三月、四五頁、外務省記録A'1.3.0.11（外務省外交史料館所蔵）。
(108) 同右、四七頁。
(109) 長谷川『暗闘』四三頁。
(110) NHK取材班編『太平洋戦争　日本の敗因六――外交なき戦争の終末』角川ソフィア文庫、一九九五年、四七頁および Boris N. Slavinskii, *SSSR i Yaponiya—na puti k voine: diplomaticheskaya istoriya, 1937–1945 gg.*（Moskva: Yaponiya segodnya, 1999）, pp. 239–241、NHK日ソ取材班編『一億玉砕への道』日本放送出版協会、一九九一年、五二頁参照。
(111) 蔣介石『中国のなかのソ連』、七九頁。
(112) A・A・キリチェンコ「一九四五年の満洲国電撃戦と日本人捕虜」五百旗頭他編『日ロ関係史』、四四〇頁。
(113) Glantz, *The Soviet Strategic Offensive in Manchuria*, 1945, p. 10.
(114) 油橋重遠『戦時日ソ交渉小史』霞ヶ関出版、一九七四年、一七二～一七四頁。
(115) Averell Harriman and Elie Abel, *Special Envoy to Churchill and Stalin, 1941–1946*（New York: Random House, 1975）, pp. 379–380.
(116) 荒井信一『原爆投下への道』東京大学出版会、一九八五年、八一頁。
(117) マイケル・ドブス（三浦元博訳）『ヤルタからヒロシマへ――終戦と冷戦の覇権争い』白水社、二〇一三年、九六頁。
(118) 有馬哲夫『歴史問題の正解』新潮新書、二〇一六年、七五～七七頁など参照。
(119) ワレンチン・M・ベレズホフ（栗山洋児訳）『私は、スターリンの通訳であった。――第二次世界大戦秘話』同朋舎出版、一九九五年、二九六頁。
(120) A. A. Gromyko, *Pamyatnoe*, vol. 1（Moskva: Politizdat, 1988）, p. 189.
(121) Harriman and Abel, *Special Envoy to Churchill and Stalin*, p. 400.
(122) U. S. Department of State, *The Foreign Relations of the United States: The Conferences at Malta and Yalta, 1945*（Washington, D. C., 1955）, p. 769.
(123) ドイッチャー『スターリン』Ⅱ、一八四頁など参照。

(124) Harriman and Abel, *Special Envoy to Churchill and Stalin*, p. 39.
(125) *Ibid*., p. 398.
(126) *Ibid*., p. 400.
(127) U. S. Department of State, *The Foreign Relations of the United States*, p. 896. ヤルタ秘密協定の作成過程については、梶浦篤「ヤルタ協定をめぐる米国の政策——CAC文書とローズヴェルト」『ロシア研究』第二五号(一九九七年)、一〇二〜一一六頁、および有馬『歴史問題の正解』、六五〜七八頁が詳しい。
(128) NHK日ソプロジェクト『これがソ連の対日外交だ——秘録・北方領土交渉』日本放送出版協会、一九九一年、三九頁および David Holloway, "Jockeying for Position in the Postwar World Soviet Entry into the War with Japan in August 1945," in Tsuyoshi Hasegawa, ed., *The End of the Pacific War: Reappraisals* (Stanford: Stanford University Press, 2007)," p. 155.
(129) 長谷川『暗闘』、六〇頁。
(130) John L. Snell, ed., *The Meaning of Yalta: Big Three Diplomacy and the New Balance of Power* (Baton Rouge: Louisiana State University Press, 1956), p. 135.
(131) アンドレイ・クラフツェビチ「日本との平和条約に関するロシアの立場——国際法的立場」『法学志林』第一〇九巻第二号(二〇一一年)、六頁。
(132) 講談社編『昭和二万日の全記録』第七巻、講談社、一九八九年、四〇頁。
(133) Slavinskii, *Pakt o neitralitete mezhdu SSSR i Yaponiei*, p. 253.
(134) 外務省調査局第三課『ソ連の対日政策資料』、四五頁。
(135) 『産経新聞』二〇一七年二月二三日。
(136) 戦争調査会第一部会「佐藤駐ソ大使講演速記録」NHK日ソ取材班編『一億玉砕への道』、八六頁から再引用。
(137) 岡部『消えたヤルタ密約緊急電』、一六頁。
(138) 小谷『日本軍のインテリジェンス』、一八三頁。
(139) 吉見直人『終戦史——なぜ決断できなかったのか』NHK出版、二〇一三年、七五〜八〇頁。
(140) NHK取材班編『太平洋戦争 日本の敗因六』、四三頁。
(141) M. I. Ivanov, *Yaponiya v gody voiny: Zapiski ochevidtsa* (Moskva: Nauka, 1978), p. 183.

(142) ＮＨＫ日ソ取材班編『一億玉砕への道』、二三四頁。
(143) 井上要『第二次世界大戦末におけるソ軍の対日作戦準備』防衛研修所、一九八一年、四一頁および「ソ連の対日参戦秘録」『毎日新聞』一九六八年一一月三〇日。
(144) Ivanov, *Yaponiya v gody voiny*, p. 187.
(145) 外務省調査局第三課『ソ連の対日政策資料』、八〇頁。
(146) V. P. Safronov, *SSSR, SShA i yaponskaya agressiya na Dal'nem Vostoke i Tikhom okeane, 1931–1945 gg.* (Moskva: Institut rossiiskoi istorii RAN, 2001), p. 316.
(147) 東郷茂彦『祖父東郷茂徳の生涯』文藝春秋、一九九三年、三四六頁。なお、敗戦色が濃くなってきた第二次世界大戦末期、信州松代に大本営を移転する計画が進められていた。
(148) レナード・モズレー（高田市太郎訳）『天皇ヒロヒト』下巻、角川書店、一九八三年、一五七頁。
(149) 斎藤勉『スターリン秘録』、一〜一一頁。なお、第二次世界大戦中のソ連による日本関連の情報活動については、富田『戦間期の日ソ関係』、二八〇〜二九九頁が詳しい。
(150) Safronov, *SSSR, SShA i yaponskaya agressiya na Dal'nem Vostoke i Tikhom okaane, 1931–1945 gg.*, p. 332.
(151) Robert Moskin, *Mr. Truman's War: The Final Victories of World War II and the Birth of the Postwar World* (New York: Random House, 1996), p. 313. なお、原爆実験成功の知らせを聞いて、トルーマン大統領と同様に、チャーチル首相もソ連参戦の必要性を感じなくなったのは興味深い。W・S・チャーチル（佐藤亮一訳）『第二次世界大戦』第四巻、河出文庫、一九八四年、四三三〜四三四頁。
(152) James F. Byrnes, *Speaking Frankly* (New York: Harper & Brothers Publishers, 1947), p. 263.
(153) ジョンジュ『スターリン』、三六一頁。
(154) Edvard Radzinsky, *Stalin* (New York: Doubleday, 1996), pp. 512–513.
(155) ジョレス・A・メドヴェージェフ「受刑者が支えたソ連の核開発」『日本経済新聞』一九九四年九月三日。
(156) Roberts, *Stalin's Wars*, p. 291.
(157) Walter Millis, ed., *The Forrestal Diaries* (New York: The Viking Press, 1951), p. 318.
(158) Tsuyoshi Hasegawa, "The Soviet Factor in Ending the Pacific War," in Tsuyoshi Hasegawa ed., *The End of the Pacific War*, p. 220.

(159) 佐藤尚武『回顧八十年』時事通信社、一九六三年、四九六頁。
(160) 佐藤尚武「日ソ開戦まで」自由アジア社編『ソ連革命四〇年』自由アジア社、一九六七年、三四六〜三四七頁。
(161) 新関『第二次大戦下ベルリン最後の日』、一九四頁。
(162) この命令の英訳は、Glantz, *The Soviet Strategic Offensive in Manchuria, 1945*, pp. 389–390 に所収されている。
(163) 田村幸策『太平洋戦争外交史』鹿島研究所出版会、一九六六年、五三七頁。
(164) Cherevko and Kirichenko, *Sovetsko-yaponskaya voina*, p. 273.
(165) Aleksandr M. Vasilevskii, *Delo vsei zhizni: Vospominaniya*, vol. 2 (Moskva: Izdatel'stvo politicheskoi literatury, 1990), p. 256.
(166) ＮＨＫ日ソプロジェクト『ＮＨＫスペシャル　これがソ連の対日政策だ』、六四頁。
(167) 荒井『原爆投下への道』、二三三頁。
(168) Kangaspuro and Lassila, "Naming the War and Framing the Nation in Russian Public Discussion," *Canadian Slavonic* Papers, vol. LIV, nos. 3–4 (September-December 2012), p. 379.
(169) ＮＨＫ取材班編『太平洋戦争　日本の敗因六』、二〇三頁。
(170) Glantz, *The Soviet Strategic Offensive in Manchuria*, p. 43.
(171) Ｃ・Ｅ・ソシンスキー他（川内唯彦監訳）『「日ソ」戦争と外交Ｉ——関東軍潰滅と中立条約』世紀社、一九八〇年、二一六〜二一七頁。
(172) 小此木政夫「三八度線の設定——ポストリビジョニズムの視角」慶應義塾大学東アジア研究所編『アジア・アフリカ研究——現在と過去との対話』慶應義塾大学東アジア研究所、二〇一五年、一〇二〜一〇三頁。
(173) ＮＨＫ取材班編『太平洋戦争　日本の敗因六』、二一一〜二一四頁。
(174) 田中克彦『ノモンハン戦争——モンゴルと満洲国』岩波新書、二〇〇九年、二〇七頁。
(175) 手の甲に囚人番号の入れ墨があった兵士がいたという証言がある。森田芳夫『朝鮮終戦の記録　米ソ両軍の進駐と日本人の引揚』巌南堂書店、一九六四年、四〇〜四一頁。
(176) P. H. Vigor, *Soviet Blitzkrieg Theory* (New York: St. Martin's Press, 1983), p. 102.
(177) アレクセイ・Ａ・キリチェンコ（名越陽子訳）『知られざる日露の二百年』現代思潮新社、二〇一三年、二一〇頁。
(178) Yu. Vanin, *Sovetskii Soyuz i Severnaya Koreya, 1945–1948* (Moskva: Institut vostokovedeniya RAN, 2016), p.29.

(179) Grantz, *The Soviet Strategic Offensive in Manchuria, 1945*, pp. 280–288. ソ連の北朝鮮占領は森田『朝鮮終戦の記録』、二六〜六六頁および一五三〜二三六頁に詳述されている。

(180) シベリア抑留研究会での水野直樹京都大学教授などの指摘。二〇一六年一月二四日。

(181) 『東京新聞』一九九六年八月七日。

(182) 李相哲「ソ連軍『対日作戦に参加させなかった』」『産経新聞』二〇一五年三月二八日および徐大粛（林茂訳）『金日成――思想と政治体制』御茶の水書房、一九九二年、七〇頁、Erik van Ree, *Socialism in One Zone: Stalin's Policy in Korea, 1945–1947* (Oxford: Berg, 1989), p. 65など参照。

(183) Alexander Werth, *Russia at War, 1941–1945* (New York: Carroll & Graf Publishers, 1964), P. 1040. なお、極東におけるソ連軍の死者を一万二〇〇〇人とする説もある。

(184) 長勢了治『シベリア抑留――日本人はどんな目に遭ったのか』新潮社、二〇一五年、一七六頁。

(185) 富田武『シベリア抑留――スターリン独裁下、「収容所群島」の実像』中公新書、二〇一六年、五〇頁。

(186) R. A. Mirovitskaya, *Kitaiskaya gosudarstvennost' i sovetskaya politika v Kitae: gody tikhookeanskoi voiny 1941–1945* (Moskva: Pamyatniki istoricheskoi mysli, 1999), pp. 230–233.

(187) 条約全文は、『日本外交主要文書・年表』(一)、七六〜七七頁に所収されている。

(188) デイヴィッド・ウルフ「スターリン――『国境の男』」日本国際政治学会編『国際政治』第一六二巻、二〇一〇年、三三頁。

(189) R. Ya. Malinovskii, *Final: Istoriko-memuarnyi ocherk o razgrome imperialisticheskoi Yaponii v 1945 g.* (Moskva: Nauka, 1966), p. 318.

(190) 『亞洲週刊』二〇一五年五月二四日号、二六頁。

(191) 長勢『シベリア抑留』、九三頁。

(192) ソ華友好同盟条約の邦訳は、日本国際問題研究所中国部会編『新中国資料集成』第一巻、日本国際問題研究所、一九六三年、一〇二〜一一二頁に所収されている。

(193) 遠藤誉『毛沢東――日本軍と共謀した男』新潮新書、二〇一五年、二四二〜二四三頁。

(194) Werth, *Russia at War*, p. 1038.

(195) *Ibid*, p. 1039.

(196) ドイッチャー『スターリン』Ⅱ、一八四頁。

(197) V. I. Lota, *Za gran'yu vozmozhnogo: Voennaya razvedka Rossii na Dal'nem Vostoke 1918–1945 gg.* (Moskva: Kuchkovo pole, 2001), pp. 550–556. 広島・長崎原爆報告書の要旨は、『朝日新聞』二〇〇〇年八月一四日に掲載されている。

(198) A. M. Samsonov, *Vtoraya Mirovaya Voina 1939–1945: ocherk vazhneishikh sobytii* (Moskva: Nauka, 1990), p. 592.

(199) *Russkii arkhiv: Velikaya Otechestvennaya: Sovetsko-yaponskaya voina 1945 goda: istoriya voenno-politicheskogo protivoborstva dvukh derzhav v 30–40-e gody: Dokumenty i materialy*, no. 18 (7–2) (Moskva: Terra, 2000), p. 302.

(200) 極東国際軍事裁判研究会編『木戸日記——木戸被告人宣誓供述書全文』平和書房、一九四七年、一五六頁。

(201) Safronov, *SSSR, SShA i yaponskaya agressiya na Dal'nem Vostoke i Tikhom okeane, 1931–1945 gg.*, p. 344.

(202) 草地貞吾『関東軍参謀 草地貞吾回想録』芙蓉書房、一九九九年、八一頁。

(203) Cherevko and Kirichenko, *Sovetsko-yaponskaya voina*, p. 284 および草地貞吾『その日、関東軍は——元関東軍参謀作戦班長の証言』宮川書房、一九六七年、一五九頁参照。

(204) 停戦合意の中身については、斎藤六郎『シベリア捕虜志——その真因と全抑協運動』波書房、一九八一年、四〇～四一頁を参照されたい。

(205) 草地『その日、関東軍は』、一八三頁。

(206) イワン・コワレンコ（清田彰訳）『対日工作の回想』文藝春秋、一九九六年、四六頁。

(207) ヘルケ・ザンダー、バーバラ・ヨール編（寺崎あき子・伊藤明子訳）『一九四五年・ベルリン解放の真実——戦争・強姦・子ども』パンドラ、一九九六年、四三頁。

(208) ロバート・C・ノース（現代史研究会訳）『モスクワと中国共産党』恒文社、一九七四年、三三二頁。

(209) 議定書原文は、Diane Shaver Clemens, *Yalta* (London: Oxford University Press, 1972), pp. 308–309 に所収されている。

(210) 樺太終戦史刊行会編『樺太終戦史』全国樺太連盟、一九七三年、三一〇頁。

(211) Garthoff, "Soviet Intervention in Manchuria," p. 530.

(212) 白木沢旭児「樺太における終戦」『サハリン・樺太史研究』第一集、北海道情報大学、一九七三年、六八～六九頁。樺太での日ソ戦については、金子俊男『樺太一九四五年夏——樺太終戦記録』講談社、一九七二年や樺太終戦史刊行会編『樺太終戦史』なども参照されたい。

(213) 樺太からの引き揚げについては、北海道新聞社編『慟哭の海——樺太引き揚げ三船遭難の記録』北海道新聞社、一九八八年が詳しい。

（214）終戦後の南サハリンにおけるソ連の政策については、エレーナ・サヴェーリエヴァ（小山内美智子訳）『日本領樺太・千島からソ連領サハリン州へ　一九四五年―一九四七年』成文社、二〇一五年が詳しい。

（215）「一般命令第一号」（原案）については、Harry S. Truman, *Memoirs: Years of Decisions 1945*, vol. 1（New York: Hodder and Stoughtow, 1955）, p. 40を、スターリンの危惧については、V. P. Safronov, *Voina na Tikhom okeane: SSSR, SShA i Yaponiya v usloviyakh mirovogo konflikta, 1931–1945gg.*（Moskva: BIMPA, 2007）, p. 384をそれぞれ参照。

（216）Malinovskii, *Final*, p. 233.

（217）スラビンスキー『千島占領』、八八頁。

（218）中山隆志『一九四五年夏　最後の日ソ戦』国書刊行会、一九九五年、一九九頁から再引用。

（219）スラビンスキー『千島占領』、一五五頁。

（220）『毎日新聞』一九九八年五月一〇日。

（221）Malinovskii, *Final*, p. 265.

（222）Richard A. Russell, *Project Hula: Secret Soviet-American Cooperation in the War against Japan*（Washington, D.C.: Naval Historical Center, Department of the Navy 1997）, pp. 34–35.

（223）旧島民・川村洋一手記および三上洋一談掲載の『毎日新聞』二〇一五年八月二八日（地方版）を参照。

（224）旧島民へのインタヴュー。二〇一四年一一月一五日。

（225）外川継男『ロシアとソ連邦』講談社、一九七八年、三六八頁。

（226）Bondarenko, *Neizvestnye Kurily*, p. 134; Mikhail Vysokov, *A Brief History of Sakhalin and the Kurils*（Yuzhno-Sakhalinsk: The Sakhalin Book Publishing House and LIK Press, 1996）, p. 78および黒岩幸子『千島はだれのものか――先住民・日本人・ロシア人』ユーラシアブックレット（東洋書店）、二〇一三年、三八～四一頁参照。

（227）Bondarenko, *Neizvestnye Kyrily*, p. 106.

（228）旧択捉島民・岩崎忠明談、掲載の『毎日新聞』二〇一五年八月二八日（地方版）。なお、ソ連は南樺太の日本人をなんとかしてソ連国民としてとどまらせようとしたが、ほとんどの日本人は帰国を願った。ウィリアム・ニンモ（加藤隆訳）『検証――シベリア抑留』時事通信社、一九九一年、三〇頁。

(229) *Izvestiya*, 1992. 7. 27.

(230) 北海道占領計画書の邦訳は、水間政憲『いまこそ日本人が知っておくべき『領土問題』の真実――国益を守る『国家の盾』』ＰＨＰ研究所、二〇一〇年、六〇～六二頁に所収されている。

(231) “Stalin to President Truman,” August 16, 1945, *F. R.*, 667–668.

(232) The Ministry of Foreign Affairs of the USSR, ed., *Stalin's Correspondence with Roosevelt and Truman* (New York: Capricorn Books, 1965), p. 266.

(233) “Russia Welcomes Turkey's Montreux Treaty Stance,” *Worldbulletin News*, April 15 2014〈http://www.worldbulletin.net/haber/133785/russia-welcomes-turkeys-montreux-treaty〉.

(234) *Russkii arkhiv: Velikaya Otechestvennaya*, p. 35.

(235) 中山隆志・元防衛大学校教授の指摘、『北海道新聞』二〇一五年一月六日。

(236) 下斗米伸夫「モスクワ外相会議（一九四五年一二月）再考（上）――日本占領、核開発、および冷戦の起源」『法学志林』第一〇二巻第二号（二〇〇五年）、四二頁も参照されたい。

(237) 下斗米伸夫「モスクワ外相会議（一九四五年一二月）再考（下）――日本占領、核開発、および冷戦の起源」『法学志林』第一〇二巻第三・四合併号（二〇〇四年）、一〇～一二頁。

(238) 李圭泰『米ソの朝鮮占領政策と南北分断体制の形成過程――「解放」と「二つの政権」の相克』信山社出版、一九九七年、五一頁。

(239) *Russkii arkhiv: Velikaya Otechestvennaya*（7–2）, p. 175.

(240) 『読売新聞』二〇一五年六月六日。

(241) 林利雄『時痕』近代文藝社、一九九五年、一五五五頁。

(242) 『読売新聞』二〇一七年五月一〇日。

(243) Stephan, *The Russian Far East*, p. 246.

(244) チャーチル『第二次世界大戦』第四巻、一四一～一四三頁。

(245) Andreas Hilger, “Soviet Policy and the Repatriation of German POWs to Divided Germany’, paper presented to the ICCEES World Congress in Makuhari, August 4, 2015. なお、ソ連軍に捕らえられたドイツ兵捕虜は三一五万五〇〇〇人、死亡者は一〇九万四二五

〇人で捕虜の三分の一が死亡したという見解もある。鈴木敏明『逆境に生きた日本人』展転社、二〇〇八年、一八四頁。
(246) キリチェンコ「東京裁判へのクレムリン秘密指令」、一三二頁。
(247) 横手慎二「スターリンの日本人送還政策と日本の冷戦への道(一)」『法学研究』(慶應義塾大学)、第八二巻第九号(二〇〇九年)、一四頁。
(248) 不破哲三『スターリンと大国主義』新日本新書、一九八二年、一一五頁。なお、「陸戦ノ法規慣例ニ関スル規則」については、横田喜三郎・高野雄一編集代表『国際条約集 一九八九年版』有斐閣、一九八九年、四七一～四七二頁を参照されたい。
(249) 寺山恭輔『スターリンと新疆 一九三一年―一九四九年』社会評論社、二〇一五年、五八一頁。
(250) 小谷『日本軍のインテリジェンス』、五三頁。
(251) ソ連の情報操作については、Ladislav Bittman, *The KGB and Soviet Disinformation: An Insider's View* (Virginia: Pergamon-Brassey's, 1985) やパウル・レンドヴァイ(片岡啓治訳)『操られる情報――ソ連・東欧のマス・メディア』朝日新聞社、一九八四年などが参考になる。
(252) 白井久也『検証 シベリア抑留』平凡社新書、二〇一〇年、七一頁。

第3章　アジアの冷戦とスターリンの対日政策

はじめに

第二次世界大戦に敗れた結果、日本は一九四五年八月下旬から五二年春までの長きにわたって、米国を主体とした連合軍の支配下に置かれることになった。占領期における米国の対日政策に関する研究の蓄積は相当存在するが、スターリンの対日政策についての論考は、国際的に鳥瞰してもきわめて少ない。米国のデーヴィッド・ダーリン、ラッセル・ビューハイト、ハーバート・ファイス、日本の進藤榮一、平井友義、和田春樹の業績に証左されるように、これまでの占領期におけるソ連対日政策の研究は、占領前期に関するものが多く、占領後期の一大イシューであるサンフランシスコ講和条約をめぐるソ連の対日政策を研究した学術的な研究は、ボリス・スラビンスキーや木村汎によるものがある程度である。占領期全般を見渡しつつソ連の対日政策の解明を試みたものとしては、ソ連外交の権威マックス・ベロフ、エドアルド・ポポヴィチ、下斗米伸夫、それに筆者が一九八八年に発表した研究があるくらいである(1)。占領期のソ連の対日政策に関する研究の中には、示唆に富み高水準のものもあるが、解明されていない側面がいろいろ存在している。多少誇張していえば、占領期におけるソ連の対日政策は、占領史研究の盲点になっているのである。

①スターリンは米国の対日占領政策をどのように考え、いかなる対日政策の目標を持ち、いかなる手段を用いてそれを実現しようとしたのか、②占領期におけるスターリンの対日政策は、世界戦略や北東アジア政策といかなる関連性を持っていたのか、③スターリンの対日イメージはどのようなものであったか、④アジアにおける冷戦の激化は、スターリンの対日政策にいかなる影響を与えたのか、⑤コミンフォルムによる野坂批判と朝鮮戦争の勃発の間には、どのような相関関係が認められるのか、⑥スターリンはサンフランシスコ講和会議に代表団を派遣しながら、なぜ平和条約調印を拒んだのか、⑦スターリンの対日政策は、いかなる成果を上げたのか。本章では、「米ソ冷戦ファクター」に加え「中国ファクター」などを念頭に置きながら、占領期におけるスターリンの対日政策の実像に迫ってみたい。

I　米占領期におけるスターリンの初期対日構想——主要目標とドイツ占領政策との比較

一九四五年九月二日、東京湾に投錨した米戦艦「ミズーリ号」の甲板で、降伏文書の調印式が挙行された。天皇および日本政府を代表して重光葵外相が、大本営を代表して梅津美治郎陸軍参謀総長が降伏文書に署名し、その後連合国側よりダグラス・マッカーサー連合国最高司令官に続いて、米国、中華民国、英国、ソ連、オーストラリア、カナダ、フランス、オランダ、ニュージーランドの九カ国の代表が署名した。ソ連代表は、アレクサンドル・ワシレフスキー・ソ連極東軍総司令官ではなく、格下ではあるがスターリンが個人的に知っていたクズィマ・デレヴャンコ中将であった(2)。このことは、対日占領政策をめぐってスターリンが米国と互角の立場で争う意思がなかったことを裏書きしている。ちなみに、スターリンはドイツのソ連占領地域には、「ドイツ解放」に多大な貢献をしたゲオルギー・ジューコフ将軍を総司令官にあてた(3)。

九月二日、ソ連ではスターリンの対日戦勝演説がラジオで放送された。スターリンは演説の中で、日本が降伏した結果、これで待ちに待った日露戦争の雪辱を晴らすことができたうえに、南樺太と千島列島がソ連に移り、ソ連と太平洋とを直接結ぶルートが確保され、日本の侵略に対する防衛基地となったと、力説した[4]。満洲や千島はソ連軍の血で贖ったという演説を行うことによって、スターリンは千島は絶対に譲れないという神話を作り上げたのである[5]。モスクワの夜空には、勝利を祝う花火が打ち上げられたが、ソ連国民はドイツに勝利を収めたときほど興奮しなかった[6]。興味深いことに、当時、ソ連極東の居住者以外のソ連国民は日本との戦争にあまり関心がなかった。第二次世界大戦の末期に繰り広げられた日ソ戦争は、まさしく「スターリンの戦争」だったのである[7]。

スターリンは日本を米国の「天領」とみなし[8]、対日占領政策については米国が最終的決定権を有すると判断していた。しかし、だからといって米国の対日占領政策に無批判に服従しようとしたわけでは決してない。スターリンは米国がソ連を衛星国のように軽々しく取り扱うことを嫌い、日本占領についても重要な事項についてソ連の主張が重んじられることを望んだ。こうしたスターリンの態度は、北緯三八度線より北の朝鮮半島の政治への介入を嫌ったのとは対照的である[9]。

日本と同じく第二次世界大戦で敗れたドイツの場合、ソ連は東ドイツを占領するとともに、首都ベルリンでは東部に占領地域を持ち、ベルリンを米国、英国、フランスとともに分割統治した。ソ連が担当した占領地域では、スターリンは「ソヴィエト化」に着手した。一方、日本の占領期にスターリンはいかなる目標を持ち、いかなる対日政策を展開したのであろうか。スターリンは日本が二カ月半から三カ月は激しく抵抗すると考えていた。スターリンにとって、日本の敗戦は予想より早すぎた。そのため、日本敗戦当時、細部まで詰めた対日政策を具備していたわけではない。かといって、このことは機会主義的に対日政策を決定していたことを意味するわけではない。スターリンがかなり明確な対日占領政策を持っていたことは、対日理事会のソ連代表デレヴャンコの一九四六年一月の発言などから明らかである。[10]

米占領時代初期におけるスターリンの対日政策の核心は、以下の五点にまとめられる。①ヤルタ秘密協定に基づき南樺太ならびに千島列島などを確実に自国の領土に取り込むこと、[11]②ソ連軍が捕らえた日本軍将兵を終戦後直ちに帰国させず、強制労働を課しソ連の経済復興に貢献させること、③満洲に日本が残していった工場施設などの接収に加え、日本から賠償金を取り立てること、④日本における米国の威信を失墜させるとともに、米国主導の占領行政にできるだけ食い込み、日本の非軍事化ならびに民主化を推進すること、⑤日本の共産化実現のための条件を作り出すこと、などであった。

まずスターリンが最も力を入れた領土の拡大から論じたい。スターリンは一九四五年九月二日の降伏文書調印式のあとも軍隊を南下させ、五日までに歯舞《はぼまい》諸島を占領した。そして日本との平和条約調印を待たずに翌四六年二月二日、「ソ連最高会議幹部会令」に基づいて、南樺太および千島列島、ならびに北方四島を一方的に自国の領土に編入してしまった。サハリン州国際・対外経済・地域関係委員会が二〇〇七年に発行した小冊子『露日関係におけるクリル列島』は、このような経緯を経てソ連と日本の間の国境が宗谷海峡（ラペルーズ海峡）、国後海峡およびソヴィエト海峡で定められたと説明している。[12]しかしながら、こうした行為は国際法上不当である。チャーチル英元首相が「鉄のカーテン演説」を行い、東欧の国々がソ連の支配下に組み入れられたと指摘し、トルーマン政権にソ連共産主義の脅威について注意を喚起し、米国が対ソ外交を転換するようになる前月、このようなことが起こったのである。

次に日本軍将兵を捕虜としてソ連経済の復興と建設のために利用するという第二対日目標について言及すると、日本政府は連合国総司令部（ＧＨＱ）に早期帰還を訴えたが、権限外であるとして拒絶された。しかし、繰り返し懇請した結果、重い腰を上げ、ソ連に対し早期送還を求めて幾度も抗議した。こうした経緯を経て、一九四六年一二月、米ソ協定が調印され、毎月五万人がソ連支配地域から送還されることになった。だが、ソ連からの引き揚げは、円滑に進まなかった。前述のようにスターリンはソ連経済の復興のため労働力を必要としたので、早期帰還に応じるわけにはいかなかったのである。スターリンにとって特別な価値を持っていたのは、戦闘行動を指揮したり、作戦立案ならびに日本の諜報・防諜機関に勤務したりした将軍や中堅将校など、司令中枢部にいた抑留者であった。そうした抑留者は、重要な情報源となっていたため帰国が遅れた(13)。

日本が満洲に残していった工場施設などの接収に加え、日本からの賠償金取り立てに関する第三の対日目標について言及すると、ソ連は、満洲などから持ち帰った施設は戦利品であると主張する一方、後述の極東委員会や対日理事会の場を使って日本に賠償金を支払うよう求め、賠償金の一四％をソ連に支払うべきだと主張した。ところが、一九〇七年のハーグ条約第三条などを根拠として米国は要求に応じなかった。そのため、ソ連は日本から賠償金を得ることはできなかったのである。

日本における米国の威信を失墜させるとともに、米国主導下の占領行政にできるだけ食い込み、日本の非軍事化ならびに民主化を推進するという占領期におけるソ連の第四対日目標については、黒海に面した保養地ガグリにおける発言から明らかなように(14)、米国が日本の占領行政に関し最終的な決定権を有することをスターリンは認識していた。しかし、このことから、スターリンが米国の対日占領政策を無批判・無条件に承認したと結論づけてはならない。ソ連の文献を注意深く読んでいくと、スターリンが第四対日政策目標の実現にいかに大きな関心を寄せていたかが判明する。

米国やGHQの権威を失墜させるためにソ連が活用したものには、ソ連極東のウラジオストク、ハバロフスク、コムソモリスク、ペトロパヴロフスクなどを発信もしくは中継基地とした対日ラジオ放送、ソ連領土内で印刷され占領下の日本で配布された各種パンフレットおよび新聞、在日ソ連代表部、日本共産党、日本の労働組合、さらに英国と協議して設立に漕ぎつけた極東委員会や対日理事会などが含まれる。

第四の対日政策目標のうち日本の非軍事化と民主化に焦点を当てると、日本敗戦から間もない九月六日、米国は「降伏後における米国の初期対日方針」（SWNCC／150／4／A）を発表した。そこには日本を非軍事化する方針が明確に書かれていた。日本が平和と安全を再び脅かさないように、ソ連は米国と同様に日本の非軍事化および民主化を望んだ。ただし、米国の日本非軍事化政策がいずれ軟化すると危惧していたため、スターリンは迅速でしかも徹底した旧日本軍の解体および日本の非軍事化を求めた。このことは、同月上旬にソ連側がセミョン・ツァラプキン駐米ソ連公使を通じて発表した「日本の改造に関する政治・経済原則」などから裏づけることができる。(15) ソ連は迅速かつ徹底した財閥の解体や大企業の国有化や労働組合による生産管理なども要求した。

同月下旬、日本の侵略の可能性に対処する名目で、ソ連は米国、英国、ソ連、中華民国が参加する条約の締結を米国に対し提唱した。他方、翌一九四六年六月、米国は対日不可侵条約草案をソ連に提出した。米国草案では、武装解除や非軍事化で日本が違反した場合、多数決で決議をすべきことが定められており、ソ連の意見が通りにくい仕組みになっていた。(16) 日本の民主化政策についても、米ソの間には考え方の相違が存在した。米国が自由主義的で個人主義的な米国型の民主化を望んだのに対し、実現は困難と判断しながらもソ連は無産階級の利益とその独占を目標とする全体主義的なソ連化を希求した。(17)

ソ連の第五の対日政策目標については、いかなることが指摘できるであろうか。注目すべきは、占領期当初、スターリンが実現に最も関心を寄せたのは日本の共産化ではなかったという点である。米軍が日本占領にあたっていた関係から、スターリンは日本の共産化は至難と考えていた。そういった状況の中で、スターリンは徹底的な日本の無力化実現に努めた。スターリンは第一次世界大戦で敗れたドイツが再び復活したように、第二次世界大戦で敗北したドイツや日本が再び軍事大国になると危惧していたのである。ちなみに、一九四五年七月、宋子文・中華民国行政院院長に対し、「ドイツはヴェルサイユ条約調印後一五年から二〇年もたたないうちに復興した」、「ドイツと日本も再び台頭するであろう」とスターリンは述べている。(18) 翌八月の一四日、スターリンが日本を共通の敵とするソ華友好同盟条約を蔣介石総統が率いる中華民国と結んだのも、日本の復活に備えるものであった。第二次世界大戦終結後の朝鮮半島政策も日本軍国主義は早晩復活するという前提から出発していた。(19) 要するに、スターリンの対日占領初期政策は、対中、対朝鮮半島政策と密接に絡み合っていたのである。なお、スターリンは、蔣介石総統の中華民国と締結したソ華友好同盟条約の中で中華民国政府を中国の正統政府と認める一方で、ヤルタ会談においてルーズヴェルトから条件付き同意を得た大連・旅順を三〇年間にわたって使用する権利や長春鉄道の共同経営権ならびに外モンゴルの独立を国民党政府に承認させている。

Ⅱ　構想実現の手段

次に明らかにすべきは、スターリンが、どのような手段を使って、自国の政策を米国主導の対日占領政策に反映させようと試みたのであろうかという点である。米国が主導権を握る対日占領政策に対してソ連の主張を反映させるためにスターリンが重要視したものには、対日理事会、東京裁判、日本共産党それにソ連極東から発信した日本語ラジオ放送などが含まれる。

日本が降伏文書の諸条項を確実に実行するよう管理・査察するため、米国、ソ連、英国、中華民国の代表から構成される対日管理委員会の設立をソ連は主張した。ソ連は、管理という言葉に固執したが、米英は強く反対した。紆余曲折を経て、一九四五年一二月、モスクワ外相会議において、ソ連がルーマニアとブルガリアの問題で自国の主張を通す代わりに対日管理問題で譲歩した結果、極東委員会（ＦＥＣ）と対日理事会（ＡＣＪ）という名称の二つの機関の設立が決定される運びとなった(20)。

ソ連はマッカーサー連合国総司令官を監視するため極東委員会を東京に設置することを主張した。しかし、米国が同意しなかったため、結局ワシントンに設立される運びになった(21)。極東委員会は、米国、ソ連、英国、中華民国、フランス、オランダ、カナダ、オーストラリア、ニュージーランドといった日本の降伏文書に調印した諸国にインドとフィリピンが加わり一一カ国の代表でスタートした。一九四九年には、ビルマとパキスタンが新たに加わった。極東委員会の役割は、降伏条件実施に関し、日本が従うべき政策・原則および基準を作成することであった。ただし、軍事問題や千島列島、琉球諸島ならびに小笠原諸島など領土問題は、極東委員会の権限外とされた[22]。極東委員会での決定は、米英中ソの一致した賛成を含む多数決によると定められた。しかし、意見がまとまらない場合には、「緊急時における中間指令権」に依拠して、米国が自国の方針を貫徹できるしくみになっていたのである。

一方、一九四六年四月に東京に設立された対日理事会は、米国、ソ連、英連邦（英国、オーストラリア、ニュージーランド、インド）、中華民国の代表から構成され、降伏条件の履行ならびに対日占領・統治に関し、マッカーサー連合国最高司令官の諮問に応じたり助言を行ったりするものであった。日本からは終戦連絡中央事務局の朝海浩一郎がオブザーバーとして出席した。対日理事会は、極東委員会とは異なりそこでの意見の応酬が公開された関係で、スターリンはきわめて重視した。米国の占領政策を批判したり、日本における米国の権威を失墜させたりするため対日理事会を活用した。占領政策に関連する特殊情報の入手のためにも、ソ連は対日理事会を利用した[23]。また日本国内で反米感情や社会不安を煽るためにもソ連は対日理事会を利用した[24]。対日理事会で重要な審議がなされるときには、ソ連代表の発言は新聞の注目を引くことができるよう工夫が施されていた。

対日理事会のソ連代表団は約五〇〇名に上り、その規模は米国についで二番目で、英国代表団の規模（約一五〇名）よりはるかに大きなものであった。給与は日本の国庫から支払われた。ソ連代表団の規模は一九四七年に縮小されたが、それでも三一二名に上った[25]。

対日理事会ソ連代表デレヴャンコ中将は、一九〇四年にウクライナで生まれたプロパガンダおよび情報収集の専門家であり、ロシア語のみ話し、対日理事会では通訳を使った。ただし、日本語、中国語、英語の知識は有していたとされる[26]。デレヴャンコはワシレフスキー極東ソ連軍総司令官とは異なり軍人としての華麗な経歴の持ち主ではなかったが、スターリンの知り合いでオーストリア連合国管理理事会で外交に関わる仕事の経験が若干あった。デレヴャンコは、連合軍総司令部がマスコミを検閲しており、占領政策に批判的な情報を差し止める一方で反ソ的な刊行物の発行を許すなどの「ダブル・スタンダード」を採用しているといった点を指摘して、米国の占領政策を非難した。[27]

対日理事会においてデレヴャンコ代表は、日本軍の解体について最新情報を提供するよう米国側に要求したり、公職追放者のリストを要求したりした。ただし、対日理事会がソ連にとって不利に働いたこともある。例えば、一九四七年一〇月、対日理事会ウィリアム・シーボルト議長は、シベリア抑留問題を取り上げ、ソ連以外からの日本人送還はほぼ終了しているのに、ソ連側からの日本人の引き揚げは大幅に遅れていると批判した。窮地に立ったデレヴャンコ代表は、一九四五年一〇月五日のスターリンからの指示に基づいて、引き揚げ問題は対日理事会の管轄事項ではなく、自分は全権を持っていないと弁明に努めるとともに、総司令部は引き揚げ問題を利用して日本人の間に反ソ感情を醸成しようとしていると反論した。[28] 翌四八年二月一七日に対日理事会ソ連代表への追加指示案が作成された。同案には、「米国の対日占領政策がポツダム宣言および四五年のモスクワ外相決定と完全に矛盾しているという現在の状況を考慮し、また米国占領軍総司令部が対日理事会を無視し、対日占領管理問題について理事会との相談を拒否しているだけでなく、理事会メンバーがこれらの問題を理事会で討議することを妨害しているという事実を考慮して、ソ連が米国の政策を暴露し、連合国一致の決定によって日本に対して定められた課題にこのように矛盾が存在することを指摘することが不可欠」であると記されていた。[29]

注目すべきは、スターリンが一九四五年九月にデレヴャンコを代表とする視察団を広島・長崎へ派遣し、詳細な報告書を提出させたことである。デレヴャンコはその後も数度にわたって広島、長崎を視察した。その目的は、原爆の威力を調査するとともに、原爆製造について参考となる情報を極力獲得する点にあった。[30]

ソ連は日本共産党も対日政策を実現するための手段として活用した。日本敗戦後、連合国総司令部が日本共産党の政治活動をいち早く許可したのは、スターリンにとって吉報であった。日本の政治史上において日本共産党の政治活動が公然と認められたのはこれが初めてで、それまで逮捕されていた徳田球一らの日本共産党の政治家が釈放された。一九四六年初めには野坂参三が亡命先の中国から帰国した。同年二月、日本共産党は「わが国のブルジョア民主主義革命を、平和的に、かつ民主主義的方法によって完成することを当面の基本目標とする」という内容を盛り込んだ「平和革命宣言」を発表した[31]。そして「愛される共産党」を表看板に掲げながら、ソ連とのつながりを否定して活動した。ところが、一九五〇年一月、国際共産主義運動の指導組織コミンフォルムが野坂批判を行い、それを日本共産党が受け入れると、ソ連と日本共産党のつながりは、衆目にも歴然となった。

スターリンは日本の非軍事化や民主化を図るため、東京裁判も利用した。日本を告発する罪状の一覧はおそらく大急ぎで作成されたようで、張鼓峰事件以降に限定された[32]。東京裁判開始に先だって、ソ連共産党中央委員会政治局は、東京裁判でソ連検察団が順守すべき指令を承認した。そこには「ソ連代表は米国が主要戦争犯罪人とみなしている以下一七人については、一人たりとも起訴に異議申し立てざること」と記され、東條英機、広田弘毅、東郷茂徳、松岡洋右、大島浩、橋本欣五郎、荒木貞夫、小磯國昭、白鳥敏夫など、被告のほとんどが姓のみで列記された。ただし、ソ連は、被告候補者を米国が決めたものに限定しようとはしなかった。東京裁判のソ連代表団長S・ゴルンスキー検察官は、モロトフ極秘指令に基づき、訴追すべき被告として、重光葵元外相、梅津美治郎元関東軍司令官、鮎川義介日産コンツェルン創始者藤原銀次郎元軍需相、富永恭次元関東軍参謀の五人を追加するよう米側に求めた。そのうちマッカーサー元帥の判断により重光と梅津の二人の被告編入が決まった。ソ連側は米国と正面衝突することは、得策ではないと判断したようだ。とはいうもののドイツ人戦犯問題への追及と比べると、東京裁判における日本人戦犯処罰問題に対するソ連の態度は、「すこぶる消極的」であった[33]。昭和天皇については、ソ連共産党中央委員会政治局で慎重に検討した結果、戦犯に加えるよう提起しないとした。ただし、他国代表から提起された場合は、これを支持することとした。アレクセイ・キリチェンコによれば、他国代表からは天皇の責任訴追の提案は出されなかった[34]。

Ⅲ　戦術の転換

欧州における米ソ冷戦では、一九四七年という年は重要な節日を形成している。同年三月、米国はトルーマン・ドクトリンを、続いて六月にはマーシャル・プラン（欧州復興計画）を発表した。こうして、欧州を舞台とする米国の外交政策は、ソ連との対決を鮮明に意識したものになった。スターリンは、トルーマン・ドクトリンよりもマーシャル・プランにより大きな脅威を覚えた(35)。その理由はマーシャル・プランを契機に西ドイツの経済復興も視野に入れ欧州における米国の巻き返しが本格化したからである。それに対抗してソ連は九月、ポーランドで開催された国際共産主義運動を指導するためのコミンフォルム創設会議で、スターリンの後継者と一時みなされ、創設に尽力したアンドレイ・ジュダーノフが二大陣営演説を行い、トルーマン・ドクトリンやマーシャル・プランを厳しく非難するとともに、世界は米国を中心とする帝国主義・反民主主義陣営とソ連を中心とする反帝国主義・民主主義陣営の両陣営に分裂したと宣言した。

他方、米国の対日政策に目を向けると、一九四八年から四九年が重要な節目を形成していることに気づく。第二次世界大戦終結後、米国は蔣介石の中国を極東戦略の要とする政策をとってきた。しかし、中国内戦で毛沢東の勝利が確実となるにつれ、中国に代わって日本を極東戦略の要とする政策への転換を図った。そして、米ソ冷戦の影響もあって、日本を北東アジアにおける「防共の防波堤」とするため、西側の一員としての日本の復興を目指した政策を推進するようになった。一九四八年一〇月、米国家安全保障会議が決定した「ＮＳＣ13/2」は、米国の対日占領政策の転換を鮮明に告げるものであった。

冷戦の激化を受けて、対日理事会は開かれることが次第に少なくなっていく。米国の対日占領政策の転換や中国情勢の変化を受けて、スターリンの対日姿勢も変化することになる。ソ連は日本が北東アジアにおける「防共の防波堤」になるのを極力阻止しようとした。占領後期において、スターリンが米国の対日占領政策に対し揺さぶりをかけるため使ったものの中には、シベリア抑留者と日本共産党が含まれる。

まずシベリア抑留者について言及すると、ソ連からの日本人の本国送還は、一九四七年に米ソ協定が結ばれてからようやく開始されたが、日本国民の期待通りには進まず、留守家族は苛立ちを募らせた。翌四八年一二月、ソ連は、天候不良と港湾凍結を理由に、一方的に日本人の本国送還を中止し、シベリア抑留者に反英米・反日・親共「インドクトリネーション」（教化）を施した。日米両国がソ連に対して激しく督促した結果、翌四九年六月、重い腰を上げて送還を再開したが、再開後最初の引き揚げ船で舞鶴港に帰還した約二〇〇〇人の大半は、「インドクトリネーション」を施された抑留者であった。彼らは「米国は日本の敵であり、ソ同盟（筆者注――ソ連）は日本の味方であるということを日本国民に宣伝せよ」、「労農日本への革命には帰国者が先頭に立て」、「（革命が日本で起こった場合には）ゲリラ戦法を以って後方を攪乱せよ」、「日本を救うには米国と結ぶ資本家を倒し共産党を主とする人民民主主義国家を作り、ソ連の同盟国とせよ」、「米国は日本の広島、長崎に原爆を投下して日本人非戦闘員の命を奪った」などと、帰還前にソ連に吹き込まれていた[36]。

舞鶴港に引き揚げ船で帰還した際、引揚者たちは「天皇島に敵前上陸」、「天皇制打倒」、「日本革命実現」と叫んで上陸し、出迎えに来た家族や報道陣などを驚かせた。しかし、「天皇島上陸作戦」は失敗に終わった。「筋金入りの引揚者」の中には、帰国実現のため窮余の一策としてソ連に便宜的に忠誠を誓った者が多数おり、帰国後ソ連が期待した活動に従事しなかったからである。引揚者の中の約一割は共産主義の信奉者で[37]、帰国後、日本共産党に入党し、活動家の道を歩んだ。同様の現象は、西ドイツでも起きている。大戦中ソ連に抑留されていた多くのドイツ兵は帰国後ソ連のエージェントになることを誓ったが、いったん帰国すると連絡は途絶えてしまった[38]。

一九四九年九月、ソ連は原爆実験成功を宣言した。米国による原爆の独占を打破することに成功したのである。翌一〇月には、中華人民共和国が成立した。こうした状況の中で、スターリンは強気になり、対日姿勢を硬化させた。ソ連が日本共産党の「平和革命論」に不満を募らせていたことが、傍目にも明白になってきた。翌月中旬、東京で開催された日本共産党の中央委員会政治局の会合にオブザーバーの資格でソ連在日代表部から五人が参加した。その中の一人のキャリノフは、会合終了後、日本共産党の戦術を酷評し、闘争を活発化すべきだと主張した[39]。

さらに注目すべきは、一九四九年一一月、在日ソ連代表部に招集された徳田球一、野坂参三、金天海、伊藤律その他の日本共産党幹部に日本で「軍事革命」を起こすため詳細な作戦計画が提示された点である。一九五〇年一月のコミンフォルムの野坂批判以前に、すでにソ連が日本共産党に対し「平和革命路線」を転換するよう迫っていたのは特筆に値する。[40] 同じころ、中国も日本共産党に軍事革命路線の採用を求めた。だが、米占領下に置かれていることを理由に、日本共産党は指示に従わなかった。不注意な動きをすれば、連合国総司令部を刺激して厳しい取り締まりの対象となり逆効果になるのを恐れたからである。

Ⅳ　コミンフォルム野坂批判と朝鮮戦争との関連性

「平和革命」を標榜した日本共産党は、一九四九年一月の総選挙で三五議席を獲得し、国会における勢力を大幅に伸ばすことに成功した。一方、翌二月、GHQの指令により吉田茂政権は、政治活動に従事している労働組合の解体を発表した。さらに九月には、日本政府は政府系組織や公共機関に所属している公務員や労働者が政党に所属したり、デモに参加したりすることを禁止するなど、共産党にとって不都合な措置がとられた。こうした状況の中でスターリンは、一九五〇年一月上旬、コミンフォルムの機関紙『恒久平和と人民民主主義のために』に「日本情勢について」と題する匿名論文を発表した。そして同論文の中で、日本共産党の野坂参三議長が主張する「平和革命論」は米帝国主義を美化するもので、マルクス・レーニン主義と縁もゆかりもないものだとして徹底的に糾弾し、「日本の独立、民主的平和愛好日本の樹立、公正な講和の即時締結、日本からの米軍の速やかな撤退、諸民族間の撃固なる平和の保持のため、決定的な闘争を行なわねばならぬ」と力説し、決起して反米闘争を行うよう促したのである。[41] イワン・コワレンコによれば、朝鮮戦争の開始を目前に控え、米軍を後方から攪乱してその後方基地の活動を混乱させ、米占領軍にとって耐えがたい環境を作り出し、日本に駐留できないようにするというのがスターリンの狙いであった。[42]

この「日本情勢について」と題する匿名論文は、ソ連共産党国際局で起草され、スターリンとヴャチェスラフ・モロトフが加筆したものであった[43]。だが、そうした経緯に不案内であったこともあって、日本共産党側はコミンフォルムの野坂批判を当初信じようとしなかった。しかし、一月一七日付中国共産党機関紙『人民日報』が、コミンフォルム批判を支持し、中国と同じく米帝国主義に対する武力闘争を展開すべきだと日本共産党に勧告すると、コミンフォルム批判が本物であることが判明した。激論の末、日本共産党はコミンフォルム批判を全面的に受け入れた[44]。

中ソ友好同盟相互援助条約締結をめぐる交渉をモスクワで毛沢東と行っていたさなかに、スターリンは中ソが日本共産党の活動を指導するための「G機関」を在日ソ連代表部に設立することに同意した[45]。中華人民共和国の成立後、日本共産党に対する中国の影響は増大していった。この点に注目し、スターリンは、アジアの共産主義運動に中国が影響を増大させることを容認していたという見方がある。だが、日本共産党に対しスターリンが中国よりも強い影響力を確保しようと努めていた点は、見逃してはならない。コミンフォルムの日本共産党批判は、日共に対する最高指導権は北京ではなくモスクワにあるという点を内外に印象づけるものであった[46]。スターリンは国際共産主義運動において中国がソ連に代わって主導権を握ることを嫌っていたのである[47]。コミンフォルムによる日共批判後、連合国総司令部は日本共産党に対する取り締まりを一段と厳しくし、一九五〇年六月、日本共産党中央委員会に属する二四人の執行委員を公職から追放するよう日本政府に指令した。こうした動きを受けて、主流派の徳田球一、野坂参三、西沢隆二、袴田里見の四幹部は日本を脱出し中国に密入国した。

朝鮮戦争勃発直前の五月二七日、デレヴャンコ中将やキスレンコ少将を含む在日ソ連代表部要員約五〇名が突如帰国した。朝鮮戦争勃発後の日本を含む北東アジア情勢の展望について、スターリンはデレヴャンコなどと協議したらしい。デレヴャンコらは、毛沢東と金日成が朝鮮戦争にかかわる問題で合意した後、直ちに日本に戻った。

スターリンは将来米国や日本が中国侵略のため前線基地として朝鮮半島を使うのを未然に防ぐため、日本軍国主義が復活し、李承晩大統領の韓国が日米両国の大陸における前進基地となる数年後ではなく、早いうちに戦争を始めた方がよいと考えて、[48]一九五〇年一月に金日成主席に南進を支持するシグナルを出した。[49]

五〇年六月二七日早朝、スターリンの承認のもとで金日成の朝鮮人民軍が北緯三八度線を越えて、朝鮮戦争が勃発した。当日、中国の国連加盟を求めてソ連代表は国連安全保障理事会をボイコットした。そのため、ソ連は拒否権を使うことができず、国連安保理は、朝鮮半島への国連軍の出動を決めることができた。朝鮮戦争勃発というきわめて重要なときに、なぜソ連が国連安保理をボイコットしたのか長年謎になっているが、ソ連代表が欠席したのは、朝鮮戦争への関与を追及され、厄介なことになるのを回避するためであったとする見解があり、示唆に富む。[50]スターリンは故意に米国を朝鮮戦争に介入させ、そこに釘付けにし、その間隙をついて欧州で勢力を伸ばすことを画策していたとする分析があるが、[51]朝鮮戦争前にスターリンが米国の軍事介入を懸念していたことを考慮に入れると、この見解には肯首できない。

いずれにせよ、中国の国連加盟実現を要求して国連安保理をボイコットして抗議するというスターリンの戦略は、完全に裏目に出たと分析して間違いあるまい。というのは、戦争勃発当日、安保理をソ連代表が欠席したため、国連軍の錦の御旗の下で米軍が出動できたからである。米国の介入がないうちに朝鮮戦争が始まっても短期間で終わると考えていたスターリンは、米軍の介入の知らせに強い衝撃を受けたものと推測される。

朝鮮戦争勃発を契機に日本から朝鮮半島に米軍が出動した。マッカーサー元帥の要請に基づき、九月、吉田首相は、朝鮮海域における機雷除去のため、ひそかに特別掃海隊を派遣した。[52]ソ連は日本が米軍の前進基地になっているとして厳しく批判した。

中国は当初朝鮮戦争へ巻き込まれることに消極的であったが、一〇月下旬、義勇軍と称しつつ大規模な中国人民解放軍が、金日成政権の生き残りを求めて「抗米援朝」の大義名分のもとに参入し、鴨緑江を越えて北朝鮮の領土に入り、朝鮮戦争は新たな段階に突入した。[53]中国人民解放軍は米軍を中心とした国連軍を北緯三八度線まで押し返し、膠着状態に陥った。こうした情勢を背景にして、米朝間で休戦交渉が始まった。

翌一九五一年八月、前記の四人の日本共産党の幹部はモスクワ郊外のスターリンの別荘で、日本共産党の新綱領（通称「五一年綱領」）について、スターリンと一度ならず協議を行った。協議には、一度モスクワ駐在の王稼祥・中華人民共和国大使も加わった。[54] 注目すべきは、その際、スターリンが日本共産党に団結を訴えるとともに、日本における「平和革命」を拒否し「暴力革命」に向けて指導的役割を果たすよう檄を飛ばした点である。スターリンの檄には、日本共産党の反米闘争を激化させ、日本を前進基地として朝鮮半島に出撃していた米軍を後方から撹乱する目的が込められていた。[55] しかし、この「暴力革命路線」は日本国民の強い反発を招き裏目に出ることになる。

Ⅴ　対日講和問題と「中国ファクター」

ここで占領期後半の最大の問題である対日講和問題に焦点を移したい。サンフランシスコ講和問題を考察するにあたって留意すべきは、スターリンが北方領土に対するソ連の領有を国際法的に合法化するための好機を一再ならず捉えようとしなかった点である。

日本と戦った西側諸国のみならず東側陣営の諸国とも平和条約を締結すべきだというのが「全面講和論」であった。ソ連が主張する全面講和を実現する最初の好機は、一九四七年七月、極東委員会メンバーの一一カ国に対し、対日平和条約起草のため予備会談の開催を米国が提唱したときに到来した。占領が長引くにつれて日本では独立を求める声が強まった。こうした情勢の中で、マッカーサー元帥の見解に同意し、米国務省は非軍事化などの日本占領の目的が完了したと判断して、日本との平和条約の締結に向けて取り組むことを呼びかけた。一方、ソ連は、ポツダム会談での合意にのっとり、米国、ソ連、英国、中華民国の四カ国からなる外相会議が平和条約草案を起草すべきだと主張して、異議を唱えた。四カ国外相会議では、全会一致の原則によって決めるとされていたため、ソ連にとって有利と考えたからである。

当時、米国では、平和条約を締結した後、日本から撤兵し、日本の安全を日本自身の意思にゆだねるという考え方に傾いていたため、ジョージ・F・ケナンによれば、ソ連が米国の提案を拒否したのは、米国にとって「思ってもいなかった救い」となった[56]。日本は武装解除され、中央警察組織も破壊されていた。もしもスターリンが米国の提案に賛成していたならば、共産主義の浸透に太刀打ちできない脆弱な日本が誕生していた可能性が高かった。フレドリック・ダンが的確に指摘しているように、対日講和問題をめぐる当時の米国の方針は、日本を敵視する「第二次世界大戦型」であり、東西対決の国際環境の中で日本を米国の友邦と位置づける「冷戦型」ではなかった[57]。すなわち当時の米国にとっては日本軍国主義復活阻止が第一の関心事であり、日本の安全には配慮が十分払われてはいなかったのである。他方、極東委員会のメンバーの三分の二以上は、ヤルタ対日秘密協定の破棄に消極的で、ソ連にとっては北方領土に対する自国の主権を国際的に認知させる絶好のチャンスだったのである[58]。

それにしてもなぜ米国による対日講和の呼びかけに、スターリンは応えなかったのであろうか。ソ連が自国の経済復興のため日本人抑留者を必要としていたというのが、第一の理由である。講和会議を開いた場合、ソ連が満洲から持ち去った産業施設などが厳しい批判の対象となる可能性が濃厚であったことが、第二の理由として挙げられる。第三の理由は、南樺太や千島列島のソ連領有を否定されるのではないかと危惧したからである。

一九四八年一一月、モロトフ外相がロシア革命記念日に演説を行い、ソ連はポツダム協定、カイロ宣言、ヤルタ協定といった連合国が結んだ協定に立脚して日本やドイツとの平和条約締結を促進すべきだと力説した。同年後半から五一年にかけ、第二次世界大戦で日本と戦ったすべての国家を含む平和条約が結ばれるべきであると主張して、ソ連は大がかりなキャンペーンを展開した。中華人民共和国や北朝鮮もソ連の唱える「全面講和論」を強く支持した。こうした共産主義陣営からの働きかけに呼応する形で、日本における講和論争は激しさを増していった。

他方、北朝鮮や中国にまつわるスターリンの動きに注目すると、一九四八年九月、ソ連の支援を受けて朝鮮民主主義人民共和国（以下、北朝鮮）が樹立を宣言したのに続き、翌四九年三月一七日、スターリンはソ朝友好協力相互援助条約を締結した[59]。さらに、ソ連側が条約草案を用意し[60]、中国側が有事支援条項などに関し若干修正を加えたあと、翌五〇年二月、中ソ友好同盟相互援助条約が締結された[61]。条約の前文で、中ソ両国は日本とその同盟国を仮想敵とすることが謳われた。ここで留意すべきは、日本と米国を仮想敵とした中ソ同盟を締結した遅くとも五〇年二月中旬までに、対日講和キャンペーンを推進する一方で、スターリンは全面講和実現の可能性はきわめて小さいと悲観的な見方を持っていたことである[62]。

一九五〇年六月、朝鮮人民軍が北緯三八度線を南下して朝鮮戦争が勃発した。当時、スターリンは朝鮮統一を実現するとともに、中国をソ連の影響下に置いておくというシナリオを描いていた[63]。ソ連外交の権威アダム・B・ウラムは、スターリンは朝鮮半島が共産化すれば、その波が日本に押し寄せ、日本でも共産革命が起きると考えていたと分析している[64]。

朝鮮戦争勃発後の緊張した北東アジアの国際情勢のもとで、ソ連による北方領土領有の合法化を実現するための「好機」が到来した。一九五一年三月、米国がソ連に提示した対日平和条約の仮草案（通称「三月仮草案」）には、ヤルタ対日秘密協定に従って、南樺太をソ連に返還し、千島列島をソ連に引き渡すことが明記されていたのである[65]。米国は朝鮮戦争勃発を受けて中国を排除した形で対日平和条約を締結しようと考えていたが、ソ連を排除しようとまでは思ってはいなかった。スターリンが三月仮草案に同意していたならば、北方領土に対するソ連の立場は間違いなく強くなっていたに違いない。

ところが、スターリンは三月仮草案に同意しなかった。そして、①対日平和条約の準備から中国唯一の合法政府としての中華人民共和国が除外されているのは許容しがたいこと、②対日平和条約の準備を行うため米英中ソの代表者からなる外相会議を早期に開催すべきこと、③日本軍国主義復活を防止するため、自衛に限定した軍隊のみしか日本は保持できない点を平和条約の中に明記すること、さらに④平和条約締結後米軍が日本から撤退することと軍事基地を日本に保有してはならない点も条約文に明記すべきことなどを挙げて、三月仮草案受諾拒否の回答を寄せたのである[66]。

もしも三月仮草案を受諾したならば、中ソ離間を望んでいた米国の術策に陥ってしまう恐れがあった。[67] 他方、三月仮草案に同意しない場合、北方領土問題をめぐって国際的に問題が残るが、ソ連は北方領土をすでに実効支配しており、致命傷にはならない。スターリンは三月仮草案に同意しない方がソ連にとって望ましいと判断して、三月仮草案拒否の回答をしたものと考えられる。ここで強調したいのは、三月仮草案を拒否した際、スターリンの決断に「中国ファクター」が大きな影響を及ぼした点である。前年、中ソ友好同盟相互援助条約を締結したスターリンにとって、同盟国の中国が朝鮮半島で米国と熾烈な戦いを展開している最中に、米国の呼びかけに応じて対日平和条約に調印することは、文字通り受け入れ難いことであったに違いない。

三月仮草案受諾をソ連が拒否したため、南樺太や千島列島の帰属が明白でない対日平和条約草案作成に向けて、米国はジョン・フォスター・ダレス国務省顧問が中心となって英国と協議を始めた。七月、米国は日本と戦ったすべての国に対日平和条約の新草案を示した。その中で当然「モスクワにとって驚いたことに」、千島列島と南樺太に対する一切の権利を日本は放棄すると記されていたのである。[68] スターリンはこの七月米英案に同意しなかった。[69] 千島列島と南樺太の帰属先が明確でなかったからである。サンフランシスコ平和条約の起草者ダレスは、日ソの離間を狙って故意に日本が放棄した領土の帰属先を不明確にしたとされる。

VI　サンフランシスコ平和条約とソ連の調印拒否

一九五〇年一二月四日、中華人民共和国は周恩来外相を通じて対日講和条約に関する声明を出していた。[70] ソ連外務省は一九五一年九月に開催されたサンフランシスコ講和会議の約一カ月前に、前文と四一条からなる独自の平和条約草案を作成し、ヴィシンスキー外相経由でスターリンに提出した。[71] 英米草案と違って、ソ連草案では、①南樺太と千島列島に対するソ連の主権を認めることが明記されていた。さらに、②当時米国の占領下にあった琉球諸島ならびに小笠原諸島に対する日本の主権を認めること、③ソ連を含む連合国に敵対する軍事同盟への日本の加盟を禁じること、④日本からの外国軍隊の撤退および日本における軍事基地保有禁止などが打ち出されており、日米軍事同盟の締結阻止などが明記されていた。

講和会議はサンフランシスコで開催されることになった。激しい批判から判断して、ソ連はサンフランシスコ講和会議に参加しないのではないかと米国は観測していた。ところが、予想を裏切って、八月一二日、ソ連外務省は、米英両国に対し講和会議に代表団を送る旨の通告を行ったのである。当時ソ連は中国にも同様の趣旨の通告をし、講和会議にはソ連の代表団は出席するが、中華人民共和国の代表団が参加できない対日平和条約に調印するのは難しいとする見解を中国側に伝えた可能性がある[72]。米国はサンフランシスコ講和会議でソ連代表団がさまざまな妨害行為を行うのではないかと危惧した。そこで、ソ連の妨害を阻止するため「サンフランシスコ講和会議では、いかなる修正も認められない」という方針のもとで、周到な準備を進め、サンフランシスコ講和会議が平和条約調印のためにのみ開催されるという点を、米国はソ連に事前に通告した。これに対して、アンドレイ・グロムイコ代表は、サンフランシスコ講和会議で米英が用意した対日講和条約案を修正することは事実上不可能と考えながらも、講和会議に臨んだといえよう。

ソ連代表団はグロムイコ外務次官、パニューシュキン駐米大使、ザルービン駐英大使、それにゴルンスキー外務省員らで構成されていた[73]。ソ連代表団による妨害行為は、米国側の予想をはるかに下回るものであった。サンフランシスコ講和会議で、「ソ連代表は条約草案に対する改正の動議を提案しようとしているように思われる」とディーン・アチソン議長が質問すると、グロムイコ代表は「私は声明をしているのであります」（傍点、筆者）と応じた[74]。

サンフランシスコ講和会議において、グロムイコ代表は、米英草案を糾弾する演説を延々と行い、サンフランシスコ平和条約の修正案を披歴した。①南樺太および千島列島に対するソ連の完全なる主権を認めること、②宗谷海峡（ラペルーズ海峡）、津軽海峡、対馬海峡を非武装化する一方、これらの海峡に隣接する国家に属する軍艦に限り三海峡を開放すること、③ファシストや軍国主義者の組織が日本で復活することを禁止すること、④サンフランシスコ平和条約発効から九〇日以内に連合国軍隊が日本から撤退すること、⑤日本の軍事同盟参加を禁止すること、⑥自衛の目的でごく小規模の陸海空軍を日本が保有することは許容されること、⑦琉球諸島や小笠原諸島を米国が信託統治するのは不当であること、さらに⑧講和条約の中に台湾、澎湖島に対する中華人民共和国の主権を明記すること。以上が、グロムイコ演説の骨子である[75]。

それにしても、なぜスターリンは代表団をサンフランシスコ講和会議に送り込んだのであろうか。スラビンスキーによれば、グロムイコ代表を講和会議に派遣した目的は、ソ連が日本との外交関係の正常化を切望していることを強くアピールする点にあった[76]。講和会議を全面的にボイコットした場合、日本との外交関係の正常化にソ連が熱意を持っていないかのような印象を与えるとスターリンは判断したのである。さらに、サンフランシスコ講和会議という絶好の機会を活用して、対日講和問題に関するソ連の立場の正当性を日本の国民や世界の世論に向かって訴えようともした。そして、サンフランシスコ平和条約には日本と実際には戦争をしなかった国家が多数含まれているとか、中国や北朝鮮やモンゴルなどアジアの共産国家が参加していないと指摘して、英米が目指した「多数講和」の正当性に異議をはさみ、自国の主張を歴史にとどめようと試みた。念のため付言しておけば、「多数講和」とは、日本が西側諸国と平和条約を締結する方式をいう。

ソ連解体後に解禁されたロシアの外交文書によれば、ソ連は日本と戦った中国が講和会議に参加することに固執し、中国の参加が認められない限り平和条約には調印しない方針で講和会議に臨んでいた[77]。中ソ友好同盟相互援助条約締結からあまり時間がたっておらず、朝鮮半島でソ連の同盟国中国が米国と死闘を繰り広げている状況の中で、米国に歩調を合わせ対日平和条約に調印することを、スターリンは潔しとしなかった。万一ソ連が調印していたならば、中国や北朝鮮から激しく糾弾されたに違いない[78]。通説では、北方領土に関する条項に不満を持ったことにより、ソ連はサンフランシスコ平和条約に調印しなかったとされている。しかし、実際には、三月草案を拒否したことから判明するように、スターリンは当初から調印する意思を持ち合わせてはいなかったのである。

朝鮮戦争勃発時にソ連は中華人民共和国が中国を代表すべきであると主張して、国連安全保障理事会をボイコットしている。当時のソ連の北東アジア政策に「中国ファクター」が甚大な影響を与えていた点を改めて指摘しておきたい。サンフランシスコ講和会議に参加した五二カ国のうち、ソ連の衛星国であったポーランドとチェコスロバキアの代表はソ連代表に同調して、平和条約への調印を拒否した。サンフランシスコ平和条約で、前述のように日本は南樺太や千島列島を放棄したが、同条約には放棄先が明記されていない。また千島列島の範囲も明確にされなかった。今日に至るまで、千島列島の範囲について、日露の合意は成立しておらず、平和条約は締結されていない。ロシア側の弱みは、千島列島や南樺太の領有が国内法のみで正当化され、国際法的に承認されていない点である。こうした事情もあり、サンフランシスコ平和条約に調印したことによって、日本は台湾、朝鮮を放棄し、同様に、南樺太と千島列島に対するあらゆる権利と請求権を放棄した、とロシアは主張しているわけである(79)。

調印式終了後、記者会見を開き、グロムイコ代表は、サンフランシスコ平和条約がアジアや極東の平和と安全を確保するものではなく、日本の軍国主義の復活に歯止めをかけるものでもないと指摘し、痛烈に米国を批判した(80)。同平和条約調印により日本と西側諸国との外交関係は正常化したが、日本と東側諸国との国交は樹立されなかった。その結果、ソ連をはじめ中華人民共和国や東欧諸国との外交関係不在の状況が続くことになる。

サンフランシスコ平和条約調印後、ソ連の妨害を回避するため場所を変えて、日米安保条約の調印式が行われ、日本を代表して吉田茂首相が署名した(81)。ソ連によれば、日本が米国の極東戦略に組み込まれたのは、一九四八年における米国の対日政策転換の帰結であった。日米安保条約締結の結果、日本は米国の侵略的な軍事戦略の前進基地になったとか、米国の軍隊は日本を事実上長期にわたって占領し続けるものであるとか、日米安保条約は戦争の放棄を規定した日本国憲法第九条に背理している、などとソ連は批判した。そして米国の思惑次第で日本を第三国との戦争に巻き込むことになると指摘して、ソ連は警告を発した。

一九五二年九月、スターリンは中国の周恩来首相と会見した。その際、「西ドイツと日本が米国の体制下にとどまるというのは奇跡を信じるようなものである。（中略）米国によって再軍備された日本とドイツが、ある時点で米国に銃を向けることがあり得る」という周恩来の意見にスターリンは賛同を表明した。日米友好関係がいずれ崩壊するとスターリンが判断していたのは、興味深い(82)。

一九五二年五月三〇日、サンフランシスコ平和条約発効に伴い、極東委員会と対日理事会ソ連代表部は存在の法的根拠を失ったとして、米国はソ連に解散を通知した。日本政府も在日ソ連代表部に同様な内容を口頭で通告した。これに対してソ連は、対日理事会は一九四五年一二月のモスクワ三国外相会議の決定に基づき設置されたものであるのにもかかわらず、米国は国際諸協定に違反して日本との間に不法な単独平和条約を締結し、一方的に対日理事会を解散したのであるから在日ソ連代表部に関する日本政府の通告は合法ではないと反論して、ソ連代表部の存続を決め込んだ。

おわりに

本章を閉じるにあたって、最後に二点明らかにしたい。第一点は日本の占領期において、スターリンがどのようにして対日政策を決定していったかということである。第二点は、日本の占領期においてスターリンがいかなる成果を収めたのかということである。

まず第一点についていえば、日本の占領期、国防会議などにおいて、スターリンは対日政策を決定したようである(83)。国防会議にはスターリン、モロトフ、ベリヤ、マレンコフ、ジュダーノフなどが参加した。対日政策を立案するにあたりスターリンは側近などと協議することがあったが、その一方で協議せず強大な政治権力を背景にして独裁者として主要な決断を下すこともあった。サンフランシスコ平和条約にソ連は調印しないという決断は、スターリンが他の側近と協議することなく行った事例の典型である。[84] スターリンが外交政策決定において絶対的権力者として君臨したという意味において、スターリン政権下の外交政策決定パターンは、スターリン後のフルシチョフ、ブレジネフ、ゴルバチョフ政権などの外交政策決定パターンとはかなり違うものであった。

二点目の、占領期にスターリンがいかなる成果を収めたのかという点に関して総括したい。ソ連の主張の中には実現しなかったものが多かったが、日本において米ソ対立が激化していなかった占領期前半には、連合国総司令部の民政局（G２）の内部に社会民主主義的な思考に同調するニュー・ディーラーたちが存在したことに助けられたこともあり、スターリンは一定の成果を上げることができた。例えば、日本の労働者の劣悪な労働条件を改善し、労働時間を一日あたり八時間などとした労働基準法制定や農地改革でもソ連はある程度影響を与えた。[85] さらに、対日理事会デレヴャンコ代表の主張が功を奏し、北昤吉・翼賛政治会民情部長や平野力蔵・皇道会設立者その他の国会議員が公職から追放された。[86] 戦前に出版した自著『世界の顔』でヒトラーを礼賛したとしてソ連の批判を浴びたこともあって、一九四六年、鳩山一郎自由党総裁は首相の印綬を帯びる直前に公職追放された。後に、鳩山が首相として返り咲き日ソ国交正常化に乗り出したのは、歴史の皮肉である。なお、一九五四年に登場した鳩山政権において外相を務めた重光も、東京裁判におけるソ連の検事の主張もあって有罪判決を受けた人物である。

ソ連にとって東京裁判の目的とは、ソ連の正当性を立証するとともに侵略戦争の責任者を処罰し、侵略の本質を明らかにして日本人を再教育し、将来の侵略を阻止することであった。[87] 東京裁判とは別個にソ連は一万人に及ぶ日本軍将兵をソ連各地で裁判にかけてもいる。[88] そのうちでハバロフスクで行われた軍事裁判は最も有名である。ロシア共和国刑法典第五八条を適用し、罪状は反革命行為やスパイ行為などとしたが、あいまいな規定でいかようにも解釈可能なものであった。[89]

ソ連は昭和天皇批判キャンペーンを推進した。だが、ソ連代表団は昭和天皇を東京裁判において訴追することはしなかった。スターリンは当初天皇を訴追することを考えていたが、後日方針を変えた。天皇制をめぐって米国と真っ向から対立することは、得策ではないと判断したためである。[90] 東京裁判における日本人戦犯に対する有罪宣言は、「対日占領期に米国とソ連が共同で行った最後の重要決定」であったとする指摘もある。[91] とはいえ東京裁判で米ソが全面的に協調したわけではない。例えば、ソ連は米国が刑事責任を問おうとしていたシベリア抑留中の特定の日本軍将兵の引き渡しを拒否している。[92]

興味深いことに、ソ連と中国の間には天皇制をめぐって見解の相違があった。中華人民共和国誕生から間もない一九五〇年五月、中国外務省主催の会議で、サンフランシスコ講和会議に出席する場合に備え、中国の方針を集中的に協議し、中国は新日本国憲法を認めず天皇制廃止を求めることを決定した。しかし、その後、一九五〇年代中葉、日本との関係の正常化に着手すると、毛沢東主席は、天皇制を認めるという方針に転じたと報じられている。[93]

なお、米国が日本の民主化を推進するため労働運動を認めたのは、スターリンにとって歓迎すべき動きであった。新生日本の国家の枠組みを決定した新憲法制定についてのソ連の反応について論及すると、ソ連は立法府を一院制にすべきだとか、選挙によって司法府を選ぶべきだとか、あるいは社会保障制度を明記すべきだなど、新憲法に対する修正案を出し、不満の意を表明した。だが、内心ではかなり高い評価を与えていた。特に戦争の放棄を明記した憲法第九条をスターリンは評価していたと分析しても間違いあるまい。

占領期後半に米ソ冷戦の波が日本に及んでくると、米国がソ連の主張を無視して対日占領政策を進めるようになった結果、スターリンは米国の占領政策に影響力を与えることができなくなってしまった。米ソ冷戦が激化するにつれて第一次ベルリン封鎖（一九四八年発生）に失敗したように、欧州においてスターリンは大きな挫折を味わった。日本においてもさまざまな失敗をした。日本共産党に指令した軍事革命路線は、米国のみならず日本国民からも激しい反発を招き、日本共産党が孤立したのは、失敗の一例である。スターリンの北東アジア政策にとってさらなる失敗は、自らの承諾のもとで始めた朝鮮戦争が、サンフランシスコ平和条約や日米安保条約の締結に象徴されるように、日本を西側陣営に決定的に追いやった点である。スターリン死後、こうした状況の継続はソ連にとって不利であると認識したソ連の新指導部は、対日接近外交を始動することになる。

（1） David J. Dallin, *Soviet Russia and the Far East*（Hamden, Connecticut: Archon Books, 1971）, pp. 210–215, 268–283; Russell D. Buhite, *Soviet-American Relations in Asia, 1945–1954*（Norman: University of Oklahoma Press, 1981）, pp. 102–138; Herbert Feis, *Contest over Japan*（New York: W. W. Norton, 1967）; Max Beloff, *Soviet Policy in the Far East, 1944–1951*（New York: Books for Libraries Press, 1953）, pp. 102–154. ボリス・スラビンスキー（菅野敏子訳）『無知の代償――ソ連の対日攻撃』人間の科学社、一九九一年、進藤榮一「占領初期におけるソ連の改策」袖井林二郎編『世界史のなかの日本占領――国際シンポジウム』日本評論社、一九八五年、二六二～二七二頁、平井友義「ソ連の初期対日占領構想」日本国際政治学会編『国際政治（特集・日本占領の多角的研究）』第八五号、一九八七年、七～二四頁、和田春樹「ソビエト連邦の対日政策」東京大学社会科学研究所編『戦後革命 2 国際環境』東京大学出版会、一九七四年、三三～八九頁、木村汎「ソ連と対日講和」渡辺昭夫・宮里政玄編『サンフランシスコ講和』東京大学出版会、一九八六年、三一七～三四六頁、エドアルド・ポポヴィチ「戦後初期の米ソ関係における日本ファクター――ソ連の対日政策を中心に」『ロシア史研究』第八一巻（二〇〇七年）、三～一二頁、下斗米伸夫『日本冷戦史――帝国の崩壊から五五年体制へ』岩波書店、二〇一一年、斎藤元秀「占領期におけるソ連の対日政策――基本構造とその動態」『ソ連研究』第六号（一九八八年）、一二六～一四五頁。

（2） Vladimir Karpov, *Groza na Vostoke: Razgrom Yaponii*（Moskva: Veche, 2005）, p. 239.

（3） Victor Anfilov, "Zhukov," in Harold Shukman, ed., *Stalin's Generals*（New York: Grove Press, 1993）, p. 356.

（4） *Pravda*, 1945. 9.3.

（5） 河東哲夫『ロシア皆伝』イースト・プレス新書、二〇一五年、二八二頁。

（6） Werth, *Russia at War*, p. 1041.

（7） Geoffrey Roberts, *Stalin's Wars*, p. 294.

（8） 神谷不二編『日本とアメリカ――協調と対立の構造』日本経済新聞社、一九七三年、一七七頁。

（9） Kathryn Weathersby, "Soviet Aims in Korea and the Origins of the Korean War, 1945–1950: New Evidence from Russian Archieves," Working Paper, no. 8, Woodrow Wilson International Center for Scholars, November, 1993, p. 23.

(10) Russkii Arkhiv, *Velikaya Otechestvennaya: istoriya voenno-politicheskogo protivoborstva dvukh derzhav 30–40–e gogy: Dokumenty i materialy,* vol. 7 (2), Moskva: TERRA, 2000, pp. 275–276.

(11) なお、ソ連は対馬が日本の大陸進出のための前進基地となったとして、対馬を日本から朝鮮に引き渡すことも検討していた。Weathersby, "Soviet Aims in Korea and the Origins of the Korean War, 1945–1950"., p. 14.

(12) サハリン州国際・対外経済・地域間関係委員会編『露日関係におけるクリル列島』(ユジノサハリンスク市、二〇〇八年)(Komitet mezhdunarodnykh, vneshneekonomicheskikh i mezhregional· nykh svyazei Sakhalinskoi oblasti, *Kuril'skie ostrova v rossiisko-yaponskikh otnosheniyakh* (Yuzhno-Sakhalinsk, 2007)), p. 16.

(13) アレクセイ・A・キリチェンコ(川村秀訳)「東京裁判へのクレムリン秘密指令——ロシアの歴史家が避けようとしている諸問題とは何か」『正論』二〇〇五年七月号、一三二頁。

(14) *FRUS*, vol. 6, 1945, p. 785.

(15) V. Safronov, *SSSR—SShA—Yaponiya v gody《Kholodnoi Voiny》1945–1960 gg.* (Moskva: Institut rossiiskoi istorii RAN, 2003), pp. 77–78.

(16) A. A. Gromyko, B. N. Ponomarev, *Istoriya vneshnei politiki SSSR, 1917–1985*, vol. 2. (Moskva: Nauka, 1986), p. 103.

(17) 外務省調査局第三課『ソ連の対日政策資料』一九四八年、外務省記録 A'1. 3.0. 11(外務省外交史料館所蔵)、一一三頁など参照。

(18) David Holloway, *Stalin and the Bomb: The Soviet Union and Atomic Energy, 1939–1956* (New Haven: Yale University Press, 1994), p. 151.

(19) Weathersby, "Soviet Aims in Korea and the Origins of the Korean War, 1945–1950," p. 17.

(20) B. Ponomaryov, A. Gromyko and V. Khvostov, eds., *History of Soviet Foreign Policy, 1945–1970* (Moscow: Progress Publishers, 1973), p. 132.

(21) Eiji Takemae, *The Allied Occupation of Japan* (New York: Continuum, 2002), p. 99.

(22) *Ibid.*, p. 98.

(23) Roger Swearingen, *The Soviet Union and Postwar Japan* (Stanford: Hoover Institution Press, 1978), p. 29.

(24) スラビンスキー『無知の代償』、六五頁。

(25) Dallin, *Soviet Russia and the Far East*, p. 269.

(26) デレヴャンコの略歴などについては、和田春樹『歴史としての野坂参三』平凡社、一九九六年、一七六頁および *Sovetskii Sakhalin*, 2005. 9.2. を参照。

(27) Takemae, *The Allied Occupation of Japan*, p. 101.

(28) *Vestnik Arkhiva Prezidenta Rossiiskoi Federatsii*, no. 4, 1995. ポポヴィチ「戦後初期の米ソ関係における日本ファクター」、七頁、および朝海浩一郎「第四十四回対日理事会を傍聴して」一九四七年一〇月二九日、外務省記録 K'0073（外務省外交史料館所蔵）を参照。

(29) A. N. Yakovlev, *et al.* eds., *Sovetsko-amerikanskie otnosheniya, 1939–1945* (Moskva: Materik, 2004), p. 526. ポポヴィチ「戦後初期の米ソ関係における日本ファクター」、九〜一〇頁から再引用。

(30) "Tragediya Khirosimy i Nagasaki," *Mezhdunarodnaya zhizn'*, no. 7, 1990, pp. 140–157; *Russkii arkhiv: Velikaya Otechestvennaya. Sovetsko-yahohskaya voina 1945 goda.* V. 2 T. 18 (7–2), Moskva, 2000, p. 271. なお、繰り返し被爆地を視察したためか、デレヴャンコは健康を害し、一九五四年にガンで死亡した。*Sovetskii Sakhalin*, 2005. 9.2.

(31) 共産主義問題研究会編『日本共産党五十年史』心情公論社、一九七三年、五四頁。

(32) A・A・キリチェンコ「一九四五年の満洲電撃戦と日本人捕虜」、五百旗頭他編『日ロ関係史』、一四一〜一四二頁。東京裁判をめぐるソ連の主張については、粟屋憲太郎・NHK取材班『NHKスペシャル　東京裁判への道』NHK出版、一九九四年、一五五〜一六二頁。

(33) ゴルンスキー発言は、粟屋憲太郎・NHK取材班『東京裁判への道』NHK出版、一九九四年、一五一〜一五七頁による。なお、ソ連側より東京裁判を論じたものとして、スミルノーフ・ザイツェフ（川上洸・直野敦訳）『東京裁判』大月書店、一九八〇年を挙げておきたい。ソ連検察団の態度については、外務省調査局第三課『ソ連の対日政策資料』、一二九頁を参照されたい。

(34) キリチェンコ「東京裁判へのクレムリンの秘密指令」、一二二〜一二三頁。

(35) Vladislav Zubok and Constantine Pleshakov, *Inside the Kremlin's Cold War: From Stalin to Khrushchev* (Cambridge: Harvard University Press, 1996), p. 50.

(36) 橋口三郎「シベリア日本俘虜の思想運動」（一九五〇年三月）、外務省記録 K'0063（外務省外交史料館所蔵）。

(37) 外務省引揚渡航課「引揚者にたいするソ側の政治教育に関する件」（一九四九年八月）、外務省記録 K'0066（外務省外交史料館所蔵）。

（38） コンスタンチン・プレオブラジェンスキー「プーチンとＫＧＢ」『世界週報』二〇〇二年八月二〇日、二七日号、四七頁。

（39） "Cominform's Criticism against Japan Communist Party," GHQ/SCAP Records Box No. 2275EE Sheet No. GS（B）-04133 Class No. 332（国立国会図書館複写所蔵）.

（40） "The Japan Communist Party and its Reported Relations with the Soviet Mission in Japan," Government Section, Box No. 2146, Sheet No. GS（B）-01291, Class No. 332（国立国会図書館複写所蔵）.

（41） 日刊労働通信社編『コミンフォルム重要文献集』日刊労働通信社、一九五三年、三〇三〜三〇六頁。

（42） コワレンコ『対日工作の回想』、一九九六年、一一頁。

（43） 下斗米伸夫『アジア冷戦史』中公新書、二〇〇四年、五八頁。

（44）「コミンフォルム批判」前に開催された第六回日本共産党大会は、平和革命路線を留保する決定をした。しかし、米国による占領下であったため、米国を刺激するのを避け文字に残さなかったとされる。ちきゅう座・現代史研究会、社会・共産主義運動研究会、日露歴史研究センター共催で明治大学において開催されたシンポジウムにおける元日本共産党員・渡部富哉の報告、二〇一〇年五月二二日。

（45） 五十嵐武士『対日講和と冷戦——戦後日米関係の形成』東京大学出版会、一九八六年、一七四頁。

（46） Rodger Swearingen and Paul Langer, *Red Flag in Japan: International Communism in Action 1919–1951*（Cambridge: Harvard University Press, 1952）, p. 201.

（47） Shen Zhihua, "Sino-Soviet Relations and the Origins of the Korean War," *Journal of Cold War Studies*, vol. 2, no. 2（Spring 2000）, p. 54.

（48） A. V. Torkunov, *Zagadochnaya voina: koreiskii konflikt 1950–1953 godov*（Moskva: ROSSPEN, 2000）, p. 117.

（49） *Ibid.*, p. 72.

（50） 和田春樹『これだけは知っておきたい——日本と朝鮮の一〇〇年史』平凡社新書、二〇一〇年、一六八頁。

（51） Donggil Kim and William Stueck, "Did Stalin Lure the United States into the Korean War?," *Knowledge in the Public Service*, Woodrow Wilson International Center for Scholars, 2008〈http://www.wilsoncenter.org/sites/default/files/NKIDP_eDossier_1_Origins_of_the_Korean_War.pdf〉.

(52) 鈴木英隆「朝鮮海域に出撃した日本特別掃海隊――その光と影」『戦史研究年報』第八号（二〇〇五年）、二六～四六頁。
(53) 牛軍（真水康樹訳）『冷戦期中国外交の政策決定』千倉書房、二〇〇七年、六二～七五頁。
(54) N・アドエルハエフ「スターリンと日本の共産主義者らとの会合」『極東の諸問題』一九九〇年八月号、一五三～一六六頁。
(55) 斎藤勉『スターリン秘録』、二三八頁、および和田春樹『朝鮮戦争全史』岩波書店、二〇〇二年、二九七頁など参照。
(56) George F. Kennan, *Memoirs, 1925–1950* (New York: Random House, 1968), p. 376.
(57) Frederick S. Dunn, *Peace-Making and the Settlement with Japan* (Princeton: Princeton University Press, 1963), p. 59.
(58) 斎藤「占領期におけるソ連の対日政策」、一四二～一四三頁。
(59) Adam B. Ulam, *Stalin: The Man and His Era* (New York: The Viking Press, 1973), p. 721.
(60) Robert H. McNeal, *Stalin: Man and Ruler* (London: Macmillan Press, 1988), p. 289.
(61) 「中ソ友好同盟相互援助条約」の成立過程については、松村史紀「中ソ同盟の成立（一九五〇年）『戦後』と『冷戦』の結節点」『宇都宮大学国際学部研究論集』第三四号（二〇一二年）、四三～五六頁を参照されたい。
(62) *FRUS: 1950*, vol. 6, esp. p. 1141; Kennan, *Memoirs*, pp. 41–42 および木村汎「ソ連と対日講和」、三二七頁など参照。
(63) Zhihua, “Sino-Soviet Relations and the Origins of the Korean War,” p. 64.
(64) Adam B. Ulam, *Expansion and Coexistence: Soviet Foreign Policy, 1917–1973*, 2nd. edition (New York: Praeger Publishers, 1974), p.520.
(65) Safronov, *SSSR–SShA–Yaponiya v gody《Kholodnoi Voiny》, 1945–1960gg.*, p. 197.
(66) 毎日新聞社編『対日平和条約』毎日新聞社、一九五二年、三七一～三七六頁。なお、ソ連は一九五一年五月上旬までにそれまでの方針を転換し、独立後日本が自衛のため限定的な軍隊を保持することを認める立場をとるようになった。
(67) John Lewis Gaddis, *We Now Know: Rethinking Cold War History* (Oxford: Clarendon Press, 1997), p. 62.
(68) Aleksandr Panov, *O Yaponii: Ocherki i issledovaniya diplomata* (Moskva: OLMA Media Grupp, 2014), p. 295.
(69) 重光晶『「北方領土」とソ連外交』時事通信社、三三～三四頁を参照されたい。
(70) Tsentral’nyi muzei Velikoi Otiechestvennoi voiny i Memorial’nyi muzei antiyaponskoi voiny kitaiskogo naroda, *SSSR i Kitai v sovmestnoi bor’be s yaponskoi agressiei v gody Vtoroi mirovoi voiny* (Moskva: veche, 2015), p. 121.
(71) Safronov, *SSSR–SShA–Yaponiya v gody《Kholodnoi Voiny》1945–1960 gg.*, p. 215.

（72） B. N. Slavinskii, “San-Frantsisskaya konferentsiya 1951 g.,” *Problemy Dal'nego Vostoka*（no. 1, 1994）, p. 95.
（73） *Nezavisimaya gazeta*, October 12, 1993.
（74） 外務省編『サン・フランシスコ会議議事録』、一九五一年、一一一頁。
（75） グロムイコ演説の本文については、*Pravda*, 1950. 9. 7. を参照。邦訳は同右、九三〜一一五頁に所収されている。
（76） *Nezavisimaya gazeta*, 1993. 10. 2.
（77） 「Jiji Fax News」一九九三年一〇月一三日および *Nezavisimaya gazeta*, 1993. 10. 12. など参照。
（78） S. L. Tikhvinskii, *Vospominaniya diplomata i zametki istorika: Avtor o sebe, svoikh kollegakh-istorikakh i diplomatakh*（Moskva: Nauka, 2006）, p. 261.
（79） 例えば、*Krasnaya zvezda*, 2006. 12. 20.
（80） *Pravda*, 1951. 9. 8.
（81） S. I. Verbitskii, V. A. Popov, P. P. Topekha, *Istoriya Yaponii,*（*1945–1975*）（Moskva: Nauka, 1978）, p. 89.
（82） Zubok and Pleshakov, *Inside the Kremlin's Cold War*, p. 73.
（83） 下斗米伸夫「冷戦と日本の共産主義」、明治大学において開催されたちきゅう座・現代史研究会、社会・共産主義運動研究会、日露歴史研究センター共催のシンポジウムでの報告、二〇一〇年五月二二日。
（84） Nikita Khrushev（Trans and ed. by Strobe Talbott）, *Khrushchev Remembers*（New York: Bantam Books, 1970）, p. 84.
（85） 竹前栄治『ＧＨＱ』岩波新書、一九八三年、一七五頁。
（86） *Pravda*, 1946. 11. 6 and 12. 2. および和田「ソビエト連邦の対日政策」、七四〜七五頁など参照。
（87） 日暮吉延『東京裁判』講談社、二〇〇八年、一三六〜一三九頁。
（88） Takemae, *The Allied Occupation of Japan*, p. 252.
（89） 富田武「シベリア抑留の実態と帰国後の運動」五百旗頭他編『日ロ関係史』、三八六頁。
（90） 粟屋憲太郎『東京裁判への道』ＮＨＫ出版、一九九四年、一六二頁。
（91） Ｅ・Ｍ・ジューコフ他編（滝沢一郎訳）『ソ連のアジア政策』（上）、サイマル出版会、一九七八年、一〇六頁。
（92） キリチェンコ「東京裁判へのクレムリン秘密指令」、一二一頁。
（93） *Japan Times*, August 25, 2015.

第4章　フルシチョフの日ソ国交正常化政策と権力闘争

はじめに

一九四五年八月のソ連対日参戦の結果、日ソの外交関係が断絶した。一九五一年九月にサンフランシスコ平和条約を締結したことにより、日本は西側諸国との外交関係は復活したが、ソ連が調印を拒否したため、日ソ間の外交関係不在の状況が続いた。しかしながら、ニキータ・フルシチョフ第一書記が平和共存政策を推進し対日接近政策を展開したこともあって、長丁場の交渉の末、一九五六年一〇月、日ソ国交正常化が実現し外交関係が復活した。これは日ソ・日露関係史で最も重要な出来事の一つである。日ソ国交正常化について優れた業績はいろいろ存在する。しかし、その重要性にもかかわらず、フルシチョフ第一書記の対日国交正常化政策に焦点をあてた研究はきわめて少ない。フルシチョフの対日国交正常化政策は、ヨシフ・スターリンの死後、ソ連が当時進めていた平和共存政策やフルシチョフが実現に漕ぎつけた西ドイツとの外交関係正常化、ならびに当時クレムリンの中で展開していた権力闘争などと密接に関連している。

①フルシチョフ第一書記はソ連対日参戦以来断絶していた日ソ外交関係をなぜ正常化しようとしたのか、②スターリン没後のクレムリンにおける権力闘争は、日ソ国交回復交渉にいかなる影響を与えたのか、③国交正常化をめぐるソ連側の外交政策決定プロセスは、どのようになっていたのか、④国交正常化を実現させるため、フルシチョフはどのような「切り札」を用意したのか、⑤フルシチョフは、歯舞・色丹の二島以上を日本に譲歩しようと考えていたのか、⑥対日関係正常化に関するフルシチョフの戦術に誤算はなかったのか、⑦フルシチョフは米国が日ソ国交正常化に干渉することを初めから予測していたのか、⑧日ソ国交正常化交渉とソ連・西独国交正常化交渉との間にはどういった共通点や相違点が認められるのか、⑨フルシチョフ自身、日ソ共同宣言（一九五六年一〇月一九日調印）をどのように評価していたのか、⑩中国や北朝鮮は日ソ国交正常化交渉をどのように見ていたのか。本章ではこうした重要なポイントを中心にしてフルシチョフの対日国交正常化交渉の核心に迫りたい。

分析にあたっては、フルシチョフ第一書記、ミハイル・カピッツァ・ソ連外務省極東部次長、セルゲイ・チフヴィンスキー外務次官、鳩山一郎首相、重光葵外相、河野一郎農相、松本俊一《しゅんいち》日ソ交渉全権代表などの回顧録、第二次モスクワ交渉に関するソ連側議事録、同交渉において日本側通訳を務めた野口芳雄の速記録、米英の外交文書などの一次資料に加え、近年出版されたアレクサンドル・パノフ元駐日ソ連大使の著作なども活用することにする。

I　サンフランシスコ講和会議後の対日接近

スターリンの死去とマレンコフとフルシチョフの確執

一九四五年八月のソ連対日参戦の結果、日ソの間の外交関係が断絶し、終戦後もその状況が続いたが、外交関係不在の状況は、ソ連にとって不利に働き、日本は米国との関係を強めていった。こうした情勢の中で、スターリンは一九五一年末、「日本国民あて年頭メッセージ」を送ってきた(1)。同メッセージは、共同通信社の藤田一雄記者の求めに異例にもスターリンが応じたものであり、五二年元旦、全国紙に掲載され、論議を巻き起こした。その中でスターリンは、「ソ連人民は日本人民の苦悩を十分理解しており、日本人民に深い同情を寄せるとともに、日本国民が当時ソ連人民によってかち得られたのと同様に自国の復興と独立を達成するものと信じている」と記した。同年四月にサンフランシスコ平和条約が発効するのを視野に入れて、日本のマスコミを使って日本人のナショナリズムに訴え、反政府・反米感情を高揚させるとともに、日米を離間しソ連の影響力を高めようとしたのである。翌二月、平和と友好の強化に功績があったとして日本平和擁護委員会代表大山郁夫早稲田大学教授に対するスターリン国際平和賞授与を発表したのも、スターリンの年頭メッセージと同一の目的を持っていた。(2) 第二次世界大戦に敗れ、ドイツは分断されたが、一九五二年三月、スターリンは統一しかつ独立したドイツの誕生を提唱した「スターリン・ノート」を米英仏に送り、探りを入れている。(3) 日本に対してはそれより早くにメッセージを送り、反政府運動を高揚させようとしたのであった。

一九五三年三月五日、長年ソ連の政治に君臨してきたスターリンが死去し、独裁体制に終止符が打たれ、ゲオルギー・マレンコフ、ヴャチェスラフ・モロトフ、ラヴレンチー・ベリヤ、フルシチョフなどの間で熾烈な権力闘争が展開した。スターリンの死を受けて首相と第一書記になったのは、マレンコフ副首相であった。だが、権力基盤は脆弱で、指導力に欠けていた。そのためスターリン死後約一週間で首相の職務に専念するという理由により、ソ連共産党筆頭書記の座をフルシチョフに委譲することを余儀なくされた。筆頭書記になったフルシチョフは頭脳明晰とはみなされず、周囲の警戒の対象にはあまりならなかった。ところが、ダークホースのフルシチョフは、スターリンを見習い、党書記局を基盤に抜け目なく着実に力を蓄え、九月に開催されたソ連共産党中央委員会では、第一書記の称号を手中にした。

マレンコフ新首相は、いかなる外交を推進しようとしたのであろうか。マレンコフが首相に就任した当時、スターリン式対決外交は、西側世界でソ連脅威論に油を注ぐことになり、ソ連にとって危険なほど国際緊張を高めていた。

スターリンが敢行した第一次ベルリン封鎖は頓挫し、一九四九年、欧州では北大西洋条約機構（ＮＡＴＯ）が誕生した。スターリンの同意のもとで始まった朝鮮戦争は裏目に出て、米国が朝鮮戦争に介入したばかりでなく、世界各地でソ連に対する巻き返しを開始していた。一九五三年八月、米国より一足先にソ連は水爆実験に成功したものの、米国に到達可能な大陸間弾道弾を保有しておらず、米国に脅威を与えることができなかった。ソ連の軍事力は全般的に見て明らかに対米劣勢であった。またソ連と中国や東欧諸国との関係も円滑さを欠いており、改善の必要に迫られていた。国内では、スターリン時代の重工業中心の経済政策から消費財増産に力点を置くことをソ連国民は求めていた。

こうした情勢のもとで、マレンコフ首相は、重工業優先の原則は真っ向から否定しなかったが、軽工業と消費財生産に従来よりも力を入れる姿勢を示すとともに、西側や中国などとの関係改善に着手した。一九五三年八月中旬、ソ連最高幹部会議における演説の中で、マレンコフ首相は平和的手段で解決できない紛争は米ソの間に存在しないと指摘し、資本主義世界と社会主義世界の間で紛争は不可避であるとするレーニンやスターリン流の考え方を否定した。(4)ソ連が水爆実験に成功したことにより、米国との核戦争を回避すべきであるとマレンコフに認識させたという見方もある。「平和共存政策」は、一九五六年二月の第二〇回ソ連共産党大会でフルシチョフ第一書記が初めて提唱したというのが通説だが、マレンコフ政権時代にすでに始動していたのである。

ソ連にとって形勢不利と考えたスターリンは、一九五一年七月から朝鮮戦争の休戦に動き出していたが、首尾よくいかなかった。それに対し、マレンコフ新首相は、朝鮮戦争休戦交渉を中国の仲介で進め、一九五三年七月、休戦協定調印に漕ぎつけた。翌年七月には、中国などと協力してインドシナ休戦協定調印も実現した。

スターリンはサンフランシスコ平和条約に調印しなかったのにもかかわらず、日本政府の対日理事会ソ連代表部の閉鎖勧告を無視し、そのまま代表部を東京に置き続けた。ところが、一九五二年春の平和条約発効とともに交替要員の入国を日本に拒否され、補充ができなくなった。その結果、占領時代初期に四〇〇人ほどいた要員は、五四年の時点で一五人以下に落ち込んだ。サンフランシスコ講和会議後、「健全なる分子」が日本で力を増し、権力を握る事態が到来することにスターリンは期待を寄せていた。[5] ところが逆に吉田政権の親米反共路線が定着し、日本のソ連離れが強まっていったため、スターリン死後、日本と外交関係不在の状態を続けるのはソ連に不利益をもたらすだけで、日本と国交を正常化した方がはるかに得策である、と新指導部は考えるようになった。

フルシチョフは、回顧録においてサンフランシスコ平和条約に調印しなかったのはスターリンやモロトフ外相の失策であったと断定している。[6] また戦後日ソ平和条約締結の必要性を最初に言い出したのは自分であり、アナスタス・ミコヤン、ニコライ・ブルガーニン、マレンコフが賛成し、モロトフだけが反対したとも述べている。[7] しかし、フルシチョフは、一九四九年一二月から五三年三月までソ連共産党中央委員会書記兼モスクワ州党第一書記だった時期には、あまり対日政策に興味を示していなかったとされる。そうした点に配慮すると、フルシチョフの主張を鵜呑みにするわけにはいかない。[8] スターリン死後のソ連の対日平和攻勢は、マレンコフ主導で開始されたというのが真相に近いのではあるまいか。

ソ連対日政策軟化の兆候を受け、日本の米国離れを防ぐため、アイゼンハワー政権は一九五三年一二月二五日、奄美諸島の本土復帰実現という「大きなクリスマス・プレゼント」（吉田茂首相）を日本に贈った。[9] 韓国は日本の米国離れを危惧して日ソ国交交渉の行方を警戒した。[10]

特筆すべきは、一九五三年八月のソ連最高会議におけるマレンコフ首相の演説である。同演説で、朝鮮戦争休戦実現後の極東における平和と安全の強化のためにも「日本との関係を回復することが焦眉の問題である」と訴えたのである。その一方で日ソ復交を阻んでいるものとして、「日本の国民的独立を弾圧」し、「日本を軍事的な橋頭堡とする政策を推進している米国の存在」を挙げた。[11] スターリン死後も、モロトフ外相は相当な影響力を持っていた。モロトフ外相は、日本に対し好意的ではなく、スターリン死後も反日的な外交政策を推進してゆくべきで、米国と安全保障条約を締結している日本とは平和条約は締結できないと考えていた。[12] そのため、日ソ国交正常化に反対していたモロトフ外相に気配りをしながら、マレンコフは日ソ関係改善に乗り出そうとした。モロトフに気配りを見せた点は、マレンコフが演説の中で米国について批判的に言及した点などからもうかがわれる。対日関係改善を呼びかけるマレンコフ演説は、モロトフとの妥協の産物であったといえるかもしれない。

鳩山首相の私的外交参謀であった杉原荒太元外務省条約局長が自著『外交の考え方』で指摘しているように、「ヒグマの対日態度の変化」は、一九五四年になると一段と明らかになった。[13] まず北朝鮮が、二月二五日、日本との関係を改善したいとするシグナルを発した。それを受けて日本の商社が動き、一〇月、北朝鮮と貿易協定を結んだ。[14] 北朝鮮は経済、文化その他の分野での関係正常化を求めていた。そして可能ならば国交回復交渉もスタートさせたいとした。[15] 続いて、ソ連の衛星国ポーランドも動いた。三月と五月、パリにあるポーランドの出先機関が同地の日本の出先機関に、日本は既存の対米関係を変更せずともポーランドと外交関係が樹立できるとして打診してきたのである。これは日本との外交関係を正常化するにあたってソ連が日米安保体制の解体を求めないことを示唆するもので、きわめて興味深いシグナルであった。[16] 当時、ソ連は欧州方面ではNATOの解体を主張し、集団的安全保障体制を構築すべきであると盛んに働きかけていた。しかし、日本に対しては日米安保体制やサンフランシスコ体制を容認したうえで関係改善を求めたのである。

翌一九五四年七月、インドシナ休戦協定が調印された。その直後、アンドレイ・ヴィシンスキー外務次官は日本の訪ソ国会議員団に以下のように発言した。ソ連は日本との外交関係の樹立を希望するが、それ以前の段階であっても文化・経済関係の推進を希望する。ソ連は日本との平和条約をできるだけ速やかに締結するため、あらゆる努力をする。このように述べて、「二段構えの対日関係改善」を持ちかけてきたのである。当時対日関係改善に慎重派のモロトフ外相はソ連外務省で依然としてかなりの影響力を持っていた。ヴィシンスキー発言は、経済関係を中心に日本との漸進的関係改善に力点を置いていたと分析すべきであろう。

同年九月、モロトフ外相自身は、中部日本新聞社編集長の質問に書面で次のように答えている。[17]「日本との国交調整の機が熟しているが、日本の特定層が米支配層の命令に従っていることが主たる障害になっている」と断った後で、

「もしも日本側が日ソ国交調整に関し主導権をとるならば、ソ連は応じる用意がある」と慎重な言い回しで日ソ関係正常化について言及した。吉田政権を批判したうえで、モロトフ外相が対日関係改善にあたり、「日本側が主導権をとるならば」という但し書きをつけていた点は、見落としてはなるまい。スターリン外交を支えたモロトフ外相は、佐藤尚武駐ソ大使に対日参戦の通告を行った人物として有名だが、第二次世界大戦終結後は「平和共存外交」に批判的で、ソ連が西ドイツや日本などと外交関係を樹立することにも反対を唱えていたのである。モロトフ外相は日ソ復交の実現のためには日本側がまず主導権をとる必要があると主張するとともに、日米安保体制から離脱することも必要だと力説していた[18]ことを見逃してはならない。

フルシチョフの対日接近政策の始動と訪中

スターリン死後のクレムリンにおける権力闘争について言及すると、一九五三年六月に、秘密警察を握り周囲から恐れられていたベリヤ内相がフルシチョフの采配で逮捕された。以後、日ごとにマレンコフとフルシチョフの権力闘争が熾烈化した。翌年八月半ばまでは閣僚会議を権力基盤とするマレンコフ・グループが優位であったが、その後ソ連党中央委員会を権力基盤とするフルシチョフ・グループの方が優勢になった[19]。マレンコフが軍事費削減の方針を打ち出したため、軍部、重工業部門、党のイデオローグ、党官僚《アパラチキ》などが反発したのが、マレンコフが劣勢になった原因の一つであった[20]。それに対してフルシチョフは巧妙に立ち回り、軍部などを取り込んで基盤を着実に強化した。その結果、フルシチョフの影響力は、内政のみならず外交においても順次強まっていった[21]。

第二次世界大戦終結後、フルシチョフは、米国はソ連を侵略し戦争をしかけてくるであろうと主張した。スターリン没後もフルシチョフは、マレンコフの外交姿勢は西側にあまり厳しくないとして批判の矢を放ったりしていた[22]。フルシチョフが平和共存政策に同調するようになったのは、一九五五年になってからと見られがちであるが、実際には前年後半には、平和共存路線支持に変節していたのである。この点は、五四年一〇月、フルシチョフ第一書記が代表団を率いて北京を公式訪問し、中国側と調印した対日関係正常化に関する中ソ共同宣言からうかがい知ることが可能である。「社会制度を異にする国家も平和裏に共存できるという原則」に基づき中ソ両国が日本との外交関係正常化を願っている、という一節が中ソ共同宣言に盛り込まれている点が留意されてしかるべきである。日露関係研究者のアレクセイ・ザゴルスキーが鋭く分析しているように、平和共存政策同様、日ソ国交正常化政策についても、フルシチョフはマレンコフの外交路線を引き継いだ[23]。フルシチョフとマレンコフの外交政策には大きな差異はないが、フルシチョフの方がマレンコフより巧みであった。フルシチョフは、ソ連の軍部が平和共存政策に反対していることを知っていたため、慎重に平和共存外交を進めた。

ただし、フルシチョフはいつごろから対日関係正常化に強い関心を寄せ始めたのかについては、外交資料が入手できず特定できない。しかし、前記のように自らの訪中時までに日ソ国交正常化実現に意欲を燃やすようになっていたのは、間違いあるまい。フルシチョフは日本との外交関係不在の状況は米国を利するだけであり、ソ連にとって不都合だと考えていた。そして、第二次世界大戦終結後続いてきた日本とソ連の間の国際法上の戦争状態に終止符を打ち、外交関係を復活させて大使館を開設し、世論に働きかけたり有力者に接近したりする活動基盤を確保し、日本に対米自立外交の推進を呼びかけ、ゆくゆくは日米離間を図り日本を中立化するというシナリオが望ましいと思っていたのである。曽根明外務省情報文化局課長によれば、フルシチョフが日本との国交樹立を希求したのは、「日本国内に謀略基地（在京大使館）を確保しようとした」からであるとされる[24]。

あまり指摘されないが、フルシチョフは日ソ国交正常化実現を通じて、日ソ経済・貿易関係の拡大も希望した。経済関係の拡大は、西ドイツとの国交樹立の際のフルシチョフの動機の一つであったことも指摘しておきたい。日ソ国交正常化交渉当時、ソ連外務次官（極東担当）の地位にあったニコライ・フェドレンコは、後年次のように述懐している。ソ連経済の発展を重視したフルシチョフは、シベリアやソ連極東開発のため、急速に経済復興し始めた日本との協力関係を前進させることを強く望み、日本から貨物船、鉄道車両、浮きクレーンなどの輸入を希望した、と。こうした方針には、フルシチョフが信頼を寄せ、経済問題に通暁したミコヤン第一副首相の考えが反映していた可能性がある。[25]

ところで、フルシチョフが外交面で影響力を持つようになったことを国際的に明らかにしたのが、一九五四年秋の大型代表団を率いての訪中である。スターリンはテヘラン会談に出席した以外はソ連から離れたことはなかったといわれるが、フルシチョフは積極的に海外に出かけた。一〇月、中華人民共和国建国五周年を祝福するという大義名分のもとで、フルシチョフが訪中した。ブルガーニン第一副首相、ミコヤン第一副首相、宣伝・新聞部長ミハイル・スースロフらが同行した。中国との関係が険悪であったモロトフ外相は外された。また訪中団の中にはマレンコフ首相の名前もなく、訪中がフルシチョフ主導で実現したことを内外に印象づけた。五四年秋ごろまでには外交政策の分野においても、フルシチョフが影響力を持ち始めていたのである。

スターリンは毛沢東を偽物の共産主義者と考えて見下していた。だが、「毛沢東主席がモスクワに呼びつけられ、スターリンの機嫌をうかがう時代はすでに終わっていた」[26]。フルシチョフ第一書記は毛沢東主席や周恩来総理と会談し、スターリン時代に円滑さを欠いていた中ソ関係の改善に尽力し、科学技術協定を締結したり、中ソ合弁会社の持ち株の中国への引き渡しを盛り込んだ中ソ共同宣言に調印したりした。さらに、翌一九五五年五月末までに旅順口からソ連軍を撤退させる方針であることを中国側に通告した。しかし、興味深いことに、毛沢東はソ連軍撤退を喜ばなかった。というのは、米国からの軍事攻撃を恐れていたからである。「ウラジオストクにソ連は海軍基地を持っているので緊急時には駆けつけることができる」と述べて説得に努め、ソ連軍撤退について毛沢東より同意を得た、とフルシチョフは後年説明している。[27]

あわせて言及したいのは、ソ連軍撤退後、旅順口に配備されていた重砲をそのまま置くように中国側が執拗に要求し、フルシチョフをいらだたせ、将来中国との紛争が不可避であると思わせた点である。[28] フルシチョフ訪中によって中ソ関係は改善されたが、中ソ対立の萌芽が、当時すでに頭をもたげ始めていたのである。

日本関連で指摘すべきは、日本との関係正常化を直接呼びかけるシグナルをフルシチョフ第一書記が北京から発信した点である。一九五四年一〇月一二日に発表された既述の「対日関係正常化に関する中ソ共同宣言」がそれにあたる[29]。同共同宣言では、外国の利益に服従する条約を結んだため困難な境遇に陥っている日本と日本人民に対する中ソ両国人民の同情の念を明らかにしたあとで、「社会制度を異にする国家も平和裏に共存できるという原則」に基づき中ソ両国が「互恵の条件によって、日本と広範な貿易関係を発展させ、ならびに日本と緊密な文化上の連携を樹立すること」や「それぞれステップを踏んで日本との関係を正常化させたい」と訴えた（傍点、引用者）。

北京発の中ソ共同宣言は日本の新聞に大きく掲載され、日本国民の注目を引いたが、「それぞれステップを踏んで」という文言をわざわざ共同宣言の中に盛り込んだのは、日本との外交関係正常化をめぐって、中ソ両国が歩調を合わせるつもりはないことを意味していた。事実、フルシチョフ第一書記は日中国交正常化と日ソ国交正常化を絡ませる意思を持っていなかったのである。台湾と日本の間には日華平和条約が存在しており、同条約が障害になって日中関係正常化は困難とフルシチョフが判断していたように思われる。パノフ元駐日大使によれば、フルシチョフは中国が日本と外交関係を樹立する前に日本と外交関係を速やかに正常化することを望んだ[30]。

朝鮮戦争勃発前の一九五〇年二月、中ソ両国は、日本とその同盟国、つまり、米国を仮想敵国とする中ソ友好同盟相互援助条約を締結した。この条約と前記の中ソ共同宣言を比較すると、スターリン死後のクレムリンの対日政策が大きく変化したことが鮮明になる。フルシチョフ訪中後、ソ連が日米安保条約が自国を対象としておらず、単なる防衛条約にすぎないと強調するようになったのも顕著な変化であった[31]。

フルシチョフ訪中団は中国首脳と会談したあと、モスクワに戻らず、ソ連各地をかなりの日数を使って視察した。訪中後の一〇月二二日から二三日にかけて、代表団一行は、二日間にわたりサハリンを視察した[32]。後述するように、日ソ国交正常化交渉開始後、フルシチョフは日ソ平和条約締結を条件に歯舞・色丹の対日引き渡しの用意があることを日本側に提示したが、北方領土を行政上管理するサハリン州に直接出向くことで、両島返還がどのような影響をもたらすのか、ひそかに検討した可能性がある。

ところで、中国は、日中国交正常化について、いかなる方針を持っていたのであろうか。日華平和条約が当時存在していたためもあって、中国指導部は日中関係正常化の実現は至難と考え、日本との関係改善は民間貿易を積み上げていけば十分と思っていたらしい。とはいえ、毛沢東主席は日本との国交正常化に意欲的であった(33)。ただし、中国はサンフランシスコ平和条約を認めないという態度をとったうえ、在日米軍撤退を主張しており、その点がフルシチョフの対日国交正常化外交と異なっていたため、日中関係正常化のハードルはかなり高かった。いずれにせよ、毛沢東はフルシチョフが主張した対日関係正常化政策には異論を唱えなかったものと考えられる。

スターリン死後に展開されたソ連の一連の平和攻勢に対し、親アングロ・サクソンで外交官出身の政治家、吉田茂首相は、ソ連との関係正常化の必要を感じていなかった。吉田首相はソ連の対日攻勢は日米離間を画策するものであり、共産主義国ソ連との関係改善は日本を赤化する危険性があると考え、ソ連の対日平和攻勢を無視した。こうした吉田首相の考え方を裏づける事件が、一九五四年一月に起きた。沖縄に戦術的核兵器を搭載した米軍の戦闘機が配備されているとか、将来北海道や韓国に原子砲が配備されるだろうといった核兵器に関する重要な情報などをソ連内務省に提供していた旧駐日ソ連代表部ユーリー・ラストヴォロフ二等書記官が、ベリヤが五四年六月に粛清されたのを見てわが身に危険が及ぶのを危惧し米国に亡命したのである。これに関連してラストヴォロフの日本人協力者が日本国内で多数逮捕された(34)。

鳩山の反応

フルシチョフにとって幸運だったことは、対日関係改善を求める一連のシグナルに対し、日ソ復交を求めていた漁業界やシベリア抑留帰還援護団体のみならず、政敵吉田打倒の機会を虎視眈々と狙っていた鳩山首相の私的外交参謀を務めていた杉原荒太参議院議員が関心を寄せたことである。杉原は、鳩山の求めに応じ、対ソ関係改善のための基本方針を盛り込んだ提案、いわゆる「杉原建白書」を提出している。[35]

ソ連は日本のマスコミに働きかけて、日ソ復交のための気運醸成に努めた。当時ソ連には依然として一〇〇〇人以上の日本人が強制抑留されていた。ソ連の対日平和攻勢に触発されて日本人抑留者の早期帰還促進や北方領土返還を要求する団体が雨後の筍のように誕生した。とりわけ「日中日ソ国交回復国民会議」(馬島僩事務総長)は、鳩山政権成立後、日ソ国交正常化交渉開始にあたって、舞台裏で重要な役割を担った。当時フルシチョフは西ドイツに対しても同国のマスコミに働きかけ外交関係樹立に向けて世論を盛り上げる戦術を用いた。[36]

鳩山内閣時代の日ソ国交正常化交渉については、次節以降で詳細に分析するが、一点だけここで言及しておきたいことがある。ヤルタ秘密協定が結ばれたリヴァディア宮殿があるクリミアが、一九五四年にロシア共和国からウクライナに移管されたことである。同年初頭、一六五四年にポーランドの脅威に対抗するためウクライナ・コサックの要請を受けてロシアとウクライナを再び統合することを決めたペレヤスラフ協定締結三〇〇周年を記念し、フルシチョフ第一書記が、クリミア半島をソ連邦内のロシア共和国から同じくソ連邦内のウクライナ共和国に移管したのである。フルシチョフはミコヤン第一副首相の協力を得て、一九五四年二月、ソ連共産党中央委員会幹部会でウクライナにクリミアを移轄することについて、一五分ほどの協議で全員一致の賛成を獲得することに成功した。[37] ウクライナ最高幹部会がクリミアの移管を承認したのち、ソ連最高会議が批准した。クリミアの行政移管はソ連邦内の共和国間の移動であったため、当時問題にはならなかった。

ロシア人のフルシチョフがなぜウクライナにクリミア半島を移管したのかについては、諸説存在する。ウクライナ人の夫人に対する贈り物であったという説もある。だが、「ウクライナに対するロシア人民の偉大な兄弟愛と信頼のさらなる証しとして」、フルシチョフが無償でウクライナに贈ったというのが、真相かもしれない。[38] ウクライナ生まれのフルシチョフは、一九三八年にウクライナ共産党第一書記に就任し、第二次大戦後ウクライナ共和国首相を一時務めたこともあり、ウクライナに対してかなりの愛着を持っていた。ロシアとウクライナの友好関係を強めるはずであったクリミア半島の移管が、ソ連解体後、ロシアとウクライナの確執の種となったのは、歴史の皮肉である。

Ⅱ　鳩山政権の登場とドムニツキー書簡騒動

ドムニツキー書簡と二元外交

一九五四年一二月、吉田内閣が倒れ、自主独立外交実現を標榜する民主党総裁、鳩山一郎が首相の印綬を帯びた。鳩山は公職追放の原因となった反共声明から明らかなように、元来、反共ナショナリストの政治家であった。だが、吉田茂が約束と異なり政権を引き渡さないことに憤慨し、吉田のサンフランシスコ平和条約の業績に対抗するため、ソ連との外交関係を自らの手で正常化し、戦後日本外交史上に金字塔を建てることを切望した。鳩山首相が日ソ国交正常化に乗り出した理由としては、吉田首相に対する強烈なライバル心が指摘できる[39]。反吉田に根ざした鳩山の日ソ国交正常化政策は、吉田派から感情的な反発を受けることになる。

鳩山首相の考えによれば、ソ連と国交を回復することは吉田前首相の対米一辺倒外交を是正し、米国に対する日本の立場を強化し、自主独立外交を推進するためにも不可欠であった。また日ソ国交正常化は、第二次世界大戦後、ソ連に抑留されていた日本人を本国に帰国させたり、ソ連が国連安全保障理事会で拒否権を発動し阻んでいた日本の国連加盟を実現したりするためにも、必要なものであった。

フルシチョフ第一書記は鳩山首相が反共の政治家ということは承知していた。しかし、日ソ国交正常化に意欲的であったため、鳩山内閣成立を日ソ復交の絶好の好機と判断してモロトフ外相に対し、日ソ復交を日本側に早急に呼びかけるよう促した。一二月一五日、モスクワ放送は「もしも日本政府が国交正常化をする用意が真にあるならば、ソ連政府もまた実際的な措置を検討する用意がある」とするモロトフ外相声明を発表した[40]。すでに指摘したようにモロトフは「平和共存政策」に批判的で対日接近政策にも乗り気ではなかったが、スターリン死後に展開中の熾烈な権力闘争の渦中で、保身のためにフルシチョフ第一書記が旗を振っていた日ソ国交正常化回復に賛同するそぶりを見せた。モロトフ外相声明に、「日本政府が国交正常化をする用意が真にあるならば」という巧妙な条件がついていた点は、看過してはならない。

フルシチョフ第一書記が求めた日ソ国交正常化は、モロトフ外相が慎重であったため、円滑に進まなかった。国交正常化交渉開始前に持ち上がったのが、ドムニツキー書簡騒動である。アンドレイ・ドムニツキーは一九四六年に極東委員会ソ連代表デレヴャンコ中将の経済顧問として来日したKGB系統の腕利きの人物で、サンフランシスコ平和条約発効後も東京のソ連代表部にとどまっていた(41)。

一九五四年一二月下旬、旧ソ連代表部ドムニツキー臨時首席のもとに、日ソ国交正常化交渉開始を申し入れる書簡をロシア語で作成し、日本外務省のしかるべき人物に渡すよう指示する訓令がモロトフ外相から届いた(42)。ドムニツキーは文書を作成し、日本外務省高官に接近し、ソ連政府からの文書を渡そうとした。しかし、外務省は相手にしなかった。日本政府はサンフランシスコ平和条約発効後、在日ソ連代表部の存在を認めていなかったからである。ドムニツキー書簡に日付、宛名、差出人が明記されていなかったことも問題であった。それにしても、ドムニツキー臨時首席が欠陥だらけの書簡を作成したのは、なぜか。元来商務官であったドムニツキーが外交文書を作成するにあたって十分な知識を持っていなかったという説もある。しかし、それよりも日ソ復交にもともと異議を唱えていたモロトフ外相が、意識的にドムニツキーに不明瞭な指示を与えた可能性が高い。

日本外務省が受け取りを拒否したため、ドムニツキーは、鳩山首相に直接接近する作戦に切り替えた。そして共同通信の藤田和雄記者や鳩山首相の私的外交顧問である杉原荒太や日中日ソ国交回復国民会議事務総長の馬島僩その他の支援を得て、翌五五年一月七日と二五日の二度にわたってチャソブニコフ二等書記官とともに私邸を訪れ、鳩山首相にドムニツキー書簡を直接手交することに成功した。同書簡には、①日ソ間の法的戦争状態を終了させ、国交回復に関する公文を交換し、大使を派遣し合い、しかる後、②領土・通商・戦犯・国連加盟などの諸懸案に関し引き続き交渉する、③交渉地はモスクワ、東京のいずれかを希望する旨が書いてあった[43]。鳩山首相は懸案解決を後回しにし、外交関係樹立を優先させるという交渉方針に即座に同意した。

以後、フルシチョフは、日ソ国交回復にきわめて消極的で、当時親米一辺倒と批判された日本外務省を相手にしなかった。そして、分断戦術に基づき、日ソ国交正常化実現に熱心な鳩山グループなどともっぱら接触し、交渉をする作戦をとった。対ソ方針をめぐる鳩山首相と重光外相の対立は二元外交と揶揄されマスコミの批判を浴びた。二元外交が日本の対ソ交渉力を弱めることになったことは間違いない。

ドムニツキー書簡がソ連の本国政府の意向を正式に反映したものかどうかが問題となった。そのため、外交ルートを使いアルカディ・ソボレフ・ソ連国連代表代理経由で連絡をとり、ソ連政府の意向を正式に反映したものである旨の回答をソ連側から得た。このような手順を踏んだ後、日ソ正常化交渉の交渉地をめぐる交渉がソ連と開始された。

そのころソ連と西ドイツの間でも、国交樹立に向けた動きがあった。一九五五年一月二五日、ソ連最高会議幹部会が一方的に西ドイツとの戦争状態終結宣言を出したのである。西ドイツはＮＡＴＯ（北大西洋条約機構）に加盟し、再軍備の道を歩み始めていたが、そうした動きを見て、クレムリンは西ドイツの存在を認めないという従来の政策を転換し、事実上「二つのドイツ」の存在を容認したうえで、国交正常化交渉に乗り出したのである。アダム・Ｂ・ウラムは、西ドイツの本格的再軍備と核武装を阻止するためフルシチョフが西ドイツとの外交関係樹立を求めたと分析している[44]。ソ連が西ドイツに対し戦争終結宣言を出したことを受け、わが国では日ソ復交を求める声がさらに強まった。

「静かな政変」のインパクト

日ソ国交正常化交渉の交渉地をめぐる駆け引きが開始されようとしていた矢先の一九五五年二月上旬、世界を揺さぶる事件が起こった。フルシチョフ第一書記との権力闘争に敗れ、マレンコフ首相が突然副首相兼発電相に降格させられたのである。政権交代劇が無血で行われたため、「静かな政変」と呼ばれている。米国も政変が起こることを予想できなかった。

マレンコフ首相の後釜には、フルシチョフによってニコライ・ブルガーニン第一副首相兼国防相が任命された。フルシチョフが自ら首相の座に就任しなかったのは、集団指導体制を装ったためであるといわれ(45)、ブルガーニン首相は「フルシチョフの飾り物」であったという見方が存在する。フルシチョフは、軍事知識が乏しいブルガーニンを有能と評価してはいなかったが、御しやすい人物と判断して、国防相に据えたと自らの回顧録に記している(46)。

新国防相には、ゲオルギー・ジューコフ将軍が就いた。フルシチョフがジューコフを国防相に任命したのは、米国と相互に軍備を制限する問題に関し、現実的で柔軟な態度を打ち出していたからである(47)。また、温厚な性格でさまざまな外国語に通じていたことも、フルシチョフが平和共存外交を推進するうえで都合がよかった。

マレンコフを失脚させるにあたって、アナスタス・ミコヤン第一副首相はフルシチョフに協力した。スターリン時代を巧みに生き抜いたミコヤンは、経済・貿易問題にも詳しい知識を持っていたが、共産党中央委員会幹部会でモロトフについで外交問題に最も精通しており、フルシチョフを支え、ナンバー2の地位を保持し、種々の助言をした(48)。フルシチョフにとって最大の政敵モロトフ外相は、「静かな政変」では解任を免れた。

「静かな政変」の後、フルシチョフの権力は強化されたが磐石ではなかった。失脚したにもかかわらずマレンコフは政治局員の地位を確保していたし、政治局員の構成にも何ら変化がなかったからである。マレンコフ元首相がモロトフ、ラーザリ・カガノヴィチなどの党長老と巻き返しの機会を狙っていたことも、フルシチョフを拘束した。こうした環境の中で、フルシチョフは重要案件を共産党中央委員会幹部会などで協議しつつ、基本的にコンセンサスを得ながら政策を決める方法をとった。フルシチョフが権力基盤を確立したのは、一九五七年六月の「反党グループ事件」を乗り切ってからのことであった。

Ⅲ　日ソ国交正常化交渉の開始

独ソ国交回復交渉との比較

一九五四年後半から五五年にかけて、欧州の国際関係の構図は、新たな展開を見せた。五四年一〇月、西ドイツがNATOに新規加盟し、それに対しソ連は、翌年五月ワルシャワ条約機構を創設して東欧に対する支配を固めた。こうして欧州には米国を盟主とするNATOとソ連を盟主とするワルシャワ条約機構が併存することになった。ソ連は東ドイツをワルシャワ条約機構に加盟させている。

一九五五年五月一五日、モロトフ外相の反対を押し切って、フルシチョフ主導のもとでソ連は米・英・仏とともにオーストリア国家条約（正式名、「独立、民主主義のオーストリア再建の国家条約」）を締結した。これによって、オーストリアから四万に上るソ連軍を撤退させる代わりにオーストリアをスイスと同じ永世中立国にすることに成功した。「東欧圏に食い込む槍の矛先の役割を演じる」オーストリアが永世中立国となり、ソ連はオーストリアのNATO加盟を阻止することができた[49]。モロトフ外相の反対にもかかわらずオーストリア国家条約調印に漕ぎつけたことにより、フルシチョフは外交に自信を持つようになった[50]。

オーストリア国家条約締結後、フルシチョフはソ連と西ドイツとの国交樹立に本格的に乗り出した。日ソ国交回復交渉の場合、日本政府が認めていない旧ソ連代表部経由という変則チャネルが使われ、ソ連からの国交回復の誘いに鳩山首相が乗ったため、吉田前首相を中心とする反鳩山勢力が反発し、紛糾に拍車がかかった。

それに対し、ソ連と西ドイツの国交正常化交渉の場合には、日ソ国交正常化とは異なった方法がとられた。ソ連は西ドイツに政府機関を持っていなかった。そのため水面下の交渉のあと、一九五五年六月七日、モロトフ経由ではなくブルガーニン首相がコンラート・アデナウアー西独首相に、国交正常化交渉をモスクワで開催したいという書簡をパリにある西ドイツ大使館経由で送ったのである[51]。

日ソ国交正常化交渉の場合とは違って、フルシチョフ外交に批判的なモロトフ外相を通じて国交樹立を呼びかけるという方法を採用しなかった。ブルガーニン首相経由で西ドイツに国交樹立を呼びかけたのは、「静かな政変」以降、フルシチョフの影響力が強まったことやフルシチョフがドムニツキー書簡をめぐるごたごたの再現を回避しようとしたことなどと関連があった。

独ソ国交回復交渉の場合、あまり大きな問題もなくモスクワが交渉地に選ばれたが、日ソ国交正常化の交渉地は、どのような経緯を経て決まったのであろうか。ソ連側は東京もしくはモスクワを交渉地にするよう主張したが、日本側は右翼対策など治安上の問題があることや、国交正常化前に旧ソ連代表部を事実上承認することになりかねないことから、東京での国交正常化交渉の開始に反対した。またモスクワで正常化交渉を開始することにも反対した。日本側は国連のあるニューヨークを交渉地とすることを望んだが、米国で国交正常化交渉を行うことについては、ソ連側が難色を示した。米国の干渉を懸念したのである。紆余曲折の末、結局、交渉地は日ソ両国が大使館を持つロンドンに落ち着いた。

フルシチョフは、領土問題は棚上げして捕虜を帰還させ、国交を樹立するいわゆる「アデナウアー方式」による速やかな日ソ国交正常化実現を最善と判断していた。だが、少数与党で政治基盤が脆弱な鳩山首相が、親吉田勢力に代表される反対派からの激しい批判にさらされた結果、懸案をまず解決し、しかる後に平和条約を締結し、外交関係を樹立するという方法がとられた。

日ソ国交正常化交渉の開始の動きを、米国はどのように見ていたのであろうか。ソ連側文献は米国が日ソ接近を憂慮して鳩山内閣を種々牽制したと述べている。しかし、興味深いことに、米国は当初日ソ関係正常化よりも、「中国ブーム」の中で日本が中国に歩み寄ることに警戒していたのである。そのため第三次日中民間貿易協定（一九五五年五月調印）の締結を阻止すべく、日中接近は日米貿易関係にかなりマイナスの影響を与えると警告したりした。[52] 日ソ関係正常化については、米国はソ連と国交を持っている以上、日本に対しソ連と国交を樹立しないよう強くは反対できないとしながらも、日ソ関係の改善が日米安保体制に否定的な影響を与えることをジョン・フォスター・ダレス国務長官は危惧した(53)。日ソ交渉は長期化すると予測しつつも、ジュネーヴ巨頭会談を契機にソ連が日本に対し何らかの譲歩をするかもしれない点を米国は危惧していたのである。

ロンドン交渉の開始

一九五五年六月、ロンドンで日ソ国交正常化交渉が開始された。フルシチョフが任命したソ連全権はヤコフ・マリク駐英大使で、日本側は松本俊一であった。マリクは一九三九年から四二年にかけて駐日公使を、続いて四五年まで駐日大使を務めた。大戦末期日本がソ連に米国との仲介を求めたときの駐日大使で、日本事情に精通していた。さらに終戦後は、対日理事会ソ連代表部の政治顧問を務め、四八年から五二年まではソ連国連代表として活躍した安全保障問題に詳しい大物外交官であった(54)。

日本側全権の松本は、戦時中外務政務次官を務めたとき以来、マリク駐日大使の知遇を得ていた。戦後、松本が初代駐英大使に任命されたが、当時マリクも駐英大使で両者はなにかと縁があった。松本がロンドン交渉の日本代表団の首席全権に任命されたことを受け、フルシチョフはマリクをソ連代表団首席全権に任命したとされる。

ロンドン交渉におけるソ連代表団は、マリク全権、チフヴィンスキー参事官、アディルハーエフ参事官（通訳）、クルジュコフ外務省極東部長、バブルイチェフ外務省極東部参事官などからなっていた(55)。日本専門家や国際法の専門家などから構成されていたこうした陣容から、いかにフルシチョフ第一書記が日ソ国交正常化実現に意欲を燃やしていたかがうかがえる。

チフヴィンスキー参事官によれば、ロンドンに向けソ連代表団が出発するのに先立ち、ソ連共産党中央委員会幹部会で、領土での譲歩をすることなく日本側と平和条約を締結することが基本的な任務であるとする確認がなされた(56)。これはモロトフ外相などの日ソ正常化慎重論者が日本への北方四島引き渡しに反対の立場をとっていたことと関係していたようである。しかし、フルシチョフは領土問題で少々日本に譲り早期に交渉を妥結に導くという方針で日本との国交正常化交渉の指揮をとった。オーストリアとの国家条約締結（一九五五年五月調印）やそれに続くソ連と西ドイツの外交関係樹立（同年九月実現）は、フルシチョフ主導の電撃外交の代表例である。

ベリヤの逮捕で活躍し、マレンコフを首相の座から引きずり下ろしたフルシチョフは、なかなかの戦術家であった。日ソ国交正常化の迅速な実現に向けてフルシチョフが用意した切り札は、三つあった。第一は、日本人抑留者の帰還、第二は、日本の国連加盟支持、第三は、歯舞・色丹の日本への引き渡しであった。これらの切り札を巧みに駆使すれば、日本は日ソ国交正常化と平和条約締結に速やかに応じるに違いないと考えたようである。ただし、一九五五年一一月、ソ連共産党中央委員会幹部会は、日本の国連加盟を国交回復に絡めることなく認めることを議決していた（横手慎二）[57]。その一方で、フルシチョフはヤルタ秘密協定を無視して日本に領土面で譲歩するつもりはなかった。また日ソ国交正常化の条件について日本側に対し日米安保条約やサンフランシスコ平和条約、日華平和条約の破棄を求めなかったし、中ソ友好同盟相互援助条約を破棄する気持ちも毛頭なかった。要するに日ソ国交正常化交渉は、ヤルタ秘密協定や「サンフランシスコ体制」の枠組みの中で行われたのである。

フルシチョフの短期決戦作戦に対し、日本側は持久作戦を採用した。交渉中止以外に格別切り札を持っていなかった松本全権は、七月に開催を予定されているジュネーヴ巨頭会談を視野に入れつつ、粘り強く交渉を進めることにし、「訓令一六号」に基づいて日ソ国交正常化交渉にあたった[58]。

日本とソ連との外交交渉は長期化する傾向があった。松本全権はソ連との交渉は長引くと考えていた。しかし、短期決戦作戦で臨んだフルシチョフは、はやくも一九五五年六月中旬、マリク全権に平和条約草案を提出させた[59]。同草案は、サンフランシスコ講和会議でグロムイコ代表が提示した対日平和条約案を基礎にして、ソ連外務省条約局などが中心となりモロトフ外相主導で作成したものであったようである[60]。同草案では、①日本のすべての軍事同盟参加禁止、②南樺太およびクリル列島に対するソ連の完全なる領有権の承認、③根室海峡（クナシルスキー海峡）と野付海峡（イズメーナ海峡）の中央線を日ソの国境と明記されていた[61]。また日本の国連加盟支持、相互内政不干渉、賠償請求権の放棄、日ソ通商航海条約交渉の開始も明記されていた。さらに宗谷・根室・津軽・対馬海峡の自由航行が書き込まれていた。

サンフランシスコ講和会議でグロムイコ代表が提出した対日平和条約のソ連草案とロンドン交渉でマリク全権が提示した平和条約草案との間の主な相違点は、後者においては日本の軍備を制限する条項が一切記されていなかったことである[62]。フルシチョフは、ゆくゆくは日本と米国の離間を考えており、日本が独立国家として国際社会に存在するためには、軍事力を最小限持つことが必要と考えていた。

日ソ国交正常化交渉開始前にソ連が送ってきた一連のシグナルから、ソ連側は日米関係の現状を容認したうえで日ソ関係の正常化を実現しようとしている、と松本全権は判断していた。実際、平和条約ソ連草案に盛り込まれていた軍事条約参加禁止や日本周辺海域からの米国軍艦締め出しに関する条項は、駆け引きのために出されたものであった。日ソ国交正常化を実現しソ連に抑留されている邦人の早期帰還を実現させたいと思い、鳩山首相は日ソ復交に情熱を燃やした。中国は日中国交正常化前でも日本人を帰国させた[63]。ところが、それとは対照的に、フルシチョフ第一書記はロンドン交渉開始後も「サラミ戦術」により刑期の終わった日本人抑留者を少しずつ帰還させたものの、大部分は確保しておき、正常化が実現したときに恩赦で帰還させる方針で日ソ国交正常化に臨んだのである。マリク全権が提示した平和条約ソ連草案には、日本人抑留者帰還に関する記述は一切なかった。

ロンドンにおける日ソ国交正常化交渉の争点は、領土問題と抑留者送還問題であった。松本全権は、歴史的経緯や国際法的根拠を説明し、日ソ中立条約を破ってソ連が対日参戦し、第二次世界大戦末期に占拠した南樺太、千島列島および北方四島を含む旧日本領土のすべての返還を主張したほか、日ソ国交正常化に先立って人道主義にのっとり依然としてソ連に抑留されている邦人の速やかな帰国を要求した。これに対し、マリク全権は、ポツダム宣言やヤルタ秘密協定などに言及しながら、領土問題は解決済みだとするソ連の従来の主張を変えようとはしなかった。そして日本人抑留者の本国送還問題については、本国送還は終了しており、ソ連に残留している日本軍人一〇一六人と民間人三五七人はすべて戦犯で犯罪者であるから、国交回復実現と引き換えにソ連最高会議幹部会が特赦によって帰還させる以外方策はないと反論した。

Ⅳ 狂ったシナリオ

ロンドンでの日ソ国交正常化交渉は、領土問題で双方の主張が真っ向から対立し暗礁に乗り上げたが、東西冷戦は雪解けが進んだ。一九五五年七月、米ソ英仏四大国首脳の参加のもとにジュネーヴ巨頭会談が開催された。巨頭会談が持たれたのは、四五年七月のポツダム会談以来のことである。米国からはアイゼンハワー大統領やダレス国務長官が出席した。ソ連からはフルシチョフ第一書記、ブルガーニン首相に加え、モロトフ外相もフルシチョフに説得されて参加した。フルシチョフがアイゼンハワーやダレスと会ったのはこれが初めてである。

ジュネーヴ巨頭会談開催の推進力となったフルシチョフは、米国がソ連外交をどのように考えているか探りを入れた。ジュネーヴ巨頭会談でフルシチョフはダレス国務長官と直接会う機会を得たが、フルシチョフはダレスに比較的好意的な印象を持ったようである(64)。ジュネーヴ巨頭会談にはソ連代表団軍事顧問の肩書きでマリク全権がロンドンから駆けつけた。マリクはフルシチョフと日ソ正常化交渉の打開方法について協議したに違いない。

ジュネーヴ巨頭会談後、東西間の緊張が緩和し「雪解け」ムードが広がった。こうした国際情勢の変化を受けて、日ソ関係正常化交渉で行き詰まりを打開するための注目すべき動きが出てきた。一九五五年八月四日、駐英ソ連大使館の芝生の上での非公式会談で、「ほかの問題が全部片づけば、小クリル諸島を日本に引き渡してもよい」し、「日本側が主張するように日米安保条約の性質が純粋に防御的なものならば、安保条約の撤廃を要求しない」とマリク全権が松本全権に注目すべき発言を行ったのである(65)。モロトフ外相が率いるソ連外務省は、歯舞・色丹の日本への引き渡しに反対の立場をとっていたと考えられる[66]。

ソ連側の譲歩に松本全権は耳を疑ったが、八月九日に開催された第一〇回正式会談で、マリク全権は日本への小クリル諸島の引き渡しを改めて通知した。フルシチョフはスターリン批判を行った政治家として有名であるが、スターリンが結んだヤルタ秘密協定を全面的に放棄する意思は毛頭なく、小クリル諸島の引き渡しで日本と領土問題に最終決着をつけ、平和条約を締結したいと思っていたのである。ちなみに、ソ連は千島を占領した一九四五年以降、歯舞、色丹を小クリル諸島（マーラヤ・クリーリスカヤ・グリャダー）、それ以外を大クリル諸島（ボリシャヤ・クリーリスカヤ・グリャダー）と呼ぶようになった[67]。ロシアの範疇では、国後、択捉の両島は、大クリル諸島に入る。

ソ連側には第二次世界大戦で日本を打ち破った戦勝国であるという大国主義的な認識があった。ソ連対日参戦の代償に南樺太や千島列島をソ連領とするとしたヤルタ秘密協定との兼ね合いもあるし、モロトフなどが捲土重来の機会を狙っていたこともあって、フルシチョフにとって歯舞・色丹の二島返還が最大限の譲歩であった[68]。フェドレンコ元外務次官の証言を引用するまでもなく、両島の引き渡しはフルシチョフ自身の決断である。ロンドンでの日ソ正常化交渉に参加したチフヴィンスキー参事官は、歯舞・色丹の返還をフルシチョフが決めたのは、スターリンの腹心だったモロトフ外相との最高権力の座をめぐる権力闘争の産物であったと証言している[69]。

放棄先は未定ではあったもののサンフランシスコ平和条約で日本は南樺太やクリル列島を放棄している。そのため、歯舞・色丹を譲渡すれば、日本は平和条約締結に飛びついてくるに違いない、操業水域が拡大するのも日本にとって魅力的なはずだとフルシチョフは考えたようである。歯舞・色丹両島引き渡しは沖縄や小笠原諸島の占領を続ける米国への当てつけにもなり、日本国民の間で反米ナショナリズムを高揚させるカンフル剤にもなると、フルシチョフは判断したらしい。

フルシチョフは、小クリル諸島は「近代的軍事技術の時代に軍事的価値がごく少ししかなくなった」、「経済的にも価値を持つことはなかった」と明言している[70]。国後や択捉も戦略的にさほど価値がないとみなしていたが、両島の対日返還までは視野に入れてはいなかった。フルシチョフやブルガーニンは、もしも国後や択捉でソ連が譲歩すれば、「ソ連は戦争で勝っても、まるで戦争に負けたと同様になる」と判断していたからである。[71] フルシチョフやブルガーニンの頭の中には、日露戦争で帝政ロシアは日本に領土をとられ、第二次世界大戦ではソ連が戦争に勝利して、日本から領土を獲得したという思いがあった。こうした考え方は、ソ連崩壊後のロシアにも引き継がれている。

前章で指摘したように、フルシチョフは第二次世界大戦末期、北海道北半部の占領までも主張していた人物である。しかし、政権を手中にしてからは、歯舞・色丹が最大の譲歩で、国後・択捉を日本に返す気持ちはまったく持っていなかった。万一国後、択捉両島の返還に踏み切れば、軍部や反フルシチョフ勢力から集中砲火を受け、失脚を余儀なくされることが自明だったからである。ソ連の軍部は、クリル列島をウラジオストクに本拠を持つソ連太平洋艦隊が太平洋に抜ける出口とみなしていた。またクリル列島の主な島にはレーダー基地が置かれ、軍部にとって戦略的に重要であった。[72] 日本に国後・択捉を返還すれば東欧諸国とソ連の間の領土紛争に飛び火して、「パンドラの箱」が開きかねないことも、フルシチョフは危惧していた。要するに、フルシチョフの選択肢は限られていたのである。

すでに指摘したように、フルシチョフは歯舞・色丹の返還で平和条約を締結し、日ソ国交正常化を実現するというシナリオをロンドン交渉開始以前からすでに考えていたようである。ロンドン交渉が始まる前の時点で、フルシチョフはヴェリャーエフ・ソ連共産党サハリン地区第二書記に二島返還を日本側に持ち出した場合、地元がどのような反応を示す可能性があるかあらかじめ研究させてもいる。[73]

興味深いことに、マリク全権は、二島を返還せずとも日ソ国交正常化の実現は可能と考えていたのだが、フルシチョフの圧力に屈し二島返還に同意したと、ロンドン交渉に参加したチフヴィンスキー参事官は述べている。[74] チフヴィンスキーによれば、領土問題で非妥協的だったモロトフ外相が率いるソ連外務省に対抗し、フルシチョフは自分が優れた外交官であることを誇示したかったのだという。チフヴィンスキーは、フルシチョフは交渉がうまくいかなかった場合、歯舞・色丹を平和条約締結と同時に日本側に引き渡すという予備案を用意してロンドン交渉に臨んだとも証言している。[75]

ソ連解体後解禁されたロシアの外交文書によれば、ジュネーヴ巨頭会談開催直前の一九五五年七月一四日に、ソ連共産党中央委員会幹部会はマリク全権に対し、歯舞・色丹の日本への引き渡しを認めることを決定した。[76]歯舞・色丹の対日引き渡しについては、モロトフ外相をはじめ軍部、それに反フルシチョフ派が批判的であった。それに対し、両島は小島でソ連にとってあまり価値がないため、両島を返して最終的に領土紛争に決着を図り、日本と平和条約を締結する方がソ連にとってはるかに国益に叶うとして、フルシチョフは説得に努めたものと考えられる。フルシチョフの次男セルゲイ・フルチショフによれば、歯舞と色丹はソ連の防衛ラインに含まれていなかった。[77]ソ連側は、小クリル諸島を日本へ引き渡し領土問題を最終決着する条項を明記した平和条約草案も、用意していた。[78]

英国はソ連が日本に対して国交回復を持ち出した以上、領土問題で何らかの譲歩を行うと予測していた。他方、松本全権は「訓令一六号」に基づいて交渉にあたったが、ソ連が歯舞・色丹を容易に譲歩してくるとは考えていなかった。平和条約締結と引き換えに歯舞・色丹を返還する旨の同意をソ連から引き出すことに成功した松本全権は、これで日ソ交渉は妥結するのも間近いと考え、東京に直ちに報告した。[79]しかし、東京からは交渉継続の訓令が届いた。[80]フルシチョフの譲歩のタイミングが早すぎたため、日本の北方領土返還要求を元気づけてしまったのである。

『ソヴィエツキー・サハリン』紙は、日本側の反応にフルシチョフが激怒したと報じた。[81]というのも、日本側に二島返還という「善意」を示せば、日本側は即座に同意するし、平和条約も締結されると想定していたからである。[82]後日日ソ共同宣言の起草に関与したカピッツァ・ソ連外務省極東部次長は、歯舞・色丹の対日引き渡し後、両島を軍事的に活用したり、軍事基地や軍事施設などを置いたりしないという条件をソ連側が初めからつけていたと受け止められる記述を、自らの回顧録に残している。[83]しかし、松本全権のメモワールによれば、マリク全権は無条件で返還することを臭わせていたとされる。[84]マリク全権経由で日本が二島返還に同意しないことを聞いて、フルシチョフは歯舞・色丹の引き渡しについて、軍事基地を設けてはならないという条件をあらたにつけ対日姿勢を硬化させたというのが真実に近いのではあるまいか。

中ソ関係の改善、オーストリア国家条約締結に続き、ジュネーヴ巨頭会談によって出現した国際情勢の「雪解け」ムードにのって、日ソ国交正常化や独ソ外交関係樹立を一気呵成に成就し、外交分野で高得点をあげて、翌一九五六年二月の第二〇回ソ連共産党大会に意気揚々と臨もうとフルシチョフは考えていた。しかし、日本側がフルシチョフの譲歩案を拒否した結果、そうした目論見はもろくも崩れてしまったのである。以後、一転してソ連側の態度は硬化し、日ソ交渉は一九五五年九月下旬から五六年一月下旬まで中断することになった。

当時、米国は日ソ交渉をどのように見ていたのであろうか。この点は一九五五年八月、重光外相が渡米してダレス国務長官と会談をしたときの反応から確認できる。ダレス国務長官は「対日平和条約に第二五条を挿入したのは自分で、これは条約に署名しない国に日本のいかなる権利、権原、利益も与えるものではない点を示すためである」と述べた。そして、「交渉の道のりは、まだ遠いように見える。今のところ日本はきわめてうまく交渉しているように思われる」、「細かい点でソ連に譲歩してもほとんど何も達成されない」と指摘して、日本に慎重に交渉するよう忠告した(85)。一方、英国は、日本の南樺太と千島返還の要求は、「奇妙かつ素朴」で、サンフランシスコ平和条約第二条にかかわるあらゆる領土問題を再び呼び起こし、極東を混乱に陥らせるものだとして批判的に捉えていた(86)。

V　アデナウアー訪ソと独ソ国交正常化の実現

アデナウアーの対応

西方に視点を移すと、ジュネーヴ巨頭会談開催に先立って、フルシチョフ第一書記はアデナウアー西独首相に訪ソを求めた。それに対し、アデナウアーは事前にワシントン、パリ、ロンドンに出向いて事前協議を行い、さらに巨頭会談におけるソ連の対外姿勢を見極めたうえで、一九五五年九月八日、ルフトハンザ航空の特別機でモスクワに飛んで、外交関係樹立をめざしソ連側と交渉を行った[87]。

一九五五年一月、ソ連は西ドイツとの法的戦争状態の終結を一方的に宣言した。さらに六月にはブルガーニン首相がパリにある西ドイツ大使館経由でアデナウアー首相に招待状を送って、訪ソして外交関係樹立交渉を行うよう呼びかけていた[88]。フルシチョフはなぜ西ドイツとの外交関係樹立に力を注いだのであろうか。前年一〇月、西ドイツはNATOに加盟し、アデナウアー首相のもとで再軍備を開始する構えを見せていた。こうした動きに対処するため、フルシチョフは、ワルシャワ条約機構の創設に動き、東欧諸国に対するソ連の支配を固めた。こうした動きと並行して、「二つのドイツ」の存在を認めたうえで西ドイツと外交関係を樹立しようとした。フルシチョフはスターリンが推進した「一つのドイツ政策」の失敗を事実上認めていたのであった。

フルシチョフ第一書記はソ連共産党の中央委員会幹部会で協議したり、最も親しいミコヤン第一副首相などと相談したりしながら、独ソ首脳会談の準備を進めた[89]。フルシチョフの頭の中には、西ドイツとの国交樹立を実現することによって、①西ドイツの本格的な再軍備を阻止する、②経済復興が目覚ましい西ドイツと貿易を開始する、加えて③欧州における緊張緩和を推進し、④究極的には西ドイツと米国の離間を図る狙いもあった[90]。

独ソ国交樹立交渉の場合、領土問題が絡んでおらず、その分日ソ国交正常化交渉ほど複雑ではなかった。しかし、ソ連の呼びかけに、アデナウアー首相は慎重に応じた。米国がアデナウアーの対ソ接近政策を懸念していたため、アデナウアー首相は訪米してアイゼンハワー大統領とダレス国務長官と会談し十分に協議してから、訪ソの招請に応じるという手順を踏んだのである[91]。

それとは対照的に、吉田の向米一辺倒外交を批判し自主独立国民外交の推進を標榜していた手前もあって、鳩山首相は、日ソ交渉を始めるにあたって、自ら訪米してアイゼンハワー大統領やダレス国務長官と協議するとか、あるいは外務大臣を米国に派遣して国交正常化につき日本側の方針を説明するといった方策をとらなかった。重光外相は一九五五年八月に訪米したが、それは日ソ国交正常化交渉開始後のことであった。

日ソ関係の正常化を求める呼びかけよりも西ドイツに対する外交関係樹立の呼びかけが後になった印象が一般に持たれているが、実はフルシチョフは、一九五四年から西ドイツとの外交関係樹立に向けてさまざまな布石を打っていた。フルシチョフにとっては、欧州の中央に位置する西ドイツとの外交関係樹立の方が、ソ連対日参戦の結果断絶した日本との外交関係の復活よりも、はるかに重要であった。

独ソ国交正常化交渉

一九五五年九月に始まったソ連と西ドイツの間の国交正常化交渉は、わずか五日で妥結した。ドイツ人捕虜の本国送還が交渉の中心で、日ソ交渉とは異なり領土問題が絡まなかったことや西ドイツがソ連と外交関係を樹立することに米国がそれほど激しく反対しなかったことが、その理由である。ただし、波乱がなかったわけではない。「ソ連にはドイツ人捕虜は一人もいない。捕虜のドイツ人は全員釈放した。ソ連にいるのは、旧ヒトラー軍の戦犯だけである。彼らはソ連国民に対し、平和と人類に対して起こした特に重大な犯罪のため、ソ連の法廷で裁かれた犯罪者たちである」、「私が申し上げた九六二四名の者は、戦慄すべき罪を犯した犯罪者なのである」とブルガーニン首相は述べた。これに対し、アデナウアー首相は、ソ連にいるドイツ人は捕虜ではなく抑留者だと力説した。さらに「ヒトラーとその一味とドイツ国民を同一視してはならないことに注意を喚起したい」、「ドイツ軍がソ連に侵略したのは事実である。多くの良からぬことが起こったのも事実である。しかし、その後にソ連軍がドイツに入ってきたことも事実で、そのときドイツで戦争中に多くの恐ろしいことが起こったことも事実だ」と猛然と反発して、一時は決裂寸前までいった(92)。西ドイツとの早期外交関係の樹立に賛成していたブルガーニン首相がアデナウアー代表団に対し強硬発言を行ったのは、西ドイツとの外交関係樹立に反対する東ドイツやクレムリンの反フルシチョフ派の存在を意識しての演出であった可能性がある。事実、アデナウアー首相が強く反論すると、ソ連側は態度を翻し、独ソ交渉は一転して妥結に向かった。交渉の決裂がソ連指導部にとって威信の低下と指導力低下につながる恐れもあった(93)。

独ソ・コミュニケ草案作成は、モロトフ外相とブレンタノ外相が担当した[94]。独ソ両国外相は、ともに独ソ外交関係樹立に消極的であった。ドイツ人強制抑留者（捕虜）の帰還は、ブルガーニン首相とアデナウアー首相との間の口頭了解の形をとった。九月一三日、ソ連と西ドイツは外交関係の樹立に合意した。そしてコミュニケ発表と同時に外交関係を樹立することになった。ドイツ人強制抑留者約九六〇〇人が帰国を許されたが、行方不明者も大勢いた。あまり知られていないが、ドイツ人の釈放と同時にナチス・ドイツに協力したとして逮捕されていたロシア人も収容所から解放された[95]。ドイツ人捕虜の帰還については、口頭了解とし、独ソ・コミュニケでは一切言及がなされなかった。このような形になったのは、ドイツ側がコミュニケの中に「戦犯」という文言を入れるのを嫌ったためかもしれない。あるいは、多数のドイツの将兵がソ連に抑留されていた間に死亡したことも、関連があるのかもしれない。ソ連側はこうした事実が白日の下にさらされることを嫌った。アデナウアー首相はドイツ人捕虜問題でしこりを残すことを好まなかった[96]。日ソ共同宣言の場合とは異なり、コミュニケには外交関係樹立以外については、何の言及もなかった。西ドイツとソ連の外交関係の樹立は、西ドイツの東ドイツ承認を意味しないことや、統一ドイツの国境線は平和条約によって確定することを、アデナウアー首相は口頭で述べた[97]。ドイツ人抑留者を全員本国に送還することをソ連側に約束させたアデナウアー首相の帰国を、ドイツ国民は大歓声で迎えた。独ソ不可侵条約を破ってソ連に攻め込んだドイツ兵が、ソ連側には一歩も入っていない日本兵より先に帰国することになり、日本人捕虜たちはやるせなさを感じたとされる[98]。

日ソ交渉の中断期に、フルシチョフ外交は独ソ国交樹立に続いてさらなる動きを見せた。独ソ国交樹立から一週間もたたないうちに、モロトフ外相の反対を押し切って、フルシチョフ第一書記は、一九五八年に期限が切れるフィンランドとの友好・中立・相互援助条約を二〇年間延長し、フィンランドが中立政策を引き続き採用するのと引き換えに、フィンランドとの関係改善の証しとして、フィンランドの首都ヘルシンキ郊外ポルッカラに帝政ロシア時代からある海軍基地を二四年も前倒ししてフィンランドに返還することに同意した[99]。当時フィンランドでは首都近くにあるソ連軍基地の返還を求める声が高まっていた。フルシチョフは同基地を返還しても、フィンランドは小国でしかもソ連のロケットの射程距離の内にあり、ソ連にとって軍事的に問題はなく、軍事基地を返還した方がかえってフィンランドとソ連の友好関係は続くと判断し、返還に踏み切ったのであった。[100] フルシチョフがフィンランドのNATO加盟を嫌っていたことも指摘しておきたい。

Ⅵ　フルシチョフの新たな切り札とモスクワ漁業交渉

アデナウアー方式に傾くフルシチョフ

そのころ日本が二島返還提案を拒否した結果、日ソ交渉はいよいよ長期化の様相を強めていた。こうした状況の中で、フルシチョフは招聘外交を展開し日本国内で「アデナウアー方式」による早期国交樹立実現のための機運の盛り上げに努めた。

具体的に動きを追ってみよう。一九五五年九月、フルシチョフは超党派の国会議員団（民主党北村徳太郎団長）をソ連に招待した。そして、ロンドンで松本全権とマリク全権は「お茶ばかり飲んでいる」と批判した後、アデナウアー首相にならって外交関係樹立に速やかに同意さえすれば、「日本人戦犯」問題は解決されるし、歯舞・色丹も一定の条件下で日本に返還されうると述べ、「アデナウアー方式」による迅速な国交正常化を強調した。[101] さらに、フルシチョフは鳩山首相に招待状を送り、アデナウアー首相にならって訪ソし、日ソの法的戦争状態に終止符を打つべきだと自ら直接促した。しかし、保守合同を目前に控えていた鳩山首相は多忙を極め、招請に応じる余裕はなかった。

一九五五年一一月、自由党と民主党が合体して自由民主党（鳩山一郎初代総裁）が誕生した。保守合同で、日ソ国交正常化に批判的な親米反共の吉田派が政権党内に流入した。その結果、鳩山首相が悲願とする日ソ国交正常化の実現は、一層困難となった。かかる情勢の中で、フルシチョフは揺さぶり戦術を展開した。一二月、国連安全保障理事会常任理事国のソ連は、拒否権を発動して日本の国連加盟申請を退けた。北洋では、日本漁船の拿捕を一層厳しくした。このようにして、国交がないことの不利益を日本側に痛感させたのである。

こうした強硬政策をとる一方で、フルシチョフは、限定的ながら対日配慮も示した。同一二月、収容所《ラーゲリ》の待遇改善を求めて日本人抑留者が決起して、ハバロフスク事件が起きると、翌一九五六年三月、ソ連は要望を受け入れ、待遇改善に応じたのである。その結果、老人や病人が労働に駆り出されることがなくなり、食事内容も改善された(102)。

一九五六年一月、国連総会出席を終えたマリク全権の帰任を受け、ロンドン交渉が再開されたが、二月中旬、マリクが第二〇回ソ連共産党大会に中央委員候補として出席するという理由から交渉は突然中断した。同大会は、フルシチョフ第一書記がスターリン批判の秘密演説を行ったことで有名である。この演説は、秘密演説とされたが、見せかけにすぎず、ソ連共産党大会終了後、フルシチョフはその内容を外部に流した(103)。

フルシチョフの秘密演説は、対日正常化政策を考察するうえで、いかなる意味合いを持っていたのであろうか。二点だけ指摘しておきたい(104)。第一は、フルシチョフは同演説の中でスターリンが結んだヤルタ秘密協定について一切批判しなかったことである。これにより、フルシチョフがヤルタ秘密協定を反故にしてまで日本と外交関係を復活させようと考えてはいなかった点が一段と鮮明になった。第二は、演説の中でフルシチョフが社会主義実現に至る多様な道について言及し、それに鼓舞されポーランドやハンガリーなどでソ連離れの動きが表面化し、モロトフらの反フルシチョフ勢力がその点に言及してフルシチョフを糾弾した結果、フルシチョフが領土問題で対日譲歩することが一層困難になったことである。敷衍しておくと、当初中国はハンガリーやポーランドへのソ連軍介入に批判的であったが、のちに承認に転じた(105)。

モスクワ漁業交渉と「密約」

第二〇回ソ連共産党大会後、ロンドンで日ソ交渉が再開されたが、領土問題をめぐって両国の主張が真っ向から対立し、三月二〇日無期限休会に入った。ところが、その翌日、ソ連は交渉再開を求め、露骨に対日圧力をかけてきたのである。オホーツク海、ベーリング海西部および北太平洋の公海が制限水域に指定され、しかるべき協定が締結されるまで乱獲防止の緊急措置として、ソ連漁業省から特別許可を得た場合にのみ外国人漁夫によるサケの操業を認めると、ソ連閣僚会議が決定した――とモスクワ放送が伝えたのである。[106] ブルガーニン首相が署名し発令したことから、ブルガーニン・ラインと呼ばれた。ブルガーニン・ラインが発表されると、日本の漁業界に衝撃が走った。日本が急激に北洋船団を増加させていたため、ソ連が漁獲制限に乗り出すのは時間の問題と日本側が思っていた節がある。漁業資源の枯渇をソ連が恐れたことや日本の漁船の中にスパイ船がまじっていると危惧したことも、上記のソ連閣僚会議決定の背後にあったようだ。

日ソ復交早期実現のためフルシチョフは、「アメ」を三つ用意したが、効果はなかった。そこで、局面打開のため、「ムチ」を取り出し、奥の手の「魚」を使って日本側に露骨に圧力をかけてきたのである。フルシチョフの新戦術はかなりの効果を発揮した。以後、日ソ国交正常化交渉は、もっぱらソ連のペースで展開することになり、交渉の舞台もロンドンからモスクワへと変わった。

四月下旬、局面打開のため、鳩山首相の要請を受け漁業問題主管大臣の河野一郎農相が水産業界代表とともにモスクワに向け飛び立った。河野が出発した後、ひと波乱起こった。ドムニツキー・ソ連代表部臨時首席を本国に召還しその代わりにロンドン交渉におけるソ連代表団の一員のチフヴィンスキー参事官を後任に据えたいとソ連が日本側に通告してきたのである。日ソ国交正常化交渉が微妙な局面に差し掛かってきたため、ドムニツキーでは手に負えないと判断し、ロンドン交渉においてソ連代表団に参加し、北東アジア情勢に精通したチフヴィンスキーに交替させようとしたようである。チフヴィンスキーによれば、モロトフ外相から日本国内の情報を集めるよう命じられ、東京に赴任したという。[107] チフヴィンスキーは、一九四〇年から五〇年にかけて中国で諜報活動を行った優秀なソ連内務省（MVD）要員で、米国に亡命した旧駐日ソ連代表部のラストヴォロフとも知り合いであった。

日本外務省は旧ソ連代表部を認めていなかったため、チフヴィンスキーの入国を認めるわけにはいかないと主張して反対した。しかし、結局、河野代表に押し切られ、チフヴィンスキーを在日ソ連漁業代表部首席の肩書で、国交正常化問題には関与しないという条件を付与して入国を特別に許可することにした。後述するようにチフヴィンスキーは、一九五六年一〇月の鳩山訪ソの際、舞台裏で活躍した。

漁期までに日本漁船が出漁できるようにしたいと焦る河野代表に対し、交渉相手のアレクサンドル・イシコフ漁業相は、日ソ両国は法的戦争状態にあるため、ソ連は日本に公海自由の原則を適用する義務はないと主張し、ブルガーニン・ラインをはるかに凌駕するベーリング海から九州南端までに至る水域を操業制限範囲に入れると語り、河野代表を驚愕させた[108]。

局面打開のため、河野代表はイシコフ漁業相に頼みブルガーニン首相との単独交渉に漕ぎつけた。河野代表は情報が日本外務省に漏れるのを嫌って、通訳として同行してきた新関欣哉参事官をクレムリンの外で待たせ、単独でクレムリンに乗り込みフルシチョフと交渉した。ソ連側からは、ブルガーニン首相、イシコフ漁業相、フェドレンコ外務次官に加え、通訳としてロンドン交渉で活躍したアディルハーエフ参事官が出席した。河野代表が、単独でソ連側と交渉したため、北方四島放棄に同意したのではないかとする密約説が永田町界隈でまことしやかに流布した。しかし、後日、河野・ブルガーニン会談で通訳を担当したアディルハーエフが明らかにしているように、北方四島放棄をめぐる密約は一切なかった[109]。

とはいえ、「密約」がまったく存在しなかったわけではない。第一の「密約」は、ソ連側が河野代表の要請を受け入れて、暫定協定発効と引き換えに七月三一日までに国交正常化交渉を再開する旨の要求を日本側に突きつけたということにしたことである。河野の訪ソにあたって日ソ国交正常化の慎重論者は、「漁業交渉のみ行い、国交正常化交渉は行わない」という条件で、訪ソに同意した事情から、前記の条件で了解を得たのである[110]。これが交渉再開に関する密約の中身の一つであった。河野代表の奮闘の結果、交渉開始からわずか約一週間後の五月一五日、日ソ漁業協定と暫定協定が調印された。日ソ漁業協定は、外交関係樹立を待って発効することとされたが、暫定協定は調印と同時に即日発効することになり、日本の漁船団は漁期にかろうじて間に合う時期に出漁することができた。

第二の「密約」は、北洋における漁業量をめぐるものである。後年農相を務めた赤城宗徳によれば、河野・イシコフ協定が調印された。その内容は外部に秘密で、農林省の金庫の奥に保管されているという(111)。サケ・マスの漁獲高を不漁年には八万トン、豊漁年には一〇万トンに制限する内容であったらしい。

訪ソ中、河野代表は、モスクワ北東に位置するイヴァノヴォ将官収容所を訪問し、日本人抑留者を慰問している。抑留者の中に山田乙三《おとぞう》元関東軍総司令官がいたが、「日本の不利になるようなことはしないでくれ」と頼んだという(112)。

Ⅶ　二つのモスクワ国交正常化交渉と日ソ共同宣言の調印

第一次モスクワ国交正常化交渉と「ダレスの恫喝」

河野代表の帰国後、モスクワで再開される日ソ国交正常化交渉の全権選びが難航した。結局、岸信介幹事長から日ソ国交正常化交渉の決裂の責任を厳しく追及され、日ソ正常化慎重論者の重光外相が、その任を引き受けることになった。一九五六年七月一四日の衆議院法務外務内閣三合同委員会での発言から明らかなように、通説と異なりモスクワで豹変したのではなく、重光外相は全権に任命されるや早期妥結論者に豹変した(113)。霞ヶ関正統外交官としての自負や松本俊一や河野一郎に対する対抗心などから、自ら訪ソすれば短期間で交渉は妥結すると考えたのである。一方、松本全権は重光外相への対抗心を隠そうとしなかった。日本側代表団は慎重論者から早期妥結論者に転じた重光首席全権と早期妥結論者から慎重論者に立場を変えた松本全権とからなる「二頭立て馬車」の布陣となった。重光外相が訪ソして行われた第一次モスクワ交渉は、鳩山内閣時代に平和条約締結を目指した最後の日ソ交渉となった。

日本側の首席全権に重光外相が就任したのを受けて、ソ連側も日ソ国交正常化交渉の担当者を格上げして、ドミトリー・シェピーロフ新外相を首席全権にあてた。ユーゴスラビアとの和解に反対したモロトフ外相は、ヨシップ・チトー・ユーゴスラビア大統領の訪ソ直前に解任され、代わって、当時フルシチョフのお気に入りであったシェピーロフ『プラウダ』紙主筆が外相になったのである。シェピーロフ新外相は、外交官としての経験は皆無であった[114]。しかし理論に強く、第二〇回ソ連共産党大会でのフルシチョフ演説の外交に関する箇所を執筆したとされる人物で、フルシチョフによって外相に抜擢された。一九五七年六月、シェピーロフはモロトフ、マレンコフ、カガノヴィチと共謀してフルシチョフに反旗を翻したため失脚したが、重光外相を相手にした第一次モスクワ交渉では、フルシチョフの意向を酌んで強気の交渉を展開した。

ソ連代表団は総勢一九人で、シェピーロフ新外相が首席全権、フェドレンコ外務次官が全権で、イリーチョフ情報部長やマリク大使などが加わった。ソ連側は日ソ国交正常化を妨害してきた重光外相のモスクワ訪問を歓迎はしなかった。

七月下旬、交渉が始まったが、フルシチョフにとって内外情勢は厳しいものがあった。エジプトのガマール・ナセル大統領がフルシチョフの支持を得て一九五六年七月、スエズ運河国有化を宣言し、それに英国とフランスが反対しスエズ運河をめぐって緊張が高まり、スエズ危機が発生したからである。一触即発の危険性があったが、フルシチョフが巧みな外交を展開して、武力衝突を回避することに成功した。当時ソ連国内では反フルシチョフ勢力が批判を強めていた。第二〇回ソ連共産党大会におけるフルシチョフのスターリン批判演説を契機に、ポーランドやハンガリーで反ソ的な動きが現われ情勢が不安定化したのを格好の攻撃材料にして、モロトフ、マレンコフ、カガノヴィチらが巻き返しに出ていた[115]。第二〇回ソ連共産党大会におけるフルシチョフのスターリン批判には、自国への影響を危惧して中国も反発していた。

ロンドン交渉で懸案の大部分はほぼ詰められていたため、重光外相が訪ソして行われた第一次モスクワ交渉の焦点は、もっぱら領土問題であった。シェピーロフ外相を相手に、重光全権は「日本はサンフランシスコ平和条約で南樺太およびクリル列島を放棄しているから、ソ連が国後、択捉の返還を認めるならば、サンフランシスコ平和条約の規定をソ連に適用し、南樺太とクリル列島をソ連領とすることに異議はない」と述べ、的を北方領土問題の返還に絞って交渉を進めた。そして、日露通好条約の有効性を訴えるとともに、ヤルタ秘密協定の不当性などに言及しながら、北方四島は日本固有の領土であるとして返還を強く訴えた。しかし、シェピーロフ外相は、「日露戦争は日本がしかけた侵略戦争であって、それ以前に締結された条約は無効になった」[116]、「国後、択捉がクリル列島に入っていないという日本側の主張は根拠がなく、この両島とクリル列島は不可分」で、「すでにソ連領に編入済み」であるなどと述べて反論し[117]、歯舞・色丹の引き渡し以上の譲歩を一切拒絶した。

活路を見出そうと、重光外相は河野代表の例にならってフルシチョフ第一書記やブルガーニン首相と個別会談を持ったが、交渉の進捗はなかった。フルシチョフは「日本がソ連案を呑めばすぐ調印するが、いやなら次の機会を待つまでだ」と強硬だった[118]。ブルガーニンとの会談後に開催されたシェピーロフ外相との会談で、シェピーロフは重光外相に最後通牒を突きつけた[119]。さらに、ソ連側はロンドン交渉で取り下げた海峡航行権問題を再び持ち出し、日本側に圧力をかけてきた。

「この上遷延してもただ体面を害し、わが立場を不利にするのみで歯舞、色丹すら危険になる虞がある」と重光外相は判断し[120]、ソ連案をそのまま受諾して平和条約に調印し、日ソ復交を実現させるべきだと松本全権に対して主張した。しかし、松本全権が強硬に反対し、鳩山首相に指示を仰ぐことにしたところ、即座に平和条約を結ぶのではなく、ロンドンで開催されるスエズ運河に関する国際会議に出席するよう訓令が届いた。

ロンドンで重光外相は、同国際会議に出席していたダレス米国務長官と会談を持った。ダレスは、日本が国後、択捉の返還を要求するのはまったく正当な行為であり、もしも日本がソ連に対し両島の帰属を認めるならば、サンフランシスコ平和条約第二六条に基づいて、米国は沖縄を永久に占拠し続けると警告を発し、ソ連と日本が平和条約を締結するのに待ったをかけてきたのである[121]。さらに日本に対する経済支援の打ち切りも示唆し、鳩山政権に圧力をかけた。米国が「沖縄カード」を使って日ソ国交正常化を牽制してきたのは、これが初めてである。米国は領土問題が存在することから日ソ国交正常化交渉は長期化すると考え、当初「関心ある傍観者」を装っていた。だが、いまや日ソ平和条約の調印が近いと見て横槍を入れてきた。吉田政権時代、日本が中国に接近するのをダレスが牽制したのは周知の事実であるが、今度は日ソ交渉に割り込んできたのである。米国政府がこのような態度をとった背後には、日ソ接近を阻止するとともに、極東における「反共の防波堤」たる日本が日ソ国交正常化に続き日中国交正常化に乗り出し、米国の封じ込め政策に風穴があくのを懸念したという事情もあった。ダレスの介入は、冷戦下で日本が日米安保条約で米国と結びついていたことの代償であった、と分析できるのではなかろうか。

サンフランシスコ平和条約第二六条には、日本国は、署名国でない国家と「実質的に同一の条件で平和条約を締結する用意を有すべきものとする」が、この義務は、「サンフランシスコ平和条約の効力発生後「三年で満了する」と記されている。当時、平和条約発効から三年経過していたので、日本外務省は、サンフランシスコ平和条約第二六条はもはや日本を拘束しないと考えていた。第二六条を引用しつつ日本に警告したダレス国務長官の解釈は、強引な面があり[122]、ダレスの介入は、日ソ関係が米国抜きに語れないことを示している。『イズベスチヤ』紙は、ダレス国務長官は後日日本がソ連と協定を結ぶ場合困難に陥るよう、故意にあいまいな表現をサンフランシスコ平和条約に入れたと批判した。

沖縄の永久領有について言及していただけに、ダレス発言は日本国民を激しく動揺させた。九月七日、谷正之駐米大使がダレス国務長官と会ったところ、ダレスは日本を助けるため発言したと釈明し、了解を求めた[123]。冷戦が雪解けに向かっていたとはいえ東西対立が続いていた関係で、米国にとって日ソ接近は好ましいことではなかった。特に米国は歯舞・色丹返還のあと、日本国民が沖縄返還を求めてくることを非常に恐れていた。当時、沖縄の米軍基地は、北東アジアにおいてソ連や中国を封じ込めておくため、絶対に確保しておかなければならないものであったのである[124]。すでに明らかにしたように、フルシチョフは日ソ国交正常化交渉の開始以前から米国の干渉を危惧しており、ダレスの干渉はフルシチョフにとって予想外のことではなかった。日露関係の研究者アナトリー・コーシキンはダレスの行為はヤルタ協定に背理するものだとして批判している[125]。

米国は、ヤルタ協定は、「参加した連合国指導者の共同の目的を述べたもので、それ自体最終的効力を持つものではない」という立場をとり、日本が領土問題でソ連と妥協するのを嫌った[126]。しかし、「ダレスの恫喝」が日本でかなりの批判を巻き起こしたため、米国は露骨な介入を控えるようになった。

英国は、ダレスの介入にどのような反応をしたのであろうか。英国は日ソ交渉に露骨に干渉した場合、日本人の反米感情に火がつく可能性があるとして、ダレスの介入に批判的であった[127]。ヤルタ秘密協定を無視した場合には、朝鮮、台湾、澎湖《ほうこ》諸島などの帰属問題に波及してサンフランシスコ平和条約第二条の見直しを引き起こし、極東情勢が混乱すると考えていたのである[128]。

第二次モスクワ国交正常化交渉と鳩山訪ソ

ソ連の条件を全面的に呑んで平和条約を締結すべきだとする重光の提案に鳩山首相が反対していたころ、フルシチョフは、領土問題の解決を後回しにして、「共同宣言方式」で日本と外交関係を樹立するしかほかに方法はないと判断したように思われる。ダレスの介入後、鳩山首相も、重光外相のようにソ連側の要求を全面的に受け入れ平和条約を締結するのではなく、領土問題を継続審議する形で、共同宣言に調印し、すみやかに日ソ国交正常化を実現するのが最善との認識をいよいよ強めた。そして、財界や吉田派などの反対をはねのけて、日ソ国交正常化実現を花道に政界から引退すると公言し、政治生命を賭けてソ連を訪問して、悲願の日ソ国交正常化を実現する準備を進めた。

訪ソを確実に成功させるため、松本俊一を中心に鳩山訪ソの五条件を作成した。その内容は、「領土問題に関する交渉は後日継続して行うこと」を条件に、①日ソ間の戦争状態終了、②大使館の相互設置、③日本人抑留者の即時送還、④日ソ漁業条約の発効、⑤日本の国連加盟支持、であった。ソ連側がこうした条件に事前に同意すれば自ら訪ソし、外交関係の樹立に応じることにした[129]。鳩山首相が求めたのは、全面的に懸案を後回しにする「アデナウアー方式」とは明らかに若干異なるものであった。つまり、国交正常化の条件に日本人抑留者の本国送還、日本の国連加盟に対するソ連側の支持などを盛り込んでいたからである。

松本全権、河野農相、北洋漁業問題に通暁した高碕達之助経済企画庁長官らは、チフヴィンスキー在日ソ連漁業代表部首席と極秘折衝を重ねて鳩山訪ソの五条件につきソ連側の意向を探った。さらに念のためブルガーニン首相に直接鳩山書簡を送り、ソ連側の真意を正式に確かめたところ、ブルガーニン返書には、五条件を応諾すると記されていたものの、領土問題継続審議については何の言及もなかった[130]。このことから、ソ連側が領土交渉の継続を望んでいなかったことが判明する。そのため、松本全権が急派され、交渉の結果、グロムイコ第一外務次官との間で「領土問題を含む平和条約に関する交渉は、両国間の正常な外交関係の再開後も継続される」と記した書簡（通称松本・グロムイコ書簡）を取り交わすことに成功した。こうして鳩山訪ソの準備が整った。

ロンドンで重光外相に対して行った発言が日本で物議を醸したため、米国は批判の調子を和らげた。米国はソ連と外交関係を持っているため、日本がソ連と外交関係を復活させること自体に対しては、真っ向から反対はできなかった。平和条約を締結し領土問題に最終決着をつけることなく「共同宣言方式」で国交を復活することは、冷戦下の米国にとって許容範囲であった。日ソ間に領土問題というトゲが残り、日ソ接近に一定の歯止めがかかるからである。

一方、ソ連は鳩山訪ソをどのように考えていたのだろうか。ソ連外務省情報委員会副委員長ツガリノフがフルシチョフ第一書記に宛てた文書が、その手掛かりになる。同文書は、鳩山訪ソに吉田元首相らが日ソ関係の正常化は自由諸国における日本の信頼を失うことになるとして反対しているが、自由民主党内部の批判の程度はそれほど厳しいものではない。財界は日ソ正常化が対米関係に否定的な影響を与える可能性が高いことから鳩山訪ソに反対しているが、水産業界や社会党などは訪ソを支持しており、鳩山首相がモスクワで日ソ外交関係樹立の文書に調印した場合、国会や世論は支持するであろうと分析していた[131]。

フルシチョフは鳩山訪ソを大いに歓迎した。鳩山首相一行は欧州経由でモスクワに向かった。途中ソ連はスウェーデンで特別機を三機も用意した。さらに、体の不自由な鳩山首相のためクレムリンにエレベーターを設置するという異例の配慮をした。鳩山首相と河野農相の宿舎にはスピリドノーフカ宮殿が用意された。アデナウアー西独首相の宿舎はソヴィエツカヤ・ホテルであったので、アデナウアー以上の厚遇であった(132)。

一〇月一五日に開催された第二次モスクワ交渉の第一回正式会談には、フルシチョフ第一書記、ブルガーニン首相、ミコヤン第一副首相、グロムイコ第一外務次官、フェドレンコ外務次官がソ連側代表団に全権として参加した。日本代表団には、鳩山首席全権、河野全権、松本全権および新関参事官などが参加した。ただし、日ソ国交正常化に関する最も重要な交渉は後述するように河野・フルシチョフという両実力者の間でなされた。

ブルガーニン首相から単なる共同宣言ではなく批准条項つきの共同宣言によって日本と外交関係を樹立したいという申し入れがあり、日ソ共同宣言草案が提示された(133)。この草案は、カピッツァ・ソ連外務省極東部次長が条約局の専門家などの協力を得て作成したものであり(134)、鳩山訪ソにあたって提示した五条件が、共同宣言調印後領土問題の継続審議をするという但し書きとともに日ソ共同宣言ソ連草案の中に明記されていた。本来ならば、ここで妥結してもおかしくないものであった。

ところが、そのように事は進まなかった。鳩山代表団が党内事情を理由に土壇場で領土問題に関する交渉をソ連側に求めたからである。松本がモスクワに出発した直後、自民党反主流派の突き上げを受けて、日ソ交渉に関する自民党の新党議が採択された。その結果、鳩山代表団は新党議を念頭に入れてソ連側と交渉せざるを得なくなったのである。

新党議は、①抑留者の無条件・即時送還、②歯舞・色丹の即時返還、③国後・択捉の継続審議、④その他の領土については、サンフランシスコ平和条約の趣旨に反しないこととした(135)。抑留者の無条件即時送還は、ソ連にとって受け入れにくいことが明らかであり、カピッツァが指摘しているように、歯舞・色丹の即時返還は、日ソ両国が平和条約を締結し、日本が南樺太や千島列島に対するソ連の権利を認めない限り、ソ連にとって賛成できないものであった[136]。

フルシチョフ・河野会談と日ソ共同宣言の調印

モスクワに到着後、河野全権は、新党議を努力目標と位置づけ、新党議に極力沿った線でソ連側と国交樹立に関する合意文書を作成すべく、機会をうかがった。そして、旧知のイシコフ漁業相を相手に根回しをし、次の提案をした。ソ連解体後ロシアが解禁した外交資料によれば、河野提案は以下の内容であった。今回は歯舞・色丹の引き渡しを盛り込んだ日ソ関係正常化協定に調印する。協定書にその他の領土については、将来しかるべき時期に検討すると記す。あるいは、全体的な領土問題は、沖縄と小笠原が返還された後に検討されるとする。しかし、これは国民向けのポーズにすぎず、米国が沖縄を返還しない限り日本側は択捉と国後の問題を持ち出さない。米国が沖縄と小笠原を返還した後、国後・択捉について審議を継続することにする。こうした提案を河野全権は旧知のイシコフ漁業相に提示してフルシチョフ第一書記にその旨を伝えるよう要請したのである[137]。河野は松本と協議することなくソ連側に提案を伝えた可能性がある。

こうした河野の奮闘が功を奏し、フルシチョフとの会談が急遽持たれることになった。三日間にわたって行われた河野・フルシチョフ会談こそ、日ソ国交正常化交渉の最大の山場であった。河野農相とフルシチョフ第一書記との会談での緊迫したやり取りについては、フルシチョフや鳩山、河野、松本の回顧録に加え、『イストーチニク』誌に掲載されたソ連側議事録や同会談において日本側の通訳官を務めた野口芳雄による詳細なメモなどが、今日利用可能となっている。

一〇月一六日の第一回の会談で、米国が沖縄を返還するときに、国後と択捉を返還してほしいと食い下がる河野に対し、フルシチョフは「ハボマイ・シコタンもたいして価値がない。クナシリ・エトロフも同様だ。ソ連としては持っているだけで損をする。問題はプレステージとストラテジーにある」と述べつつ、北方四島の引き渡しに応じれば、

自分たちはクレムリンから追い出されることになると反論した。(138)

翌一七日の第二回河野・フルシチョフ会談では、領土問題について何ら成果を収めずして空手で帰国した場合、日ソ共同宣言は新党議の関係上国会で批准されない可能性があると食い下がる河野に対し、フルシチョフ第一書記は、ブルガーニン首相が鳩山代表団に提示した日ソ共同宣言草案に修正を加え、次のように提案した。

領土問題を一括棚上げにするのではなく、歯舞、色丹は日ソ平和条約が締結され、かつ、米国の管理下にある沖縄その他の島嶼を米国が日本側に返還したときに引き渡すと共同宣言に明記する。しかし、日ソ平和条約締結後、沖縄などの解放を待たず日本に両島を引き渡すと誓った紳士協定を結んでもよい、とし妥協案を披歴したのである。(139) フルシチョフが沖縄の返還と歯舞・色丹の返還を絡ませてきたのは、河野が前日のフルシチョフとの会談で沖縄を米国が返還するとき択捉・国後を日本に返還してほしいと言ったことにヒントを得て逆手にとった可能性があり、日米離間を狙ったものであった。換言すれば、フルシチョフは歯舞・色丹の返還を日本において反米感情を盛り上げるためのカードとして使おうとしたのである。(140)

夜遅くフェドレンコ外務次官が河野全権を訪ね、日ソ共同宣言の修正案を手交した。領土条項は以下の通りであった。(141)

> 両国間に正常な外交関係が回復された後、領土問題を含む平和条約の締結に関する交渉を継続することに同意する。ソヴィエト社会主義共和国連邦は、日本国の要望にこたえ、かつ日本国の利益を考慮して、歯舞群島及び色丹島を日本国に引き渡すことに同意する。ただし、これらの諸島は日本国とソヴィエト社会主義共和国連邦との間の平和条約が締結され（かつアメリカ合衆国の管理下にある沖縄及びその他の日本国所属の島嶼が日本に返還された）後に、現実に引き渡されるものとする。（原文ママ）

さらに、フェドレンコ外務次官は、ソ連は米国の管理下にある諸島の日本への引き渡しを待たずとも日ソ平和条約締結後、歯舞・色丹を引き渡すことに同意する旨の紳士協定ソ連案もあわせて日本側に提示した。ソ連共産党中央委員会幹部会に諮ることなく、フルシチョフは日本側に新提案を行ったようである[142]。日本代表団は直ちに会議を開き、ソ連草案より括弧の箇所を削除しさえすれば交渉はまとまるとして、歓喜した。そうなれば、新党議で要求されたことが曲がりなりにも達成できた格好になるからである。ところが、翌日、これが糠喜びであったことが判明する。

翌一八日の午後に開かれた第三回の河野との会談で、フルシチョフは河野の提案に「受諾できると思います」と応じた。ところが、フルシチョフは括孤で括った部分は削除してもよいが、「領土問題を含む」という語句は絶対に困るので削除することにしたい、「そうしないとハボマイ・シコタンのほかに何か別の領土問題があるようにとられるからである[143]」、「われわれは期限一年の文書を締結するのではない。この文書は一〇年あるいは一〇〇年間も有効なものであり、不正確な解釈を生じさせないようにせねばならない」と主張して、前夜提示した日ソ共同宣言のソ連草案に修正を加えてきたのである[144]。

第二回河野・フルシチョフ非公式会談には、グロムイコ第一外務次官が同席した。河野の回想録によれば、問題のソ連草案は、フルシチョフ・河野会談の複雑であまりに急テンポなやりとりをソ連外務省当局が正確にフォローできないままに作成されたとのことであった[145]。「外務省がウッカリこちらに返事をよこしたあとフルシチョフがその文書を見て、大いに驚き、外務次官らを呼びつけて、ひどくしかりつけた」一幕もあった[146]。

こうした事実は、「領土問題を含む」の文言を日ソ共同宣言の本文中に挿入することに反対しない人物がソ連外務省内にいたことを示唆している。日ソ共同宣言の本文中に「領土問題を含む」という文言を挿入することに反対しなかった人物には、フェドレンコが含まれる可能性もある[147]。また、グロムイコ第一外務次官も領土問題の継続交渉に賛成していたといえるかもしれない。後述するようにグロムイコは、ゴルバチョフ政権時代に開催されたソ連共産党中央委員会政治局における会議で二島以上の島を日本に引き渡すという見解を開陳している。

ともあれ、意外な事態の展開に驚いた河野全権は、「領土問題を含む」という文言はきわめて重要であり、削除にはとうてい応じられないと強硬に反駁した。それに対し、フルシチョフはそれでは歯舞、色丹両島返還をもって領土問題は一切解決済みと明記しても構わないと述べ、逆襲に出た。そして、「括弧内の『アメリカ云々』の文句と紳士協定案の個所で『八行』も譲歩し削除に応じているのにあなたは、半行さえ譲歩しようとしない」と不満の意を露骨に表明し、最後に鳩山首相に話してもらいたい、了解していただけると思うと言い放った。(148)

日ソ共同宣言調印と松本全権の機転

国交正常化交渉の際、アデナウアー西独首相自身はケルン・ボン空港からルフトハンザ特別機でモスクワに向かったが、盗聴されないようドイツ鉄道の特別列車で必要機材をモスクワに先着させた。一つの車両は重要協議用会議室として使った。一方、日本代表団は盗聴防止の準備をしていなかった。そのため河野はソ連側から盗聴されることを危惧し、長時間戸外で松本と協議した。(149) そして「結局、沖縄・小笠原問題に触れるのはどうしても拙い」との判断から、「領土問題を含む」という字句の削除に応じることにしたのである。(150) たとえ「領土問題を含む」という字句を削っても「平和条約締結に関する交渉を継続する」と共同宣言に明記すれば、残る問題は領土問題以外にはないというのが日本側の判断であった。そしてソ連が領土問題の継続審議に応じることを承認した松本・グロムイコ書簡を日ソ共同宣言調印と同時に発表することを許可する場合には、ソ連案に応じるのはやむを得ないとする結論に達した。もしも当時米国が沖縄の施政権を日本に返還するという可能性がきわめて高いと確信していたならば、違った展開になったかもしれない。河野と松本の協議結果の報告を受けて、鳩山首相が最終的に裁断を下した。

一九五六年一〇月一九日、クレムリンで日ソ共同宣言が調印された。同時に松本・グロムイコ交換公文（通称、松本・グロムイコ書簡）も発表された。日ソ共同宣言には、ソ連側を代表してブルガーニン首相、シェピーロフ外相の両名が署名した。日本側からは鳩山首相、河野農相、松本全権の三名が署名した。これによりフルシチョフ第一書記は西ドイツに続いて日本とも外交関係の樹立に成功した。日ソ共同宣言は戦後日ソ・日露関係で最も重要な外交文書の一つとなっている。日ソ共同宣言とともに最恵国待遇の相互許与を盛り込んだ日ソ貿易発展を謳った議定書も調印された。北方四島をめぐる日ソの意見が対立したため、日ソ平和条約は締結されなかった。
北方領土問題と深くかかわる日ソ共同宣言第九項は、以下の通りである。[151]

日本国及びソヴィエト社会主義共和国連邦は、両国間に正常な外交関係が回復された後、平和条約の締結に関する交渉を継続することに同意する。

ソヴィエト社会主義共和国連邦は、日本国の要望にこたえかつ日本国の利益を考慮して、歯舞群島及び色丹島を日本国に引き渡すことに同意する。ただし、これらの諸島は、日本国とソヴィエト社会主義共和国連邦との間の平和条約が締結された後に現実に引き渡されるものとする。

百戦錬磨の外交官出身の松本全権が機転をきかせ日ソ共同宣言調印直後にグロムイコ第一外務次官に松本・グロムイコ書簡を共同宣言と同時に公表することを申し入れ、ソ連側の了解を取りつけた。グロムイコ第一外務次官はブルガーニン首相その他の首脳部と協議したうえで、松本・グロムイコ書簡の公表に同意した。[152] フルシチョフによれば、ブルガーニンは外交問題にあまり精通しておらず、また政治的影響を考えずに、他人の提案に同調するきらいがあった。[153] ブルガーニンは、松本・グロムイコ書簡は日ソ共同宣言調印によって効力を失ったと判断し、日ソ共同宣言調印と同時に松本・グロムイコ書簡を公表しても問題はないと結論づけたようである。ただし、フルシチョフが松本・グロムイコ書簡の公表に関しブルガーニンから事前に連絡を受けたかどうか、松本全権のメモワールの『モスクワにかける虹』からは不明である。
モスクワからの帰国後の一九五六年一一月、衆議院特別委員会で、松本全権は、日ソ共同宣言調印後に松本・グロムイコ書簡を公表することにソ連が同意した結果、領土問題継続交渉のために日本は「非常に有力かつ決定的な手掛りを得た」、「松本・グロムイコ書簡は、平和条約の締結まで効力を持つと思う」と語った。[154] 日本側は日ソ共同宣言、松本・グロムイコ書簡、東京宣言（一九九三年調印）などに基づき北方領土問題の解決を求めている。

松本・グロムイコ書簡には、「領土問題を含む平和条約に関する交渉は、両国間の正常な外交関係の再開後も継続することが明記されており、日本側の領土交渉継続審議の根拠となっている（傍点、引用者）。日ソ共同宣言調印後、東京で記者会見が行われ、「この平和条約の中には領土問題の最終決定が含まれるべきだと考えるか」という質問に対し、チフヴィンスキー在日ソ連漁業代表部首席は、「そう思う。含まれると思う」と、注目すべき発言を行っている。[155]

松本・グロムイコ書簡は日ソ共同宣言の発表前に交されたのであり、日ソ共同宣言の中で領土問題の継続審議が明記されていないため、日本は北方領土について継続審議を主張することはできないという見解が存在するが、このチフヴィンスキー発言は、日ソ国交正常化交渉当時ソ連外務省極東部次長の地位にありその後外務次官になったカピッツァによって裏付けられている。カピッツァは自らの回顧録の中で、一九五六年九月二九日にグロムイコ外務次官と松本全権が公式に書簡を交換し、「ソ連政府は領土問題を含む平和条約に関する交渉を外交関係復活後継続することに合意した」ときわめて重要な指摘をしているのである。[156] 松本俊一全権は、一八五五年に日露通好条約を結んだ川路左衛門尉聖謨全権、一八八五年に樺太千島交換条約を結んだ榎本武揚全権、一九〇五年にポーツマス講和条約を結んだ小村寿太郎全権に匹敵する優れた外交手腕を発揮した人物と高く評価できる。

日ソ共同宣言の調印式という晴れの舞台にフルシチョフ第一書記は姿を見せなかった。フルシチョフは急用でポーランドに行くので月曜日まで調印式を延ばすよう日本側に要請したが、日本側は断った。そのためフルシチョフは心血を注いだ日ソ共同宣言に自ら調印できなかった。もしもフルシチョフが調印式に立ち会っていたならば、松本・グロムイコ書簡の公表に賛成したかどうか不明である。調印式当日、フルシチョフ第一書記は、モロトフ、ミコヤン、カガノヴィチなどとともにポーランドの首都ワルシャワに飛んでいた。フルシチョフは、ポーランド駐留ソ連軍にワルシャワを目指して進むよう指令するなど、ポーランド情勢収拾に忙殺されていたのであった[157]。日ソ共同宣言にソ連側を代表して全権委員として署名したのは、ブルガーニン首相とシェピーロフ外相の二人で、フルシチョフの名前はない。日本側は鳩山首相、河野農相、松本全権の三人が署名した。

日ソ共同宣言では、北方領土問題はどのような文言で記されているのであろうか。共同宣言では平和条約締結後、歯舞、色丹を「引き渡す（ペレダーチ）」となっている。「返還（ヴァズヴラシェーニエ）」ではなく、あくまでもソ連側の「善意」によって歯舞・色丹を日本に引き渡すとした。ただし、松本全権によれば「引き渡し」とは、単に物理的な占有の移転を表す語で、それ以上の意味はない[158]。ソ連は占領していた他国の領土を返還するときも「ペレダーチ」という語を使い、「返還」という文言を使わないとされる[159]。日本側は北方四島に対する潜在主権をなんとか認めさせようとしたが「潜在主権というようなことはインチキだ」とソ連側は主張し拒否をした[160]。

日ソ共同宣言では、引き渡しの条件も明示されておらず、交渉次第という形をとった。第二次世界大戦の戦勝国を自負するソ連は本来の持ち主である日本に返還するのではなく、戦争で獲得した歯舞・色丹をできるだけ高値で日本に引き渡そうとしたのである。そうした意図が共同宣言の文言には表れている[161]。

抑留者については、戦犯であるという見解をソ連側は最後まで崩さなかった。ソ連で有罪判決を受けたすべての日本人は日ソ共同宣言の発効とともに、日本に帰還されることや、消息不明者についてソ連が引き続き調査をする旨は日ソ共同宣言に明記された。日ソ共同宣言第六項に日ソが相互に請求権を放棄するという文言が入った結果、シベリア抑留者は未払いの労賃をソ連政府に請求できなくなった[162]。

調印式を延ばしていれば日本側に有利な形で日ソ共同宣言に領土条項を書き込むことができたという見解が一部にある。だが、そうした可能性はゼロに近かった。フルシチョフ第一書記は、ヤルタ秘密協定の枠を大きくはずれることになる、歯舞・色丹以上の島を返還することをあくまでも嫌ったからである。フルシチョフはヤルタ秘密協定をスターリン、ルーズヴェルト、チャーチルが合意した有効な国際的合意とみなしていた。

鳩山首相一行は米国を経由して帰国したが、米国の反応は冷淡であった。他方、中国の周恩来首相は日ソ共同宣言の調印を歓迎し、日ソ国交正常化に続いて日中関係正常化が実現することに期待を寄せた[163]。しかし、日中国交正常化の実現は、米国の対中政策が大きく変化する一九七二年まで待たなければならなかった。

日ソ共同宣言は日ソ両国の議会によってそれぞれ批准された後、一九五六年一二月一二日に発効した。翌日、ソ連最高幹部会は日本人抑留者に恩赦を与える決定を下した。年末にソ連から帰還船が舞鶴に入港し、一〇二五人の抑留者が第二次世界大戦終結後一一年ぶりに祖国の土地を踏んだ。樺太の真岡から最後の帰還船が舞鶴に入港したのは一九五七年九月で、シベリアからの最後の帰還船が抑留者を乗せて舞鶴に入港したのは、その一年後のことであった。しかし、「総ざらい引き揚げ」の後に、ソ連に在留し続けた日本人が一〇〇〇人以上いた[164]。中には、民主化運動の指導者で、反動としてつるし上げ批判した者たちの報復を恐れて、ソ連にとどまった人々もいた。

日ソ共同宣言の批准書交換は一二月一二日、東京で行われた。日ソ共同宣言は、ソ連の継承国家であるロシアに対しても順守を義務づける国際条約のステータスを持っている。

おわりに

まず、日ソ国交正常化をめぐるソ連側の外交政策決定プロセスについて、総括しておきたい。日ソ国交正常化の呼びかけはマレンコフ時代に始まったが、一九五四年秋のフルシチョフ訪中以後は、フルシチョフの主導権のもとで進められた。「静かな政変」後フルシチョフは、ソ連共産党中央委員会幹部会に自分の味方を送り込んで権力強化に努めるとともに、幹部会で討議し外交政策を決定する方針をとった。政敵の孤立化にも努めた。日ソ国交正常化交渉には、ブルガーニン首相、ミコヤン第一副首相、モロトフ外相（モロトフ外相失脚後は、シェピーロフ外相）、イシコフ漁業相、グロムイコ第一外務次官、フェドレンコ外務次官、クルドュコフ外務省極東局長、カピッツァ外務省極東部次長、マリク全権、チフヴィンスキー参事官、ドムニツキー旧在日ソ連代表部臨時首席などがそれぞれの立場から関与した。ソ連側の方針について最終的に判断したのは、フルシチョフ第一書記であった。外交政策決定において、フルシチョフにとって盟友ミコヤン第一副首相が最も信頼すべき助言者であった[165]。ソ連外務省条約局も関与したが、党の決定に従った[166]。

独裁者スターリンは単独もしくはごく少数の側近と協議した後、外交政策を決断した。他方、スターリンほど確固たる統率力を持っていなかったフルシチョフは、ソ連共産党中央委員会総会や幹部会会議などを招集して、コンセンサスを得ながら外交政策を推進する方針を基本的にとった[167]。

次に日ソ共同宣言の歴史的意義について三点指摘したい。第一の意義は、第二次世界大戦終結から一一年あまり継続してきた日ソ間の法的戦争状態に終止符を打ち、外交関係を復活させた点である。日ソ共同宣言は戦後日ソ関係ならびに日露関係で最も重要な外交文書となっている。

日ソ共同宣言の第二の歴史的意義は、日ソ経済関係発展の基盤を築いた点である。フルシチョフが希望したように、日ソ外交関係正常化実現を受けて、旧ソ連代表部は駐日ソ連大使館に昇格し、さらに一九五八年には日ソ通商条約が締結された。

第三の歴史的意義は、日ソ共同宣言が日本と東欧諸国との外交関係樹立の道を開いたことである。一九五七年、日本は東欧の社会主義国家ポーランド、チェコスロバキアと外交関係を樹立し、翌年、ハンガリー、ルーマニア、ブルガリアと外交関係を樹立している。日ソ間の外交関係を復活させ、日ソ共同宣言が北東アジアの平和と安定に寄与したのみならず、日本と東欧諸国との外交関係樹立の道を開いた点もロシア側は評価している。

今日ロシアには、フルシチョフが平和条約締結後、歯舞・色丹の対日引き渡しをすることにコミットした共同宣言を作成したことに不満を持つ向きがあるが、ここで問うべきは、フルシチョフ自身が日ソ共同宣言をどのように評価したのであろうかという点である。元ソ連科学アカデミー付属東洋学研究所日本研究センター長コンスタンチン・サルキソフは、北方領土問題の存在を明確に認めたことを、「戦術的誤算」と指摘している[168]。日ソ国交正常化後、日ソ復交実現を喜びながらも、フルシチョフは日ソ共同宣言の領土条項に関し、詰めが甘かったと反省した可能性がある。一九六〇年一月、新日米安全保障条約調印を楯に取りソ連や中国に敵対する軍事同盟が結ばれたとして、ソ連は歯舞・色丹の引き渡しに新たな条件をつけることで、フルシチョフが両島の返還のハードルを高くしたのは、そうした反省の結果であるかもしれない。

フルシチョフは西ドイツおよび日本との国交樹立に力を尽くしたが、アデナウアー西独首相は自国民をソ連に対し非友好的な方向に導いていった[169]。国交正常化以後、日本も対ソ接近政策を採用しなかった。このような日独両国の動きは、フルシチョフを落胆させた可能性がある。

（1） "*Pis'mo glavnomu redaktoru agentva Kiodo, gospodinu Kiisi Ivamoto*," RGASPI f. 588, op. 11, d. 405, l. 48. 共同通信社『世界資料』第六巻第二〇号、共同通信社出版部、一九五二年、三頁。

（2） E. L. Katasonova, *Poslednie plenniki Vtoroi mirovoi voiny: maloizvestnye stranitsy rossiisko-yaponskikh otnoshenii*（Moskva: IV RAN, 2005）, p. 128.

（3） Michael J. Sodaro, *Moscow, Germany, and the West from Khrushchev to Gorbachev*（Ithaca: Cornell University Press, 1990）, p. 9.

（4） V. I. Dashichev, ed. *Ocherki istorii sovetskoi vneshnei politiki, 1917–1991gg.*（Moskva:Vuzovskaya kniga, 2007）, p. 174.

（5） James W. Morley, "The Soviet-Japanese Peace Declaration," *Political Science Quarterly*, vol. 72, no. 3（September 1957）, p. 371.

（6） Nikita Khrushchev（Jerrold Schecter, Strobe Talbott and Vyacheslav Luchkov, trans. and eds.）, *Khrushchev Remembers: The Glasnost Tapes*（Boston: Little, Brown and Company, 1990）, p. 84.

（7） Sergei Khrushchev, ed., *Memoirs of Nikita Khrushchev, vol.1: Commissar, 1918–1945*（University Park: The Pennsylvania State University, 2004）, p. 685.

（8） Alexei V. Zagorsky, "Reconciliation in the Fifties: The Logic of Soviet Decision Making," in Gilbert Rozman, ed., *Japan and Russia:*

The Tortuous Path to Normalization, 1949–1999 (New York: St. Martin's Press, 2000), p. 62.

(9) "From Shigeru Yoshida to Honorable John Foster Dulles,"『南西諸島帰属問題　奄美群島、日米間返還協定関係』第四巻、外務省記録 A'–0146（外務省外交史料館所蔵）。

(10) 尹錫貞「李承晩政権の対日政策一九五四―一九五六年――日本の共産圏外交への対応と日韓関係の停滞」『法学政治学論究』（慶應義塾大学）第一〇四号（二〇一五年）、一〇三～一一四頁。

(11) *Pravda*, 1953. 8. 9.

(12) Panov, *O Yaponii*, p. 301.

(13) 杉原荒太『外交の考え方』鹿島研究所出版会、一九六五年、二二一～二二三頁。

(14) Balázs Szalontai, *Kim Il Sung in the Khrushchev Era: Soviet-DPRK Relations and the Roots of North Korean Despotism, 1953–1964* (Stanford: Stanford University Press, 2005), p. 75.

(15) Mitsuhiko Kimura, "Toward Normalization of Relations with Japan: The Strategy of North Korea," Hitotsubashi University Repository, May 2011, p. 8; Rossiiskii gosudarstvennyi arkhiv noveishei istorii, RGASPI, F. 5. op. 28. d. 34, l. 271–27. 森善宣「帰還事業研究の諸課題と新しい接近方法」『佐賀大学文化教育学部研究論文集』第一九巻第一号（二〇一四年）、一一七頁より再引用。

(16) 杉原『外交の考え方』、二二二頁。

(17) *Pravda*, 1954. 9. 13.

(18) Tsuyoshi Hasegawa, "Treacherous Ground: Soviet-Japanese Relations and the United States," in Klaus Larres and Kenneth Osgood, eds., *The Cold War after Stalin's Death: A Missed Opportunity for Peace?* (Lanham: Rowman & Littlefield Publishers, 2006), p. 296.

(19) ヴォルフガング・レオンハルト（加藤雅彦訳）『ソ連の指導者と政策――スターリン以後のクレムリン』サイマル出版会、一九六九年、五九頁。

(20) 宇多文雄『ソ連――政治権力の構造』中央公論社、一九八九年、一九七頁。

(21) Vladislav M. Zubok, "The Case of Divided Germany, 1953–1964," in William Taubman, Sergei Khrushchev, and Abbott Gleason, eds., *Nikita Khrushchev* (New Haven: Yale University Press, 2000), p. 282.

(22) Vladislav M. Zubok, *A Failed Empire: The Soviet Union in the Cold War from Stalin to Gorbachev* (Chapel Hill: The University of North Carolina Press, 2007), p. 86.

(23) Zagorsky, "Reconciliation in the Fifties," p. 64.
(24) 曽根明『ソビエト・ウォッチング40年――あたまを狙われる日本人』サンケイ出版、一九八三年、八七頁。
(25)『読売新聞』一九五六年一二月一二日。
(26) Ulam, *Expansion and Coexistence: Soviet Foreign Policy*, pp. 554–555.
(27) ニキータ・フルシチョフ（佐藤亮一訳）『フルシチョフ最後の遺言』（上）、河出書房新社、一九七五年、二五八頁。
(28) William Taubman, *Khrushchev: The Man and his Era* (New York: W. W. Norton & Company, 2003), p. 337.
(29) *Pravda*, 1954. October.
(30) Panov, *O Yaponii*, p. 316.
(31) 一九五四年一二月一五日のモスクワ放送、『朝日新聞』一九五四年一二月一六日。
(32) M. S. Vysokov, *et. al.* eds., *Istoriya Sakhalinskoi oblasti s drevneishkikh vremen do nashikh dnei* (Yuzhno-Sakhalinsk, 1995), p. 158.
(33) 毛里和子『日中関係――戦後から新時代へ』岩波新書、二〇〇六年、二五～三〇頁。
(34)『北海道新聞』一九九五年八月一日。
(35) 衆議院鳩山一郎文書「杉原荒太書状（日ソ交渉の目的、我国の主張すべき項目など）」一九五四年二月一二日。
(36) Zubok, "The Case of Divided Germany 1953–1964," p. 284.
(37) Kris Roman, "USSR's Nikita Khrushchev gave Russia's Crimea away to Ukraine in only 15 minutes," 〈https://eurorus4en.wordpress.com/2009/02/25/ussrs-nikita-khrushchev-gave-russia's-crimea-away-to-ukraine-in-only-15-minutes/〉.
(38) 黒川祐次『物語　ウクライナの歴史――ヨーロッパ最後の大国』中公新書、二〇〇二年、二四〇頁。フルシチョフによるクリミア移管については、Vasiliy Kashin, "Khrushchev's Gift: the Questionable Ownership of Crimea," in Colby Howard and Ruslan Pukhov, eds., *Brothers Armed: Military Aspeccts of the Crisis in Ukraine* (Minneapolis: East View Press, 2015), pp. 1–21 もきわめて参考になる。
(39) Motohide Saito, "Japan's 'Northward' Foreign Policy," in Gerald L. Curtis, ed., *Japan's Foreign Policy after the Cold War: Coping with Change* (New York: M. E. Sharpe, 1993), p. 276.
(40)『毎日新聞』一九五四年一二月一七日。
(41) 谷畑良三『クレムリンの熱き日々――体験的ソビエトロジー』現代評論社、一九八四年、七一頁、および松本俊一「日ソ交

渉の舞台裏」『現代の眼』一九六五年八月号、一七一頁参照。

（42）『北海道新聞』一九五五年一月三〇日。

（43）松本俊一『モスクワにかける虹――日ソ国交回復秘録』朝日新聞社、一九六六年、一八〇頁。

（44）Adam B. Ulam, *A History of Soviet Russia*（New York: Praeger, 1976）, p. 227.

（45）Zubok, *A Failed Empire*, p. 98.

（46）フルシチョフ（佐藤亮一訳）『フルシチョフ最後の遺言』（上）、河出書房、一九七五年、三〇頁。

（47）同右、三一頁。

（48）Zubok, "The Case of Divided Germany," p. 284 ; Aleksandr Fursenko and Timothy Naftali, *Khrushchev's Cold War: The Inside Story of an American Adversary*（New York: W. W. Norton & Company, 2006）, p. 29 および米国上院政府活動委員会（新岡武訳）『ソ連邦における国家政策決定機構』日刊労働通信社、一九六〇年、四三頁などを参照。

（49）猪木正道・佐瀬昌盛『世界の歴史25――現代の世界』講談社、一九七八年、一二九頁。

（50）Zubok, "The Case of Divided Germany," p. 60.

（51）鹿島守之助『新生西ドイツ――アデナウアーを中心にして』鹿島研究所出版会、一九六五年、二八四頁。

（52）岡本三郎『日中貿易論』東洋経済新報社、一九七一年、四八～四九頁。

（53）"From Dulles to American Embassy Tokyo," The U. S. Department of State, January 10, 1955, National Archives, Washington, D. C..

（54）マリクの経歴については、B. A. Vvedenskii, ed. *Bol'shaya Sovetskaya entsiklopediya*, vol. 26（Moskva: Bol'shaya sovetskaya entsiklopediya, 1954）p. 26 を参照されたい。

（55）S. L. Tikhvinskii, *Rossiya-Yaponiya: Obrecheny na dobrososedstvo*（Moskva: Pamyatniki istoricheskoi mysli, 1996）, p. 65.

（56）*Sovetskii Sakhalin*, 1996. 10. 15.

（57）なお、一九五五年一〇月六日、マリク国連代表が加瀬俊一国連大使にソ連は日本の国連加盟を支持するが、「しばらく極秘に願いたい」と伝えていた。『読売新聞』一九八九年一〇月一六日。

（58）「訓令一六号」については、久保田正明『クレムリンへの使節――北方領土交渉　一九五五～一九八三』文藝春秋、一九八三年、三二～三四頁および下田武三『戦後日本外交の証言――日本はこうして再生した』（上）、行政問題研究所、一九八四年、一四二頁。

(59) 平和条約草案のロシア語原文については、“Mirnyi dogovor mezhdu Soyuzom Sovetskikh Sotsialisticheskikh Respublik i Yaponiei,” FO371/115233, Public Record Office, London.

(60) 松本『モスクワにかける虹』、一八四頁。

(61) 同右。

(62) “Soviet-Japanese Negotiations,” June 20, 1955, FO371/115233, Public Record Office, London.

(63) 毛里『日中関係』、三〇〜三一頁。

(64) Sergei Khrushchev（Translated by Shirley Benson）, *Nikita Khrushchev and the Creation of a Superpower*（University Park: The Pennsylvania State University Press, 2000）, p. 84.

(65) 松本『モスクワにかける虹』、四二〜四三頁。

(66) 岩下明裕「フルシチョフ対日外交のインプリケーション――『二島返還』オプションとその挫折」『ロシア史研究』第八〇号（二〇〇七年）、四八〜四九頁。

(67) Peter Berton, “The Japanese-Russian Territorial Dilemma,” paper prepared for Strengthening Democratic Institutions Project, Harvard University, 1992, p. 8 and p. 11.

(68) フェドレンコ元外務次官ならびに元駐日大使の証言、『産経新聞』一九九九年三月五日。N. I. Kolesnikov, *Oni pravili oblast'yu*（Yuzhno-Sakhalinsk: Sakhalinskii tsentr dokumentatsii noveishei istorii, 1995）, p. 45.

(69) 常盤伸「日ソ共同宣言五〇年　チフビンスキー氏に聞く」『東京新聞』二〇〇六年一〇月一九日。

(70) Khrushchev, *Khrushchev Remembers*, p. 89.

(71) 松本「日ソ交渉の舞台裏」、一七三頁。

(72) 浅井勇「千島列島の軍事的価値」『毎日新聞』一九五六年八月六日夕刊。

(73) Kolesnikov, *Oni pravili oblast'yu*, p. 45.

(74) *Vremya novostei*, 2005. 5. 30. および『北海道新聞』二〇〇五年六月二日。

(75) *Ibid.*

(76) 『産経新聞』一九九六年七月二二日。

(77) 『毎日新聞』二〇一六年一〇月一九日。

(78) L. N. Kutakov, *Vneshnyaya politika i diplomatiya Yaponii* (Moskva: Mezhdunarodnye otnosheniya, 1964), p. 293.
(79) 松本『モスクワにかける虹』、四四頁。
(80) 下田『戦後日本外交の証言』(上)、一四三頁。
(81) *Sovetskii Sakhalin*, 1996. 10. 15.
(82) *Ibid.*
(83) M. S. Kapitsa, *Na raznykh parallelyakh: Zapiski diplomata* (Moskva: Kniga i biznes, 1996), p. 137.
(84) 松本『モスクワにかける虹』、五二頁。
(85) "First Meeting with Shigemitsu," The U. S. Department of State, National Archives, Washington, D. C., August 29, 1955.
(86) "From Sir E. Dening to the Far Eastern Department," August 18, 1955, FJ10338/67, Public Record Office, London; "British Embassy, Tokyo," September 21, 1955, FJ10338/76, Public Record Office, London.
(87) 佐瀬『対ソ国交回復交渉の軌跡』、二三四頁。
(88) Vladislav M. Zubok, "Soviet Policy Aims at the Geneva Conference, 1955," in Günter Bischof and Saki Dockrill, ed., *Cold War Respite: The Geneva Summit of 1955* (Baton Rouge: Louisiana State University Press, 2000), p. 67.
(89) *Ibid.*, p. 66.
(90)「ノーボスチ通信」二〇〇五年九月九日。
(91) Zubok, "The Case of Devided Germany," p. 285.
(92) A. V. Zagorskii *et al.* eds., *Vizit Kantslera Adenauera v Moskvu: 8–14 Sentyabrya 1955 g. Dokuenty i materialy* (Moskva: Prava Cheloveka, 2005), pp. 62–66 および「西ドイツとソ連・モスクワ会談の記録」『世界週報』一九五五年一〇月一一日号、三六頁参照。日独の国交正常化交渉の比較については、佐瀬「『対ソ国交回復交渉の軌跡』、一七五〜四二二頁が参考になる。
(93) 小嶋栄一『アデナウアーとドイツ統一』早稲田大学出版部、二〇〇一年、一六八頁。
(94) Gerard Braunthal, "An Agreement with the Russians," in James B. Christoph, ed., *Cases in Comparative Politics* (New York: Little, Brown & Company, 1965), p. 277.
(95) ロイ・メドベージェフ、ジョレス・メドベージェフ(下斗米伸夫訳)『フルシチョフ権力の時代』御茶の水書房、一九八〇年、二三三頁。

（96）佐瀬『対ソ国交回復交渉の軌跡』、四一五頁。

（97）「西ドイツとソ連・モスクワ会談の記録」、四三頁。

（98）栗原俊雄『シベリア抑留——未完の悲劇』岩波新書、二〇〇九年、一二九頁。

（99）Taubman, *Khrushchev*, p. 354.

（100）フルシチョフ『フルシチョフ最後の遺言』（上）、二三五～二三六頁。

（101）『毎日新聞』一九五五年九月二五日。

（102）アレクセイ・キリチェンコ（名越健郎訳）「シベリヤのサムライたち」『諸君』一九九三年七月号、一九七～一九八頁。

（103）メドベージェフ他『フルシチョフ権力の時代』、七七頁。

（104）「個人崇拝とその帰結　ソビエト共産党中央委員会第一書記N・S・フルシチョフ同志の、第二〇回党大会に対する報告」。底本は『イズヴェスチヤ・ツェーカー、カー・ペー・エス・エス』（角田安正仮訳）一九八九年第三号。

（105）木戸蓊・伊東孝之編『東欧現代史』有斐閣、一九八七年、二一一～二一三頁。

（106）*Izvestiya*, 1956. 3. 21.

（107）『東京新聞』二〇一六年一〇月一九日夕刊。

（108）河野一郎『今だから話そう』春陽堂書店、一九五八年、二一〇頁。

（109）N. Adyrkhaev, "《Taina》 vstrechi I. Kono s N. Bulganinym," *Problemy Dal'nego Vostoka*, 1990, vol. 1, p. 106 およびN・アディルハエフ「河野氏とN・ブルガーニンとの会談の『秘密』」『極東の諸問題』第一九巻第三号（一九九〇年）、一七八～一七九頁。

（110）河野『今だから話そう』、五〇頁。

（111）赤城宗徳『今だからいう』文化総合出版、一九七三年、七〇頁。

（112）記者会見における鳩山首相発言、『北海道新聞』一九五六年一月七日。

（113）『第二四国会衆議院外務委員会議事録』第二巻二類第四号付属の二六頁および『東京新聞』一九五六年七月三日など参照。

（114）Fursenko and Naftali, *Khrushchev's Cold War*, p. 67.

（115）Mark Kramer, "New Evidence on Soviet Decision-Making and the 1956 Polish and Hungarian Crises," *Cold War International History Project Bulletin*, 9, Woodrow Wilson International Center for Scholars（Winter 1996）, p. 376.

（116）重光葵『続重光葵手記』中央公論社、一九八八年、七九三頁。

(117) 『朝日新聞』一九五六年八月四日夕刊および『毎日新聞』一九五六年八月二日。
(118) 松本「日ソ交渉の舞台裏」、一七六頁。
(119) 吉澤清次郎監修『日本外交史 講和後の外交（I） 対列国関係（下）』第二九巻、鹿島研究所出版会、一九七三年、二一二～二一三頁。
(120) 下田『戦後日本外交の証言』（上）、一四六頁。
(121) *FR*, 1955–57, vol. 23, part1, Japan, p. 202; Tikhvinskii, *Rossiya-Yaponiya*, p. 104.
(122) 入江啓四郎「南千島と第二六條」『中央公論』一九五二年一〇月号、五四～五五頁。
(123) 松本『モスクワにかける虹』、一一八頁。
(124) 森本良男『日本にとってのソ連――不気味な隣人がわかる一一章』サイマル出版会、一九八〇年、二一八頁。
(125) Anatolii Koshkin, "Kuril'skii uzel," *Politicheskii Klass*, nos. 10–11, 2006.
(126) 松本『モスクワにかける虹』、六〇頁。
(127) "Note from British Ambassador to Prime Minister Harold Macmillan," September 21, 1955, Tokyo, FO371/115234, Public Record Office, London.
(128) "Soviet-Japanese Negotiations," September 1, 1955, FJ10338/67, Public Record Office, London.
(129) 松本『モスクワにかける虹』、一二一頁。
(130) ブルガーニン返書は、Tikhvinskii, *Rossiya-Yaponiya*, p. 112 に所収されている。
(131) 下斗米伸夫監訳・机文明訳「冷戦関連資料 鳩山訪ソに関するソ連資料」『法学志林』第一〇四巻第四号（二〇〇六年）、一六三～一七四頁参照。
(132) 久保田『クレムリンへの使節』、二〇一頁。
(133) 松本『モスクワにかける虹』、二〇八～二一一頁。
(134) Kapitsa, *Na raznykh parallelyakh*, p. 144.
(135) 松本『モスクワにかける虹』、一四〇頁。
(136) Kapitsa, *Na raznykh parallelyakh,* p. 145.
(137) "Beseda ministra rybnoi promyshlennosti SSSR t. Ishkova A. A. s ministrom zemledeliya i lesovodstva Yaponii t. Kono I.," 15 oktyabrya

1956 goda. 河野・イシコフ会談のソ連側議事録の邦訳については、「一九五六年『日ソ共同宣言』舞台裏で交わされていた〝密約〟」『Foresight』一九九三年八月号、二六〜三〇頁ならびに名越健郎『クレムリン秘密文書は語る——闇の日ソ関係史』中公新書、一九九四年、二一八〜二一九頁を参照されたい。

(138) 野口芳雄「モスクワの日ソ国交交渉」『政治記者OB会報』二〇〇五年三月一五日、一二頁。

(139) 松本『モスクワにかける虹』、一四五〜一四六頁。

(140) Panov, *O Yaponii*, p. 315.

(141) 松本『モスクワにかける虹』、一四七〜一四八頁。

(142) Zagorsky, "Reconciliation in the Fifties," in Rozman, ed., *Japan, and Russia*, p. 58.

(143) 野口「モスクワの日ソ国交交渉」、二〇頁。

(144) Protokol' naya Zapis' besedy N. S. Khrucheva s I. Kono, *Istochnik*, 1996.6, p. 128.『産経新聞』一九九六年七月二三日。

(145) 河野『今だから話そう』、七九頁および鳩山一郎『鳩山一郎回顧録』文藝春秋新社、一九五七年、二〇八頁。

(146) 鳩山『鳩山一郎回顧録』、二〇八頁。

(147) 『産経新聞』（一九九九年三月五日付）に掲載されたフェドレンコ証言。

(148) 松本『モスクワにかける虹』、一四八〜一四九頁。

(149) 佐瀬『対ソ国交回復交渉の軌跡』、二三四〜二三六頁。

(150) 松本『モスクワにかける虹』、一四九頁。

(151) 末澤他編著『日露（ソ連）基本文書・資料集』（改訂版）、一五二〜一五三頁。

(152) 松本『モスクワにかける虹』、一五〇頁。

(153) Khrushchev, *Khrushchev Remembers*, p. 431; Khrushchev, *Nikita Khrushchev*, p. 81. なお、松本・グロムイコ書簡の全文は、日ソ共同宣言の全文とともに一九五六年一〇月二〇日付の『朝日新聞』に掲載されたが、『プラウダ』や『イズベスチヤ』には掲載されなかった。

(154) 「衆議院日ソ共同宣言等特別委員会議事録」第七号、一九五六年一一月二五日および第四号、一九五六年一一月二一日。

(155) 『朝日新聞』一九五六年一〇月二〇日夕刊。

(156) Kapitsa, *Na raznykh parallelyakh*, p. 144.

（157） Kramer, "New Evidence on Soviet Decision-Making and the 1956 Polish and Hungarian Crises," pp. 358–384. なお、中国はソ連によるポーランドならびにハンガリー動乱鎮圧を批判した。"Goryachii ostrov," *Istoricheskaya Pravda*, 2013. 12. 2.

（158） 『衆議院日ソ共同宣言等特別委員会議事録』第七号。

（159） 稲垣敏夫・中村光一「日ソ外交における交渉ロシア語の分析」ソ連問題研究会編『ソ連外交の交渉技術』ソ連問題研究会、一九八〇年、一五九頁。

（160） 『毎日新聞』一九五六年四月一日。

（161） 高野雄一『国際法からみた北方領土』岩波書店、一九八六年、三八頁。

（162） 高杉一郎『シベリアに眠る日本人』同時代ライブラリー、岩波書店、一九九二年、二〇二頁。

（163） 松本『モスクワにかける虹』、一五三頁。

（164） 栗原『シベリア抑留』、一三二頁。

（165） Zubok, "Soviet Policy Aims at the Geneva Conference, 1955" p. 66.

（166） 一方、鳩山政権における対ソ政策のデシジョン・メーキング・ユニットについては、Motohide Saito, "The 'Highly Crucial' Decision Making Model for Postwar Japan and the 1956 Soviet-Japanese Normalization of Relations," *Acta Slavica Iaponica*（Hokkaido University), t. IX, 1991, pp. 150–151 を参照されたい。

（167） メドベージェフ他『フルシチョフ権力の時代』、八頁。

（168） コンスタンチン・サルキソフ「ソヴィエト新思考外交における対日政策の原点」コンスタンチン・サルキソフ他『ソ連は日本をどう見ているか？——急進展する民主化の原点と政策』日新報道、一九九一年、三〇頁。

（169） 佐瀬『対ソ国交回復交渉の軌跡』、四二二頁。

第5章　日米安保条約改定とフルシチョフの現実主義

はじめに

通説によれば、フルシチョフは日米安保条約の破棄と中立日本の実現を求めていたとされる。しかし、フルシチョフは本当にそれらを求めていたのであろうか。本章の課題は、一九五六年一〇月の日ソ共同宣言調印後から六〇年一月の新日米安保条約調印を経て六月の批准に至るまでの期間において、フルシチョフ首相（五八年三月以降、第一書記を兼任）がいかなる対日政策を展開したかについて考察し、新たな視点を提供する点にある。

安保条約改定期の中国の対日政策については、岡部達味『現代中国の対外政策』に収められた安保改定に関する論文が異彩を放っている。同時期の米国の対日政策の研究に関しては、ジョージ・R・パッカード三世の『プロテスト・イン・トウキョウ』が先駆的な学問的研究である。しかし、ソ連の対日政策については、残念ながらF・ランガーの卓越した論文があるだけである(1)。

本章では次の問いを検討したい。①日ソ国交正常化実現後のフルシチョフの対日政策の最優先課題は、いかなるものであったのか、②フルシチョフは日米安保改定交渉開始に対し、当初どのような対応を示したのか、③当時進行中であった中ソ対立は日米安保改定期のフルシチョフの対日政策にいかなる影響を与えたのか、それとも影響を与えなかったのか、④これが最も重要であるが、フルシチョフは日米安保体制解体ならびに中立日本実現を達成可能な目標として考えていたのか、⑤安保条約改定期のフルシチョフの対日政策を歴史的にどのように総括すべきか。

I　新日米安保条約調印以前の対日政策

日ソ通商条約締結とフルシチョフの思惑

ソ連のアジア外交の研究者ドナルド・ザゴリアは、「ソ連と極東」と題する論文の中で、日ソ両国間の重要な争点として、日ソ平和条約、北方領土、北洋漁業、シベリア開発および日本の安全保障の五分野を挙げた。(2) 確かに、戦後日ソ関係は、ソ連解体までこれら五つの領域を座標軸として展開した。日ソ国交正常化実現後、フルシチョフが最も重視したのは、日ソ経済関係の発展であった。日ソ共同宣言には、国交回復後、日ソ両国が貿易、海運その他通商関係を安定した基礎の上に築くため、条約もしくは協定を締結するための交渉をできる限り早期に開始することが明記されている。

日ソ国交正常化から二カ月ほどたった一九五七年一月に在日ソ連通商代表部代表が日ソ貿易会総会で行った演説や、六月の広岡和男・朝日新聞東京本社編集局長との単独会見の席上でのフルシチョフ第一書記発言からも明らかなように、経済復興の目覚ましい日本と長期的な通商条約および貿易支払協定を締結することに、ソ連は対日政策の最優先目標を置いた。(3) 日ソ国交正常化実現後、初代駐日大使に造船・機械工業に造詣の深いイワン・テボシャン副首相を任命したのも、そのための布石であった。

第六次五カ年計画のもとで国内経済およびシベリア開発に力を入れ始めたフルシチョフ第一書記は、日本との間に安定的でかつ長期的な通商関係を樹立し、シベリア開発に必要な資材や工業機械、化学工業ならびに工業用プラント、鉄道車両、船舶などを輸入する道を拓こうとした。フルシチョフは日ソ貿易の将来性、原料需要国・日本と原料提供国・ソ連の相互補完性の存在や日米経済関係の不平等性を強調する一方で、数次にわたり産業視察団を日本に派遣したりするなど、日ソの経済関係の発展に意欲的であった。

戦後ソ連の対日外交には最重要課題実現のために、「魚」を用いて日本に譲歩を迫る傾向があった。日本との経済関係発展を求めていた当時のフルシチョフの対日政策に関しても、こうした命題が妥当する。一九五七年三月上旬、同年度の北太平洋水域やオホーツク海における日本漁船のサケ・マス漁獲高をめぐって日ソ双方の意見が対立し、漁業交渉が暗礁に乗り上げた。するとソ連は機を逃さず、漁業と通商・貿易問題を別個に取り扱うのは不可能であり、もし日本側が漁期に間に合わせ出漁を望むのであれば、日ソ通商条約ならびに日ソ貿易支払協定締結のための交渉が開始されねばならない、と通告してきたのである。(4)

この通告は、「漁業と通商・貿易問題は切り離して考えるべきである」とする岸内閣や日本の水産業界から強い反発を引き起こした。事態打開のために、三月中旬、岸信介首相とテボシャン駐日大使の間で、政治折衝が持たれた。「日ソ漁業交渉は日ソ国交回復後最初のケースであるから、ソ連は大局的見地から考慮してもらいたい」と岸首相が要請したところ、テボシャン大使は了承の意向を表明した。(5) 四月下旬、モスクワで行われていた日ソ漁業交渉が妥結し、その結果、危機が短期間で回避され、日本の漁船は漁期に間に合って北洋に出漁できるようになった。一九五八年度の日本のサケ・マス漁獲高は、北太平洋水域では一一万トン、オホーツク海では六五〇〇トンと定められた。(6)

こうしたソ連の態度は、あたかも日本側に大幅に譲歩をしたかのような印象を与えた。しかし、出漁許可獲得の代わりに日本側がソ連と通商条約締結交渉の開始を確約せざるをえなかった点に着目するならば、「魚」を切り札として日本から譲歩を引き出すというフルシチョフの外交戦術は、初期の目的を達成したものと評価できる。一九五七年一二月、日ソ通商条約（有効期間五年）と日ソ貿易支払協定（有効期間一年）が、東京において調印された。(7) ちなみに、ソ連は西ドイツに対しても平和攻勢をかけている。フルシチョフ第一書記は一九五八年四月、ミコヤン副首相をボンに派遣し、西独と貿易協定を締結した。

注目すべきは、中ソの対日政策の相違である。一九五八年五月、長崎のデパートで開催されていた中国見本市で日本人青年が中国の国旗を引きずり下ろす事件（長崎国旗事件）が起きた。日本が中国を当時承認していなかったため、岸首相は中国の国旗は私有財産であると主張し、中国側の怒りを買い、中国政府は、日本とのすべての経済・文化交流を一方的に中断した。他方、ソ連は中国と足並みを揃えることなく日本との貿易を続けた。当時中ソ関係が悪化しつつあったため、ソ連は日中関係の悪化を内心歓迎した。中ソ両国は一枚岩を装いながらも、実際にはそれぞれの国益に基づき独自の対日政策を展開したのである。

一九五九年一月、ニコライ・フェドレンコ駐日ソ連大使が九州旅行中、酔漢に乱暴された。長崎国旗事件をめぐり硬直した対日姿勢をとった中国政府とは一線を画し、ソ連はあくまでも穏便に事件を収拾しようとした[8]。このような態度には、硬直した対日政策を展開中の中国とは対照的に柔軟な方針をとることによって、中国に傾きがちな日本をソ連側に可能な限り引きつけるという政治的意味合いが込められていた。

政治を経済に優先させ、長崎国旗事件を契機に日中貿易中断をも躊躇しなかった中国とは異なり、ソ連は日ソ貿易を実務的に伸長させる方針を堅持した。その結果、日ソ貿易は順調に伸び、ソ連側が新軍事同盟として厳しく批判した新日米安全保障条約が締結されたのにもかかわらず、一九六〇年三月には有効期間を三年とする日ソ貿易支払協定が調印された。日ソ貿易総額は日ソ関係正常化後の五七年には前年比の六倍の二二〇〇万ドルとなり、五八年の四〇二五万ドル、五九年の六二五二万ドルに達し急速に伸びを記録した[9]。

日米安保条約改定への助走とソ連の反応

さて、鳩山政権時代に浮上した安保条約改定の動きを、ソ連はどのように見ていたのであろうか。日本が米国に安保条約改定を打診したのは、一九五五年八月の重光葵外相渡米時が初めてである。重光外相は、日ソ国交正常化交渉についてダレス米国務長官に説明するとともに、安保条約改定についてダレスから同意をとりつけようとした。しかし、ダレスの反応は厳しかった。安保条約の片務性是正を求める重光外相の要請を、「単独および共同で、自助および相互援助により、武力攻撃に対抗するための個別的および集団的能力を維持し発展させること」を謳った米国のヴァンデンバーグ決議を根拠に、西太平洋地域を米国とともに防衛する決意が日本側に欠落しているとの理由で重光の申し出を一蹴したのである。

とはいえ、日本国民が不満を持っている安保条約を長期的視野に立って改定すべきで、さもなければ反米基地闘争が高揚し日本は中立に向かうだろうとのダグラス・マッカーサー二世駐日大使からの勧告がダレス長官を動かし[10]、重光外相訪米をきっかけに、米国政府は安保条約改定に乗り出すことになった。その意味で、S・ヴェルヴィツキーが『日米軍事・政治同盟（一九五一―一九七〇年）』の中で、「重光代表団は現実的な成果を収めなかったが、安保条約の改定に関する将来の日米交渉に向けて道を拓いた」と評定しているのは、正鵠を射ている[11]。

一九五七年二月、石橋湛山首相の病気で内閣が退陣したのを受け、岸信介内閣が発足した。重光訪米に同行し、米国政府の安保条約改定問題に対する厳しい姿勢に直接肌で触れた岸新首相は、不平等な日米安保条約を改定し「日米友好関係の基本律」を自分の手で制定するため、新条約締結に向けて着々と準備を進めた。五月の第一次東南アジア諸国歴訪も、その一環であった。日本が東南アジア諸国に経済援助を実施し、それによって共産主義浸透阻止に努力する米国を支援し、安保改定につなげるというのが岸首相の戦術であった。

ソ連は岸首相の第一次東南アジア諸国歴訪をどのように見ていたのであろうか。五月一二日夜の日本向けモスクワ放送から判明するように、岸首相の東南アジア歴訪に対して、ソ連は当初静観の態度をとった。ところが、その後、批判に転じ、「岸首相は中国の国連加盟を時期尚早と発言しアジアを分裂させ、バンドン会議の成果を無効にしようとたくらんでいる勢力に支持を与えた」と主張し[12]、対日非難キャンペーンを開始したのである。そして岸首相の掲げる東南アジア開発基金構想についても、「米国の資本と日本の技術とアジアの原料・動力源を利用し、東南アジアの経済を発展させる」というのは建前にすぎず、その本質は「政治的にも経済的にも中国封じ込めを狙った『アジア版マーシャル・プラン』にほかならない」と断定するようになった。ここで留意すべきは、岸首相の第一次東南アジア歴訪に関するソ連の論評が、岸首相の歴訪を日米安保条約改定の布石や対ソ封じ込めの意図を持っていると、指摘しなかった点である。日米安保条約改定交渉の開始以前のソ連側の見解を分析するうえで、この点は重要である。

東南アジア諸国歴訪を終えた岸首相は、六月一九日からワシントンで開催されるアイゼンハワー大統領との首脳会談のため、慌ただしく米国に向け飛び立った。マッカーサー駐日大使からの働きかけもあってアイゼンハワー大統領は、日米安保条約の改定に応じる方針で岸首相を迎え、「(旧安保条約から)生ずる諸問題を検討するため政府間委員会の設置」に合意した。[13] 安保条約改定の糸口を見出すことをその渡米目的としていた岸首相は、所期の目標を達成したと分析できる。岸・アイゼンハワー会談の後に発表された共同声明の中に、「日米対等パートナーシップ」という文言が明記された。これは吉田茂首相が結んだ日米安全保障条約(旧安保条約)を米国側が「本質的に暫定的なもの」であると認めたことを意味する。

日米関係の現状分析に概して厳しい評価を下す傾向が強かったソ連は、岸・アイゼンハワー共同声明についても、批判的な分析を行った。例えば、日本外交に精通したA・セミョーノフは『国際問題』誌に発表した論文の中で、「岸首相は安保改定もしくは破棄に関し、米国から了承を取りつける代わりに『防衛同盟』委員会設置に同意を与え」、「米国の圧力に屈し、同国製のサイドワインダー誘導ミサイルを自衛隊に装備する約束までした」と論評した。[14] ソ連共産党機関紙『プラウダ』は日米共同声明を「平等なパートナーシップ」を謳ったものではなく、「不平等なパートナーシップ」を再確認したものにすぎないと切り捨てた。[15] こうした岸首相訪米の成果に対する厳しいソ連の見解は、社会党をはじめとする日本の野党の辛辣な評価とほぼ軌を一にしていた。

平和条約締結の呼びかけ

ここで特記すべきは、ワシントンでの岸・アイゼンハワー会談に照準を合わせるかのように、日米首脳会談前日の一九五七年六月一八日、フルシチョフ第一書記が、広岡知男・朝日新聞本社編集局長と延々三時間一五分にわたる異例の単独会見を敢行した点である。フルシチョフは日ソ貿易振興のほかに日中貿易の推進の必要性を力説する一方、日本が中国承認に踏み切れば、中ソ友好同盟相互援助条約にある日本を仮想敵国とする条項は改定すべきで、そのためにも日本が中国を承認すべきであると語った。さらに日ソ平和条約問題について言及し、「平和条約が成立すれば、直ちに歯舞、色丹は日本に引き渡されることになる」と述べた。さらに「もしも明日米国人が沖縄を日本に返したら、私は政府に対し平和条約締結以前に、歯舞、色丹を日本に渡すよう提案してもよい」と持ちかけるとともに、「自分が見るところでは、（日本は）米国に対し沖縄を返せときつく要求していない」と付言した。(16) フルシチョフ・広岡会談の記事は、『プラウダ』紙に大きく掲載された。

当時、フルシチョフ第一書記は厳しい試練に直面していた。一九五七年六月一八日から二一日まで開催されたソ連共産党幹部会において反フルシチョフ派のモロトフ第一副首相、マレンコフ副首相、カガノヴィチ第一副首相、それにドミトリー・シェピーロフ党書記（前外相）が、フルシチョフ解任を求める不穏な動きをし、フルシチョフは危うく失脚しそうになったのである。こうした情勢の中で、フルシチョフが日本のマスメディアと三時間以上にわたって会見し、日米接近を牽制するとともに日ソ関係改善に向けて意欲を燃やしていることを日ソ両国の新聞を通じて明らかにしたのは、特筆に値する。その後フルシチョフは必死で巻き返しを図り、逆にモロトフ、マレンコフ、カガノヴィチを「社会体制を異にする諸国との平和共存というレーニン主義的路線と緊張緩和に反対した」などの理由により、七月上旬、ソ連共産党中央委員会およびソ連最高会議幹部会から追放してしまった。

また一一月に、駐ソ・エジプト大使館主催のレセプションにおいて、フルシチョフは門脇季光・駐ソ大使に「条件などありません。調印しようじゃないか。そして片付けてしまおう。条件などあるなら、あとでも話し合えるではないか」と発言し、すみやかな平和条約調印を日本側に迫っているのも、見逃すことができない[17]。

あまり知られていないが、サルキソフ所長（当時）は、日ソ共同宣言調印後、ロシア人島民が歯舞、色丹から引っ越したと証言している[18]。一九五九年暮れに、ウラジオストクにあるソ連極東漁業局の情報収集員として色丹、歯舞を訪問した佐藤宏によれば、色丹も歯舞もロシア人の一般島民はほぼ引き揚げており、警備隊が残っていたが一日で撤退できるので、いつでも日本に渡せる状況だった[19]。こうした事実は、日ソ復交後も、フルシチョフが歯舞、色丹の両島返還で平和条約を日本と締結することをかなり真剣に考えていたことを物語っている。

一方、岸首相は日ソ平和条約問題について、どのような方針をとったのであろうか。一九五八年二月、衆議院予算委員会において、「日ソ共同宣言を発表したときから日本としてはソ連との間に平和条約が締結されるべきであると考えており、この交渉に応ずるべきであると思う」と述べ、日米安保条約の改定と同様に、日ソ平和条約締結に対しても積極的に取り組む姿勢を一時見せていた[20]。ところが、自民党内で論議が沸騰し、北方領土返還問題をめぐり対ソ強硬論が台頭してくると、慎重論に転じ始めた。そして、平和条約については、国後、択捉を含む北方領土をソ連が日本に返還する見通しがまずもって存在せねばならず、そうした見通しのない状態では平和条約締結交渉に入ることは毛頭できないと語るなど、後退した立場をとるようになったのである[21]。

中国に引きずられるソ連

一九五八年六月、第二期岸内閣が発足した。同内閣の優先課題はアイゼンハワー政権から日米安保条約改定への同意を取りつけ、日本に有利な形で交渉を進める点にあった。そのため、九月、安保改定に意欲を燃やす岸首相は、藤山愛一郎外相をワシントンに派遣した。藤山訪米に対して、ソ連政府機関紙『イズベスチヤ』は、「日米支配層は安保条約の不平等性から最大の利益を享受しており、日米双方とも安保改定の積極的理由を持ち合わせていない」と報じた[22]。ソ連の他の報道も総じて藤山・ダレス会談をめぐり否定的な見通しを立てていた。ソ連側は旧日米安保条約の内容に自負を持つダレス国務長官が「安保条約の不平等性を正す具体的な計画を全く持っていない[23]」と見て、藤山外相に、岸・アイゼンハワー会談からいくばくも経ていない段階で安保条約改定の同意を与えるとは、予測していなかったようである。

米国はなぜ岸首相の安保改定要請を受諾したとソ連は分析していたのであろうか。ソ連側の解釈は二つのグループに大別できる。第一は軍事的視座から説き起こすもので、一九五八年夏に勃発した金門・馬祖砲撃事件を契機に極東戦略の再検討を余儀なくされた米国が、「日米軍事同盟体制」の強化を図るべく条約改定に応じたとする[24]。他方、第二の流れに立つものは、政治および経済的角度から説明する。それによれば、日本経済の復興ならびに国際社会における地位の向上が日本の「独占資本ブルジョアジー」に日米関係の対等達成への欲求を募らせ、情勢変化を認識した米国が日本での立場を温存するために条約改定に同意したとする[25]。このように、安保条約改定に米国が賛意を示した理由について、ソ連の学者の間には見解の相違が存在した。日米安保改定交渉当時のソ連政府の公的見解は、前者の考え方にくみするものであった[26]。

安保条約改定が現実味を帯びてくると、ソ連は「岸内閣打倒」、「日米安保交渉阻止」を標榜して反岸キャンペーンを開始した。ソ連が反岸闘争を激化させるための有力材料として選定したのは、勤務評定、警察官職務執行法改正(以下、警職法と略称)それに日本国憲法第九条改正を示唆したとして物議を醸した米国NBC放送のセシル・ブラウン記者発言に対する岸首相の批判(一九五八年一〇月一四日)である[27]。そのうちでソ連が特に重視したのが、広範な「日本人民」を動員する可能性が最も高い警職法改正への動きであった。社会党や総評は国民の権利と自由を侵害するとして、警職法改正を糾弾した。

「西欧諸国の社会党よりはるかに進歩的な」日本社会党と「マルクス・レーニン主義をその行動指針とする」日本共産党に対し、警職法改正を断固阻止すべく統一戦線を結成するよう中ソ両国は繰り返し勧告した。しかし、一〇月中旬、社会党・総評等六六団体が設立した警職法改悪反対国民会議に、共産党はかろうじてオブザーバーの資格でのみ参加を認められた。この事実が示しているように、参加団体の種々の思惑が災いして、堅固な社共統一戦線は結成されなかった。そうした問題があったにせよ、警職法改定反対闘争を主たる媒体として、岸内閣に打撃を与えようとした中ソの政策は、ほぼ思惑通りの成果を収めたといえよう。一一月下旬、警職法改正法案が審議終了を理由に反古になった。

ここで強調したいのは、安保改定の動きに対し、ソ連よりも日本の隣国中国の方がはるかに大きな関心を寄せていた点である。中国が安保改定に強く反対したり日本に中立を求めたりしたのは、反岸・反米運動を最大限に高めるため安保改定反対運動が最も有効であったことに求められる(28)。他方、中国と違って首都モスクワが日本からかなり離れていることもあり、ソ連にとって在日米軍基地は直接的な脅威ではなく、クレムリンの日米安保体制批判は中国ほど激しくはなかった(29)。ソ連事情に精通した外交官西春彦によれば、ソ連は従来、日米安保条約はサンフランシスコ平和条約締結の際米国が無力な日本に押しつけたものだと繰り返し主張し、安保条約について日本を強く非難することはなかったとされる(30)。ちなみに、一九五四年一〇月に北京で発表された中ソ共同声明では、日本が外国の利益に奉仕するような安保条約その他の協定に束縛されていることに、「同情」の念が表明されている。

一九五八年一〇月、藤山外相とマッカーサー駐日大使の間で安保改定交渉が、東京で開始された。一一月一九日、中国政府は陳毅外相声明を出し、安保条約は「アメリカ帝国主義が日本民族を奴隷化する、一方的な不平等条約」であると強く非難するとともに、破棄ならびに中立政策の採用を求めた(31)。

こうした中国側の動きに引きずられるようにして、一二月二日になって、グロムイコ外相は門脇駐ソ大使に対し、安保改定に関するソ連政府の初の公式見解を伝える対日覚書（第一次グロムイコ覚書）を手交した(32)。同覚書は岸内閣が締結を急ぐ「新日米軍事同盟」が日中・日ソの善隣関係を阻害し、日本を戦争に巻き込む可能性が高いことについて言及した後、狭隘な国土に人口、産業ならびに文化が高度に集中している日本が核戦争勃発時においていかに脆弱であるか強調した。さらに畳みかけるようにして以下の指摘をしている。

ソ連政府の確信するところによれば、日本がかつて押しつけられた隷属的軍事義務を拒否し、沖縄および小笠原諸島を含む日本領土にある外国軍基地の撤廃を図り、一切の外国軍隊の自国領土からの撤退を迫ることは、全世界平和の強化および日本国民自身の利益に叶うものである。日本の安全は再軍備と戦争を放棄し、中立政策採用の可能性を開いている日本国憲法の規定を順守することによって最もよく保障される。（中略）ソ連政府は日本の中立を尊重することを厳粛に宣言する用意がある。

ソ連政府が戦後直接日本政府に対し中立政策を採用するよう明確に求めたのは、第一次グロムイコ覚書がおそらく最初である。この意味において、一二月二日付覚書は戦後ソ連の対日政策の一つの節目を形成しているといえる。日本外務省は、わが国の外交政策に対する内政干渉で、日米離間を意図したものであるとして第一次グロムイコ覚書を批判した。しかし、このソ連からの中立勧告は、同じく安保条約廃棄・中立日本実現を要請した陳毅外相声明直後に出されたためもあって、革新陣営に甚大な影響を与えた。例えば、第一次グロムイコ覚書公表の約一週間後、日本共産党幹部会は「日本人民の独立と安全への道」と題する声明文を党機関紙『アカハタ』に発表し、「中立的な立場は戦争を支持することになる」としていたそれまでの党方針を大幅に修正して、中ソ両国の勧告に完全に同調することを宣言した。

社会党は従来の消極的なスイス型中立論を改め、翌一九五九年一月、党中央委員会において、積極中立論を正式な党の方針とする旨の決議を採択した。積極中立論とは、軍事ブロックへの加盟拒否、冷戦介入反対、国際緊張緩和のための積極的努力、すべての国家との平和共存からなる四原則を骨子としたものであった。警職法改定騒動のあおりを受け、一二月一六日、藤山外相から、国内政局混乱を理由に安保条約改定交渉中断の申し入れがなされ、交渉が一時中断した。しかし、岸首相による警職法改定の試みが挫折した後、五九年四月中旬、安保改定交渉が再開した。

安保改定交渉再開とフルシチョフの関心

こうした状況の中で、ソ連は日本の安全を保障する方策を具体的に提示して、揺さぶりをかけてきた。一九五九年四月二〇日付のジャパン・プレスサービス本田良介専務理事に宛てた回答の中で、フルシチョフ首相（五八年三月就任）は、ソ連は日本の「永世中立」を保障する用意がある、保障の具体的形態に関し日本政府と討議すべきであるということは論を待たないが、しかし「ソ連、中国、日本および米国の間でアジアと極東の他の国家も参加可能な平和条約を締結すれば、それも日本の中立を確保する一方法たりうるだろう」と持ちかけてきたのである。さらにフルシチョフ首相は「アジア太平洋における非核地帯建設構想」に触れ、「核武装禁止地帯の創設が、国際緊張緩和およびアジアにおける戦争の脅威除去にとって有益である」と指摘した(33)。

フルシチョフ首相が提唱した構想には、米軍による核兵器の日本への持ち込み阻止のみならず、中国の核開発を牽制しようとする思惑も込められていた(34)。ソ連は当時中国が核兵器を保有することを阻止しようとしていた。一九五八年七月末、フルシチョフは、ロディオン・マリノフスキー国防大臣を帯同して訪中し、毛沢東主席や周恩来首相と会見した。その際、フルシチョフは、中国の兵器もしくは兵器の使用に対しソ連が統帥権を握りたいと述べ、中国側から拒否されている。

翌八月、台湾が支配する金門・馬祖両島に中国が砲撃を加え、両岸関係ならびに米中関係が緊張した。毛沢東主席によれば、中国が金門・馬祖に砲撃を加えたのは、中国が望むときに両島を「解放」できることを顕示するためであった(35)。金門・馬祖事件の発生を受けて、フルシチョフ首相は、アイゼンハワー大統領宛の書簡で、中国への攻撃はソ連への攻撃とみなすと警告し、台湾からの米軍の撤退を求め、中国の行動を擁護する姿勢を見せたが、こうした中国側の行動に衝撃を受け、フルシチョフ首相は、一九五九年九月に予定されていた初の訪米を控えた六月、新中ソ国防協定破棄を中国に通告し、原爆見本と原爆生産技術資料に加え中距離弾道ミサイルの見本などを提供するという約束を撤回した(36)。当時国内引き締めのため外敵米国の存在を必要としていた中国とは異なり、フルシチョフは、平和共存外交を推進しようとしていたのである。

新中ソ国防協定破棄の通告に中国が反発し、中ソ関係は急速に悪化した。一〇月、フルシチョフ首相は訪米の帰路訪中し、対中関係改善を模索したが、毛沢東主席との首脳会談で、ロシア革命後に軍事衝突を避けるため緩衝国として極東共和国（一九二〇～二二年）をつくった前例にならって、台湾を一種の緩衝国として独立させることを提案し、中ソ対立に拍車をかけてしまった。[37] フルシチョフ訪中の際、共同声明は出されなかった。しかし、中ソ両国は一枚岩を装いながら反岸・反安保キャンペーンを展開したのである。

対日批判の論調は、中国の方がソ連よりもはるかに激しかった。中国から見た場合、在日米軍基地は中国本土に対しにらみをきかせたり、米華相互防衛条約（一九五四年一二月締結）に基づき当時中華民国に駐留していた米軍を後方支援したりしているように思われた。一方、ソ連にとっては、在日米軍基地は中心部から遠く、自国を包囲する米軍基地の一部にすぎなかったのである。

とはいえ、ソ連が米軍による核兵器の日本への持ち込み阻止に努めたことは、指摘しておく必要がある。例えば、一九五八年五月、ザブロージン駐日ソ連臨時代理大使は、日本外務省に口上書を送り、日本に米国の核兵器や核兵器を搭載できる飛行機、ロケットが持ち込まれているという新聞報道の真偽を質した。[38] 日本外務省は事実無根と反論したところ、『イズベスチヤ』紙（五八年五月二〇日付）は、日本政府の説明はあいまいだと批判した。翌五九年五月、フェドレンコ駐日大使は「日本領内に米軍の原子ロケット基地が設置されていることは、周知の事実であって、これは隣国に対して脅威を与えるものである」としたうえで、「日本の安全保障の道は、核兵器にあるのではなく、外国軍基地を一掃して、中立政策をとることにある」と日本政府に申し入れた。

それに対し山田久就外務事務次官は、日本は「自国内に核兵器を持込んでいない故、日本からの脅威はありえない」と述べるとともに、「相手が鉄砲を持っているときに自分が槍をもつのでは何の役にも立たない」と反論した。[39]

安保改定交渉期に、日本に中立主義をとるよう勧告したり、核兵器の持ち込み阻止を求めたりして、中ソ両国は揺さぶりをかけた。同じころソ連は西独に対しても、核兵器が持ち込まれることや西独が核武装することを牽制する動きを見せている。

安保改定交渉が行われていた当時中ソ両国が展開した対日キャンペーンの目的および評価については、二つの対立する視点が存在している。第一の見解は短期的視野からそれを検討するもので、それによれば、中ソ両国の対日平和攻勢は、警職法改正反対闘争以後いわば中だるみ状態に陥っていた安保闘争に奮起を促し、翌一九五九年六月に予定されていた参議院選挙において、革新政党の勢力を大幅に伸長させることにその主眼を置くものであった[40]。このような視点からすれば、中ソの対日中立化攻勢は所期の目的を達成せずに終わったとする結論が導き出されよう。というのも、中ソ両国の対日中立化勧告は、日本の一般国民に内政干渉の印象を与え、それが災いとなって、安保改定問題を争点の一つに据えた第五回参議院選挙において、自民党の進出と革新陣営の後退という結果を生み出すことになったからである。

一方、安保闘争を本格的に分析したジョージ・パッカードに代表される第二の立場、すなわち中ソの熾烈な対日攻勢が日本国民に安保条約の危険な側面を痛感させ、一九五九年下半期に空前の規模で展開した反安保闘争を激化させる重要因子になりえたとする長期的視野から評価するとすれば、中ソ両国の対日キャンペーンは「多大なる勝利」とまではいえないにせよ、一定の成果を手中に収めたといえよう[41]。中国やソ連の新聞は空前絶後の規模で行われた安保改定阻止闘争を克明に報道した。ソ連の場合は、ドミトリー・ペトロフ（『イズベスチヤ』）、イーゴリ・ラティシェフ（『プラウダ』）両東京特派員が健筆を振るった。

Ⅱ　新日米安保条約調印後のフルシチョフ対日政策――日本中立化をめざしたのか

新日米安保条約調印と新条件の通告

新日米安保条約調印のため岸首相が訪米する直前の一九六〇年一月一四日、中国外交部は調印反対の声明を正式に発表した。そして岸内閣の危険性が新安保条約締結の形をとって、日本軍国主義復活と侵略的な米軍事グループへの日本の公然の参加となり現実化したとして、糾弾した。

一月一九日、新安保条約が調印された。ソ連はいかなる反応を示したのであろうか。岸首相が新日米安保条約に調印したのを見届けた後、極東ソ連軍管区司令官の論文や政府覚書を発表して、強硬な対日政策を展開し始めた。その先鞭をつけたのが、調印式の翌日、ソ連共産党機関紙『プラウダ』に大々的に掲載された「日本はどこへ行く」と題する極東ソ連軍管区オレグ・ペンコフスキー司令官の署名記事である[42]。その中で同司令官は新安保条約を日独伊三国防共協定になぞらえて痛烈になじり、中ソ両国に矛先を向けた「新日米軍事同盟」が調印された結果、「ソ連国民は歯舞ならびに色丹を日本に引き渡すことに困難を覚えるようになった」と批判した。ペンコフスキー論文が出た二日後、ソ連は太平洋上の目標に向け日本の上空越しにＩＣＢＭ試射実験を敢行して威圧した。

ここで確認しておくべきことが二点ある。第一点は、安保条約改定交渉当時、中ソ関係は悪化に向かっていたが、中ソがあたかも一枚岩であるかのように装って、ソ連が日本に対し揺さぶりをかけたことである。第二点は、新日米安保条約が中ソを対象とした軍事同盟にほかならないと対日批判をする一方で、ソ連がアイゼンハワー政権をほとんど非難していないことである。その理由としては、「平和共存外交」の旗を振りながら、フルシチョフ首相が対米関係の改善に一九六〇年前半ごろまで努力していたことと関連があった。

ペンコフスキー論文発表から一週間後の一九六〇年一月二七日、グロムイコ外相は門脇駐ソ大使に対し覚書（第二次グロムイコ覚書）を手交し、新日米安保条約はソ連や中国に向けられたものであると断じた[43]。すでに言及したように、日ソ共同宣言の出来栄えに不満を覚えていたフルシチョフは、新日米安保条約が締結されたのを口実にして、日ソ共同宣言の中で平和条約を締結したのちに歯舞・色丹を引き渡すことに同意していたのにもかかわらず、日本から全外国軍隊が撤退しなければ領土を引き渡さないとして、新たな条件を付け加えたのである。北方領土返還に一方的に新条件を付与した第二次グロムイコ覚書は、周恩来首相演説（一月二四日）や陳毅外交部長声明（一月二九日）などの中国の新安保条約非難と同じく、日本国内で大反響を巻き起こした。一九五六年一〇月の日ソ共同宣言調印の時点において、日米安保体制と在日米軍はすでに存在していた。したがって、国際法の見地からいえば、新安保条約調印は「事情の根本的変化」（*rebus sic stantibus*）を構成しがたく、日ソ両国の議会によって正式に批准された日ソ共同宣言の有効性を一方的に否定し、ソ連閣僚会議決定だとして北方領土返還に新条件を付与してきたソ連の態度は、不当であると指摘せざるをえない。

第二次グロムイコ覚書に対し、日本外務省情報局長は「国際約束」を反古にし、「全く国際信義に反するもの」であると厳しく抗議するとともに、「安保条約改正の機を捉え人心の攪乱を図り、日米離間を狙ったもの」であり、「我が国に対する内政干渉の現れである」と抗議した(44)。

二月八日、クリスチャン・ハーター国務長官がグロムイコ覚書は日本に対する不当な内政干渉である」と断じるに及び(45)、新日米安保条約をめぐり日米が中ソと対峙するという構図が、改めて鮮明に浮かび上がることになった。中国による新日米安保非難とあいまって、第二次グロムイコ覚書は二月一一日より開始された安保国会における与野党の対決を厳しいものとし、さらには安保条約阻止国民会議を中心に行われた院外の安保反対・反岸闘争を盛り上げる起爆剤となった。

それにしても、なぜフルシチョフ首相は日ソ共同宣言で約束された歯舞・色丹の引き渡しに新たな条件をつけたのであろうか。『ノーボエ・ヴレーミヤ』誌編集員レオニード・ムレチンによれば、在日米軍の規模削減に加え日本に対する米国の影響力を弱めることになるため、ソ連にとって新日米安保条約は旧日米安保条約よりもむしろ都合がよいものであった。安保条約改定を契機に歯舞・色丹返還にフルシチョフが新条件をつけたのは口実で、本当の理由は、米ソ関係が悪化していた当時、日本に島を返還することはソ連指導部の弱さを表すことになるとフルシチョフが政治局で説得されたためで、ムレチンはそのことを示す議事録が残っているはずだと記している[46]。とはいえ、ソ連が第二次グロムイコ覚書を日本側に渡した当時、ムレチンが指摘していたのとは違って、米ソ関係はひどく悪化していたわけではない。米ソ関係が悪化したのは、一九六〇年五月にシベリア上空で米軍のU２型偵察機がソ連によって撃墜されてからのことなのである。新条件をつけたのは、当時のクレムリンの権力闘争や中ソ対立と関連があると分析した方が説得的である。

クレムリンにおける権力闘争との関連から説明すると、次のようになる。モロトフ、マレンコフ、カガノヴィチ、シェピーロフらの反フルシチョフ勢力が一九五七年六月に引き起こした「反党グループ事件」を収拾したことで、フルシチョフの政治権力は強固なものになった。翌年三月には、ブルガーニン首相を突如解任して、自ら首相に就任し、党と国家機関の双方を掌握した。しかし、フルシチョフ新首相は日ソ共同宣言調印と北方領土問題に関する継続交渉を許した松本・グロムイコ書簡に同意したため、批判にさらされていた可能性がある。こうした状況の中で、中ソを対象とした新軍事同盟が日米間で調印されたと主張し、調印を逆手にとって北方領土返還に新条件をつけ、フルシチョフは批判の声を封じ込めようとしたのではあるまいか。オレーグ・ボンダレンコによれば、歯舞・色丹の引き渡しのハードルを高くした第二次グロムイコ書簡発表後、ソ連政府は色丹に漁業コンビナートを建設し、実効支配を強める動きを見せた[47]。

フルシチョフが歯舞・色丹の返還に新条件をつけたのは、中ソ対立の影響もあった。一九五三年、毛沢東主席の監修のもとで編纂された『中国近代史』が一九六〇年に再版となった。添付地図には「一八四〇〜一九一九年に強奪された中国領土」という説明がついており、そこには、帝政ロシアが中国から奪った広大なソ連極東の地域、モンゴル、中央アジアの大部分、東南アジア、琉球諸島などが含まれていたため[48]、ソ連は警戒した。一九六〇年当時、中ソ対立は悪化に向かっていたが、そうした国際環境の中で、ソ連が日本に北方領土問題で譲歩した場合、中国はソ連が弱いと判断して中ソ国境紛争で譲歩を迫ってくる恐れがある。そうした事態に追い込まれるのを懸念し、日米安保条約の改定を口実にして歯舞・色丹を日本に返還しないという方針をソ連が決定した可能性もある。(49)ソ連が歯舞・色丹の返還に新条件をつけてきたことにより、北方領土交渉に難問が増えた。

新日米安保条約の適用範囲への懸念

ところで、新日米安保条約のどの条項にソ連は懸念を抱いたのであろうか。ソ連が懸念を抱いたのは、軍事同盟を継続させるためには自助と相互援助が必要であるとした一九四八年に米上院が採択したヴァンデンバーグ決議の趣旨を日本の現状に照らし合わせ婉曲的に盛り込んだとされる第三条、および事前協議にかかわる第四条、さらに「極東の範囲」をめぐり論争を呼んだ第六条である。「（締約国は）武力攻撃に抵抗するそれぞれの能力を憲法上の規定に従うことを条件として、維持し発展させる」と定めた第三条を盾に、ソ連は日本が国際情勢の緊張緩和と憲法第九条の精神に逆らい再度軍国主義と侵略の道を歩み始めたと非難した。第四条に記された事前協議については、在日米軍の行動を実質的には拘束するものには少しもなっておらず、安保反対派の不満を抑えるため挿入された「有名無実の政治的取り決め」にほかならないと酷評した。(50)

ソ連がしきりに気にした新日米安保条約の第六条に関していえば、「極東の範囲」とは「フィリピン以北、中国沿岸、沿海州と日本の周辺を含む一帯である」とする参議院予算委員会における藤山外相発言（一九五九年一一月一六日）および「ソ連は極東に含まれていると思う」とする米上院外交委員会におけるハーター国務長官発言（六〇年六月七日）などに言及し、新条約が中ソならびにアジア諸国に矛先を向けた攻撃的軍事同盟であることを、ソ連が日本国民の間に印象づけて反米感情を高揚させ日米離間を図ろうとしたことは否めない。

新日米安保条約に関する国会審議は、「極東の範囲」をめぐる政府の不統一な答弁などが原因となり、日を追って白熱化していった。この時期を捉え、二月二五日、三月一日、四月二二日と再三にわたり、ソ連は新日米安保条約調印を攻撃する対日覚書を出した。一連の覚書の中で、日本の北方領土返還要求を「復讐主義への危険な傾向の現れ」

と決めつける一方、「新日米軍事同盟締結に関して生ずる結果に対する一切の責任は日本政府にある」と警告を発し、国会論戦で苦慮する岸内閣に圧力を加えた。

U2型偵察機撃墜事件

こうした情勢の中で、一九六〇年五月一日、内外の批判の矢面に立たされていた岸内閣に、不測の事態が降りかかった。U２型偵察機撃墜事件がそれである。高空から精密な地上写真を撮影できる米国のU２型偵察機がシベリア上空を飛行していたところ、ソ連軍によって撃墜された挙げ句、米国人パイロットが捕らえられたのである。事件発生により、キャンプ・デイヴィッド精神に象徴される東西緊張緩和ムードは、急速に色あせてしまった。米国の偵察機は何年もの間ソ連領空で偵察飛行を行っており、グロムイコ外相は、領空侵犯を中止させるためには、強い抗議と警告で十分という判断から、米国の偵察機を撃墜しないようフルシチョフ首相に助言していた(51)。ところが、フルシチョフはグロムイコ外相の助言を無視し、U２型機撃墜命令を出してしまった。こうした命令を出したのは、フルシチョフの対米協調外交が行き詰まっていたことが、理由として指摘できよう。

U２型偵察機撃墜事件発生後、ソ連領土内で撃墜されたU２型偵察機（複数）が天候観測の名目で在日米軍厚木基地にも配置されているというニュースが日本国内で流れた。それだけに「もしも他の偵察機がソ連上空で発見されれば、ソ連はこのような飛行機に基地使用を許した国家に対し報復処置をとるであろう」とする趣旨のフルシチョフ首相演説（五月九日）やマリノフスキー国防大臣の同旨の発言（五月二二日）は、東京株式市場の株価の急落をもたらすなど、大きな波紋を各方面に投げかけた(52)。U２型偵察機撃墜事件は日米安保体制への疑惑を増大させるとともに、新安保条約への反対闘争をさらに激化させる原因になった。

一方、新日米安保条約の批准を急ぐ岸首相は、アイゼンハワー大統領の訪日が予定されている六月一九日までに批准手続を完了すべく、五月一九日深夜、強行採決に踏み切った。日本の世論は、政府与党のこうした行動を議会民主主義の精神に反する暴挙であると非難した。強行採決が敢行された五月一九日から約一カ月間、日本は戦後最大の政治危機に見舞われた。

六月一〇日、アイゼンハワー大統領の訪日の打ち合わせのために来日したハガチー新聞係担当秘書が羽田空港でデモ隊に取り囲まれ、米軍のヘリコプターで救出されるという事件（ハガチー事件）が起こったり、六月一五日には国会構内に全学連が乱入したデモで東大生樺《かんば》美智子さんが死亡した結果、六月一六日に予定されていたアイゼンハワー大統領の来日が突然中止となった。公開された外交文書によれば、宮内庁の原田健式部官長から儀典長に電話が入り、昭和天皇を引き出してはいけない。大統領と同乗させてはいけないという天皇の安全を危惧する投書が多く来ているとの連絡があった。政府内部で検討した結果、アイゼンハワー大統領来日を断ることになった。(53)

ここで問われるべきは、六月一〇日のハガチー事件、六月一五日の全学連国会突入事件、六月一六日のアイゼンハワー大統領訪日中止発表に象徴される政治危機が、果たして岸首相が主張したように「国際共産主義の謀略」により惹起されたものであったのかという点である。原水爆禁止日本協議会（日本原水協）安井郁理事長が明らかにしているように、日米安保体制に批判的な勢力に一定額の闘争資金が共産圏から流入したことは事実であり、一九五八年および五九年にわたり、中ソはそれぞれ原水協に対し、五〇〇〇ドル供与したと発言している。(54) ＫＧＢは自分たちの役割を高く評価しているが、(55) 海外からの物質的援助が安保闘争の基本構造を大きく変えたと断定することはできないであろう。なぜならば、安保改定当時日本を襲った政治危機は、岸内閣の強硬採決が主因だったからである。

新日米安保条約批准とフルシチョフの抑制された反発

六月二三日、新日米安保条約の批准書交換直後、岸首相は政治的混乱の責任をとって辞任した。一週間後の三〇日、ソ連政府は同条約締結に関する総括的な声明を発表した。(56) その中で新条約を「米支配層の破産した政策」が生んだ「もう一つの醜悪な申し子」であると厳しく糾弾し、日本の運命にとっての新日米安保体制の危険性を改めて指摘した。さらに、「日本の軍事同盟参加政策の放棄および日本領土にある外国軍基地の撤廃こそ、世界平和ならびに諸国民間の友好強化に対する重要な貢献となるであろう」と主張し、従来のソ連政府の公式見解を改めて強調した。しかし、同声明文を分析する場合、看過されてはならないのは、次の一節である。

ソ連国民は身近な隣人である日本に対して平和ならびに友好裏に暮らし、平等・独立および主権の相互尊重、内政不干渉の原則に基づいて協力する以外に、何の他意も抱いていない。ソ日両国間に真の善隣関係が確立されれば、それは疑いもなく両国民の利益のみならず、全世界平和強化の利益にも合致するであろう。

ソ連政府の声明文について注目すべき点は、日ソ友好促進の必要十分条件として、ソ連が新日米安保条約の破棄を必ずしも強く要求してはいないということである。ソ連は日米安保の批判キャンペーンを展開したが、前述のように実際には旧安保条約に比べ新日米安保条約の方がソ連にとってはるかに都合がよかったのである。内乱条項が削除されたり、条約期間が明記されたり、事前協議制が導入されるなど、新たな足かせが米国に加えられたからである[57]。

日米安保体制はソ連にとって脅威をもたらすものではなく、むしろ日本の軍事大国化を阻止するメカニズムであるばかりか、中ソ関係が悪化する中で日本の中国接近を食い止めるうえでも役に立つと、フルシチョフ首相は現実的に認識していたという点を指摘しておきたい。現に、新日米安保条約発効後の一九六〇年夏、ソ連は北方領土に配備していた軍隊を撤退させている。これはソ連が新日米安保条約に軍事的脅威を感じていなかったことを雄弁に物語っている。ソ連は第二次世界大戦後、択捉に二個狙撃師団、国後・択捉両島に防空戦闘機約四〇機を配備したが、一九六〇年夏、地上軍を引き揚げ、国後島に展開していた防空戦闘機をサハリン本島に移動した。その結果、国後島、択捉島には国境警備隊、択捉島には防空戦闘機が配備されるだけとなった。ソ連軍増強が始まったのは、一九七八年夏ごろのことで、これは日本が中国と平和友好条約の締結交渉を行っていた最中にあたる[58]。

岸首相辞任後、池田勇人内閣が発足した。北方領土問題について日本政府との間に激しい意見の応酬はあったものの、ソ連は新日本安保条約への非難を漸次和らげ、モスクワで開催された日本産業見本市へのフルシチョフ首相の視察（六〇年九月）、ミコヤン第一副首相の来日（六一年八月）、ユーリー・ガガーリン宇宙飛行士の来日（六二年五月）、貝殻島水域における日本人漁夫の昆布漁許可（六三年六月）に証左されるように、積極的に日ソ関係修復に乗り出してきた。ミコヤン副首相は一九六四年五月に再来日している。そこには中ソ対立の進行という国際政治のファクターとシベリア開発促進というソ連国内経済のファクター双方が働いていたのである。

おわりに

日ソ共同宣言調印後、フルシチョフの対日政策はいかなる成果を上げたのかを総括してみたい。まず日ソ経済関係での成果を分析すると、ソ連はおおむね満足すべき成果を手中にしたように思われる。フルシチョフは、経済復興の目覚ましい工業国日本との間に安定的で長期的な通商関係を樹立し、それによってシベリアおよびソ連極東の開発に必要な開発資材や工業機械などを輸入する道を拓こうとした。この目的を成就するため、日ソ貿易の有望なる将来性、原料需要国日本と原料提供国ソ連の相互補完性の存在および日米経済関係の不平等性を強調する一方で、数次にわたり産業視察団を日本に派遣したり、一九五八年四月に大阪で開催された国際見本市に戦後初めて参加したりするなど、日ソ経済関係発展にかなり意欲を見せた。一九五七年一二月に日ソ通商条約（有効期間五年）および日ソ貿易支払協定（有効期間一年）を締結したのを皮切りに、六〇年三月には念願の長期取り決めである日ソ貿易支払協定の調印に漕ぎつけた。法的基盤が整備された結果、日ソ貿易は大きく伸張した。

安保改定をめぐる日ソ両国の政治的緊張にもかかわらず経済関係が順調に発展した主な理由は、経済よりも政治を優先させ、長崎国旗事件を契機に日中貿易中断をも躊躇しなかった中国とは一線を画し、ソ連が日ソ貿易を実務的に伸長させるとの方針を堅持した点によるところが大きい。ソ連は中国と一枚岩であるように装って安保改定に反対したが、実際には安保条約改定期の中ソの対日政策の間にはかなりの相違が存在したのであった。

新日米安保条約が批准され、ソ連が標榜した非核・永世中立および野党連合政権が実現しなかった点を捉え、ソ連の対日政策が完全に失敗に終わったとする見解がある。しかし、こうした分析は、いささか短絡的である。なぜならば、日本の核武装問題を別にすれば、安保廃棄・永世中立・野党連合政権の実現は、わが国が当時置かれていた国際環境ならびに国内環境から判断して達成しがたいものであり、現実主義者のフルシチョフがこれらを早期に成就可能な目標として位置づけていたとは考えにくいからである。

ここで特記すべきは、「新日米軍事同盟」調印直前の一九六〇年元旦、フルシチョフ首相が日本国民に宛てたメッセージである(59)。その中には、日米安保条約の破棄や日本の中立化を求める言辞は一切なかった。逆に、同メッセージが一九六〇年を日ソの「交流拡大」から「善隣関係」確立へ向かう年として規定していた点は、看過すべきではあるまい。ソ連の安保条約批判には中国の対日批判に引きずられていた側面があった点を改めて確認しておきたい。日米間にくさびを打ち込むというのがソ連の対日政策の長年の目標であったが、フルチショフは当時、日米安保体制の解消を強く求めていたわけではない。日米安保体制が日本の本格的再軍備や核武装を防ぐとともに、北東アジアの安定に資することを、ソ連の最高指導者は現実的に認識していたのである。ソ連が最も危惧したのは、新日米安保条約の適用範囲がソ連極東に及ぶ可能性がある点であった。

ソ連は安保騒動のさなかの一九六〇年三月、打倒すべき岸内閣と従来の一年に代わり三年を有効期間とする日ソ貿易支払協定を締結した。一九五九年九月のフルシチョフ首相の訪米、アイゼンハワー米大統領とのキャンプ・デイヴィッド会談に象徴されるように、当時、フルシチョフは平和共存外交を推進していたのである。現実主義者のフルシチョフは日米安保体制の早急な解体は求めてはいなかった。ミコヤン副首相は、「日本が中立政策を採用すれば、中ソ友好同盟条約の中の対日軍事条項を破棄してもよい」と語ったことがあるが、日本がこうした提案を受け入れると思っていたわけではあるまい(60)。通説とは異なり、フルシチョフは安保破棄・永世中立・野党連合政権の実現をあくまで長期目標として設定していたと結論づけられる。

（1）岡部達味『現代中国の対外政策』東京大学出版会、一九七一年、および George Packard III, *Protest in Tokyo: The Security Treaty Crisis of 1960*（Princeton: Princeton University Press, 1998）; Paul Langer, "Moscow, Peking and Tokyo," in Kuri London, ed., *Unity and Contradiction*（New York: Fredrick A. Praeger, 1962）.

（2）Donald S. Zagoria, "The Soviet Union and the Far East," George T. Yu, ed., *Intra-Asian International Relations*（Colorado: Westview Press, 1977）, pp. 69–77.

（3）『朝日新聞』一九五七年一月三〇日および *Pravda*, 1957. 6. 30.

（4）『朝日新聞』一九五七年三月一九日。

（5）『朝日新聞』一九五七年三月一六日。

（6）『朝日新聞』一九五八年五月一〇日。

（7）日ソ通商条約の締結過程、意義、問題点については、*The Oriental Economist*, October 1957, pp. 502–503 および January 1958, p. 3 を参照されたい。

（8）『朝日新聞』一九五九年一月二九日。

（9）喜入亮『日ソ貿易の歴史』にんげん社、一九八三年、五五頁。

（10）ダグラス・マッカーサー二世駐日大使は、ダグラス・マッカーサー元帥の甥にあたる。日米安保条約改定をめぐる同大使の動きについては、安保改定当時駐日米大使館一等書記官として日米交渉に参加したリチャード・スナイダーへの筆者のインタビュー（一九八〇年一月二〇日）ならびに Richard L. Snyder, *U. S.-Japanese Security Relations: A Historical Perspective, Occasional Papaers of the East Asia Institute*（New York: Columbia University, Press 1982）, pp. 27–29 による。

（11）S. I. Verbitskii, *Yapono-amerikanskii voenno-politicheskii soyuz*（1951–1970 gg.）(Moskva: Nauka, 1972), p. 28.

（12）*Pravda*, 1957. 6. 9. 岸首相の東南アジア歴訪に対するソ連の反応については、*Pravda*, 1957. 9. 7 および D. Vasil'ev, "Yaponiya i strany Azii," *Novoe vremya*, no. 25, 1957, pp. 6–8 も参照。

（13）神谷不二編「日米首脳会談の軌跡」、神谷編『日本とアメリカ——協調と対立の構造』日本経済新聞社、一九七三年、一八一〜一八五頁。

(14) A. Semyonov, "Japan's Foreign Policy," *International Affairs*（Moscow）, April 1958, p. 31.

(15) *Pravda*, 1957. 6.5.

(16) *Pravda*, 1957. 6.30 および『朝日新聞』一九五七年七月二日。

(17)『朝日新聞』一九五七年一一月一四日。

(18) *Japan Times*, March 3, 1993.

(19)『マヤーク通信』一九九三年三月五日および *Japan Times*, March 3, 1993.

(20)『朝日新聞』一九五八年二月一一日。

(21)『朝日新聞』一九五八年二月二〇日。

(22) *Izvestiya*, 1958. 9. 4.

(23) *Ibid.*

(24) V. F. Kovtun ed., *Istoriya mezhdunarodnykh otnoshenii na Dal'nem Vostoke, 1945–77gg.*（Khabarovsk:1977）, p. 261.

(25) Dmitrii Petrov, *Yaponiya v mirovoi politike*（Moskva: Mezhdunarodnye otnosheniya, 1973）, pp. 79–80.

(26) *Pravda*, 1958. 12. 3.

(27) *Izvestiya*, 1958. 10. 23.

(28) 岡部『現代中国の対外政策』、一〇一頁。

(29) Langer, "Moscow, Peking and Tokyo," p. 213.

(30) 西『回想の日本外交』、一八四頁。

(31) 外務省中国課監修『日中関係基本資料集』霞山会、一九七〇年、一五四頁。

(32) *Pravda*, 1958. 12. 3.

(33) "N. S. Khrushchev Replies to R. Honda.," *International Affair*（Moscow）, May 1959, pp. 3–5.

(34) Ulam, *Expansion and Coexistence*, p. 621.

(35) Mikhail Kapitsa, *Na raznykh parallelyakh: Zapiski diplomata*（Moskva: Kniga i biznes, 1996）, pp. 149–151.

(36) Odd Arne Westad, ed., *The Rise and Fall of the Sino-Soviet Alliance 1945–1963*（Washington, D. C.: Woodrow Wilson Center Press,

1998), p. 233.

(37) 呉冷西『十年論戦　一九五六〜一九六六年　中ソ関係回想録』(『読売新聞』一九九九年五月二八日から再引用)。

(38) 『朝日新聞』一九五八年五月一六日。ミコヤン一行は、日本の経済・社会の発展ぶりに驚いたらしい。佐々淳行『私を通りすぎた政治家たち』文藝春秋、二〇一四年、一六八頁。

(39) 「山田次官とフェドレンコ大使との会談録」一九五九年五月一五日、外務省記録 C'4005-1(外務省外交史料館所蔵)。

(40) *New York Times*, May 5; May 16; May 17, 1958.

(41) Packard, *Protest in Tokyo*, p. 186.

(42) *Pravda*, 1960. 1.20.

(43) 茂田宏・末澤昌二編著『日ソ基本文書・資料集』世界の動き社、一九八八年、一六二頁。

(44) 南方同胞援護会編『増補　北方領土問題資料集』南方同胞援護会、一九六六年、一九一〜一九二頁。

(45) 『読売新聞』一九六〇年二月九日夕刊。

(46) *Novoe vremya*, no. 27, 1990, p. 13 および『読売新聞』一九六〇年六月三〇日。

(47) Bondarenko, *Neizvestnye Kurily*, p. 120.

(48) 坂本直道『中ソ国境紛争の背景』鹿島研究所出版会、一九七〇年、一九〇頁。

(49) 森本良男『日本にとってのソ連――不気味な隣人がわかる11章』サイマル出版会、一九八〇年、二二四頁。

(50) M. Markov, "Opasnyi zagovor," *Novoe vremya*, no. 6, 1960, p. 3.

(51) Arkady N. Shevchenko, *Breaking with Moscow* (New York: Ballantine Books, 1985), p. 122.

(52) *Pravda*, 1960. 5.10. および『朝日新聞』一九六〇年五月三一日。

(53) 「米大統領訪日に関する件」一九六〇年六月七日、外務省記録 A'-014,(外務省外交史料館所蔵)。

(54) *New York Times*, July 26, 1959.

(55) Christpher Andrew and Vasili Mitrokhin, *Mitrokhin Archive II: The KGB and the World* (London: Allen Lane, 2005), p. 297.

(56) *Pravda*, 1960. 6.30.

(57) A. E. Zhukov, ed., *Istoriya Yaponii*, vol.II (Moskva: Institut vostokovedeniya RAN, 1998), p. 57.

(58) 『朝日新聞』一九七九年一〇月三日。

（59）『読売新聞』一九六〇年一月一日。

（60）日本社会党日ソ問題特別委員会編『日ソ問題関係資料集』日本社会党、一九七八年、五〇頁。

第6章　米中接近とブレジネフの対日牽制外交

はじめに

一九七一年七月、リチャード・ニクソン米大統領が突然訪中計画を発表し、世界を激震させた。ニクソン大統領が訪中計画を発表するにあたって同盟国の日本に事前に相談しなかったことから、日本はニクソン訪中発表に強い衝撃を受けた。「ニクソン・ショック」は朝鮮戦争勃発以来続いていた米中対立時代に終止符を打つとともに、米中接近時代の幕開けを告げるものであった。米中接近の動きに対して、ソ連はいかなる反応を示したのか。米中接近が日本にもたらしたインパクトについては、さまざまな研究がなされているが、ソ連の反応はあまり本格的に研究されていない。

本章で主として検討したいのは、次の六点である。①フルシチョフ失脚後、一九六〇年代にレオニード・ブレジネフ政権はいかなる対日政策を展開したのか、②ニクソン大統領の訪中計画発表や田中首相訪中にソ連はどのような反応を示したのか、③ブレジネフ政権は反ソ的な日中平和友好条約が締結されないよう、どのような動きをしたのか、

④一九七三年一〇月、クレムリンで開催された田中・ブレジネフ会談でソ連は何を狙ったのか、⑤ブレジネフ政権の対日政策はどのようなプロセスで形成されたのか、最後に⑥ブレジネフの対日外交は、いかなる成果をあげたのか。ブレジネフの対日政策を米中ソのトライアングルの中で捉えつつ検証を試みることにする。

ブレジネフの対日政策の研究には一次資料が不可欠だが、アナトーリ・ドブルイニン駐米大使、アルカジー・シェフチェンコ（アンドレイ・グロムイコ外相顧問）、オレグ・トロヤノフスキー駐日大使、ミハイル・カピッツァ・ソ連外務省第一極東部長（いずれも当時の肩書）といったソ連外交官の回顧録が刊行され、さまざまな興味深い事実が明らかになっている。また、ニクソン大統領やヘンリー・キッシンジャー大統領特別補佐官のメモワールなども、貴重な情報を与えてくれる。こうした資料などを使いながら、米中接近時代のブレジネフの対日政策を解明したい。

Ⅰ　中ソ対立とブレジネフの対日政策の始動

ブレジネフの対日政策の二つの目的

一九六四年一〇月、フルシチョフ首相が失脚し、ブレジネフ政権が登場した。一九六〇年代後半、ブレジネフ政権は、どのような対日政策を展開したのであろうか。少なくとも二つの特色を挙げることができる。第一の特色は、高度経済成長の道を歩む日本と友好関係の推進に努め、日ソ貿易の伸張に力を入れるとともに、シベリア開発を推進するため日本の協力を獲得することであった。一九六六年一月、日ソ貿易支払協定が調印された。同年三月、シベリア開発に関する第一回経済合同会議が東京で開催され、日ソ経済協力に勢いがついた。

ブレジネフの対日政策の第二の特色は、日中接近の牽制である。中国はサンフランシスコ平和条約締結当初、歯舞・色丹両島は北海道の一部であるとして、二島返還論の立場をとっていたが、中ソ関係が悪化した結果、一九六四年日本の北方四島返還要求を公然と支持するようになった。こうした情勢において、ソ連は北方領土問題で譲歩するのをためらいながらも対日接近外交を推進した。一九六六年七月、グロムイコ外相が来日した。戦後日ソ史上初のソ連外相の訪日であった。中国はソ連の対日接近外交を警戒し、中国包囲を狙う「日米ソ三国神聖同盟」をめざすものであると糾弾した。[1] 日本に対する中ソの働きかけが活発化する中で、一九六七年七月、三木武夫外相が第一回日ソ外相間協議のために訪ソし、平和条約問題などについてソ連側と協議した。その際、アレクセイ・コスイギン首相は、北方領土問題を棚上げにして「中間的文書」の作成を持ちかけソ連の方に引きつけようとしたが、日本にとってさほど魅力がないものだったため同意を獲得することはできなかった。

一九六八年四月、日米両国は小笠原諸島返還協定に調印した。続いて翌年一一月、ニクソン大統領は日米首脳会談において佐藤栄作首相に対し、沖縄の施政権を「二、三年以内」に日本に返還することを約束した。佐藤首相は沖縄返還に意欲を燃やした。ドミトリー・ペトロフの『世界政治の中の日本』[2] からは沖縄返還実現後、米国が北方領土返還要求運動を日本政府に促すことをソ連が危惧していたことが判明している。

ロシア政府公文書委員会「現代資料保存センター」に保存されているチャソブニコフ在京ソ連大使館参事官発のソ連共産党国際部あて機密文書（一九七〇年一月二〇日付）によれば、佐藤首相は訪ソから帰国した親ソ派の石田博英・自民党議員に対し、「北方領土問題の解決法を徹底的に考えるべきだ」と述べた後、「日本はソ連が戦後南クリル（北方領土）に投資した金額を支払って島を買うことができる」と語って、沖縄の本土復帰後、北方領土問題に取り組む姿勢を見せた。同機密文書は党中央委員会国際部を通じてグロムイコ外相にも送られた。[3] しかし、日本に北方領土を売却するという案にクレムリンは賛同しなかった。

珍宝島事件のインパクト

一九六〇年代、中ソ対立は悪化の一途をたどっていたが、六九年三月二日、ソ連極東のウスリー河に浮かぶ珍宝島《ちんぽうとう》（ダマンスキー島）で中ソ武力衝突が発生した。中国国境警備隊が中ソ東部国境にある珍宝島に姿を見せ、ソ連国境警備隊が島から撤退せよと警告するため近づいていくと中国側が発砲し、ソ連国境警備隊員数十人が死傷したのである。(4) 当時中ソ関係は緊張していたが、ソ連は中国側が先制攻撃に出るとは考えていなかった。カピッツァ外務省極東部次長によれば、中国軍（筆者注――実際は、中国国境警備隊）が「まったくの不意打ち」をかけてきたのである。(5) 中国の文革派が国内で民族主義的気運を強めるため、挑発的行為に出たというのがソ連側の主張である。約二週間後、武力衝突が同島で再度発生し、今度はソ連側が報復した。ソ連崩壊後の一九九三年にロシアが公表した調査結果によれば、二度にわたる武力衝突事件でソ連側は戦死者五八名、負傷者九四名を出した。中国側は死傷者数を詳細に公表していない。(6)

珍宝島事件後、ハバロフスク近くの八岔島（ゴルジンスキー島）や新疆ウイグル地区でも中ソ間の武力衝突事件が起きた。一九五〇年代末から悪化してきた中ソ対立は、最悪の局面を迎えたのである。こうした情勢の中で六九年六月、世界共産党労働者会議でブレジネフ書記長はアジア集団安全保障構想（以下、アジア集団安保構想）を発表した。(7) 同構想は、ソ連とアジア諸国とで二国間条約を締結して、ソ連を中心とした対中封じ込め網を構築することにその目的があった。アジア集団安保構想に対するアジア諸国の反応は、中ソ対立に巻き込まれることを恐れ、おおむね芳しいものではなかった。珍宝島事件発生の衝撃を受けて、東西両面作戦を回避するため、ソ連は西ドイツに接近したり、欧州で緊張緩和外交を推進したりした。さらに米国にも接近したが、ソ連は米中接近の阻止にすぐには動かなかった。

珍宝島事件がソ連の対日政策に与えた影響についてはさまざまな見方があるが、ソ連は直ちに日本に対して積極的な接近政策を採用しようとはしなかった。確かに、一九七〇年に大阪で開催された万国博覧会にソ連は参加した。また翌年三月に開催された第二四回ソ連共産党大会での演説で、ブレジネフ書記長（一九六六年、新書記長に就任）は日本の経済成長に注目し、米国、西欧諸国と並んで日本は資本主義経済の中心の一角を構成しており、ソ連は日本との互恵協力をさらに進める可能性があると語っていた。(8) しかし、当時、ブレジネフ書記長は従来通り「政経分離の原則」に基づき対日関係を改善していけば十分であると考えていたのである。ちなみに、日ソ貿易は六〇年代に拡大し、七〇年にはソ連にとって日本は西側諸国の中で第一位の貿易相手国の地位を占めるまでに至った。同年の日ソ貿易高総額は、輸出入あわせて八億二〇〇〇万ドルを超えている。

一九六四年五月、ミコヤン副首相が再び来日してソ連経済委員会の立ち上げを提案し、日本との経済関係の発展を呼びかけた。翌年、財界の支援を得て日ソ経済委員会が設立され、多くの実務協定が両国間で結ばれた。日本の総合商社が支払いを心配することなくソ連と貿易ができ、カントリー・リスクが小さかったことや、シベリア・ロシア極東開発のためにブレジネフ政権が進めた大型プロジェクトに日本商社が関与できたことなどが、好結果を生んだ要因である。(9) 一九六〇年代後半から七〇年代初めにかけて、日ソ関係が進展した。六六年に始まった文化大革命を契機に中国が革命外交を推進したため、対中脅威論がソ連で高まったことも、対日接近の要因として指摘できよう。(10)

ブレジネフ書記長は北方領土問題について、どのように考えていたのであろうか。一九六九年一一月、ニクソン大統領は日米首脳会談で佐藤栄作首相に対し、沖縄の施政権を「二、三年以内」に日本に返還することを約束した。米国は日米安保条約の固定期間一〇年が切れる一九七〇年を無事に乗り切るため、「沖縄カード」を使ったのである。一方、ソ連は沖縄返還実現後、北方領土返還要求運動が激しくなると内心戦々恐々としていた。

欧州方面に目を転じると、一九七〇年八月、ソ連と西独は、何人に対しても現在ならびに将来ともいかなる領土的要求を行わない点を宣言した条約を締結した。その中でポーランドとの国境を構成するオーデル・ナイセ線と東西ドイツの国境を含む全欧州の国境を不可侵とみなすことや欧州における現存国境の変更を求めて武力を行使しない点を誓約した。独ソ両国は平和条約を締結はしていないが、このようにして、両国の間の国境紛争に決着がついたのである。(11)

Ⅱ　二つのニクソン・ショックとソ連の対日政策

第一次ニクソン・ショックとソ連の反応

一九七一年七月一五日午後一〇時三〇分、ニクソン大統領は「周恩来首相の招待で翌七二年に訪中する」と電撃的にテレビ演説で発表し、世界中に衝撃が走った。これが第一次ニクソン・ショックである。米国は、「三分前の事前通告」を同盟国の日本に行ったにすぎなかった。[12] 突然のニクソン訪中発表により、親米を自負する佐藤首相は、面目を失うことになった。他方、ソ連に対しては当日朝九時にキッシンジャー補佐官がドブルイニン駐米大使にわざわざ電話をし、ニクソン訪中について詳細に事前通告をしている。[13] ドブルイニンによれば、頭越しに発表した場合にソ連との関係が悪化するのを恐れ、事前に通告したということである。[14]

ニクソン訪中発表に対し、ソ連は冷静を装った。『プラウダ』紙は、騒ぎ立てるには及ばないと論評した。だが、一九七〇年から七三年までグロムイコ外相の顧問の地位にあったシェフチェンコによれば、ブレジネフ書記長は、米中和解を予測できなかったグロムイコ外相を激しく叱責したという。[15] このことはブレジネフがニクソン訪中の電撃ニュースにいかに衝撃を受けたかを証左している。グロムイコ外相は何週間も憂鬱な顔をしていたとされる。グロムイコは米中間には台湾問題が存在しており、米中和解はきわめて困難と判断していたのである。

ニクソン訪中計画発表後、ブレジネフ書記長は、対中政策を含む外交政策を再検討するための協議を開始し、米中が反ソ的な統一戦線を構築するのを未然に防止するため、対米接近を加速することにした。第一次ニクソン・ショックの後、ソ連はそれまで消極的であった米ソ首脳会談開催にも熱を入れるようになった。

第二次ニクソン・ショックと対日接近政策の積極化

第一次ニクソン・ショックから一カ月後の八月一五日、ニクソン大統領は、ドルと金の兌換の一時停止と、一〇%

の特別課徴金を暫定的に輸入品に課すことを骨子とする新経済政策を突如発表して、再度世界を驚かせた。これが第二次ニクソン・ショックである。第二次ニクソン・ショックは、対米輸出に力を入れてきた日本を激しく揺さぶり、日米関係に亀裂が走った。

すでに分析したように珍宝島事件後、ソ連は対日接近政策を本格的に始動しなかった。ところが、第二次ニクソン・ショック後、日本との関係改善に積極的に乗り出すようになった。ソ連にとっての最悪のシナリオは、中国と日本が国交を正常化し、さらに米国とも連帯して反ソ協商を結成することであった。実際、第二次ニクソン・ショック後、ドブルイニン駐米大使は、キッシンジャーに対し日本が対中傾斜を強めるのではないかと述べ、率直に懸念を表明している[16]。

翌一九七二年二月のニクソン訪中直前、ブレジネフ書記長はグロムイコ外相を日本に急遽派遣し、微笑外交を開始した。ソ連は北方領土問題を日本と協議するのを好まず、長年グロムイコ外相の訪日をかたくなに拒否し続けてきたが、一月下旬、ワルシャワ条約機構首脳会議への出席をキャンセルして、中国問題に精通したカピッツァ外務省極東部次長とアジアの資本主義諸国担当のイワン・シュペチコ外務省第二極東部長を帯同して、日ソ外相定期会談出席のためグロムイコ外相が訪日したのである[17]。来日の目的は、二つのニクソン・ショックに揺さぶられた日本の政治社会情勢をじかに視察するとともに、日本の対中・対ソ政策の方向性を自分たちの目で見定め、日中接近を牽制することにあった。

日本を引きつけるため、グロムイコ外相は、従来とは違って「北方領土問題は解決済み」とは言わなくなった。その代わりに、平和条約締結交渉の開始を日本側に持ちかけた。さらに、経済・文化を含む幅広い領域で日ソの協力関係を発展させたいとも提案した。ニクソン・ショック以降、ソ連は日米安保条約への批判を控えるようになっていたが、グロムイコ外相の口からは日本滞在中、日米安保条約を非難する言葉が発せられることはなかった。

興味深いのは、グロムイコ外相が首相官邸で行った提案である。グロムイコは、日本からの米軍撤退を求めることなく、歯舞・色丹両島の対日引き渡しで日ソ平和条約を締結したい、日ソ共同宣言に立ち戻って北方領土問題を解決したいと述べた。佐藤首相はしばし沈黙した後「考えてみる」と答えた(18)。佐藤首相はグロムイコの提案に結局のところ賛同しなかったが、日本に対し歯舞・色丹の返還を実際に提案したという点では、ブレジネフ書記長はゴルバチョフ、エリツィン、プーチンよりも北方領土問題の解決に前向きであったといえるかもしれない。もしも当時二島返還でなく歯舞、色丹、国後、択捉返還をグロムイコ外相が提案していたならば、日中国交正常化に歯止めをかけることができたかもしれないが、北方四島返還の用意はなかった。万一北方四島の返還を日本側に申し入れた場合には、ソ連の弱さの表れと中国側に受け止められる恐れがあったからであり、ソ連軍部は強硬に反対したにちがいない。

滞日中、グロムイコ外相が福田赳夫外相と会談した際、福田外相は、台湾問題などがあり日中国交正常化は困難だと発言した。しかし、興味深いことに、グロムイコは日中国交正常化を牽制することによって実現を遅らせることができても、日中国交正常化そのものは阻止できないと現実的に判断していたようである。日本でグロムイコ外相が「ソ連は日中国交正常化には賛成だが、日中国交正常化にあたりソ連の安全と利益が犠牲になってはならない」と述べているのは、その証である(19)。

グロムイコ外相は日本からシベリアやサハリンの開発協力を得ることにも力を入れた。田中角栄通産相との会談の席上、長期的展望に立脚してシベリアやサハリンの天然エネルギー資源開発に協力するよう訴え、肯定的な反応を引き出した。会談後の一月二七日に発表された日ソ共同コミュニケには、以下の五点が明記された(20)。①平和条約締結交渉を年内に開始すること、②両国首脳の相互訪問実現に向けて努力すること、③長期的展望に立って経済協力発展に努めること、④科学・技術協力に関する協定締結交渉を開始すること、⑤日ソ外相定期協議を少なくとも年一回開催すること、である。

グロムイコ離日直後の二月、ニクソン大統領が歴史的訪中を敢行した。ニクソン大統領は「歴史的訪中は世界を変えた」と豪語した。ニクソン訪中の歴史的意義は、朝鮮戦争以来の米中冷戦時代に終止符を打った点に求められる。

ニクソン訪中により「米ソ中三極外交時代」が始まったが、ソ連は米ソ双極体制の維持を望み、中国が新たな極となることや米中関係が正常化するのを嫌った。

ニクソン訪中でソ連が最も関心を寄せたのは、ニクソン大統領と周恩来首相が最終日に署名した上海コミュニケであった。そこには、「(米中両国は) いかなる国家あるいは国家集団もアジア太平洋地域において覇権を求める試みに反対する」という「反覇権条項」が米国側の求めで明記されていた。キッシンジャーによれば、「反覇権条項」は、地球上の均衡を覆そうとするソ連の試みへの抵抗を意味した。

それゆえ、矛先が自国に向けられているとして、ソ連が上海コミュニケを厳しく解釈したのは当然であった。ブレジネフ時代、重要事項は政治局において合議で決定するしくみになっていたが、ニクソン訪中を受けて、グロムイコ外相、アンドレイ・グレチコ国防相、ドミトリー・ウスチーノフ政治局員などを中心に、善後策について政治局で白熱した議論が続いた。ゲオルギー・アルバートフ米国カナダ研究所所長も議論に加わった[21]。結局、ソ連指導部は、直ちに表立った反応を示すのを控えることにした。

ニクソン訪中が危惧していたほどのひどい結果を生まなかったことが、ほどなくソ連の目に明らかになった。米中間に外交関係が樹立されなかった点や反ソ協商が結成されなかった点に、クレムリンはひと安心した。米中両国の間に意見の不一致があるのを知って、ソ連外交にある程度の余裕が生まれた。ソ連政府機関紙『イズベスチヤ』は、台湾問題など米中間に大きな隔たりが依然として存在していると指摘した[22]。

ニクソン訪中の翌月、ブレジネフ書記長は第一五回全ソ労働組合大会で演説を行い、その中で上海コミュニケに言及して、「(米中) 両国間の接触の復活や両国間の関係正常化自体はまったく自然な現象である」としながらも、「両国の接触がいかなる基礎のうえに立って実現しているのかという視点から、評価しなければならない」と述べ、米中関係の行方を注視してゆく方針であることを明言した[23]。注目すべきは、ブレジネフが上記の演説の中で、それまで内容が不透明であったアジア集団安保構想について、具体的に説明を加えたことである。そして、領土の不可侵を訴えるとともに、武力不行使、外国軍隊撤退、経済協力推進などを力説した。[24] アジア集団安保構想に具体性を持たせることによって、ブレジネフはアジアにおいてソ連に対する支持国を増やそうとしたのである。

ニクソン訪中後、反ソ的な米中統一戦線が結成されないよう、ブレジネフ書記長は対米デタント（緊張緩和）政策にも一段と力を入れた。ニクソン大統領に対し、「白人でしかもヨーロッパ人でもあるわれわれは、中国が超大国になる前に、中国を抑え込んでしまうべきだ」と主張して、ブレジネフ書記長が米ソの歩み寄りについて説得を試みたこともある。[25] しかし、ニクソンはそうしたソ連の提案に賛同せず、対中接近外交を推進した。ニクソン＝キッシンジャーチームは、ソ連の対中恐怖心を逆手にとって、「中国カード」を巧みに使いながら、対ソ優位外交を展開していった。

Ⅲ　対日牽制外交の展開——田中訪中から訪ソまで

田中訪中への反応

一九七二年九月、ニクソン訪中発表後、中国ブームが日本国内で高揚するなかで、田中角栄首相が訪中した。『プラウダ』は数行で報道しただけで、冷たい反応をした。ソ連政府は、日中共同声明を正式に論評することはなかったが、新聞を通じて要旨だけは報道した。しかし、ブレジネフ政権は実際には日中首脳会談にかなりの関心を寄せていた。そして田中訪中の際に出された日中共同声明を注意深く分析し、以下の五点におそらく留意したように思われる。①先のニクソン訪中のときとは異なり、日中の場合、国交樹立にまで踏み切ったこと、②加えて平和条約締結に向けた交渉開始でも同意したこと、③上海コミュニケ同様、「反覇権条項」が共同声明本文に明記されたこと、④中国が日米安保体制を容認したのみならず、自衛隊の増強をも促したこと、⑤台湾問題や尖閣諸島問題が日中国交正常化の決定的な障害にならなかったばかりでなく、平和条約締結の妨げにもならないとする暗黙の合意が日中首脳間で形成された可能性があること、である。

日中共同声明には、日中両国間の平和友好関係を強固にし、発展させるため平和条約締結交渉を開始するという一項があった。クレムリンはこの点に特に注目を向けた。田中訪中後、直ちに日本に対する働きかけを活発化し、日中両国が反ソ的な平和条約を締結するのを牽制した。そして日中正常化自体には反対しなかったと強調する一方、トロヤノフスキー駐日大使を通じて一〇月にブレジネフ親書を日本側に手交し、日ソ平和条約締結交渉をできるだけ早期に開始したいと伝えた。[26]田中首相が推進しようとしていた自主外交に、クレムリンが期待を寄せた面もある。ミハイル・ノソフは自著の中で、日中国交正常化はソ連に対する日本の立場を強化したと分析している。[27]

田中訪中から間もない一〇月下旬、大平正芳外相が訪ソした。ブレジネフ書記長は会談に応じなかったが、大平外相はコスイギン首相やグロムイコ外相とは会談を持つことはできた。[28]

ソ連が確認したかった点は、日中間でソ連を標的にした軍事的もしくは政治的取り決めが合意されたりはしなかったかということであった。コスイギン首相は大平外相に対し日中国交正常化に際し、日中両国が軍事的取り決めをしたかどうか質した。続いてグロムイコ外相が「反覇権条項」について執拗に質し、日中共同声明第七項に明記された覇権という文言は具体的にどの国を指すのかと、繰り返し質問を浴びせた。大平外相は、日中両国は軍事的取り決めを一切していないと答えるとともに、「反覇権条項」は上海コミュニケにも明記されているものであり、一般論として日本側が同意したものにすぎず、特定の第三国に向けられたものではないと説明した。[29]さらに、日中国交正常化により日ソ関係は損なわれるものではないと力説して、ソ連側に理解を求めた。大平外相はグロムイコ外相と会談した際、北方領土の帰属問題を国際司法裁判所に付託することを提案したが、グロムイコは歯牙にもかけなかった。[30]

大平訪ソは顕著な成果こそ生まなかったが、日中国交正常化に関する日本政府の方針をソ連側に直接説明するまたとない機会となった。ソ連側は、「反覇権条項」をめぐって日中の間に見解の相違があることを認識したに違いない。最終日に共同声明が出され、日ソ平和条約交渉推進で日ソ両国が合意したことが発表された。

田中・ブレジネフ会談

日中国交正常化実現を契機に、日本から大量の資金が中国市場に流れ込み、「中国ブーム」が空前の盛り上がりを見せた。シベリア開発推進のため日本の支援を獲得しようと模索していたソ連は、羨望の眼差しで眺めていたに違いない。一九七〇年一二月、秘密中央委員会総会で対日接近外交を積極化させることが決定され[31]、田中首相訪中の約三カ月後、クレムリンは重要なシグナルを日本に向けて発信した。すなわち、一二月二一日、ソ連邦結成五〇周年記念集会で行った演説の中で、ブレジネフ書記長は次のように述べたのである[32]。

> 来年には重要な日ソ交渉が行われるはずである。その目的は、第二次世界大戦当時から残された諸問題を解決し、両国の関係を条約の基礎のうえに置くことである。われわれは討議されるすべての問題について、相互に受け入れ可能な合意をめざしている。日本側も同様の意図を示す場合に限り、交渉の肯定的結果が期待できるのは明白である。ソ連は日本との善隣関係の確立を望んでいる。

新井弘一東欧一課長は、ブレジネフ書記長に親書を出すことを田中首相に提案した[33]。「日中の次は日ソ」、と日ソ関係の打開に意欲を燃やす田中首相は、ブレジネフの呼びかけに積極的に反応し、親書を送った。ゴルバチョフ時代にソ連が公開したブレジネフ書記長あての田中親書には、日ソの善隣協力関係の発展と日ソ間に存在する未解決の問題の解決が日本政府の首尾一貫した方針であると断ったうえで、互恵の原則に立って、双方が納得する合意が得られれば、信用供与をしてシベリアの天然エネルギー資源の開発に協力したいとする、首脳会談に臨んでの日本側の方針が記されていた[34]。ブレジネフ演説で「残された諸問題」と複数形だった表現を「残された問題」と単数形に書き換えたところがポイントであった。田中首相は将来的には北方領土を購入するのも一つの方策と考えていたようだ。

日本側は八月にモスクワで日ソ首脳会談を開催することを望みソ連側に打診したが、芳しい反応はなかった。ソ連が日ソ首脳会談の八月開催を拒否したのは、①夏休みの時期にあったこと、②日本がソ連側の求める長期的な経済協力協定締結に消極的であったこと、③文化大革命で失脚した鄧小平が四月に復活するなど中国において権力闘争が新たな段階に入っており、クレムリンとしてはしばし様子を見たかったことなどと関連があった。

結局、日ソ首脳会談を一九七三年一〇月に開催することで両国政府は合意した。訪ソに先だって、田中首相は訪米して日米首脳会談を開催した。訪ソ前に訪米して米国の理解を得るため根回しをしたことは、五六年一〇月の訪ソ前の鳩山一郎首相と異なる点であった。田中首相は対ソ方針を説明するとともに、ニクソン大統領に対し日米が協力してシベリア開発にあたるべきだと主張した。米国を抱き込んだ方が中国の猛反発を回避できるし、シベリア開発のコストも抑えることができる。さらに、クレムリンに対する日本の立場を強化することもできるからである。田中・ニクソン共同声明には「新エネルギー源の研究と開発のための協力範囲を大幅に拡大して行くとの共通の認識」が盛り込まれた点は注目に価する。

中国は日本がシベリア開発に本腰を入れて乗り出すことに猛反発した。日本の資本が中国に向かわずソ連に流れる恐れがあったためである。さらに、ロシア極東の輸送システムの改善や油田の開発が北東アジアにおけるソ連の軍事力強化に寄与することも、中国が異議を唱えた理由である。チュメニ油田産原油をパイプラインを新たに敷設して日本に輸出することに中国が声高に反対したのは、周知の事実である。パイプラインが建設されれば、極東ソ連軍の軍事力の強化に大きく貢献する。中国は、日本はシベリア開発に乗り出すべきではなく、大慶油田開発に協力してほしいと再三にわたって訴えた。

一方、ブレジネフ書記長は田中訪ソ直前、自民党親ソ派の石田博英日ソ友好議員連盟会長が率いる議員団をモスクワに招き、歯舞・色丹の返還で北方領土問題を解決するための根回しを行った。ソ連国家保安委員会（ＫＧＢ）の内部資料を分析した『ミトローヒン文書Ⅱ』によれば、一九七三年八月一六日の政治局決定に基づき、日米安保条約破棄および在日米軍基地撤去の条件のもとで日ソ平和条約を締結し、それと引き換えに歯舞・色丹両島を引き渡すことや漁業権を付与することをソ連側は考えていた。[35] 日米安保条約破棄や在日米軍基地撤去は駆け引き材料で、歯舞・色丹の返還が落としどころであったという見解もある。国後、択捉の返還を考慮に入れず、歯舞、色丹の返還の条件として日米安保条約破棄や在日米軍基地撤去という日本側が同意しがたい返還条件で探りを入れてきたことは、ブレジネフ書記長が日本が要望する線での北方領土問題の解決を急いでいなかった、と分析できよう。

一九七三年一〇月、田中首相がイギリス、フランス経由で訪ソした。パリでは、ブレジネフ書記長との会談に備えて詰めの打ち合わせがなされた。日本の首相の訪ソは、鳩山首相訪ソ以来実に一七年ぶりであった。田中訪中のときとは対照的に、『プラウダ』紙は田中訪ソを大々的に報道した。田中首相は、ブレジネフ書記長とひざ詰め会談をして、「二つではなく四つの龍の目玉」の返還を主張することによって、北方領土問題解決の手がかりをつかむとともに、ソ連との経済協力を推進することに力を入れた。こうした厳しい領土交渉の姿勢を、ソ連と対立関係にあった中国の周恩来首相は歓迎した。

訪ソ前日、エジプトとシリアがイスラエルを攻撃して第四次中東戦争が勃発した。その結果、国際市場における石油の価格が著しく上昇し、第一次石油危機が発生して、産油国ソ連の国際的立場は強くなったのだが、第四次中東戦争勃発によりクレムリン指導部は中東情勢と田中訪ソが重なったため、注意散漫状態になっていた。[36]

シベリア開発に外資を導入することに積極的でなく、北方領土問題についてもより広い国際的な国境の変更につながるものだけに、第二次世界大戦終了時の国境を変更する意思はないと厳しい主張をしていたコスイギン首相が、[37]当初日ソ首脳会談のソ連代表団の団長を務める予定であった。ところが、ソ連共産党中央委員会国際部のコワレンコの助言もあって、首脳会談直前段階で日ソ関係の改善に積極的なブレジネフ書記長が団長を務めることとなった。

日ソ関係改善に意欲的であったブレジネフ書記長の指示により、一時スターリンが住まいにしたこともあるクレムリンの迎賓館を、ソ連は田中首相のために宿舎として用意した。それまでにニクソン大統領、イラン国王、ジョルジュ・ポンピドゥ仏大統領だけが宿泊した場所で、ブレジネフ書記長は田中首相を最高級待遇で迎えた。[38] ブレジネフが日本との経済協力の推進をきわめて重視していたことがうかがわれる。コワレンコによれば、ソ連は田中首相を、対米依存外交を脱却し自主外交を展開しようとしていた行動力ある非凡な政治家として高く評価していた[39]。

田中首相を迎えたブレジネフ書記長の対日方針の核心は、日中のさらなる接近に歯止めをかけることと、「政経分離の原則」に基づいてシベリア開発推進のための協力を得ることに集約できる。とりわけ、ソ連側は鋼管（掘削用の継目なし鋼管および天然ガス輸送用の大口鋼管を含む）、機械、公的融資などの獲得に重きを置いた。シベリア開発を推進して行けば、日本の北方領土返還要求を弱める効果を持つと同時に、極東ソ連軍の強化にも寄与する、とブレジネフ書記長は計算したようである。ブレジネフにとって、北方領土問題の解決や日ソ平和条約締結問題は、副次的なものであった。ブレジネフが北方四島返還に消極的であったのは、もし日本に北方領土を返還すれば、ソ連に対する中国の領土返還要求を鼓舞する結果を招くのみならず、欧州方面でも「パンドラの箱」を開けて領土返還要求を突きつけられ、苦境に立たされる恐れが明白であったためである。

さらにソ連の軍部が北方領土の戦略的価値を指摘して、日本への引き渡しに反対したことも、ブレジネフ書記長の対日政策を拘束した。オホーツク海には米国を射程に収める潜水艦発射大陸間弾道ミサイル（SLBM）を搭載した原子力潜水艦を配備し、千島列島と北方領土はそれを守る「聖域《バスティオン》」となっていた関係で、一九五六年の日ソ復交当時よりも、ソ連にとって北方領土の軍事的価値が上がっていたのである。また既述の大平外相等との会談を通じて日中両国が反ソ的な取り決めを結ぶ可能性が小さいことが明らかになってきたことも、日ソ首脳会談でブレジネフを強気にさせた。

日ソ首脳会談には、ソ連側からブレジネフ書記長、コスイギン首相、グロムイコ外相、アレクサンドロフ・ソ連閣僚会議議長補佐官、トロヤノフスキー駐日大使その他が出席した。日本側からは、田中角栄首相、大平正芳外相、新関欽哉駐ソ大使、新井弘一東欧一課長その他が参加した[40]。ソ連は、一九六〇年代後半から欧州向けの天然ガス輸出に力を入れていたが、一九七三年一〇月、ブレジネフ書記長は、天然ガス・パイプラインをソ連から西独まで延ばす協定に調印し、天然ガスの輸出拡大に意欲を見せた(41)。田中首相に対してもブレジネフは資源外交を展開し、壁にかけていたシベリアの地図を使いながら、シベリアにあるさまざまな資源について二時間以上にわたって熱弁を振るった。その中には、日本側が知らない資源の状況についての説明もあった。ただし、豊富な埋蔵量を誇る西シベリアのチュメニ油田開発に関しては、首脳会談で話題にはなったものの、ブレジネフ書記長、詳しくは話さず(42)、他の問題と絡めることもなかった。チュメニ油田の開発に日本が参加することに対し、中国が猛反対していたため、ブレジネフは、日本の協力を得ることが困難と判断していたためかもしれない。

ブレジネフ書記長は第二シベリア鉄道は自力で建設するが、シベリア資源開発は日本の協力を得て進めたいと述べたのに対し、田中首相は「日本と組むと言いながら、時に米国と共同開発をすると言ったり、西独を参加させると公言するのではないか」と指摘した。そして、チュメニ石油開発では、「当初対日供給量を年間四〇〇〇万トンと言っていたが、いつの間にか二五〇〇万トンに引き下げたり、第二次極東森林資源開発で日本向けの木材価格を第一次の三倍に引き上げるといった不信行為を、ソ連側がとるようであれば、日ソ経済交流は進展しない」、「シベリア開発が必ずしも円滑に進展しないのは、ソ連側の責任体制の不備による。日ソ経済協力に関しては、一元的な窓口を設け、そこが権限を持って必要な調整を図るなど確固たる責任体制を構築すべきである」と厳しい口調で語った(43)。そのうえで、チュメニ油田開発、ヤクート天然ガス開発、サハリン天然ガス・石油開発などを含むシベリアならびにロシア極東開発推進について、「プロジェクトの交渉が民間ベースでまとまれば、バンクローンを供与するにやぶさかではない」と好意的に述べた。田中・ブレジネフ会談のときほどソ連との会談でシベリア開発について突っ込んだ協議がなされたことはおそらくなかったのではあるまいか。首脳会談に参加した新関大使は、「われわれは平和条約、領土問題と経済協力はからませないということをかねてから言っているし、ソ側もそういう気持はありうるようだ」と語っている(44)。特筆すべきことに、田中訪ソの際、日本側は「政経分離の原則」を採用していたのである。

日ソ首脳会談中、ブレジネフ書記長に中東戦争について何度もメモが入り、グロムイコ外相が途中で退席するなど、ソ連側は落ち着かない様子であった。首脳会談の途中で、コスイギン首相も中座したという[45]。注目すべきは、首脳会談の席上、ブレジネフ書記長は、領土問題は解決済みとは言わなかったことである。他方、田中首相は、ブレジネフ書記長の怒りを買うほど、北方四島つまり「四つの龍の目」の返還を迫って一歩も引かなかった。そのため、緊迫した意見の応酬が続いた。

日本側は共同声明の草案を提示し、「第二次世界大戦のときからの未解決の問題を解決して平和条約を締結する」ことに同意するよう求めた。それに対し、コスイギン首相は「未解決の諸問題」と複数表記に修正すべきだと主張した。田中首相は複数表記にするのと引き換えに「領土問題」という文言を入れるよう求めた。しかし、コスイギン首相は同意しなかった。そこで、田中首相は「未解決の諸問題」の中に北方四島問題が入っているかを確認するため、ブレジネフ書記長に向かって二度にわたって尋ねた。ブレジネフ書記長が「ダー」（然り）と答えたため、共同声明の調印に応じることにした[46]。

一九七三年一〇月一〇日、クレムリンで日ソ共同声明の調印式が開催された。共同声明に日本を代表して田中首相、大平外相が、コスイギン首相、グロムイコ外相がソ連を代表して署名した[47]。ブレジネフ書記長は署名していない。日本語版の日ソ共同声明の第一項は、次のようになっている[48]。

双方は、第二次世界大戦の時からの未解決の諸問題を解決して平和条約を締結することが両国間の真の善隣友好関係の確立に寄与することを認識し、平和条約の内容に関する諸問題について交渉した。双方は、一九七四年の適当な時期に両国間で平和条約の締結交渉を継続することに合意した。

ところが、ロシア語版の日ソ共同声明では、「第二次世界大戦の時からの未解決の諸問題の解決と平和条約の締結が両国間の真の善隣友好関係の確立に寄与すると認識して、双方は平和条約の内容にかかわる諸問題に関する交渉を行った。」となっており、日本語版との間に齟齬がある[49]。つまり、「第二次世界大戦後の諸問題を解決して平和条約締結」というくだりがロシア語では並列的に書かれており、諸問題の解決と平和条約の締結が因果関係になっておらず、平和条約締結は未解決の問題の解決を前提せずと解釈できる余地があり、逃げ道が作られているのである[50]。日ソ共同声明の日本語版とロシア語版で相違があるのは、「国内向け」にそれぞれが作成されたということなのであろうか。

一九七三年一二月のブレジネフ書記長の演説で「日ソ間には戦後残された未解決の諸問題がある」という表現が使われていることから判断すると、共同声明にこの文言を入れることは、ブレジネフにとって許容範囲であった。後日、ソ連は「ダー」という言葉は、「然り」を意味するものではなく、「未解決諸問題」というのは、必ずしも領土問題を意味しないと主張したが、「諸問題」の中に領土問題が含まれるのは明白である。こうしたことから、日ソ共同声明にブレジネフ書記長が「未解決の諸問題」という文言を実際に入れたことに対し、後日、政治局で批判が出たらしい。トロヤノフスキー駐日大使は、ブレジネフ書記長にとって苦渋の決断であったことを明らかにしている[51]。

ブレジネフ書記長が最も重視したシベリア開発については、日ソ共同声明の中で互恵平等の原則に基づいて経済協力関係を可能な限り広い分野で行うことや「特にシベリアの天然資源の共同開発参加に関連して、日ソ間の経済協力が米国からも第三国の参加を排除しないこと」が確認された。「第三国」とは米国のことを意味していた。ブレジネフ書記長は、機械、技術、資本などを導入して、本格的にシベリアを開発したいと夢みていたといえるかもしれない。

帰国後、田中首相に同行した大平外相は、契約を結ぶにあたって十分なフィージビリティ・スタディ（費用対効果調査）だけでなく、十分な資料の提供も必要で、それが行われ満足すべきものであれば、政府が資金提供をして、バンクローンを与えることはやぶさかでないと語っている[52]。ソ連と民間の間でまず交渉をまとめ、シベリア開発に協力して日ソ関係を改善して北方領土を取り返すというシナリオを田中政権は描いていたようである。

田中訪ソを契機に、日ソ経済協力に弾みがつき、次々と大型プロジェクトの契約が成立し、日本でシベリア開発ブームが湧き起こった。この意味において、田中訪ソの意義は大きい。一九七四年四月、日本輸出入銀行は、ヤクート天然ガス探鉱、南ヤクート原料炭開発プロジェクト、第二次森林開発の三大プロジェクトに対し、総額一〇億ドル強を超えるバンクローンの対ソ供与を決定した。

ヤクート天然ガス開発プロジェクトについては、巨大な事業であったため、日本は安全弁として米国の参加を求めた。米国はパートナーとして参加し、権益に応じて資金を負担することに同意した。そしてロシア極東のオリガ港で天然ガスを液化して、日米それぞれに年間七〇〇万トンを供給する予定であった。ところが、目標の埋蔵量に少し届かなかったことや米ソ貿易協定締結交渉が進捗しなかったことから、結局米国は資金の提供に踏み切らなかった[53]。

西シベリアのチュメニ油田開発をめぐる協力についても、進展はなかった。ソ連側がチュメニ産の原油の対日供給手段の一部をパイプラインから新しく建設するバム鉄道（第二シベリア鉄道）に切り替えると主張したため、プロジェクトの採算性が疑問視されるようになったからである。さらに中国が自国の国境に近いところに鉄道線を敷設することは極東の安全保障のバランスを崩すことになると主張したことや、石油と鉄道のパッケージ・ディール（一括取引）に強硬に反対したことなども、挫折の原因であった[54]。日本はチュメニ油田の開発に伴う危険を回避するため米国に関与を求めたが、米ソ貿易協定交渉が首尾よくいかなかったことやチュメニ油田開発が軌道に乗った場合、極東ソ連軍の強化に貢献することから、米国はソ連に大規模に投資することを嫌った[55]。

他方、一九七二年に日ソ経済委員会でソ連が提案したサハリン大陸棚開発プロジェクトが進展し、七五年一〇月、経団連や商社、東京ガスなどが中心となりサハリン石油開発協力株式会社（ＳＯＤＥＣＯ）が設立された。七六年一月には、サハリン大陸棚石油ガス探鉱プロジェクトの基本契約が結ばれたが、石油開発プロジェクトは、一九八六年に国際市場において石油価格が下落したことや、九一年のソ連解体の影響を受けしばらく中断してしまった。

田中訪ソに先立って、ソ連共産党中央委員会国際部コワレンコ副部長を通じ日本対外協会・松前重義会長に首脳会談での最優先事項とソ連側が伝えていたアジア集団安保構想をめぐっては、田中・ブレジネフ会談でいかなる協議がなされたのであろうか。日米安保体制を骨抜きにする可能性や日中関係を悪化させる恐れ、あるいは北方領土問題が棚上げされる可能性があることなどから、アジア集団安保構想を首脳会談でソ連側と協議することに日本側は従来からきわめて消極的であった。そうした日本側の姿勢を理解していたせいか、あるいは首脳会談で議題に載せるのは非生産的で逆効果であると判断したためか、ブレジネフ書記長は、田中首相との首脳会談の席上、アジア集団安保問題を協議の対象にはしなかった。

中国は、日ソ共同声明にアジア集団安保構想が盛り込まれなかったことに安堵するとともに、日本の外交努力を高く評価した。一方、田中首相が訪ソしたのは日中国交正常化とのバランスをとるためと考えていた米国は、北方領土問題解決に向けて突破口が開かれなかったことについて、おおむね予想通りと分析していたようである。(56)日ソ共同声明には、一九七四年の適当な時期に平和条約締結交渉を継続することが盛り込まれた。ところが、ブレジネフ書記長、コスイギン首相、ニコライ・ポドゴルヌイ・ソ連最高会議幹部会議長のうち誰一人として田中首相の招待に応じて訪日する気配を見せなかった。

一九七三年三月、ヴェトナム戦争が終結し、ジュネーブ和平協定が結ばれ、七五年米軍が撤退した。翌七六年四月、南ヴェトナムの首都サイゴンが陥落し、南北ヴェトナム統一が実現した。ヴェトナム戦争のさなか、ソ連は日本が米国のヴェトナム侵略のため日本が手を貸していると非難し、反米感情を煽った。もっともヴェトナム戦争において、ソ連より中国の方が北ヴェトナムを支援した。サイゴン陥落という事態の展開を受け、日本政府はドミノ現象が起きてインドシナ半島全体が共産化するのではないかと危惧した。(57)かかる事態を阻止するため日本は「福田ドクトリン」を発表して、ASEAN諸国に経済的な梃入れを行った。

ソ連はアジアにおいて顕著な外交的成果を収めなかったが、一九七五年八月、ブレジネフ書記長の主導で米国、ソ連を含む三五カ国がフィンランドの首都ヘルシンキで一堂に会し、欧州において第二次世界大戦の結果出現した国境線を武力で変更することを禁じたヘルシンキ宣言を採択し、ブレジネフは大きな外交上の得点をあげた。ブレジネフ書記長は、全欧州安全保障会議の開催にあたり、フィンランドのウルホ・ケッコーネン大統領が優れた能力を発揮した点を高く評価している。[58] 一九七五年はブレジネフが推進した対欧米デタント外交の頂点であったといえる。

Ⅳ　日中平和友好条約締結交渉とソ連の反応

クレムリンの画策

日ソ関係に再び目を転じると、一九七四年一一月、ロッキード事件で田中首相が失脚し、三木武夫政権が発足した。三木首相の周辺には、親ソ派議員の石田博英、赤城宗徳（日ソ協会会長）などがおり、ソ連は工作に乗り出した。さらに、翌年二月上旬には、トロヤノフスキー駐日大使が三木首相と会見し、日本が締結しようとしている日中平和友好条約は、ソ連にとって好ましくないとして締結交渉中止を要請するとともに、北方領土問題を棚上げにして日ソ平和友好条約を締結するよう求めた。[59]

一九七五年二月中旬、日中予備交渉が東京で開かれた。中国が日中平和友好条約に「反覇権条項」を入れるべきであると主張すると、ソ連は自由民主党青嵐会所属の親台湾派および親韓国派の議員と接触を活発化させるとともに、社会党や言論界にも働きかけ、「反覇権条項」が日中平和友好条約に明記されないように努めた。[60]

同年六月中旬、ソ連は政府声明を発表し、「反覇権条項」はソ連敵視条項にほかならないと決めつけた。『イズベスチヤ』紙（一九七五年六月二四日付）は「日本外交の反ソ傾向がさらに強まるならば、ソ連は自国の利益を守るため、相応の対抗措置を取らざるをえない」と警告した。七月一日付の同紙は「北京の狙いは日本をソ連と競わせ、米国が後ろ盾になっているとして反ソ同盟に日本を引き込むことにある」と断じ中国を厳しく批判した。このような状況の中で九月、三木首相の外交ブレーンとされる外交官出身の評論家平沢和重が、二〇世紀末まで国後・択捉両島問題を棚上げにして日本はまず日ソ平和条約を締結すべきだ、そうすれば北方四島周辺水域における日本漁船の操業を再開されることになる、と記した論文を米国の権威ある『フォーリン・アフェアーズ』誌に発表して、日本国内で大きな反響を巻き起こした[61]。

他方、ソ連は日本周辺で艦船や空軍機の行動を活発化させ、日本に対し示威行動を行った。グロムイコ外相は、ソ連共産党中央委員会機関誌『コムニスト』九月号に論文を寄稿し、日本には日ソ関係の発展を阻もうとする勢力が勢いづいており、そういった勢力がなんの根拠もなく報復主義的に北方領土返還要求をしていると糾弾した[62]。こうしたソ連の言動に対し、中国は、北方領土を日本に返還しないのはソ連が覇権主義をとっていることの証拠にほかならないと批判を浴びせた[63]。他方、中国は条約本文に「反覇権条項」を明記すべきだと主張した。ソ連との関係が険悪化するのを恐れて日本は同意しなかった。その結果、日中平和友好条約締結交渉は、暗礁に乗り上げてしまった。

日中間の交渉が行き詰まると一九七六年一月、グロムイコ外相が再度来日した。そして「日中接近はソ連の安全や利益を犠牲にしてなされるべきではない」と日中両国に向けて警告を発した。トロヤノフスキー駐日大使によれば、グロムイコ外相は複雑な情勢のもとで訪日することを望まなかったが、反ソ的にならないよう日本の支持を得るため戦おうとブレジネフ書記長に促され、来日に踏み切ったとされる[64]。

グロムイコ来日後の二月、第二五回ソ連共産党大会で、ブレジネフ書記長は「外部の教唆のもとでの日本の北方領土返還要求は根拠がなく非合法な要求である」とあらためて批判した[65]。外部とは中国のことを意味する。一九七六年、日本人旧島民の歯舞・色丹への墓参に対し、ソ連はビザを初めて要求するようになったため、墓参は中止されることになった。しかし、対日政策のすべてにわたってソ連が強硬な姿勢をとったわけではない。シベリア開発にかかわる分野では、高圧的な対日政策はとらなかったのである。既述のように、一九七五年には、サハリン大陸棚の石油・天然ガス開発のための基本協定が調印された。翌七六年は、空前のソ連向け大型プラント輸出の年となった。

あわせて注目すべきは、トロヤノフスキー大使に代わってドミトリー・ポリャンスキーが一九七六年四月に新駐日大使に任命されたことである。ポリャンスキーはソ連共産党中央委員会の政治局員だった大物で、駐日大使への転出は降格人事であった。こうした人事異動を行うことによって、対中接近を図る日本に不快感を示した。

一九七三年ヴェトナム戦争で米国が敗北し、その後遺症から国際政治の舞台における米国の活動は不活発になった。その間隙をついて一九七〇年代中葉よりソ連が第三世界に積極的に進出をはかるようになった。さらにデタントをめぐる米ソの解釈の違いが明らかになり、米ソ関係が次第に悪化し、日ソ関係も相当ぎくしゃくするようになった。このような状況の下で七六年九月、ヴィクトル・ベレンコ中尉が操縦するミグ25戦闘機がソ連極東の軍事基地を発進し、航空自衛隊のレーダー網をかいくぐり日本海を横切って函館空港に飛来する事件が起きた。ソ連は機体とパイロットの速やかな引き渡しを要求した。機体を奪回したり破壊するためソ連軍戦闘機が攻撃をかける可能性があると米軍から防衛庁に緊急連絡が入り、緊張が走った。函館に駐屯する陸上自衛隊は万一ソ連が飛来したときに備え、高射機関砲を発射できるよう警戒態勢を整えた。結局、中尉は米国に亡命し、機体はソ連に返すということで日ソ両国が合意し、「一件落着」した。しかし、北の海では日本漁船の拿捕が続いた。

ベレンコ中尉は米国で取締官に対し、自分が乗ったミグ25戦闘機は高度八万フィートではマッハ飛行できない、エンジンがオーバーヒートして、翼の下につり下がっている空対空ミサイルが振動して危険であったと語った。ベレンコは、ミグ25戦闘機の操縦説明書も持っていた。ミグ25戦闘機の性能を米国の専門家が調べた結果、性能が驚くほど時代遅れであることが米国に伝わってしまった。翼は機械でなく手で溶接されており、リベットには抵抗を減らすための平の潰しがなかったのである。(66)

ソ日善隣協力条約締結をめぐる中ソの攻防

一九七六年一二月、福田内閣が発足した。福田赳夫首相は、全方位外交を唱道し「日中と日ソは別」としながら、政敵・田中首相が成就できなかった日中平和友好条約の締結を最重要課題の一つに掲げて強い意欲を示した。(67)日中平和友好条約が反ソ的性格を帯びないよう、ソ連は翌年二月、ソ日善隣協力条約草案を突如一方的に公表した。そして福田首相の全方位外交を逆手にとってむしろソ連と善隣協力条約を結ぶべきだとして、日本に対し強烈な揺さぶりをかけたのである。

ソ連が公表したソ日善隣協力条約草案には、日ソ両国がアジアや極東地域で勢力拡大を求めないことが記され、ソ連が覇権主義をとっていないかのような装いが施されていた[68]。また同草案には自国の領土を外国の軍隊に使用させないこと、有事の際には日ソ両国がすみやかに協議を開始することが明記されていたが、北方領土問題には言及がなかった。日本とソ連が平和条約を締結する場合、北方領土問題の解決が不可欠である。ソ連が平和条約ではなくソ日善隣協力条約の締結を執拗に求めたのは、日米安保体制を骨抜きにし、日本の無力化、いわゆる「フィンランド化」を狙うものだとする批判の声が、日本国内であがった。一九七七年四月、園田直官房長官が日ソ漁業交渉のため訪ソした。その際、コスイギン首相が「友好のモデルはソ連とフィンランドの関係だ」と発言したため、園田長官は厳しく反論した。だが、こうした反応は、ソ連にとって折り込み済みのものであったに違いない。日中平和友好条約が反ソ的なものにならないよう強烈な揺さぶりをかけてきたのである。

中国は『人民日報』を通してソ連が一方的に公表に踏み切ったソ日善隣協力条約草案を「覇権主義の生きた見本」と糾弾するとともに、ソ連は北方領土を奪い日本を自己の世界戦略に組み入れようとしており、また、日中平和友好条約の締結交渉に妨害の限りを尽くし、日本に圧力をかけていると批判の矢を放った[69]。日中間には、魚釣島、北小島、南小島、久場島、大正島などからなる尖閣諸島（中国名、釣魚島とその付属島嶼）の領有権問題があった。明治政府は一八九五年一月、日本に尖閣諸島を編入したが、清国は異議を唱えなかった。一九四九年に誕生した中華人民共和国は、サンフランシスコ平和条約を追認し異議を唱えず尖閣諸島は日本領であると認めていた。ところが、一九六九年国連アジア極東経済委員会（ECAFE）の調査により、尖閣諸島の周辺海底に豊富な石油資源が眠っている可能性があることが判明すると七一年六月、台湾（中華民国）は、尖閣諸島は諸島の領有権を主張する声明を出したのである[70]。続いて同年一二月、中国が領有権を主張した。以来、尖閣諸島の領有問題は日中間の争点の一つとなっている。ただし、翌年日中国交正常化が実現した当時は、中国側は尖閣諸島領有問題で日本側を追及する方針はとらなかった。

日本と連帯してソ連の脅威に対処するという思惑から、問題を棚上げし解決を次世代に托すことにしたのである。

ところが、一九七八年四月、尖閣諸島水域に二百隻もの中国漁船が大挙して入り込む事件が発生した。ソ連は尖閣諸島問題が日中平和友好条約締結の障害となることを切望したと思われる。しかし、中国漁船が魚群を追いかけ尖閣諸島水域に入り込んで偶発的に事件が起こったものであるとする趣旨の釈明を中国の鄧小平副首相が日本に行って、一件落着となった。

ソ連は一九七六年、二〇〇海里漁業水域を設定し、翌年三月から実施して、日本漁船を締め出す構えを見せ、七八年五月には択捉島周辺海域で大規模な軍事演習を実施した。さらに六月、政府声明を発表し、「反覇権条項」を明記した日中平和友好条約が締結された場合、対日政策を修正せざるをえないと警告し、日本に対し圧力をかけてきた。ところが、条約締結を阻止するため、本格的な報復に出ることは控えた。なぜソ連はそうした態度をとったのであろうか。日中平和友好条約が反ソ的色彩を帯びたものにならないよう日本側が外交努力をしていたことをソ連が承知していたというのが第一の理由である。また日本の協力を得てブレジネフ書記長がシベリア開発をなんとか軌道に乗せたいと思っていたことや日ソ貿易を拡大しようとしていたことも、対日政策が全面的に反日的にならなかった要因である。一九七七年、日本の対ソ輸出は西ドイツについで第二位になっており、ソ連にとって日本はシベリア開発を進めるためにもきわめて重要な貿易相手国だったのである。ブレジネフの対日外交は、計算ずくの高圧外交であった。

日中平和友好条約締結を容認したソ連

日中平和友好条約締結交渉は、「反覇権条項」をめぐり揺れに揺れたが、ジミー・カーター米大統領の安全保障問題担当特別補佐官ズビグネフ・ブレジンスキーの働きかけもあって、「反覇権条項」に対するソ連の反発回避を願う日本の要望を受け入れ、「第三国条項」を明記することに中国側が同意したため、一九七八年八月、ようやく条約締結の運びとなった。クナーゼが指摘しているように、中国が「第三国条項」の明記に同意したのは、日中平和友好条約を締結し、毛沢東の死後遅れている農業、工業、国防、科学・技術の分野の近代化、いわゆる「四つの現代化（近代化）」を実現するため、日本から大量の投資を呼び込むためであった[71]。同条約には「両締約国は、そのいずれも、アジア・太平洋地域においても又は他のいずれの地域においても覇権を求めるべきではなく、また、このような覇権を確立しようとする他のいかなる国又は国の集団による試みにも反対することを表明する」という「反覇権条項」が盛り込まれた（第二条）。ただし、日本の主張が通って、「この条約は、第三国との関係に関する各締約国の立場に影響を及ぼすものではない」（第四条）とする「第三国条項」も盛り込まれた。

日中平和友好条約締結に、米国はいかなる反応を示したのであろうか。ソ連の目覚ましい海軍力増強を懸念していたこともあって、米国は日中平和友好条約締結を歓迎した。一方、ソ連では、中国とならんで米国が日本に圧力をかけた結果、日本が日中平和友好条約の締結に踏み切ったと一般に考えられているが、「米国ファクター」をやや過大視しているように思われる。ブレジンスキー大統領安全保障特別補佐官が条約締結を求め動いたのは確かである。しかし、ブレジンスキーの働きかけを受ける前に、福田首相は日中平和友好条約の締結の決断をしていたのである。

日中平和友好条約が締結されたのは、ブレジネフの高圧的対日政策の失敗といえなくもない。ただし、条約本文に「第三国条項」が挿入され、「反覇権条項」を無力化しうる文言が明記されたのは、「反覇権条項」に強く反対したクレムリンの対日外交の成果で、ソ連にとって日中平和友好条約の「反覇権条項」に関する表記は許容範囲に落ち着いたように思われる。

日中平和友好条約調印に対し、ソ連はどのような反応を示したのであろうか。予想に反し、ソ連の反応は強硬なものではなかった。確かに日中平和友好条約の締結前後から、北方領土周辺地域でソ連軍増強の動きがあった。だが、注目すべきは、条約締結の翌月から日本との関係修復に努める動きを見せた点である。例えば、九月下旬に、グロムイコ外相は「日ソ両国間に新しい関係を発展させる可能性がある」と述べ、日ソ外相定期協議開催に前向きな態度を示した。翌一九七九年一月には、ソ連対外貿易第一次官を団長とする大型代表団が来日し、①ソ連極東森林資源開発、

②ナホトカ・ウラングル港拡充、③サハリンの紙パルプ工場近代化などの一連のプロジェクトを提示し、日本側に協力を求めた。ところが、日本の反応は、ソ連の期待に沿うものではなかった。日中間で大型プロジェクトが目白押しであった関係上、ソ連からの誘いは魅力のあるものには映らなかったからである。シベリア開発への協力が中国から反発を招いたことや極東ソ連軍の増強につながることも、財界に二の足を踏ませた要因となった。

日中関係ならびに米中関係の改善により、日本とその同盟国を共通の敵と規定していた中ソ友好同盟相互援助協力条約（一九五〇年二月締結）は、ますます有名無実の様相を強め、八〇年に失効した。日中平和友好条約締結後の七八年一二月、米中共同コミュニケが発表され、翌七九年一月一日より米中国交正常化が実現することになった[72]。日中平和友好条約締結直後に米中国交正常化が続いたことで、ソ連は二重のショックを味わった。ロバート・レグボルドによれば、一九七八年から一九八一年の時期が第二次世界大戦後のソ連のアジア外交で最も低調で、ソ連が孤立しアジアにおける影響力が小さかった時代であった[73]。

おわりに

珍宝島（ダマンスキー島）事件発生から日中平和友好条約締結に至るブレジネフ政権の対日政策を分析した。ブレジネフ政権時代ほど、ソ連の対日政策が米ソ中三極関係のフレームワークの中で展開したことを鮮やかに印象づけた時はないであろう。ソ連は中国の台頭を望まなかったし、三極構造の出現は二極構造に慣れていたソ連にとって望ましいものではなかった。ソ連は米中接近に戸惑いながら対日政策を展開した。シベリア開発関係でブレジネフ書記長が特に重視したのは、ヤクーチヤ天然ガス開発、サハリン天然ガス・石油開発などであり、当時日本で話題となったチュメニ油田開発はそれほど重視していなかったようである。

一九七〇年代、シベリア開発関連のプロジェクトが次々に立ち上がり、シベリア開発ブームが起こった。日ソ貿易高は七六年頃には年間で輸出入総額五〇億ドルの大台に乗った。日ソ沿岸貿易が花盛りで、最盛期の時期にあたる。日ソ貿易の拡大に伴い、ソ連に対する日本人の関心が高まり、一九七三年四月、NHKのラジオでロシア語講座が始まったことも、指摘しておきたい[74]。

次にブレジネフ政権における対日政策の決定プロセスを総括する。政治家は前任者の失敗から教訓を学ぶことがある。ブレジネフ書記長も例外ではない。前任者のフルシチョフがスターリン死後次第にワンマンな政治手法に走り、反発され失脚したことを反面教師にして、ブレジネフは注意深くコンセンサスを重視しながら集団指導体制を築いて外交政策を決定していったのである[75]。ブレジネフ政権の外交政策決定過程の特色は、政治的基盤が必ずしも磐石ではなかったため、政治局において重要な政策の最終決定の大半がコンセンサスに基づく集団決定という形態をとった点に求められる[76]。政治局にはブレジネフ書記長、コスイギン首相、ポドゴルヌイ最高会議幹部会議長、ミハイル・スースロフ政治局員、ボリス・ポノマリョフ党書記などが名を連ねた。日ソ首脳会談が開催された一九七三年四月、アンドレイ・グレチコ国防相、ユーリー・アンドロポフKGB議長、グロムイコ外相が新たに政治局のメンバーに加わった。中国との関係が悪化したのを反映し、新メンバーの中では、グレチコ国防相の影響力が強かったといわれる。

ブレジネフ政権における対日政策の形成にあたっては、グロムイコ外相、中国問題に精通したカピッツァ外務省極東部次長、セルゲイ・チフヴィンスキー外務省政策計画局副部長、党中央委員会国際部のロスチスラフ・ウリヤノフスキーが関与した。さらにシベリア抑留者に共産主義を植えつける教育に深く関わり、ソ連の対日政策に長年従事してきたソ連共産党中央委員会日本課長や、国際部副部長を歴任したコワレンコなども関与した。シェフチェンコによれば、ブレジネフ政権では、政策決定プロセスにおいて、ソ連科学アカデミー付属世界経済・国際関係研究所（IMEMO）のようなシンクタンクの影響力は、さほど大きくはなかった[77]。またソ連における日本専門家の影響力も強くはなかったといわれる。

北方領土問題では、ブレジネフ体制下のソ連指導部にとって、歯舞・色丹の二島返還が最大の譲歩であった。しかし、この程度の譲歩では日中接近を阻止することはとうてい不可能であった。北方領土問題に関しては、コスイギン首相がブレジネフ書記長よりも強硬派だった。一九六七年七月、コスイギンは三木武夫外相に対し、平和条約問題に触れて、中間的な内容のものを作る可能性について、両国外交機関を通じて検討してみてはどうかとの提案を行ったことがあるが、後日、共同通信社の書面インタビューでは「この問題はすでに、戦時、戦後の国際諸協定によって解決済みである」と強調し、「中間案」を切り捨ててしまった経緯がある。(78) 対日外交政策形成プロセスにおけるコスイギン首相の役割は軽視されがちであるが、田中首相訪ソ時に発表された日ソ共同声明の文面作成にあたり、日本側を手こずらせた点は留意に値する。

ソ連は一九六〇年代にシベリア開発に力を入れるようになった。ソ連独力でシベリアを開発することは困難と判断していたブレジネフ書記長は、日本を含む西側と協調し外資を導入してシベリア開発を推進することにきわめて積極的で、西シベリアのチュメニ油田を含む石油・天然ガス開発に意欲を燃やした。ブレジネフを代表とする「資源開放派」は、シベリア開発に西側諸国を積極的に関与させることにより、中国を牽制しようと試みた。それに対し、「資源温存派」のコスイギン首相は、西側にシベリア開発の協力を求める必要を認めず、日ソ経済協力に消極的であった。(79)

こうしたクレムリン内部の不協和音はあったが、一九七〇年には日本はソ連にとって最も重要な貿易相手国となった。特に日本がエネルギーの開発プロジェクトに関与した結果、七〇年と七八年の間にソ連向けの輸出が八倍以上の伸びを示した。しかし、日ソのエネルギー協力は長続きせず、七〇年代末には低迷期を迎え、サハリン大陸棚開発プロジェクトのような大型プロジェクトが遅れたり、チュメニ石油共同事業のように頓挫したりした。(80)

ブレジネフ政権時代、極東ソ連軍は、いかなる展開を見せたのであろうか。ソ連が極東で軍事力を増強し始めたのは、一九六九年に珍宝島で武力衝突が発生してからで、それ以来中ソ国境沿いに地上兵力を倍増させた。極東ソ連軍は一九七〇年代後半には、艦船を急速に増強した。七〇年代初頭、ソ連太平洋艦隊の水上戦闘艦は三〇隻であったが、一〇年後三倍となった。バレンツ海と同じくオホーツク海は、米本土を攻撃できる弾道ミサイル搭載原子力潜水艦

（SSBN）にとっての「聖域」となり、米国は警戒した。七八年、日本は「防衛協力のための指針（ガイドライン）」を定め、海や陸での実戦的な日米合同訓練を開始し日米安保体制に魂を入れた。[81] 七九年六月には、最新鋭の空母「ミンスク」と護衛艦がソ連太平洋艦隊に配備された。日本海でもソ連太平洋艦隊が目撃されるようになった。日本では「ソ連の脅威」が喧伝されたが、大半は船齢一五年以上で、極東ソ連軍の増強は日本向けというより中ソ対立の結果であった。

本章を閉じる前に、ブレジネフの対日外交がどのような成果を収めたのか、総括してみたい。日中国交正常化や日中平和友好条約の締結を阻止できなかったが、反ソ的な米中日協商形成を阻止した点や反ソ的色彩の強い日中平和友好条約の出現を食い止めた点では、成功を収めたと評価できる。日ソ貿易・経済の分野では、ブレジネフ政権時代に進展があった。コワレンコは、田中政権時代はあらゆる分野で日ソ関係が最も順調であったと回想している。そして田中内閣退陣以降、日ソ関係は次第に先細りになり、中曽根政権時代には事実上ゼロに落ち込んだと付言している。[82]

北方領土問題に対するブレジネフの政策について総括すると、ブレジネフは、領土問題を棚上げにしてソ日善隣協力条約の締結を日本に呼びかけたが、日本から同意を引き出せなかった。

ブレジネフ政権の時代は時として「退屈な時代」（高坂正堯）と呼ばれることがある。しかし、実際には一九六九年より対米デタント政策を進めソ連経済が伸張し、ソ連が米国と肩を並べる戦略核戦力を獲得し、最盛期を迎えた実りある時期であった。ところが、一九七九年一二月、アフガニスタンにソ連軍が侵攻した結果、米ソ関係が悪化し、「新冷戦」の時代に突入した。日本では「ソ連脅威論」が空前の高まりを見せた。日本が米国に同調し厳しい対ソ経済制裁を実施したため、経済協力プロジェクトは挫折してしまった。日本の対ソ経済制裁は欧州諸国の対ソ経済制裁よりも厳しかった。

一九八〇年五月に来日した中国の華国鋒首相は、ソ連軍アフガニスタン侵攻は、「偶発的、局地的なものでなくソ連の南下戦略の一部である」と批判を浴びせた。[83]「ソ連の脅威」は日中関係を親密にする効果を持ったといえるかもしれない。

一九八一年、日本政府は閣議で、日露通好条約が締結された二月七日を「北方領土の日」に決めた。ソ連はこの決定に反発し、北方領土では日本の神社や仏閣、日本人墓地の打ち壊しが頂点に達した[84]。日ソ関係が「冬の時代」から抜け出したのは、ゴルバチョフ時代になってからのことである。

(1) 外務省中国課「佐藤内閣に対する中共の評価」一九六六年一〇月三日、外務省記録 2002–1236 (外務省外交史料館所蔵) など参照。
(2) Dmitrii Petrov, *Yaponiya v mirovoi politike* (Moskva: Mezhdunarodnye othosheniya, 1973), p. 104.
(3) 『毎日新聞』一九九二年九月二六日。
(4) 珍宝島事件についての詳しい分析については、Nikolai Lobodyuk, *Ostrov Damanskii: Dopolnitel'nye shtrikhi k sobytiyam v marte 1969 goda : Interv'yu, vospominaniya, fotografii* (Moskva: Granitsa, 2009) を参照されたい。
(5) Arkady N. Shevchenko, *Breaking with Moscow* (New York: Ballantin Books, 1985), p. 217. なお、米中関係の流れを把握するうえで、滝田賢治「現代米中関係の変容――アメリカ外交の視点から」『国際政治』第一一八号(一九九八年)、一〇三～一一七頁、および外務省委託研究報告書『中ソ関係の展開とアメリカ・ファクター』日本国際問題研究所、一九八八年などが参考になる。
(6) 石井明「珍宝島事件」義江彰夫・山内昌之・本村凌二共編『歴史の対位法』東京大学出版会、一九九八年、一二二～一二三頁。
(7) *Pravda*, 1968 6. 8.
(8) Petrov, *Yaponiya v mirovoi politike*, p. 18.
(9) 日ソ・日ロ経済交流史出版グループ編『日ソ・日ロ経済交流史――ロシア・ビジネスに賭けた人々の物語』東洋書店、二〇〇八年、二八頁。
(10) 細谷千博「日ソ関係の歴史的性格」『外交フォーラム』第四巻第三号(一九九一年)。
(11) 「ドイツ連邦共和国とソヴィエト社会主義共和国連邦との間の条約」の全文は、佐瀬昌盛『西ドイツの東方政策』日本国際問題研究所、一九七三年、二〇四～二〇六頁に所収されている。また Akira Shigemitsu, "Postwar Soviet Territorial Issues in Europe

and Northern Territories," *Asia-Pacific Community*,（Winter 1981）, pp. 50–51. も参照されたい。

（12） 田久保忠衛『戦略家ニクソン――政治家の人間的考察』中公新書、一九九六年、九六頁。

（13） Richard M. Nixon, *The Memoirs of Richard Nixon*（New York: Grosset & Dunlap, 1978）, p. 406.

（14） Anatolyii Dobrynin, *Sugubo doveritel'no: Posol v Vashingtone pri shesti prezidentakh SShA*（1962–1986 gg.）（Moskva: Avtor, 1997）, p. 212.

（15） Shevchenko, *Breaking with Moscow*, pp. 266–267.

（16） William Burr, ed., *The Kissinger Transcripts: The Top Secret Talks with Beijing and Moscow*（New York: The New Press, 1999）, p. 43.

（17）『朝日新聞』一九七二年一月二五日。

（18）『北海道新聞』一九九二年六月二七日、『読売新聞』一九九七年一〇月二三日。

（19）『朝日新聞』一九七二年一月二九日。

（20） 末澤他編著『日露（ソ連）基本文書・資料集』（改訂版）、一九五～一九六頁。

（21） Shevchenko, *Breaking with Moscow*, p. 268 その他参照。

（22） *Izvestiya*, 1972. 3. 1.

（23） *Pravda*, 1972. 3. 21.

（24） *Ibid.*

（25） Walter LaFeber, *The American Age: United States Foreign Policy at Home and Abroad since 1750 to present*（New York: W.W. Norton & Company, 1989）, p. 616.

（26） 志賀義雄編『アジア集団安全保障とクリール（千島）問題』四谷書林、一九七三年、一一七頁。

（27） Mikhail Nosov, *Yapono-kitaiskie otnosheniya*（*1949–1975*）（Moskva: Nauka, 1978）, p. 151.

（28） "Zapis' besed A. A.Gromyko s min. in. del. Yaponii M. Okhira,"1972.10.23; Kapitsa, *Na raznykh parallelyakh,* pp. 158–161.

（29） 外務省欧亜局東欧第一課「大平大臣・グロムイコ大臣第一回会談記録「日中正常化対ソ説明の部分」一九七二年一〇月二一日（外務省記録 01–1376）、同課「大平大臣・グロムイコ第一回及び第二回会談記録（日ソ間懸案の部分）」一〇月二一日（同前）、同課「大平大臣とコスイギン会談要録（少数者会談）」一〇月二六日（同前）、同課「大平大臣とコスイギン会談要録』一一月九日（同前）。以上の文書は、外務省外交史料館所蔵。

（30）丹波實『外交わが人生』中央公論新社、二〇一一年、一七一頁。

（31）佐野真「ブレジネフのVサイン」『人と日本』一九七三年一二月号、五二頁。

（32）*Pravda*, 1972. 12. 22.

（33）本田良一「証言　北方領土交渉　残された問題」『北海道新聞』二〇一五年六月二二日夕刊。

（34）NHK日ソプロジェクト『NHKスペシャル　これがソ連の対日外交だ』日本放送出版協会、一九九一年、一九二～一九三頁、および『朝日新聞』一九七三年一月一八日。

（35）Andrew and Mitrokhin, eds., *The Mitrokhin Archive II*, p. 301.

（36）Oleg Troyanovskii, *Cherez gody i rasstoyaniya: istoriya odnoi sem'i*（Moskva: Vagrius, 1997）, p. 288. なお、一九七〇年代、ソ連が原油を輸出していたのは事実であるが、国内需要にあたり、衛星国の東欧諸国に原油を輸出したりする必要があったことから原油不足に苦しみ、中東からの原油を転売して輸出していたとする見解がある。Arthur J. Klinghoffer, *The Soviet Union & International Oil Politics*（New York: Columbia University Press, 1977）, p. 278.

（37）外川『ロシアとソ連邦』、三七一頁。

（38）イワン・コワレンコ『対日工作の回想』文藝春秋、一九九六年、一九六～一九七頁、および新関欽哉『日ソ交渉の舞台裏――ある外交官の記録』日本放送出版協会、一九八九年、二〇〇～二〇四頁。

（39）コワレンコ『対日工作の回想』、一九二頁。

（40）*Izvestiya*, 1973. 10. 9.

（41）Marshall Goldeman, *Détente and Dollars*（New York: Basic Books, 1975）, p. 112.

（42）「新関大使発外務大臣あて電信」一九七三年一〇月八日および一〇月九日、外務省記録 CID: 01-506（外務省外交史料館所蔵）。

（43）遠藤寿一「日ソ関係が前進した田中総理の訪ソ」『ロシアNIS調査月報』二〇一〇年七月号、一〇四頁。

（44）注（42）と同一。

（45）外務省欧亜局東欧第一課「田中総理訪ソ会談記録」一九七三年一〇月、外務省記録 2011-109（外務省外交史料館所蔵）。

（46）日ソ首脳会談におけるやりとりについては、新井弘一『モスクワ・ベルリン・東京――一外交官の証言』時事通信社、二〇〇八年、九五～九六頁などを参照。

(47) *Pravda*, 1973. 10. 11.

(48) 末澤他編著『日露（ソ連）基本文書・資料集』（改訂版）、二〇〇頁。

(49) *Pravda*, 1973.10.11.

(50) ヤン・Ｃ・キム『クレムリンの対日戦略―日米中ソ四極構造の中で』ＴＢＳブリタニカ、一九八三年、一二八～一二九頁および小町『対ロ平和的積極外交』、一一六頁参照。

(51) 新井弘一『日本外交の宿題』国策研究会、二〇一一年、二〇七頁。

(52) 鈴木啓介『財界対ソ攻防史――一九六五―九三年』日本経済評論社、一九九八年、一一一頁。

(53) 杉浦敏廣環日本海経済研究所共同研究員よりご教示を頂いた。二〇一七年五月七日。

(54) 日ソ・日ロ経済交流史出版グループ編『日ソ・日ロ経済交流史』七五頁および四二三頁。

(55) Gerald L. Curtis, "The Tymen Oil Development Project and Japanese Foreign Policy Decision-Making," in Robert A. Scalapino, ed., *The Foreign Policy of Modern Japan*（Berkeley: University of California Press, 1977）, p. 168 および白井久也『新しいシベリア――希望の大地からの報告』サイマル出版会、一九七六年、一九二頁。

(56) 『朝日新聞』一九七三年一〇月一一日。

(57) 友田錫『入門・現代日本外交――日中国交正常化以後』中公新書、一九八八年、五八頁。

(58) Leonid Brezhnev, *Peace, Détante and Soviet-American Relations*（New York: Allen Unwin, 1991）, p. 80.

(59) 古川万太郎『日中戦後関係史』原書房、一九八一年、四〇四頁。

(60) Troyanovskii, *Cherez gody i rasstoyaniya*, p. 291.

(61) Kazushige Hirasawa, "Japan's Emerging Foreign Policy," *Foreign Affairs*（October 1975）, p. 165.

(62) Andrei Gromyko, "Programma mira v deistvii," *Kommunist*, no. 14, 1975, p. 16.

(63) 『日本経済新聞』一九七五年一〇月九日。

(64) Troyanovskii, *Cherez gody i rasstoyaniya*, p. 292.

(65) 国際地域資料センター編『日本の領土と日ソ関係』国際地域資料センター、一九八六年、五七頁。

(66) 『ロシアＮＯＷ』二〇一四年三月一五日。

(67) *Pravda*, 1978. 2.24.

(68) 岡田春夫「ソ日善隣協力条約の狙いは何か」『中央公論』一九七八年五月号、一二八頁。

(69) 古澤健一『日中平和友好条約——昭和秘史』講談社、一九八八年、一一一頁。

(70) 読売新聞政治部『基礎からわかる日本の領土・海洋問題』中公新書ラクレ、二〇一二年、二四～二六頁。

(71) Georgii Kunadze, *Yapono-kitaiskie otnosheniya na sovremennom etape, 1972–1982* (Moskva: Nauka, 1983), p. 93.

(72) 木村汎『遠い隣国——ロシアと日本』世界思想社、二〇〇二年、二一五頁。

(73) Robert Legvold, "Russia and Strategic Quadrangle," in Michael Mandelbaum ed. *The Strategic Quadrangle: Russia, China, Japan and the United States in East Asia* (New York: Council of Foreign Relations Press, 1995), p. 25.

(74) Igor' Latyshev, *Yaponiya, Yapontsy i Yaponovedy* (Moskva: Algoritm, 2001), p. 383.

(75) Kimie Hara, *Japanese-Soviet/Russian Relations since 1945: A Difficult Peace* (London and New York: Routledge, 1998), pp. 135–137.

(76) ブレジネフ政権における外交政策決定については、William Tompson, *The Soviet Union under Brezhnev* (London: Longman, 2003), pp. 26–34や植木安弘「ソ連対日政策形成の構造と動態——『対日政策』コンプレックスと一九七一―七二年のソ連の対日政策変化過程の研究」『共産主義と国際政治』第五巻第三号（一九八〇年）、二一～四五頁が示唆に富む。なお、対日強硬路線の信奉者で長年ソ連共産党中央委員会国際部で対日政策の形成に関与してきたコワレンコは、ブレジネフ政権時代には大きな影響力を持っていなかったとする分析がある。これについては、Elizabeth Pond, "Japan and Russia: The View from Tokyo," *Foreign Affairs* (October 1973), p. 143を参照されたい。

(77) Pond, p. 143.

(78) 本田良一『密漁の海で——正史に残らない北方領土』凱風社、二〇〇四年、三三八頁。

(79) 西村文夫「ソ連における政策決定」西村文夫・中沢精次郎編『現代ソ連の政治と外交』第二巻、日本国際問題研究所、一九七八年、一六〇～一六三頁。なお、一九七三年九月、ソ連は原油の対日年間輸出予定量を当初の四〇〇〇万トンから二五〇〇万トンに削減したいと日本に一方的に通告してきた。外国に資源を売却することに批判的な「資源温存派」の台頭がこの通告の背後にあった、と西村は指摘している。

(80) スヴェトラーナ・ヴァシリューク「一九七〇年代の日ソ・エネルギー協力における政治要因」下斗米伸夫編著『日ロ関係歴史と現代』法政大学出版局、二〇一五年、一七七～一七九頁。日ソ・日露経済協力については、経済団体連合会、日本ロシア経済委員会編『日ソ経済委員会史（一九六五～一九九二）——日ソ経済協力四半世紀の歩み』経済団体連合会、一九九九年も参照されたい。

（81）朝日新聞北方領土取材班『北方四島』、一七四頁。

（82）コワレンコ『対日工作の回想』、二〇〇頁。

（83）「中国華国鋒総理の訪日」（とりあえずの評価）一九八〇年五月三〇日、外務省中国課『華国鋒中国国務院総理の訪日』外務省記録 2016–26（外務省外交史料館所蔵）。

（84）朝日新聞北方領土取材班『北方四島』、九六頁。

第7章　ゴルバチョフの対日「新思考」外交の中の「旧思考」

はじめに

ブレジネフ政権時代、ソ連の核戦力はほぼ米国並みとなった。しかし、超大国の地位を維持しようとしてロナルド・レーガン大統領の米国と争い軍事費を使い過ぎたため、ソ連経済は危機的状態に陥ってしまった。一九八二年一一月、ブレジネフ書記長死去のあと政権についた老齢のユーリー・アンドロポフは、ソ連経済を立て直そうと改革に乗り出したが、志半ばで死去してしまった。アンドロポフの死去を受けて、八四年二月、老齢のコンスタンチン・チェルネンコが書記長に選ばれたが、ほどなく死亡した。このままでは二一世紀においてソ連は確実に第三世界の国家に転落するとの危機感を持っていた五四歳のミハイル・ゴルバチョフが、八五年三月、ソ連共産党書記長に選出された。ゴルバチョフはアンドロポフに重用された人物であった。

ゴルバチョフ新書記長は、「ペレストロイカ」（ソ連体制立て直し）、「グラスノスチ」を掲げ、精力的にソ連経済の改革に乗り出した。「グラスノスチ」という言葉は通常は「情報公開」と訳されているが、「声を出すこと」、つまり

「言論の自由」と訳したほうが適切である。言論統制が緩められ、さまざまな人が自由に声を上げた結果、多民族国家ソ連の各地や東欧などで民族独立運動が噴出し、ゴルバチョフは収拾することができなくなってしまったのである。外交政策の分野ではこれまでの西側との対決型の外交姿勢や第三世界への過剰介入の方針を放棄し、従来のマルクス・レーニン主義にとらわれない「新思考」外交を推進することを唱道した。ゴルバチョフの「新思考」外交のルーツは、スターリンの西側対決外交を批判し平和共存外交を推進したフルシチョフにさかのぼることができるという見解がある。(1)

本章の主たる目的は、ブレジネフ書記長の死後登場したアンドロポフ政権の対日政策を簡潔に検討した後、政権を担っていた一九八五年から九一年までの間に、ゴルバチョフがいかなる対日政策を展開したかについて分析を試みることにある。①ゴルバチョフの対日政策とブレジネフの対日政策の間には、いかなる連続性と非連続性が認められるのか、②ゴルバチョフの「新思考」外交において、日本や中国はどのように位置づけられていたか、③ゴルバチョフの対日政策の目標は、いかなるものであったのか、④ゴルバチョフ政権の初期には北方領土問題の解決のチャンスがあったといわれるが、その通りか、⑤中ソ対立の終焉や東西ドイツ統一、ボリス・エリツィンのロシア共和国大統領就任、「サハリン・ファクター」の台頭は、ゴルバチョフの対日政策にいかなる影響を与えたのか、⑥ゴルバチョフは指導力に陰りが見える前に、なぜ訪日しなかったのか、⑦ゴルバチョフの訪日は、どのようなプロセスで決められ、いかなる成果をあげたのか、⑧米中両国はゴルバチョフ訪日をどのように評価したのか、最後に⑨ゴルバチョフの対日政策を歴史的視点からどのように評価すべきか。

本章では、ゴルバチョフやグロムイコやエドゥアルド・シェワルナゼの回顧録をはじめ、ソ連解体後公開されたがこれまで研究者がほとんど取り上げてこなかった海部・ゴルバチョフ会談に関するソ連側議事録、ゴルバチョフの対日政策を詳細に研究したリスベス・バーンスティン論文、ゴルバチョフの北東アジア政策についてのセルゲイ・ラドチェンコの秀逸な研究、(2)アレクサンドル・パノフ駐日大使が近年刊行した著書、さらにドイツ統一に関するゴルバチョフの著作などを活用しながら、ゴルバチョフの対日政策の核心に迫りたい。

I　アンドロポフの対日政策と日ソ関係の冷却化

一九八二年一一月、ブレジネフ書記長の死去を受けて、一九六七年から八二年一一月までKGB議長の地位にあり、ブレジネフの政治に批判的なアンドロポフがKGBの力を巧妙に使って書記長に就任した。権力の継承は極めて円滑に行われ、アンドロポフ政権は一九八四年二月まで続いた。ソ連を離れたことがないブレジネフ前書記長と異なり、アンドロポフ新書記長はハンガリー大使を歴任した経験があり、英語を読むことができて欧米事情に通じており、ソ連体制の弱点を認識していた。西側は改革に乗り出すことに期待を寄せた。

外交面では、アンドロポフ書記長は、軍の近代化に乗り出す一方、平和攻勢をかけ、米中に対しても優位を保持しようとした。極東ではソ連太平洋艦隊の増強や空軍の兵器の近代化に努め、マッハ二・五の高速で補給なしに八八〇〇～九六〇〇キロメートルを飛行できるバックファイア爆撃機を対中国向けにバイカル湖西方のソ連軍基地に二〇機配備したり、択捉島にミグ23戦闘機を一〇機配備したりした(3)。ソ連太平洋艦隊の増強も図った。

その一方で、ブレジネフ書記長のタシケント演説（一九八二年三月）やバクー演説（同年九月）からうかがえるように、中ソ関係の改善に努めたブレジネフ政権の対中政策を踏襲し、一九六〇年に採択された国境法を改訂し、一九八二年一一月、新国境法を起草した。中ソ国境紛争の核心は、約八〇〇〇キロメートルに及ぶウスリー河の国境をめぐるものであった。百年以上前に締結された北京条約によれば、ウスリー河の全部がソ連領で、国境線は中国側の河川沿いに引かれていた。ところが新国境法の第三条は、輸送に適した河川では、国境線は航路帯の中を通ると定め、国境は相手国との合意によってのみ決定されるとなっていた。新国境法は一九八三年三月に発効した(4)。

他方、対日政策では、ブレジネフ前政権の方針を大きく変更することはなかった。一九八二年一二月、中曽根首相はアンドロポフ政権に対し北方領土問題の解決、平和条約締結を呼び掛けたが、好意的な反応を示さなかった。(5) ブレジネフ前政権と同様にアンドロポフ政権は、日本の北方領土返還要求は不当で根拠なしと切り捨てたのである。

ソ連の脅威が強まる情勢の中で翌八三年一月、中曽根首相が初訪米し、レーガン大統領やワインバーガー国防長官と会談した。中曽根首相は、「四海きよう（原文のママ）に対するコントロールを完全なものとして、有事の際ソ連の潜水艦を日本海に封じ込めること」、ソ連の中距離爆撃機バックファイアの日本列島浸透（PENETRATION）を許さないこと、そし「シーレンの確保」（原文のママ）のため、日米連携を呼びかけた。米国側は中曽根発言に賛同した。(6)

中曽根首相が『ワシントンポスト』紙の記者との懇談で、「日本列島を敵性外国機の侵入を許さないよう周囲に高い壁を持った大きな船のようなものにする」と発言したところ、通訳が「不沈空母発言」と意訳したこともあって、クレムリンの猛反発を招いた。(7)

翌八三年五月、米国東部の古都ウイリアムズバーグで先進七カ国（G7）首脳会議が開かれた。ソ連が移動式中距離弾道ミサイルSS20（推定射程三〇〇〇から五五〇〇キロメートル）を東欧などに配備したのに対抗して、レーガン大統領は西側諸国が協調してソ連に圧力をかけることを求めた。これに対し、ミッテラン仏大統領やコール西独首相が異議を唱え、意見が分裂した。中曽根首相は決裂して得をするのはソ連だけだと力説して団結を訴えたため、政治声明を発表すべきだとする流れが生まれた。

さらに中曽根首相は、ソ連が異議を唱えていた米国の新型中距離核ミサイルの欧州配備に断固として支持を表明するとともに、ソ連に中距離核ミサイルSS-20の撤去を要求する場合、欧州からアジアに移転してそれでよしとすることは断じて認められないと「安全の不可分性」を力説して、説得に努めた。その結果、G7の政治声明に、「われわれサミット参加国の安全は不可分であり、グローバルな観点から取り組まなければならない」とする文言が明記されることになった。(8)

こうした西側結束の動きに危機感を感じ、アンドロポフ書記長は対応策を検討するため政治局会合を招集した。ソ連解体後に解禁された議事録によれば、アンドロポフ書記長は「戦略的意義を持たない小さな島のうちのいくつかでの共同開発」を提案した[9]。アンドロポフ書記長が中曽根首相の親米的言動に不安を感じ日本を懐柔するために、このような発言をしたのかもしれない。

このアンドロポフ書記長の共同開発案を受けて、グロムイコ元外相は「（国境の画定と共同開発の）両者を結び合わすこともできよう」と発言をした。グロムイコは北方領土問題で一般に強硬派とみなされ、日ソ間でいかなる領土問題も存在しないとする立場を公式の場でとっていたが、「歯舞、国後その他の小さな島をめぐり国境を引く、つまり国境の調整をする。これが最も威信のある提案だ」と歯舞・色丹にとどまらず国後も視野に入れた注目すべき発言をしたのである[10]。それに対し、ウスチノフ国防相が強く異議を唱えた。島を手放すことについては、アンドロポフ書記長自身も乗り気ではなく、グロムイコ案は結局採用されなかった[11]。

同八三年九月、日露関係を揺るがす事件が発生した。サハリン上空に米偵察機が飛んだ約一五分後同型のニューヨーク発ソウル行きの大韓航空（ＫＡＬ）ボーイング機が通告していた航路を外れてソ連領に入ったところ、ソ連の戦闘機がミサイルで撃墜し、乗員・乗客あわせて二六九名が全員死亡する事件が起きたのである。当初ソ連は民間機を撃墜したことを否認したが、自衛隊が傍受したソ連軍の交信記録が米国に提出され、事件発生から五日後に公表された結果、撃墜を認めた。戦闘機を操縦していたパイロットは、後日、民間機であることは認識していたが、スパイ目的で領空侵犯をしたと考え撃墜したと釈明するとともに、二〇〇ルーブルしか報奨金をもらえなかったと不満を漏らした[12]。

大韓航空機には日本人が二八人搭乗していた。中曽根首相はソ連が大韓航空機を撃墜したのは不法であり、人道上の見地からも厳しく非難されるべきであると批判した。ソ連の高圧的な対日姿勢とあいまって、日ソ関係は冷却化してしまった。大韓航空機撃墜事件は日ソ貿易にも否定的な影響を与え、一九八三年の日ソ貿易は前年比二〇パーセント減少した。

一九八四年二月のアンドロポフ書記長の死去により、アンドロポフが進めようとした経済改革は未完に終わり、改革の仕事はミハイル・ゴルバチョフに託された。一九九七年七月から九九年八月まで、KGBの後継機関ロシア連邦保安庁（FSB）の議長になったウラジーミル・プーチン大統領はアンドロポフに敬意を表し、大統領就任後、FSB本部でアンドロポフの記念銘板の除幕式を行っている。[13]

Ⅱ　ゴルバチョフの対日「新思考」外交の基本構造

「新思考」外交とは何か

ここで「新思考」外交とは何かについて説明しておきたい。「新思考」外交という表現は、一九七五年頃からソ連研究者の間で使用されていた。[14] ステファン・ホワイトは、ゴルバチョフが提唱した「新思考」という概念は新しいものではないと指摘している。[15] ゴルバチョフが「新思考」外交という言葉を使ったのは、八四年末の英国議会での演説が最初である。ゴルバチョフの「新思考」外交の特色は、東西対決や中ソ対立や第三世界への過度な介入に終止符を打って、軍事的負担を軽減するとともに、西側諸国から経済・技術援助を獲得することにその特色があった。ゴルバチョフの「新思考」外交は、概してブレジネフ外交のアンチテーゼ的な性格を有している。ブレジネフは、国際政治における「力の相関関係」がソ連に有利に動いているという誤った認識に基づき軍事力を背景に高圧的な外交を展開したためソ連は国際的に孤立し、対米、対中、対日関係はひどくこじれてしまった、とゴルバチョフは考えていた。

ブレジネフとは違って、ゴルバチョフは国際関係において「力の相関関係」はもはやソ連に有利に動いておらず、膨張政策を推進することはできず、ソ連経済を立て直すためには西側諸国から技術や資本を導入することが不可欠だと判断していた。ゴルバチョフは、米ソ対立の双極世界を所与としたスターリン的な考え方や東欧のソ連離れを防ぐ

ため ソ連が軍事介入すべきとした「ブレジネフ・ドクトリン」にも批判的であった[16]。

問題は、政権を手中にした当時、ゴルバチョフ書記長がペレストロイカと「新思考」外交の推進のための具体的で長期的な構想を持っていなかったことである。ゴルバチョフは、試行錯誤で外交政策を進めた。ゴルバチョフの「新思考」外交についての構想はあまり体系だっておらず、バラバラの状態であった[17]。にもかかわらず、就任早々ソ連外務省に赴き外務官僚に意識改革を迫っている。そして、「新思考」外交の重要性を説くとともに、「ミスター・ニェット」外交に陥ってはならないと述べて、それまでのグロムイコ外交を痛烈に批判する秘密演説を行った。

グロムイコは冷戦時代、半世紀にわたり外相としてソ連外交に深く関与したベテラン外交官で、西側に対し非妥協的であったことから「ミスター・ニェット」(「ミスター・ノー」)と呼ばれた人物である。グロムイコは、チェルネンコ書記長の死去を受けて開催されたソ連共産党中央委員会でゴルバチョフを後継者に強く推薦し、保守派を説得し全員一致で党書記長に承認するよう要請した。グロムイコの推薦のおかげで、ゴルバチョフは書記長に選出されたのだが、書記長に就任するやゴルバチョフは、一九八五年七月、グロムイコ外相を解任してソ連最高会議幹部会議長(国家元首)に祭り上げ、グロムイコとはまったくつながりのない親友シェワルナゼを後継外相に任命してしまった。グロムイコは、ゴルバチョフを「鉄の歯を持つ男」と呼んだ。

シェワルナゼはKGB出身ともいわれ、一九七二年にグルジアの共産党第一書記に就任して以来、腐敗摘発に辣腕を発揮した。グルジアに近いスタヴロポリの共産党第一書記を務めたゴルバチョフとは約三〇年に及ぶ間柄であり[18]、かねてからソ連経済建て直しの必要性を痛感し、ゴルバチョフと意気投合していた人物である。ゴルバチョフ書記長がグロムイコとつながりのある人物を自らの政権で外相に任命せず、外交経験が皆無のシェワルナゼを登用したのは、グロムイコ外交路線と訣別するためであった。また、ゴルバチョフ自身が外交を取り仕切りたいと考えていたことも影響している。とはいえ、ゴルバチョフ書記長はシェワルナゼをソ連共産党中央委員会政治局員に任命し、最初から「新思考」外交の推進のため、かなりの裁量を与えた[19]。シェワルナゼはゴルバチョフの意向を踏まえつつ、アレクサンドル・ヤコヴレフ党中央委員会国際問題政策委員会議長とともに「新思考」外交を推進した。シェワルナゼの国際的評価は当初は低迷していたが、外交手腕を発揮し、やがて西側世界で高く評価されるようになった。

ゴルバチョフ書記長が最も重視したのが、超大国米国との関係の改善、すなわち冷戦の終結であった。軍事費を大幅に削減しソ連経済を立て直すため、米国と軍備管理交渉を積極的に進めた。一九八五年四月、ソ連は欧州における中距離核戦力（ＩＮＦ）配備の凍結を提案するとともに、もしも米国が戦略防衛構想（ＳＤＩ）を放棄すれば、ソ連は戦略的核兵器を二五％削減すると提案した。同年一一月にはジュネーヴでレーガン大統領と初の首脳会談を開催して、米ソ冷戦の終結に力を尽くした。

同じ理由からアジア太平洋地域では、ソ連と当時世界最長の国境を接していた中国との対立関係に終止符を打つことにゴルバチョフは意欲を燃やした。中ソ和解を成し遂げ、四〇〇〇キロ以上に及ぶ中ソ国境に配備していた大規模な軍隊を大幅に削減し、ソ連経済への負担を軽減することを焦眉の課題としていたのである。

ゴルバチョフはチェルネンコ書記長の葬儀で中国代表団と会見したとき、「弔問外交」を展開し、中ソ対立に終止符を打ち、両国関係を正常化させたいと発言して関係改善の意欲を中国側に直接伝えた。だが、米国や欧州諸国との関係改善やアフガニスタンからのソ連軍撤退ほどには、当初中ソ関係改善に優先権を与えなかった。(20) また日本国民の期待とは異なり、ゴルバチョフの「新思考」外交において、北方領土という難題を抱える対日政策の優先順位は、対米、対中、対独政策よりもはるかに低かったのである。

Ⅲ　対日「新思考」外交の展開

ゴルバチョフの対日接近外交

一九八五年三月に政権を手中にした当初、ゴルバチョフ書記長は米国、西ヨーロッパ、および中国などについてはある程度知っていたが、日本についてはほとんど知識を持たなかった。そもそも日本が経済大国であるとゴルバチョフが認識するようになったのは、八〇年になってからのことであった[21]。自らの回顧録の中で、ゴルバチョフは第二次世界大戦後の領土分割は終了し、北方領土問題は解決済みと当初考えていたと吐露している[22]。政権についたころ、ゴルバチョフ書記長は日ソ関係改善に積極的ではなく、西独との関係と同様に、日ソ関係は漸進的に改善していけば十分であると考えていた。一九八五年三月、チェルネンコ書記長の葬儀に出席するため、「戦後政治の総決算」を標榜する中曽根康弘首相が訪ソして弔問外交を展開し、短時間ながらゴルバチョフ新書記長との会談に漕ぎつけ、日本を訪問するよう要請した[23]。しかし、ゴルバチョフは積極的な反応を示さず、日ソ関係を発展させる用意があるとだけ答えた。その一方で、沖縄に核兵器があり、「非核三原則」にかかわらず米国艦船は核兵器を搭載して日本に寄港していると指摘し、日本の防衛政策に批判を加えた[24]。ゴルバチョフは日本がＮＡＴＯの軍事行動に賛意と連帯を表明しているとも非難した[25]。

とはいえ、ゴルバチョフは冷え切った日ソ関係に張りついた氷を溶かす努力はした。一九八五年一一月、日本はソ連軍のアフガニスタン侵入を契機に導入した対ソ経済制裁を解除したが、それに応えるように翌八六年一月、ゴルバチョフ書記長はシェワルナゼ新外相を東京に派遣し、ブレジネフ時代に中止していた日ソ外相定期協議を再開させた。興味深い点は、シェワルナゼ訪日にあたって、ソ連が北方領土問題でいかなる態度をとるべきか、政治局で真剣に協議がなされたことである。ソ連解体後公開された外交文書によれば、シェワルナゼ新外相は、五六年の日ソ共同宣言を基礎にして北方領土（南クリル）問題の解決を図ろうとしていた。シェワルナゼは、南クリルは戦略的重要性が低く、ソ連にとって必要ではないと判断していたのである[26]。ところが、最高会議幹部会議長に祭り上げられた後も政治局員の地位にとどまっていたグロムイコ元外相が猛反発し、それをゴルバチョフ書記長が支持したため、訪日にあたって、シェワルナゼ外相は北方領土問題で硬い態度を貫くことになった[27]。

シェワルナゼ外相の英語通訳官を務めたパーヴェル・パラシチェンコによれば、ゴルバチョフ書記長とシェワルナゼ外相の両者は、南クリル問題の存在を認め、あらゆる側面を協議するメカニズムを日本との間に設立し、全般的な両国関係の改善を図るが、領土問題については日ソ双方が満足できる解決方法を見つけるまで待つことが重要だと考えていた(28)。こうしたシナリオに沿ってゴルバチョフ書記長は対日政策を展開したのである。この合意を胸に秘め、一九八六年一月、シェワルナゼ外相が来日した。日本は一〇年ぶりのソ連外相の訪日を歓迎した。米国は日ソ関係改善の動きに対し日本が独り歩きを始めるのではないかと懸念しつつ事態の推移を注視した。中国の新華社通信は、「北方四島は第二次世界大戦終結以来ソ連によって占拠されている」と指摘して、北方領土問題で日本の立場を支持する旨を伝えた(29)。

シェワルナゼ外相訪日の主たる狙いは、日本の「政経不可分の原則」を切り崩し、「政経分離の原則」に基づいて経済関係を推進することにあった。そうした方針のもとでシェワルナゼは、長期経済協力協定の締結を提案した。しかし、日本側は「政経不可分の原則」に基づき、領土問題が解決しない限り、長期経済協力協定は締結できないと主張して、否定的な反応を示した。ただし、第五次五カ年貿易支払協定（一九八六〜九〇年）、二重課税防止租税条約の調印には同意した。

一方、軍事・安全保障の分野では、歩み寄りが認められなかった。シェワルナゼ外相は日ソ関係改善の障害になるとして、レーガン大統領が提唱したソ連の核の無力化を狙った戦略防衛構想に日本が参加しないよう促した(30)。これに対し、安倍晋太郎外相は、ソ連こそ極東方面で中距離弾道ミサイルSS-20を増強していると反論し、日ソ両国の主張は平行線をたどった(31)。ソ連の反対にもかかわらず、一九八六年九月、日本は米国に歩調を合わせ、SDI構想の研究に参加する決定を行った。中曽根政権は、ソ連との友好関係の構築よりも日米関係の強化を重視したのである。

このような情勢の中で日本から帰国後、シェワルナゼ外相は、ソ連共産党中央委員会政治局で領土問題を含めた対日関係改善の必要性を訴えたが、古参政治局員が大部分を占めていたため、反応は芳しくなかった(32)。シェワルナゼ訪日後、ゴルバチョフ書記長は、体制固めに腐心する一方、日本通のニコライ・ソロヴィヨフを駐日大使に任命した。

シェワルナゼ訪日から間もない一九八六年四月下旬、当時ソ連の構成国の一つであったウクライナの首都キエフ近郊チェルノブイリで原子炉放射能漏れ事故が発生すると、世界唯一の被爆国である日本は、ソ連にすみやかに人道援助の手を差し伸べた。

戦後政治の総決算を標榜する中曽根首相は、ソ連との関係改善や北方領土問題解決に意欲を燃やした。そして、五月の安倍外相の訪ソの際に親書を託し、その中でゴルバチョフ書記長を日本に招待し日ソ首脳会談を開催したいと提案したのである。安倍外相訪ソの成果は、ブレジネフ時代の一九七六年以来途絶えていた日本人の北方墓参再開――ただし、身分証明方式での歯舞・色丹墓参――の許可を得たことである。

ただし、ゴルバチョフ書記長は中曽根首相の来日招請に応じず、逆に自民党の実力者、二階堂進党副総裁に訪ソを要請した。さらに社会党、民社党、共産党などの野党の指導者にも訪ソを働きかけた(33)。このような動きをしたのは、当時ゴルバチョフの関心が、米国との間で軍縮交渉を進め、中距離核戦力全廃条約を締結することにあったからである。

ウラジオストク演説と日本の位置づけ

ゴルバチョフ書記長のアジア太平洋政策を考察するにあたって、一九八六年七月下旬、中国に近く、ソ連太平洋艦隊司令部があるウラジオストクで行った演説は、きわめて重要である(34)。ゴルバチョフは演説の約半分を費やしてシベリア開発問題に触れ、残り半分で外交政策に言及した。そして「ソ連は欧州の国家であると同時にアジア太平洋の国家でもある」と述べ、ソ連は経済発展が著しいアジア太平洋の国際関係に参入したいと力説した。ゴルバチョフは、ウクライナ危機後プーチンが打ち出した「東方シフト外交」の先鞭をつけたといえなくもない。留意すべきは、ウラジオストク演説の中で、ゴルバチョフ書記長が欧州安全保障協力機構（ＣＳＣＥ）を手本として、アジア各国が参加する太平洋会議の開催を呼びかけたり、海の軍縮を訴えたりして太平洋で圧倒的に優位に立つ米国の影響力を弱めよ

う と試みたことである。ゴルバチョフはウラジオストクでの演説でワシントン—東京—ソウルの間で「米国の圧力のもとで軍事的三角関係が形成されつつある」と警鐘を鳴らした。

ウラジオストク演説でゴルバチョフが最も力を入れたのは、中ソ対立に終止符を打ち、中国との関係を改善することであった。そのため、首都北京をにらみ中国が恐れていたモンゴル駐留のソ連精鋭部隊の撤退に加え、中ソ国境に展開していたソ連軍の大幅削減などを明らかにしたうえで、「どこでもいかなるレベルでも中国と協議する用意がある」とし、中ソ間の領土紛争を解決するため、「国際法に則り、主要航路に沿って国境を画定したい」と中国の指導部に向かって熱心に訴えた。ウラジオストク演説後も、ゴルバチョフは、対中関係改善に向けて積極的にシグナルを送っている。

ウラジオストク演説の中で、ゴルバチョフは日本に関しどのような発言をしたのであろうか。同演説の対日関係の部分は、ヤコヴレフやプリマコフや党国際部のスタッフなどが起草し、さらに党中央委員会国際局に回され種々加筆・修正を加えた後、ゴルバチョフの外交顧問アナトーリ・チェルニャーエフが最終的にチェックした。こうした手順を踏んで、ゴルバチョフに演説の原稿が渡されたようである(35)。興味深いのは、当時ゴルバチョフが北方領土問題で譲歩しなくとも、天然資源に恵まれない日本はシベリア開発に協力するに違いないと考えていた点である(36)。

一九八六年二月、ゴルバチョフ書記長は、第二七回ソ連共産党大会で行った演説の中で日本を「帝国主義の三大センターの一つ」と評価した。ウラジオストク演説では軍事費に巨額の金を使わないで発展した「第一級の経済力を持つ国家である」と絶賛した。そのうえで、「日ソ関係には好転の兆しが見られ」、「首脳レベルの相互訪問が議題に上がっている」と言葉巧みに述べて、自らの訪日があたかも間近に実現するかのような錯覚を日本側に持たせた。ゴルバチョフが訪日について言及したのは、安部外相の訪ソに託した中曽根親書に記された訪日招請を踏まえたものであった。ゴルバチョフの発言の狙いは、日本の経済力を賞賛して、日本の「政経不可分の原則」を切り崩し、経済協力を引き出す点にあったように思われる。

ゴルバチョフは自らの訪日の可能性を示唆することによって、日本との関係を改善し経済支援を引き出そうと試みた。しかし、思い通りにはいかなかった。逆に翌一九八七年四月、ココム（対共産圏輸出統制委員会）が作成した規制品リストに東芝機械が違反して、ソ連に密かにプロペラ加工機を輸出したのが発覚し[37]、日ソ関係の進展に冷水を浴びせる事態が起きたのである。

通説とは異なり、東芝機械がプロペラ加工機を輸出する三年前からソ連原子力潜水艦のスクリューの低音化は進んでいた[38]。換言すると、東芝機械が輸出した大型プロペラ加工機のおかげでソ連の原子力潜水艦のスクリュー音が小さくなり、探知が困難になったわけではない。とはいえ、東芝機械ココム違反事件を契機に、米国からの要請もあって中曽根首相は厳しい措置をとった。そして、一九八七年六月下旬から向こう一年間、東芝機械にソ連・東欧への輸出を禁止するとともに、西側諸国で最も厳しいココム規制を実施した[39]。

東芝機械事件発生後、スパイ活動容疑で日ソの間で外交官の相互追放合戦が起こり、両国の政治関係が悪化した。日ソ間で外交官の相互追放が行われたのは、一九五六年に国交回復して以来、初めてのことである。ゴルバチョフ政権発足後、日ソ貿易は上昇傾向にあったが、事件発生を受け日本が厳しい措置をとった結果、貿易高は落ち込んでしまった。

とはいうものの、東芝機械ココム違反事件は、日ソ関係に致命的な影響を与えなかった。七月、ゴルバチョフ書記長はインドネシアの『ムルデカ』紙（一九八七年七月二一日付）で、「現在日本には暗雲が立ち込めている」としつつも、日本を「世界政治でますます顕著な役割を果たしつつある注目すべき国家で訪問したいと思っている」と述べ、自らの訪日を匂わせて、再度日本に秋波を送ったのである[40]。日本訪問の可能性を示唆したことで、日本国民の間でゴルバチョフ訪日への期待が高まった。しかし、ゴルバチョフ書記長は、来日の決断を下さなかった。その理由は、北方領土問題の解決が困難で、たとえ訪日しても成果は得られないと判断したからにほかならない。

ところで、「ペレストロイカ」はいつ始まったのであろうか。さまざまな説が存在するが、岡崎久彦サウジアラビア元大使によれば、一九八七年、ゴルバチョフはペレストロイカに着手したとされる。サウジアラビアから高い原油を日本が買い続けるのを回避しようと、日本にも国際石油資本・メジャーを作るため、岡崎大使がサウジアラビアのヤマニ石油相の内諾を得てひそかに交渉が開始したところ、一九八六年一月に中東のドバイの新聞にそのことをすっぱ抜かれた。その結果、国際市場における原油価格が徐々に下落し始め、秋には一バレルあたり一〇ドルを切る事態になり、産油国ソ連に致命的な打撃を与えた。岡崎は、こうした情勢の中で、ペレストロイカが始まったと指摘している。[41]この見解には異論もあるかもしれないが、ペレストロイカの開始と日本の中東政策が関連していたとする指摘は、興味深い。後年、ゴルバチョフは、ペレストロイカに着手したとき、共産主義体制は改革しうるとの幻想を持っていたことを認めた。[42]

一九八七年前半から八九年前半までは、ゴルバチョフが「新思考」外交を最も積極的に推進した時期にあたるが、ゴルバチョフは米国との関係改善を最重視し、アジアにおいては大規模な兵力を配備し世界最長の国境で接している中国との関係改善に力点を置いていた。八七年三月、米ソ中距離核戦力全廃条約が締結され、八九年一二月、地中海のマルタ島沖での会談で冷戦の終結宣言が出された。続いて五月にはゴルバチョフが訪中して中ソ関係が正常化した。しかし、困難が予想されたためドイツ統一や北方領土問題解決にはゴルバチョフは乗り気ではなかった。

一九八七年一一月、中曽根政権に代わって竹下登政権が発足した。政権交代を受け、ソ連政府の機関紙『イズベスチヤ』紙の東京支局長が竹下登新首相に接近し、日ソ関係に対する考えをソ連国民のために紙上で紹介したいと要請してきた。竹下首相が快諾しインタビューに応じ、翌八八年三月一日に同紙に掲載された。[43]日ソ関係に関する日本の首相の見解がソ連の新聞に大きく載ったのは、戦後これが初めてである。こうした報道姿勢にゴルバチョフが進めていた「グラスノスチ」政策の反映を読み取ることができる。八九年一二月のマルタでの米ソ首脳会談以降、米ソ関係は改善されたが、竹下首相が「国際化戦術」をとり、G7主要国首脳会議などで北方領土問題を取り上げ、西側諸国の支持を取りつけようとしたことからソ連側が激しく反発し、日ソ関係は再び冷却化した。

「新思考」外交の積極的推進

こうした状況の中で、首相を退いた後も戦後政治の総決算をなんとか実現したいと考えた中曽根は、日ソ関係改善に意欲を燃やし、一九八八年七月、訪ソしてゴルバチョフ書記長と非公式会談を持った。中曽根は、スターリンが北方四島にソ連軍を進め占拠したのは間違いだったと指摘したうえで、日ソ共同宣言や松本・グロムイコ書簡などに言及しつつ北方領土問題の解決を迫った。ゴルバチョフは経済・貿易関係や文化関係などを幅広く深めることには同意したが、第二次世界大戦の結果出現した国境線は変更できないと主張し、歩み寄りを拒否した。特筆すべきは、以下の点である。中曽根によれば、「ゴルバチョフは北方領土が三島なのか、四島なのかソ連側の同席者に尋ねていたようであり、書記長のところまでこの問題がまだ持ち上がっていない印象を受けた」という。[44] 中曽根の指摘は、ゴルバチョフが北方領土問題について知識を持っていなかった点を浮き彫りにしている。中曽根との三時間にわたる会談は、ゴルバチョフが北方領土問題を「学習」するうえで絶好の機会となったといえる。

日本ではソ連が民族紛争や東欧問題などで混乱する前の政権基盤が比較的強いときにゴルバチョフ書記長が来日していたならば、北方領土問題で日本に譲歩することができたのではないかと取り沙汰されることがある。しかし、自らの回顧録の中で、一九八八年五月に訪ソした土井たか子社会党委員長に対し、ゴルバチョフは「訪日しても日ソ関係を前進させることはできないように思われる」と発言したと記している。[45] 日本側の期待と異なり、ゴルバチョフは北方領土問題で日本側に譲歩する用意をまったく持っていなかったのである。

クラスノヤルスク演説と日本の重要度

ゴルバチョフ・中曽根会談の翌月、イーゴリ・ロガチョフ外務次官のほかソ連科学アカデミー付属の世界経済・国際関係研究所、極東研究所、東洋学研究所などの著名な研究者が一堂に会して、ウラジオストク演説から二年ほどもたつのに、ゴルバチョフ外交がアジア太平洋地域でなぜ成果をあげていないのか、を検討する座談会が開催された[46]。「ウラジオストク提案――その二年後」というテーマのもとで開催された同座談会開催後、アジア太平洋地域への新たなアプローチが生まれたことは注目に値する。

座談会での討議を踏まえ、一九八八年九月、ソウル・オリンピック開催直前という北東アジアに注目が集まる絶好のタイミングにあわせ中距離ミサイル基地があった東シベリアの閉鎖都市（当時）クラスノヤルスクで、ゴルバチョフ書記長はアジア・太平洋政策に関する演説を行った[47]。対日関係に関しては一九八六年夏のウラジオストク演説のときよりも詳しく言及し、石橋政嗣社会党元委員長、不破哲三共産党副委員長、土井社会党委員長、それに中曽根前首相などが訪ソして会談し、日ソ関係の理解に役立ったと語った。ただし、日ソ首脳会談の公式開催についてはまったく言及がなかった。要するに、クラスノヤルスク演説の主眼は、中ソ関係正常化のすみやかな実現と韓国との関係改善にあって、日ソ関係には力点が置かれていなかったのである。クラスノヤルスク演説では、ゴルバチョフは日ソ正常化を確信していると述べながらも、「日ソ両国と地域のバランスを基礎にして両国関係を活発化させたい」と指摘するにとどまった。

クラスノヤルスク演説後、ゴルバチョフは党機構の大幅な改編および人事異動に着手し、政権基盤の強化をはかった。すでに指摘したように、側近ヤコヴレフ政治局員兼書記をソ連共産党中央委員会国際政策委員会議長に据えて、党の外交政策責任者とした。ヤコヴレフが党の外交政策の采配を振るうようになって、日ソ関係に新たな動きが見られた。第一に、一九八八年一二月のシェワルナゼ外相の二度目の来日を契機に、同外相の提唱で領土問題を解決し平和条約を調印するための外務次官級の作業グループが設立されることになった[48]。これによって日ソ政府間で北方領土問題を協議する土俵が初めてできあがった。第二に、翌八九年モスクワで開催された日ソ外相定期協議で、シェワルナゼ外相が国後島の墓参再開を許可する用意があることを伝えたことである[49]。第三に、ソ連側が日米安保体制を正式に容認する方針に転じた点である。八八年の東京訪問の際、宇野宗佑外相に対しシェワルナゼ外相は「日米安保条約は日ソ平和条約締結の障害にはならない」と発言して、容認する姿勢を明確に示した。ソ連が日米安保体制を公に容認する発言を行ったのは、戦後初めてである。シェワルナゼ発言は歯舞・色丹の返還には日本からの全外国軍隊の撤退を前提条件とした一九六〇年のグロムイコ書簡の撤回を意味していた[50]。とはいえ、ソ連は日本の防衛費増強、日米防衛協力強化には相変わらず批判的な態度をとり、ソ連軍部からは、「ソ連の脅威」を隠れ蓑に自衛隊の増強と日米安保体制の強化を日本の支配勢力が目論んでいるという批判も発せられた[51]。

一方、日本も新しい考え方を提示した。すなわち、一九八九年五月、日ソ外相定期協議の席上、日ソ関係の局面打開のため宇野外相が「政経不可分論」に代えて「拡大均衡論」と名づけた〝新しいアプローチ〟をソ連側に提示したのである。「拡大均衡論」の核心は、北方領土問題の解決の度合いに応じてソ連に対し経済協力を行う点にあり、領土問題の解決が先か経済協力が先かという「入り口論」と「出口論」の克服を狙ったものであった。ソ連は、「拡大均衡論」を評価したが[52]、「拡大均衡論」を心から歓迎したわけではない。というのも、日本側が依然として四島一括返還を主張し続けたためである。

宇野外相はゴルバチョフ書記長とも会談した。席上ゴルバチョフは、日本は領土問題を棚上げにして中国と平和条約を結んだと指摘し、日ソの間でも「尖閣諸島方式」に則って領土問題を棚上げにして平和条約を締結したいと主張するとともに、自らの訪日について一九八九年は見送りたいと語った[53]。ソ連側からは中国とは領土問題にこだわらず平和条約を締結したのに、ソ連に対してはそれを許さず、日本こそ「ミスター・ニェット外交」を展開しているという批判の声も上がった[54]。

中ソ関係正常化実現とゴルバチョフ訪日への期待の高揚

クラスノヤルスク演説の後、ゴルバチョフの「東方外交」は中国や韓国との関係改善に向けてダイナミックな動きを見せた。一九八九年五月にはゴルバチョフ書記長が訪中して中ソ対立に終止符を打ち、中ソ関係が正常化した[55]。ア

中ソ東部国境

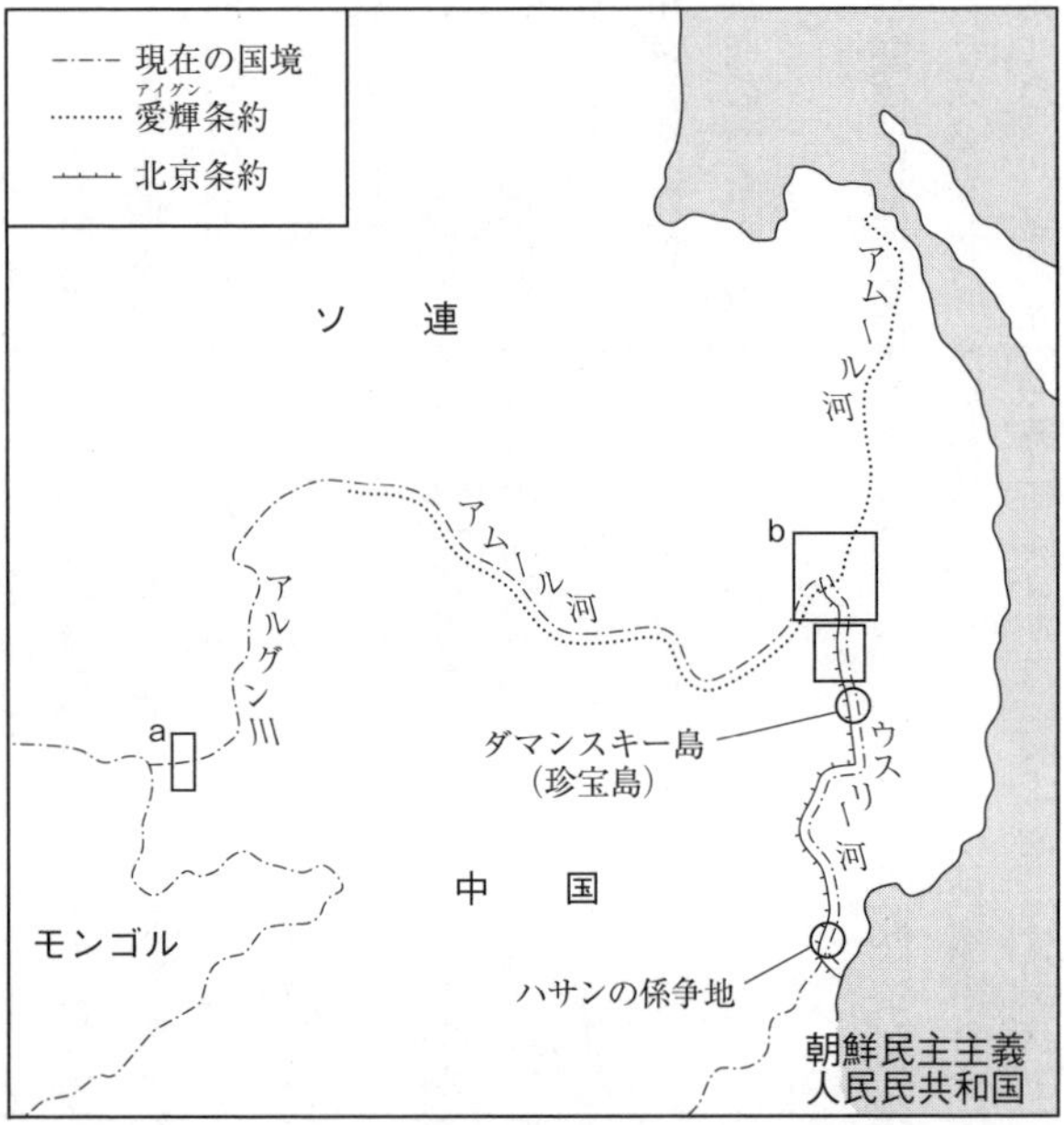

a □ 1991年中ソ東部国境協定除外地域（ボリショイ島）
b □ 同上（ボリショイ・ウスリースキー島、タラバロフ島）
（出典）岩下明裕「中・ロ国境問題はいかにして解決されたのか？」『法政研究』第71巻第4号（2005年）を基に作成

ヘン戦争敗北後に清国が結び、中ソ対立の時代に不平等条約だとして批判していた愛琿《アイグン》条約（一八五八年調印）と北京条約（一八六〇年調印）に基づいて国境問題を解決するという現実的な方針を中国が採用したため、中ソ関係正常化にあたって領土問題は大きな争点にはならなかった。鄧小平の指導のもとで近代化政策を推進していた中国は、安定した国際環境を確保するためにも、ソ連との関係の正常化実現を求め、領土問題にあまりこだわらない姿勢を示したのである。中ソ関係正常化を実現させるため、ソ連の方が領土問題でかなり譲歩したと一般に考えられているが、事実は逆である[56]。

中ソ関係正常化実現後、ゴルバチョフ書記長が対日関係改善に向けいよいよ乗り出すのではないかという期待が日本で高まった。しかし、ゴルバチョフは訪日に依然として前向きではなかった。当時、ゴルバチョフ書記長は東欧問題ならびにソ連国内の民族問題処理やソ連経済の立て直しに忙殺されており、日ソ関係打開にまで手が回らなかったのである。ゴルバチョフの「グラスノスチ」政策が裏目に出て、東欧ではソ連離れが勢いを増した。特に、バルト三国では一九三九年の独ソ不可侵条約の秘密議定書モロトフ・リッベントロップ議定書で併合されたことに対し、非難が高まっていた[57]。ソ連国内ではゴルバチョフがグラスノスチ政策を採用し言論の自由を認めた結果、東欧革命と連動しつつ民族独立運動が激化する一方であった。

こうした情勢の中で、国連総会出席のためニューヨーク入りをしていた中山太郎外相に対し、一九八九年九月下旬、シェワルナゼ外相を通じて、ゴルバチョフは一九九一年中に訪日したいと伝えた[58]。ゴルバチョフは自らの訪日を外交カードにすることにより、日本からなんとか経済支援を引き出そうとしたわけである。

一九九一年訪日予定というメッセージを得て、ゴルバチョフ訪日実現に向けた環境整備の一環として、日本は次のような一連の方策を採用した[59]。それは、①一九八六年に起きたチェルノブイリ原子力発電所事故の被害者に対する人道援助実施、②ソ連極東の住民への食料や衣料品供与、③『防衛白書』からの「ソ連の脅威」という文言の削除であった。

他方、ゴルバチョフの訪日計画発表後、ソ連は日本への働きかけを活発化させた。例えば、一九八九年一一月、ペレストロイカを軌道に乗せるため日本の経験からヒントを得るという名目で、経済改革調査団（団長アナトリー・ミリューコフ党中央委員会社会経済部長代理）が来日した。続いてゴルバチョフ訪日計画委員会長ヤコヴレフが来日した。ゴルバチョフ書記長側近のヤコヴレフは、大西洋からウラルまでが「欧州共通の家」であるとしたゴルバチョフ構想の生みの親で、なかなかのアイデアマンであった。ヤコヴレフは滞日期間中、金丸信副総理、次期首相の座を狙う安倍晋太郎元幹事長、小沢一郎幹事長などの自民党実力者、財界および野党の指導者と会談して、「第三の道」によって関係を改善することを訴えた。「第三の道」とは何を具体的に意味するのか、日本では議論が噴出したが、『新時代』誌にヤコヴレフ自身が語ったところによれば、「現代世界の現実の基礎に立って」、日ソ協力を進めることを「第三の道」は意味していた[60]。つまり、北方領土の返還なき日ソ関係の改善である。

ポスト海部を狙う自民党の実力者の政治的野心を巧みに計算に入れたヤコヴレフの揺さぶり戦術がいかに効果的であったかは、金丸副総裁が二島先行返還論を打ち出し、歯舞、色丹をまず返還させるのが重要で、金を払ってでも実現させたいと述べたことや、金丸副総裁と同じくポスト海部の座を狙っていた安倍元幹事長が、経営・管理・技術など生産性向上のための協力、経済分野の人的交流の推進ならびに学術交流推進や択捉島への墓参実現を骨子とする「八項目提案」を作成し、一九九〇年一月に重病を押して訪ソし、ゴルバチョフに直接説明したことなどから裏づけられる。

「八項目提案」では、ペレストロイカへの支援に力点が置かれ、北方領土問題については深く踏み込んでいなかった。そのため、ソ連側は「拡大均衡論」にこだわらず、日ソ関係を改善しようとした「八項目提案」を「勇気あるもの」として高く評価した(61)。ゴルバチョフ書記長は日本人の墓参がそれまで実現していなかった択捉についても墓参を許可すると伝え、次期首相有力候補の安倍元幹事長に声援を送った(62)。ただし、安倍元幹事長が北方領土問題に関し柔軟な姿勢を示したことで、ソ連側は領土問題を早急に解決しなくとも日ソ関係を改善できると誤解した、とアレクセイ・ザゴルスキーは批判を加えている(63)。

ドイツ統一のインパクト

日本の慎重な対ソ姿勢とは対照的に、西独のヘルムート・コール首相は、ドイツ統一実現のためソ連に積極的に外交攻勢をしかけ、一九八八年一〇月初頭、訪ソしてゴルバチョフと首脳会談を持った。当時ゴルバチョフは、ソ連軍部の反対もあってドイツ統一に消極的であった。しかし、コール首相は、その後も積極的に対ソ接近外交を推進し、世界に先駆けて投資協定を結んだり、三〇億マルクに及ぶ借款を供与したり、宇宙開発、環境保護、農業などの分野で七つの政府間協定を締結した。そのほか、西ドイツは民間レベルでも原子炉建設、農業技術など二〇に上る協力契約を結び、ソ連との関係改善に努めた。当時ゴルバチョフは、「ドイツの統一は一〇〇年かかる」と語っていた(64)。

ゴルバチョフはいつの時点でドイツ統一を容認するようになったのであろうか。シェワルナゼ外相によれば、ゴルバチョフが決断したのは、一九八九年の「ベルリンの壁」崩壊後の九〇年二月のことである。カナダのオタワで領空開放に関する国際会議が開催され、会議終了後、ジェイムズ・ベーカー米国務長官がシェワルナゼ外相に「そろそろドイツ統一について検討すべき時期ではないか。ゴルバチョフはどのように考えているか」と尋ねた。そこでシェワルナゼがゴルバチョフに直通電話をかけた。するとゴルバチョフは、「遅かれ早かれこの問題を解決しなければならない。ただし、その問題はオタワでなく、モスクワで決めよう」と述べ、事実上のゴーサインを出したのである。[65]そして二月、コール首相が訪ソした際、ゴルバチョフ書記長は、ドイツ統一はドイツ国民が決めることであり、ソ連は干渉しないという言質をコール首相に与えた。[66]七月、コール首相が再び訪ソして、五〇億マルクに上る政府保証融資を約束するとともに、東独駐留ソ連軍の撤退費用として一五〇〇億マルクを負担することにも合意した。[67]ただし、ソ連への支援額については、さまざまな説が存在する。東西ドイツの統一は、九〇年一〇月に実現した。

しかし、話はここで終わらなかった。ドイツ統一を認めた代償としてソ連が得たものは少ないという批判の声が国内で上がった。矢面に立たされたゴルバチョフはコール首相と電話で交渉し、東ドイツからのソ連軍撤退費用にあてるという名目で、約一二〇億マルク（約一兆五二〇億円）を無償で、三〇億マルクを借款で、新たに獲得することに成功したのである。この数字はドイツ側が予想した金額よりもはるかに高額であった[68]。

ドイツ統一を容認するにあたって、ゴルバチョフ書記長が東独を自国陣営にとどめておくのはソ連にとって経費がかかりすぎると判断したことは、きわめて重要である。またコール首相の外交努力に加えて、ベルリンの壁崩壊にソ連の軍部が反発して軍事行動を起こさなかったことも、ドイツ統一実現の追い風となった。しかし、ドイツ統一を認めるにあたって、ゴルバチョフはＮＡＴＯを東方に拡大しないとの確約を文書でとっていなかったため[69]、後日ゴルバチョフ批判が、ソ連国内で再び噴出することになる。

興味深いことに、ゴルバチョフ書記長の側近の中に、深刻化する一方のソ連経済の危機を救うため、北方領土問題を早期に解決し日本から大規模な経済援助を獲得すべきであると考えていた人物がいた。こうした声を背景にゴルバチョフは北方領土問題解決に向けて打開策を模索した。[70]ゴルバチョフは日本がドイツに代わって金づるになると考え、本格的な経済援助を引き出すため、日本側と北方領土問題で取り引きするつもりであったともいわれる。日本から二八〇億ドルに及ぶ借款を受けるのと引き換えに北方領土（南クリル）を日本に引き渡すという案も検討された[71]。世界経済・国際関係研究所のヴァレリー・ザイツェフ日本・太平洋地域研究センター部長は、ソ連がアジア・太平洋地域で発展するためには日本の経済協力が不可欠だと考え、日本政府は二島だけでは満足しないだろうから、択捉島を除く歯舞、色丹、国後の三島返還を真剣に検討すべきだと「三島返還論」を主張した[72]。あまり言及されないが、日本にとっての不幸は、ドイツ統一後、大きな代償を得ることなく西独に譲歩したとして、ドイツ統一を認めたゴルバチョフに対し、激しい批判がソ連国内で高まったことである。バルト三国や東欧では民族運動が激化し、ソ連離れがいよいよ鮮明になった。こうした情勢の展開は、北方四島返還を求める日本にとって逆風となった。ゴルバチョフは政権を手中にした時、体制の変革に夢を持った改革的な政治家で理想実現に努力する政治指導者であったが、国内外から厳しく突き上げられた結果、権力維持のため保守的な政治家に変身した。国際政治学者の高坂正堯は、ゴルバチョフは「ゴルバチョフⅠ型」から「ゴルバチョフⅡ型」に変身したと鋭く指摘している[73]。

氷を溶かしたシェワルナゼ外相訪日

一九八九年一二月、ソ連は一貫して否認してきた独ソ不可侵条約に付属していた秘密議定書モロトフ・リッベントロップ協定の存在を、グラスノスチ政策に基づいて公式に認めた[74]。当時、バルト三国をはじめとしてソ連邦内で日を追って民族運動や経済危機が深刻化し、ゴルバチョフ書記長は、前代未聞の試練に直面していた。ゴルバチョフは大統領制を導入することによって緊急事態を乗り切ろうとして、一九九〇年三月、最初で最後のソ連大統領に就任した。同年九月、シェワルナゼ外相が三度目の来日をし、海部俊樹首相と会談してゴルバチョフ訪日に向けて準備を行った。その際、ゴルバチョフ訪日の際に調印を予定された実務関係七文書に関する合意が取りつけられた。その中には、チェルノブイリ原発事故克服のための日ソ協力に関する文書、市場経済移行に対する日本の技術支援に関する文書などが含まれた。シェワルナゼ外相は、三度目の訪日によって、日ソ関係を冷却化させた「氷」に少なくとも割れ目を作ることができた、と自画自賛している。[75]

シェワルナゼ外相離日直後、ゴルバチョフ書記長は安倍ルートを使ってさらなる布石を打った。一〇月訪ソした安倍派の三塚博元外相経由で、ゴルバチョフ訪日時に締結したいとして、「中間的文書」、すなわち日ソ平和条約締結に向けての「基本原則に関する協定」の草案を安倍元幹事長に伝えるよう託したのである。草案は、七項目から成立しており、一九五六年の日ソ共同宣言の原則に基づくことを確認したうえで、「両国は本協定締結後、三年ないし五年以内に日ソ平和条約が締結されるよう準備することを合意する」という内容になっていた。[76]ゴルバチョフがそれまで否定してきた日ソ共同宣言の有効性を草案の中で明確に認めた点は、注目に値する。一九九〇年の秋から冬にかけ、ゴルバチョフの要請を受けて、ソ連科学アカデミー付属「国家と法研究所」を中心にレイン・ミュルレルソン元エストニア第一外務次官や日本専門家クナーゼなど一〇人余りが参加し、北方領土の法的地位を検討した。色丹・歯舞は日本に帰属すべきで、択捉・国後でソ連の立場は十分強いが絶対的ではなく、北方四島問題の国際司法裁判所（ICJ）への付託も考えうる旨の結論が導き出された点も、特筆に値する。[77]

一九九〇年一二月、ゴルバチョフ大統領の外交政策首席補佐官チェルニャーエフのもとに、「ソ連大統領の訪日のための計画と日程草案」と銘打った文書が届けられた。[78]パノフ外務次官と世界経済・国際関係研究所（IMEMO）のクナーゼとセルゲイ・グリゴリエフの協力のもとに、ソ連共産党国際部のワシリー・サプリンが同文書を起草した。「第一オプション」は、一九五六年の日ソ共同宣言の領土条項を交渉の基礎にして、平和条約締結後の歯舞、色丹の対日引き渡しの約束を再確認し、領土問題解決のための妥協を追求するという内容であった。「第二オプション」は、日ソ関係に領土問題が存在することを承認し、四島が今後交渉の対象になることを明言するが、それ以上は踏み込まず、領土問題解決のため、日ソ間の信頼関係増大などの環境整備が先決であると強調するという趣旨の内容であった。

チェルニャーエフはヤコヴレフと協議したあと、一九九一年一月、同草案をゴルバチョフ大統領に届けた。同草案は、経済大国日本だけがシベリアやソ連極東の本格的開発に協力できるという認識に基づいて作成されたものであり、ゴルバチョフ訪日の目的を、日本との関係を劇的に変える基礎を築くことであると位置づけた。

北方領土問題はゴルバチョフ訪日の成否を決めるものであり、上述の文書には、対処法として複数の選択肢が挙げられていた。もっとも斬新だったのは、ゴルバチョフの経済顧問ニコライ・ペトラコフが提案したもので、日本の主張は正しく北方四島すべてに対する日本の主権を「無条件」かつ「即時」に認めるとする画期的な内容であった。日本からの大規模な経済援助と投資と引き換えに、時期は決めていなかったものの、歯舞・色丹を日本に引き渡すという考えに、一九九〇年半ば頃までに、ゴルバチョフが傾いていたとする興味深い分析がある(79)。

ゴルバチョフ訪日準備

ゴルバチョフ大統領が日ソ関係の打開策を模索していたころ、ロシア共和国エリツィン最高会議議長は、フルシチョフ第一書記がロシア共和国と協議することなく平和条約締結後日本に歯舞・色丹を引き渡すことを明記した日ソ共同宣言に調印したのは無効であり、領土の引き渡しにあたってロシア共和国の事前了解が不可欠だと主張し、ゴルバチョフ大統領に牽制球を投げた。そしてゴルバチョフ訪日より一足早い一九九〇年一月に自ら訪日し、「五段階解決論」を打ち上げ、領土問題の解決は次世代に委ねるべきだと訴え、ゴルバチョフ訪日の際、日本がソ連側と領土問題で取り引きしないようにゴルバチョフを強く牽制した(80)。エリツィンは北方領土を一寸たりとも失うことを嫌った(81)。六月には、ロシア共和国議会が主権宣言を採択して、ロシア共和国の資源の独占的利用権および外交権を宣言し、日ソ関係をなんとか動かそうとしていたゴルバチョフ大統領の手足をきつく縛った。九〇年八月、エリツィンは初めて北方領土を訪問し、国後島で島民に、「ここに来てから千島列島に対する自分の考えは完全に変わった」、「ひどい場所だと思っていたが、リゾートとして開発できる美しい島だ。この島を放棄すべきではない」と述べた(82)。

ソ連各地で民族運動が高揚し、ソ連邦を構成する国家が次々に主権宣言を行い、ソ連が解体に向けて転げ落ちていく中で、ゴルバチョフはどのように訪日時の方針を決定したのであろうか。従来外交政策のブレーンとしてゴルバチョフが特に重視したのは、シェワルナゼ外相、チェルニャーエフ大統領補佐官（外交担当）、ドイツ問題専門家ヴァレンチン・ファーリン・ソ連共産党中央委員会国際部長、米ソ関係専門家ゲオルギー・アルバートフ・アメリカカナダ研究所所長、プリマコフ世界経済・国際関係研究所所長およびヤコヴレフ国際政策委員会議長であった(83)。ところが、一九九〇年後半、軍部、KGB、軍産複合体が巻き返し、それを受けてゴルバチョフの政治姿勢が急速に右傾化する中で、対日政策決定に重要な役割を果たしてきたヤコヴレフやプリマコフに代表される改革派の影響力はひどく後退し、軍部、国家保安委員会に代表される保守派やロシア共和国の影響力が高まった。

ゴルバチョフ訪日の最大の難関は、北方領土問題を訪日時に発表される予定の日ソ共同声明にどのように盛り込むかということであった。ソ連外務省太平洋・東南アジア局は大統領直属の訪日準備委員会に二つの案を提出した。「第一案」は、一九五六年の日ソ共同宣言の領土条項を基礎において問題解決の妥協を追求するという内容であった。ただし、日ソ共同宣言の領土条項を基礎に置くということは、当時ゴルバチョフの指導力が著しく低下していた点を考慮すると、歯舞・色丹の二島以上を日本に引き渡すという意味ではなかったように思われる。「第二案」は日ソ共同宣言には直接言及せず、歯舞、色丹、国後、択捉の島名のみを明記するという内容であった。どちらの選択肢を採用するかの最終判断は、ゴルバチョフ大統領に委ねられた(84)。

ゴルバチョフは、日本にとって受諾可能な解決方法を見出そうと模索した。客観的な分析が欲しいというゴルバチョフ大統領の要請で一九九〇年秋にソ連有数の法学者やクナーゼら日本研究専門家が招集され、日本とソ連が領土問題を国際司法裁判所（ICJ）に提訴した場合に予想される両国の論拠とありうる判決を考察するため、検討グループ（責任者は、国家と法研究所ベレシェチン副所長）が設立された。そして検討の結果、調査報告を作成しゴルバチョフ大統領に提出した。そこには、「択捉・国後両島に関するソ連の法的論拠はより有力だが領有根拠の法的手続きは未完了である。他方、色丹、歯舞諸島はクリル諸島の概念に入らず、『日ソ共同宣言』でソ連は日本に引き渡す義務を負った。紛争は国際司法裁判所の審査対象になりうる」旨が記されていた[85]。内部文書の作成にあたって指導的役割を担った、ゴルバチョフの国際法担当のレイン・ミュレルソン元エストニア第一外務次官は、択捉、国後でソ連の立場は十分強いが絶対的ではなく、ソ連のものとする結論には至らなかった、と注目すべき発言をしている。

こうした見解を否定するドミトリー・ヤゾフ国防相、ウラジーミル・クリュチコフKGB議長、ニコライ・トルービン検事総長署名の一通の書簡が一九九一年二月下旬、ゴルバチョフのもとに届いた。書簡には軍事的にも政治的にもクリル諸島は重要であって、たとえその一部であろうと渡してはならず、ソ連国民はクリル諸島の引き渡しに反対していると記されていた。保守派が提出してきた書簡を見た後、ゴルバチョフは態度を翻し、「第二案」を採用することに決めたとされる[86]。

ゴルバチョフ訪日直前の三月下旬、小沢一郎自民党幹事長が訪ソし、ゴルバチョフ大統領と会談した。会談の主たる目的は、ゴルバチョフが訪日の際に持ってくる「トランクの中身」を知るとともに、あらかじめゴルバチョフから日本側の方針について同意を得る点にあった。ゴルバチョフの回顧録によれば、①ゴルバチョフ訪日時に一九五六年の日ソ共同宣言の有効性を認め、同共同宣言を新たな平和条約締結交渉の出発点とする、②今後日ソ間の領土問題とは、国後、択捉の帰属問題だと了解する、③大統領訪日後、交渉を行い、国後、択捉の地位を九一年の秋頃までに決定する――と小沢幹事長が提案したとされる[87]。さらに小沢幹事長は、二六〇億ドルの対ソ経済支援を持ちかけたとされる。この金額は東西ドイツの統一のため西ドイツがソ連軍撤退のために用意した三〇億マルク（約二四〇〇億円）をはるかに上まわるものであった[88]。しかし、ゴルバチョフは金銭を受け取って北方領土問題を解決するという手法は自分の政治家としての経歴に傷がつくと考えて、賛同しなかった[89]。また、ゴルバチョフが誇り高い政治家であったことも、小沢幹事長の提案に乗らなかった理由であったようである。

ゴルバチョフ大統領はたった一度の訪日で領土問題は解決しないとするシグナルを送り、自らの訪日に対し日本側が過度な期待を抱かないよう釘を刺した。他方、海部首相はワシントンに飛んでブッシュ大統領と間近に迫った海

をすることなくソ連側と日ソ国交樹立交渉を開始したのは、拙いと批判的に考えていたのである。(90)

海部・ゴルバチョフ会談についての打ち合わせを行った。海部首相は、一九五五年に鳩山一郎首相が米国と打ち合わせ

海部・ゴルバチョフ首脳会談

ソ連解体の危機が深刻化し、来日が危ぶまれる中で、一九九一年四月、ゴルバチョフ大統領は大型代表団を引き連れ、途中ハバロフスクに立ち寄り、日本人シベリア抑留者の墓地を訪問して「哀悼の念」（サバリェーズナヴァニエ）を表明したあと、来日した。帝政ロシア時代を含めソ連・ロシアからの最高指導者の訪日は、ゴルバチョフ大統領が初めてである。それまでで最も高位の人物による訪日は、明治時代のニコライ皇太子であった。(91)ゴルバチョフの日本公式訪問は、G７諸国のうちで最後となった。日本にとっては遅すぎた訪日で、ゴルバチョフ政権登場後、六年あまりも経過していた。

顧みるに、ゴルバチョフ訪日のタイミングは最悪であった。当時、世界経済・国際関係研究所日本部長の地位にあったクナーゼは、ゴルバチョフが一九八九年に二年後の訪日を決めた時点では、ソ連の危機があれほど深刻になるとは予想していなかったと述懐している。(92)

一九九一年四月一六日から一八日深夜まで、合計六回にわたりゴルバチョフ大統領と海部首相との間で「ギネスブックに載る」（海部首相）ほどの長丁場の首脳会談が開催された。冒頭、ゴルバチョフ大統領は、「私は北コーカサス生まれで、その地域は、桜の園が伝統的で、子供のころから桜の園が印象に残っている」と発言した。海部首相が学生時代にチェーホフの『桜の園』を読んだことがあると応じたところ、ゴルバチョフは、「その小説の桜が伐採されているのは残念」と述べ、友好的な雰囲気の中で首脳会談が始まった。(93)ソ連解体後、ロシアは詳しい首脳会談記録を公開しているが、日本は首脳会談記録のごく一部を公開しているに過ぎない。

海部・ゴルバチョフ会談にはソ連よりアレクサンドル・ベススメルトヌイフ新外相（一九九〇年一二月のシェワルナ

ゼ外相辞任を受け就任）、ヤコヴレフ大統領首席顧問、コンスタンチン・カトゥシェフ対外経済関係相、チェルニャーエフ大統領補佐官、ロガチョフ外務次官、ルドヴィグ・チジョフ駐日大使らに加え、ロシア共和国よりゴルバチョフの監視役としてアンドレイ・コーズィレフ外相が同席した。[94] サハリン州からはワレンチン・フョードロフ知事が来日したが、交渉団に参加できないことが判明すると、サハリンに帰ってしまった。

ゴルバチョフ大統領との首脳会談の席で、海部首相は日ソ共同宣言第九項の領土条項の有効性を確認し、北方四島に対する日本の潜在主権を認めさせようと必死の努力をした。しかし、前述の「第二案」に沿って交渉をまとめようと決意していたゴルバチョフ大統領は、第九項の有効性を明確に認めることを嫌い、北方領土問題はヤルタ協定により法的に解決済みであると主張した。そしてソ連が日ソ共同宣言の中で平和条約締結後善意により二島を引き渡すことに同意したにもかかわらず、日本が四島の返還を要求したり、（中ソを敵視した）新日米安保条約を締結したりしたため、「日ソ共同宣言は価値を失い退化器官のようなものになってしまった」と強調したうえで、海部首相に「日本側の以前のアプローチに比べ、どこに新しさがあるのか」と畳みかけてきた。[95]

海部首相は北方領土からのソ連住民の移住に言及して、サハリン南部に日ソの友好都市を建設するための資金提供を提案した。さらに平和条約が締結された場合に大規模な経済協力を開始させる可能性について言及して、食い下がった。ところが、ゴルバチョフ大統領は「われわれは原則をドルと引き換えに売り渡すような議論はしない。もしわれわれが日本にそうした提案をしたならば、日本は辱められたとみなすであろう」と述べて反論した。[96]

四月一八日深夜、共同声明が調印された。ゴルバチョフ大統領は、共同声明の中で日ソ共同宣言の有効性を明確に認めようとせず、一九六〇年のグロムイコ書簡についてさえ撤回することをかたくなに拒んだ。しかし、北方領土問題の存在を認め、共同声明に北方四島の名前を明記することには同意した。後日、海部首相は「四つの島の名前を目の前で書いてくれと頼んだら、赤鉛筆で書いてくれた」と述懐し、共同声明作成過程を明らかにしている。[97]

ゴルバチョフの発案で日本人の無査証（通称「ビザなし」）交流を認める文言を共同声明に初めて盛り込んだことは、

日本にとって朗報であった。ただし、ソ連の不法占拠の状況下で北方領土を訪れることは、北方領土を日本固有の領土として返還を求めてきた日本の立場と相いれず、わが国の主張を弱めることになりかねないという危惧が日本側にあった(98)。

日本外務省が開示した文書の重要箇所が黒塗りされているため、交渉の詳細は不明だが、ゴルバチョフ離日後、交渉が続けられた結果、日本側がロシア人島民にビザなしでの日本訪問を認めることに合意し、一九九一年一〇月に日ソ両国の間で往復書簡が交わされ、「ビザなし交流」の枠組みが決まった。往復書簡では「ビザなし交流」の目的を、「領土問題解決までの間、相互理解の増進を図り領土問題の解決に寄与すること」としたうえで、「いずれの一方の側の法的立場を害するものとみなしてはならない」と但し書きがついている(99)。「ビザなし交流」では日本政府が発行する身分証明書だけ携帯すればよいことになった。パスポートを携帯することになれば、北方領土に対するソ連の不法占拠を認めることになるからである。

ゴルバチョフ大統領は北方四島にすべての日本人がビザなしで訪問が可能としたが、日本政府は、返還運動の目的を稀薄にしかねないと危惧して、「ビザなし交流」ができるのは、①元島民、②北方領土返還運動関係者、③報道関係者、④日本政府関係者に限定するとした(100)。一九九一年一〇月一四日、クレムリンで日ソ両国の外相の間で「ビザなし交流」に関する書簡が交換され、「ビザなし交流」がソ連解体後の九二年春から開始された。

歯舞諸島については、国境警備隊以外ロシア人が住んでいないため、「ビザなし交流」ではなく、「自由訪問」と呼ばれている。しかし、自由に日本人が行けるわけではなく、行けるのは歯舞諸島に肉親などが埋葬されている旧島民などだけで、墓参が目的である。しかもソ連側の事前承認が必要とされている。日本政府は、日ソ国交正常化の後、ソ連に墓参を認めるよう要請したが、ソ連は拒否し続け、一九六四年五月、アナスタス・ミコヤン第一副首相が来日する直前にようやく墓参が許可された。ところが、一九七六年にソ連が北方領土を自国の領土と認めさせるためパスポートとビザの取得を要求し、日本政府が拒否したため、同年から八五年まで墓参は中断した。しかし、ゴルバチョフ時代の一九八六年にソ連が軟化して再開されることになったのである。

北方領土問題とならんで第二次世界大戦後、日本人の心にわだかまりとなっているシベリア抑留問題に関して、ゴルバチョフ大統領はどのような対応をしたのであろうか。第二次世界大戦中にモスクワ郊外で、ソ連の秘密警察によって多くが背後から射殺された約四〇〇〇人のポーランド兵士の遺体が見つかった。このカチンの森事件について、一九九〇年四月、ポーランドを公式訪問中、ゴルバチョフ大統領は「スターリン主義が犯した最も重大な犯罪の一つ」だとして、「深い遺憾の意」(グルボーコエ・サジャリェーニエ)を表明した。[101] ところが、日本に対しては、来日の際ハバロフスクの日本人抑留者の墓地に立ち寄り「哀悼の意」(サバリェーズナヴァニエ)を表明したにとどまった。なぜ謝罪することをためらったのであろうか。それは、日ソ中立条約を破って対日参戦し、多数の日本軍の将兵を長年にわたってソ連に抑留したことの責任を問われることを危惧したためかもしれない。

ゴルバチョフ訪日を契機に、シベリア抑留中に死亡した約六万五〇〇〇人の日本人のうち約三万九〇〇〇人分の死亡者名簿が日本側に提供された。しかし、北朝鮮や樺太などシベリア以外の強制抑留死亡者は含んでおらず、不完全なものであった。海部・ゴルバチョフ首脳会談の席上、四月一八日、「日ソ協定」(正式名称「捕虜収容所に収容されていた者に関する日本国政府とソヴィエト社会主義共和国連邦政府との間の協定」)が署名され、即日発効した。同協定の中で、日本政府に対し提出されていない日本人死亡者の埋葬地に関する資料を提出することなどが明記された。

ゴルバチョフ訪日の際、一五ほどの合意文書が調印された。しかし、いずれも重要度が低く、大臣クラスが調印できるものばかりであった。[102] ソ連はゴルバチョフ大統領の訪日時に、総額一〇億ドルから二〇億ドルに及ぶ貸付金の使途を限定せず運用の監督もしないアンタイド・ローンの供与を求めたが、[103] 日本側が「拡大均衡論」に立脚して対応した関係で、大型経済支援を引き出すことはできなかった。「拡大均衡論」とは前出のように北方領土問題の進展に合わせて経済協力をする方針のことである。首脳会談後、ゴルバチョフ大統領は、財界にシベリアに投資するよう要請した。しかし、財界の反応は冷たかった。日本の財界の目には、解体の危機にさらされたソ連は、魅力的な投資先とは映らなかったのである。

日ソ首脳会談後、ゴルバチョフ大統領は、韓国の済州島で盧泰愚《ノテウ》大統領と首脳会談を開催した。盧泰愚大統領によれば、北方領土問題をはじめ日ソ首脳会談がうまく行かなかったため、ゴルバチョフは元気がない様子であったという。[104] 済州島での首脳会談で、韓国から三〇億ドルの借款合意を引き出してゴルバチョフは帰国した。「拡大均衡論」を推進する日本から本格的な経済支援を得ることが困難である点があらかじめ予測されたため、韓国からの三〇億ドルの借款獲得は、ゴルバチョフの「東方外交」の成果をソ連国民に示すうえで不可欠なものであったようだ。北朝鮮は済州島会談を「朝鮮半島の分割を永久化する恥ずべき取り引き」と指摘して痛烈に非難した。[105]

米国はゴルバチョフ訪日にいかなる反応を示したのであろうか。米国は日ソ首脳会談を行っても北方領土問題は簡単には解決しないと観測していた。海部・ゴルバチョフ首脳会談の結果については、日本が大規模な経済支援に乗り出さなかった点を高く評価した。[106] キャスパー・ワインバーガー元米国防長官は、ソ連が北方四島に対する日本の主権を認めない限り経済援助をしないという日本政府の決定は完全に正しいと語った。[107] ゴルバチョフ訪日の際、米国が優位を占める太平洋においてソ連側が海軍力の削減を求めるのではと米国は警戒していたが、日ソ首脳会談の席上、海部首相は、ソ連が膨大な極東ソ連軍を削減するのが先決だと主張し、米国の懸念の払拭に努めた。

ゴルバチョフの対日政策に対する中国の反応を総括すると、中ソ対立の時代、中国は北方四島返還を求める日本の姿勢を強く支持した。しかし、一九八九年の中ソ関係正常化実現後、表だって支持を表明しなくなり、北方領土問題は日ソ両国間の問題であるとする態度をとるようになった。[108] こうした態度をゴルバチョフ訪日の際も貫いた。ゴルバチョフの訪日については、アジア太平洋地域の平和と安定に貢献するものとして中国は肯定的に評価した。

ゴルバチョフ訪日後の一九九一年八月、ソ連で保守派によるクーデターが起きたが、失敗に終わった。日本は、ゴルバチョフを支援した。そして秋以降に予想されるソ連国内の食糧難に対処するため、①日本輸出入銀行を通じ決定済みの対ソ支援予算一億ドルを増額する、②知的・技術支援の枠を広げる、③欧米諸国の出方を見ながら、対ソ融資限度を拡大・撤廃することを決めた[109]。
各地で民族独立運動が高まる中で、ゴルバチョフ大統領はソ連の生き残りを願った。しかし、次章で説明するように、「ベロヴェーシの森の陰謀」により、ソ連の解体が決定され、一九九一年一二月、超大国ソ連は地球上から忽然と姿を消してしまった。

Ⅳ　ゴルバチョフ政権における対日政策の決定過程

ゴルバチョフ政権の対日政策決定過程について、検討してみたい。クナーゼ元外務次官は、ゴルバチョフは目先の利益に追われて場当たり的に対日政策を決定していったと指摘している[110]。ハネス・アドマイトも、クナーゼと基本的に同意見で、ゴルバチョフの「新思考」外交は大きな戦略の一部というより、その都度の政策決定の産物であったと分析している[111]。しかし、ゴルバチョフ書記長は万事必ずしも場当たり的に対日政策を決定していったわけではない。①「政経分離」の方針で臨み、北方領土問題より経済協力を先行させる、②シベリアとロシア極東の開発を軌道に乗せるため日本から資本や技術を獲得する、③日米軍事協力強化を牽制する、④日本の軍事大国化を阻止する――といった四つの主要目標の実現に努めながら、対日政策を展開したのであった。

ゴルバチョフは、対日政策をどのように決定していったのであろうか。すでに指摘したように、政権につくとすぐにグロムイコ外相をソ連最高会議幹部会議長に祭り上げ、シェワルナゼを外相に任命した。さらに党機構の大幅な改編および人事異動に着手し、ソ連共産党国際部を廃止して、ソ連の対日強硬政策に長年関与してきたコワレンコを東洋学研究所顧問という閑職に追いやるとともに、党中央委員会の中に国際政策委員会を創設し、側近ヤコヴレフ政治局員兼書記を後継の議長に据えて党の外交政策責任者とし、布陣を立て直した。ヤコヴレフはゴルバチョフの「新思考」外交を支えたが、他方、ＫＧＢや軍部といった保守派や愛国主義者は「新思考」外交に異議を唱えた。

ゴルバチョフはブレジネフと異なり、外交政策を立案するにあたりソ連科学アカデミー付属世界経済・国際関係研究所や東洋学研究所などのシンクタンクの日本専門家の助言を得たが、ゴルバチョフ政権末期、政権が保守化する情勢のもとで、シンクタンクの影響力が弱まり、ヤコヴレフなどの影響力が低下する一方、KGBや軍部の力が大きくなった。こうした力関係の変化は、北方領土問題の解決を一層困難にした。グラスノスチ政策が裏目に出て民族紛争が噴出し中央政府の力が弱まった結果、一九九〇年六月、主権宣言を行ったロシア共和国のエリツィン最高会議議長やサハリン州のフョードロフ知事が、ゴルバチョフの対日外交を強く牽制するようになったことも、指摘しておきたい。

おわりに

最後に、ゴルバチョフの対日政策の評価を試みたい。

ゴルバチョフは、ソ連経済の立て直しに失敗した。ロシア極東では軍民転換が進まず、ハバロフスク地方と沿海地方でかなりの軍産複合体が残ってしまった。ゴルバチョフは「グラスノスチ」政策にも失敗し、言論統制を緩めた結果、ソ連各地で民族解放運動が活発化し、た。ゴルバチョフにとって不本意ながらソ連の解体につながった。他方、ゴルバチョフの「新思考」外交は華々しい成果を生んだ。ゴルバチョフが最も力を入れた米ソ冷戦は終結した。アジア太平洋地域では、一九八九年五月、中ソ対立に終止符を打ち、北朝鮮の猛烈な反対にもかかわらず一九九〇年九月、韓国と電撃的に国交を樹立した(112)。さらに、一九九一年五月、ゴルバチョフは中ソ東部国境協定を締結した。超大国ソ連が崩壊に向かって転落して行く中で、中国が強大化する前に国境問題を解決したほうがよいと考えたのである。ゴルバチョフ政権末期に「新思考」外交の波は日本にも及んだ。だが、その波は迫力がなく、大きな成果を生まなかった。日本はソ連にとって軍事的脅威ではなく、ゴルバチョフは北方領土問題の解決を喫緊の課題と思ってはいなかった。

軍事力を背景に高圧的な対日政策を展開したブレジネフ政権とは異なり、ゴルバチョフは対日微笑外交を展開した。ところが、一九九〇年一〇月二二日に『朝日新聞』が発表した全国世論調査が明らかにしているように、六二％の日本人が依然としてソ連の軍事的脅威を感じていると答え、日本人の対ソ脅威認識は大きく変化しなかった。同年六月二〇日に実施された『読売新聞』の世論調査では、ソ連を信用できると答えた人の割合は、三・五％にとどまった。

ゴルバチョフ政権は日米安保体制をどのように見ていたのであろうか。米国におけるソ連研究重鎮ジェリー・ハフが『フォーリン・アフェアーズ』誌の中で指摘しているように[113]、日本の軍事大国化や核武装を阻止するメカニズムとして、実はソ連は日米安保体制を容認していた。ゴルバチョフ時代の新たな動きとして特筆すべきは、日米安保体制を公に容認するようになったことである。安保体制容認の背後には、同体制が北東アジア・太平洋地域の平和と安定の確保と日本の軍事大国化阻止に貢献しているとする現実的認識が存在していた。ソ連が日米安保体制を公に容認したのは、中国に対するヘッジの側面もあったのかもしれない。

ゴルバチョフは欧州における中距離核戦力の削減や冷戦の終結に多大な貢献をした。しかし、ソ連軍部の反対もあって北東アジアではソ連太平洋艦隊の削減には、実質的に乗り出さなかった。一九八〇年代終盤、ソ連は太平洋艦隊だけで約一〇〇隻に上る潜水艦を擁し、うち四割は大陸間弾道ミサイル搭載の原子力潜水艦（ＳＬＢＭ）、アジア太平洋地域において大きな戦力がを持っていた[114]。ゴルバチョフ大統領との首脳会談で、海部首相は「ソ連軍の兵器が大量にウラル山脈以東に移転されている」と懸念を表明している[115]。

とはいえ、ゴルバチョフが高圧的な対日政策を展開しなかったことや極東ソ連軍が弱体化したため、日本にとってソ連は深刻な軍事的脅威ではなくなった。一九九〇年版『防衛白書』から「ソ連の脅威」という表現が消えたのは、ゴルバチョフの対日「新思考」外交の副産物であったといえる。ゴルバチョフ大統領は訪日時に国会で行った演説の中で、日米ソが信頼醸成を推進するため三カ国協議を開始することを提案した。この提案を受けて、次のエリツィン時代に、日米露三極フォーラムが始まったのは注目に値しよう。

日本人のシベリア抑留問題について言えば、一九九一年四月の訪日にあたって、ゴルバチョフ大統領は、ハバロフスクの日本人抑留者の墓地に立ち寄り「哀悼の意」を表明したり、東京でシベリア抑留者の死亡者名簿を日本側に手交したりした。だが、第二次世界大戦末期に日ソ中立条約を破棄して対日参戦し、日本から領土を奪い、六〇万人以上の日本人をシベリアなどに抑留し強制労働につかせて酷使したことについては、すでに指摘した通り詫びることはなかった。そのためソ連に対する日本国民の不信感は相当根強く残った。

平和条約締結問題について統括すると、「二一世紀が到来するまでの残りの一〇年間、新たな関係を構築するため力を尽くそうではないか」というシェワルナゼ外相の呼びかけが示唆しているように[116]、ゴルバチョフは日ソ平和条約の締結を急いではいなかった。また、東西ドイツの統一を承認した結果、ソ連国内でゴルバチョフ批判が高まったことも、北方領土交渉を積極的に推進することに対する逆風になった。ゴルバチョフ政権時代、ソ連のシンクタンクに所属する学者などが北方領土問題の解決のため、さまざまな提言を行ったのにもかかわらず、ゴルバチョフは一九五六年の日ソ共同宣言の有効性も公式に認めなかった。この意味で、ゴルバチョフよりもフルシチョフの方が北方領土問題に関してははるかに大胆であったといっても過言ではあるまい。

ゴルバチョフが日本から大規模な経済援助を引き出すことができなかった点を捉えて、ゴルバチョフの訪日が完全に失敗に終わったと評価する見方がある。しかし、ゴルバチョフは、本格的な経済援助を「拡大均衡論」を標榜する日本から獲得できると思って訪日したわけではない。要するに、海部首相との首脳会談に臨んだ際の日本の対ソ経済支援をめぐるゴルバチョフの期待値は相当低く、ゴルバチョフにとって、日ソ首脳会談の成果はほぼ予測通りのものであったといえるのではなかろうか[117]。

ゴルバチョフ時代の日ソの経済関係を総括すると、一九七〇年代初頭、日本は資本主義諸国の間ではソ連との貿易高は第一位で、七二年から八〇年代初めまでは、二、三年を除き西ドイツに次ぎ第二位であった。ところが、シベリアやソ連極東開発のための大型プロジェクトが終わると、ゴルバチョフ政権時代に新たな大規模経済協力プロジェクトが成立せず、二〇〇五年まで日露の貿易は停滞した。[118] 莫大な費用がかかるため、ゴルバチョフはシベリア開発に力を入れる余裕を欠いていた。

ゴルバチョフは軍部、民族主義者などを含む保守派、主権宣言を行ったロシア共和国エリツィン大統領、北方領土を管轄するサハリン州ならびにソ連国民から反発され失脚するのを恐れ、平和条約締結後に日本に歯舞・色丹を引き渡すとした日ソ共同宣言について、海部・ゴルバチョフ共同声明の中で言及することを避けた。ゴルバチョフは日本人の墓参や北方領土での「ビザなし交流」を認めたり、シベリア抑留者の名簿を日本側に引き渡したりしたが、前記のようにシベリア抑留問題で「哀悼の意」を表明したものの「謝罪」することはなかった。ソ連が超大国の地位から転がり落ちる中で、訪日の時点ではゴルバチョフは、かなり保守化していたのである。北方領土駐留のソ連軍の削減にもなかなか乗り出さなかった。とどのつまり、ゴルバチョフの対日「新思考」外交は、実は「旧思考」の色彩が濃厚であったと結論づけることができるのではあるまいか。

（1） Celeste A. Wallander, “Lost and Found: Gorbachev’s ‘New Thinking’,” *Washington Quarterly* (Winter 2002), p. 117.
（2） Sergei Radchenko, *Unwanted Visionaries: The Soviet Failure in Asia at the End to the Cold War* (Oxford: Oxford University Press, 2014).
（3） Hiroshi Kimura, *Japanese-Russian Relations under Brezhnev and Andropov* (New York: M.E. Sharpe, 2000), pp.245–247.
（4） ジョレス・メドベージェフ（毎日新聞外信部訳）『アンドロポフ――クレムリン権力への道』毎日新聞社、一九八三年、一九六～一九七頁。
（5） 木村『遠い隣国』、三五五頁。
（6） 「総理訪米（首のう《（ママ）》会談）」一九八三年一月一九日、外務省記録 2016–1198（外務省外交資料館所蔵）。
（7） 『読売新聞』二〇一七年一月一二日。
（8） 友田錫『入門・現代日本外交――日中国交正常化以後』、中公新書、三〇頁。

（9） 本田良一「証言　北方領土交渉　幻の譲歩案」『北海道新聞』二〇一五年六月二六日。
（10） “Experts from Politburo Minutes, 1983–86,” *Cold War International History Project Bulletin*, Woodrow Wilson International Center for Scholars, Issue 4（Fall 1994）, p.78.
（11） Zacedanie Politburyrro, TsK KPSS, 1983. 5. 31. RGAN: fond 89, OPIS 42, delo 53, listy 1–4. Radchenko, *Unwanted Visionaries*, pp.58–62. および『北海道新聞』二〇一四年一〇月一〇日参照。なお、政治局議事録は、渡辺玲男前北海道新聞モスクワ支局長のご厚意で入手した。
（12） *New York Times*, December 9, 1996.
（13） 塩原俊彦『ネオKGB帝国――ロシアの闇に迫る』東洋書店、二〇〇八年、四五頁。
（14） Stephen White, *Gorbachev and After*（Cambridge: Cambridge University Press, 1992）, p. 219.
（15） 長谷川毅「ゴルバチョフの『新しい思考』とソ連の外交・軍事政策」ピーター・ジュヴィラー・木村汎編『ゴルバチョフのペレストロイカ』勁草書房、一九八九年、七五頁。
（16） Vladislav Zubok, *A Failed Empire: The Soviet Union in the Cold War from Stalin to Gorbachev*（Chapel Hill: University of North Carolina Press, 2007）, p. 282 など。
（17） Robert Legvold, “Soviet Learning in the 1980s,” in George W. Breslauer and Philip E. Tetlock, eds., *Learning in U. S. and Soviet Foreign Policy*（Boulder: Westview Press, 1991）, p. 704.
（18） Jerry F. Hough, *Russia and the West: Gorbachev and the Politics of Reform*（New York: Simon & Schuster, 1990）, p. 224.
（19） Lisbeth T. Bernstein, “On the Rocks: Gorbachev and the Kurile Islands,” Ph. D. dissertation presented to the Fletcher School of Law and Diplomacy, 1997, p. 125.
（20） Zhores Medvedev, *Gorbachev*（New York: www Norton, 1986）, p. 231.
（21） Bernstein, “On the Rocks,” p. 166.
（22） Mikhail Gorbachev, *Zhizn' i reformy*, vol. 2（Moskva: Novosti, 1995）, p. 259.
（23） *Ibid*., p. 258.
（24） 『朝日新聞』一九八五年三月一四日。
（25） 瀬川高央『米ソ核軍縮交渉と日本』北海道大学出版会、二〇一六年、二一一～二一一二頁。

(26) タラセンコ発言『産経新聞』一九九八年六月三日。
(27) 長谷川毅『北方領土問題と日露関係』筑摩書房、二〇〇〇年、九二頁。
(28) Pavel Palazchenko, *My Years with Gorbachev and Shevardnadze: The Memoir of a Soviet Interpreter* (Pensylvania: The Pensylvania State University Press, 1997), p. 110.
(29) 『朝日新聞』一九八六年一月一六日。
(30) Charles E. Ziegler, *Foreign Policy and East Asia: Learning and Adaptation in the Gorvachev Era* (Cambridge: Cambridge University Press, 1993), p. 94.
(31) 『読売新聞』一九八六年一月一六日。
(32) パノフ『不信から信頼へ』、二八頁。
(33) 陸文栄「ゴルバチョフ就任以来のソ日関係」総合研究開発機構・矢野暢編集代表『アジア・太平洋』中央経済社、一九九〇年、五二二頁。
(34) ウラジオストク演説については、*Pravda*, 1986. 7. 29. を参照されたい。
(35) Bernstein, "On the Rocks," p. 121. ウラジオストク演説の日本関連の部分は、ウラジーミル・ルキンが起草したという説もある。Radchenko, *Unwanted Visionaries*, p. 78.
(36) Alexei V. Zagorsky, "Soviet-Japanese Relations under Perestroika: The Territorial Dispute and Its Impact," in T. Akaha and F. Langdon, eds., *Japan in the Posthegemonic World* (Boulder: Lynne Rienner Publishes, 1993), p. 153.
(37) 熊谷独『モスクワよ、さらば——ココム違反事件の背景』文藝春秋、一九八八年、一二頁。
(38) 『朝日新聞』一九八八年三月一〇日。
(39) Saito, "Japan's 'Northward' Foreign Policy," p. 283.
(40) *Izvestiya*, 1987. 7.23. および *Current Digest of Soviet Press*, 3: 29 (August 19, 1987).
(41) 岡崎久彦「時代の証言者」『読売新聞』二〇一四年六月二六日。
(42) 「ゴルバチョフ元ソ連大統領に聞く」『読売新聞』一九九九年一一月八日。
(43) *Izvestiya*, 1988. 3.1.
(44) 『東京新聞』一九八八年七月二三日。

(45) Gorbachev, *Zhizn' i reformy*, vol. 2, p. 259.
(46) *Mezhdunarodnaya zhizn'*, no. 7（1988）, pp. 140–155.
(47) *Pravda*, 1988. 9. 18.
(48) Eduard Shevardnadze, *The Future Belongs to Freedom*（London: Sinclair-Stevenson, 1991）, p. 156.
(49)『北海道新聞』一九八九年五月四日。
(50) ゴルバチョフの対日政策の顧問であったコンスタンチン・サルキソフへのインタビュー。一九八九年一〇月一五日。
(51) ビクトル・ノボジロフ極東軍管区司令官「極東の軍事・政治情勢――クラスノヤルスク・イニシアチブから一年」『日刊APNプレスニュース』一九八九年一〇月二日。
(52)『日刊APNプレスニュース』一九八九年一〇月五日。
(53)『朝日新聞』一九八九年五月六日夕刊。
(54)『日刊APNプレスニュース』一九八九年五月一一日。
(55) 中ソ関係正常化に関する政策決定については、銭其琛（濱本良一訳）『銭其琛回顧録――中国外交二〇年の証言』東洋書院、二〇〇六年、一七～四九頁、および牛軍（真水康樹訳）「中ソ関係正常化と政策決定」『法政理論』第四三巻第二号（二〇一一年）、一四八～一七二頁などを参照されたい。
(56) 斎藤元秀『ロシアの外交政策』勁草書房、二〇〇四年、三二頁。
(57) D・M・コッツ、F・ウィア（角田安正訳）『上からの革命――ソ連体制の終焉』新評論、二〇〇〇年、二三七～二三八頁。
(58)『毎日新聞』一九八九年九月二八日夕刊。
(59) Saito, "Japan's 'Northward' Foreign Policy," pp. 286–287.
(60) *Novoe vremya*, no. 48, 1989, pp. 10–11.
(61) パノフ『不信から信頼へ』、三八～三九頁。
(62)『日本経済新聞』一九九〇年二月七日。
(63) Zagorsky, "Soviet-Japanese Relations under Perestroika," p. 152.
(64) Caroline Kennedy-Pipe, *Russia and the World 1917–1991*（New York: Arnold, 1998）, p. 193.
(65)「シェワルナゼの証言」『北海道新聞』二〇〇九年五月八日。

(66) Aleksandr Galkin and Anatolii Chernyaev, *Mikhail Gorbachev i germanskii vopros: sbornik dokumentov. 1986–1991 gg.* (Moskva: Ves' Mir, 2006), pp. 339–355; Hannes Adomeit, "Gorbachev, German Unification and the Collapse of Empire," *Post-Soviet Affairs*, vol. 10, July–September, 1994; 中澤孝之『ゴルバチョフと池田大作——冷戦、ペレストロイカ、そして未来へ向けて』角川学芸出版、二〇〇四年、一八八頁。
(67) 五島昭『大国ドイツの進路——欧州の脅威か統合の中核か』中公新書、一九九五年、一四八頁。
(68) アーチ・ブラウン（小泉直美・角田安正共訳）『ゴルバチョフ・ファクター』藤原書店、二〇〇八年、四七七頁。
(69) Zubok, *A Failed Empire*, p. 32.
(70) Bernstein , "On the Rocks," pp. 237–239 and pp. 258–259.
(71) Dmitri Trenin, "Russia's Asia Policy under Vladimir Putin, 2000–5," in Gilbert Rozman, Kazuhiko Togo, and Joseph P. Ferguson, eds., *Russian Strategic Thought toward Asia* (New York: Palgrave, 2006), p. 120.
(72)『朝日新聞』一九九〇年九月六日。
(73) 高坂正堯『世界史の中から考える』新潮社、一九九六年、一六～一七頁。
(74) 広瀬佳一『ヨーロッパ分断 一九四三——大国の思惑、小国の構想』中公新書、一九九四年、三五頁。
(75) Shevardnadze, *The Future Belongs to Freedom*, p. 156.
(76)『朝日新聞』一九九〇年一〇月七日。
(77)『朝日新聞』二〇一三年四月二四日。詳しくは、大野正美「旧ソ連・ゴルバチョフ政権の北方領土問題検討文書について」第四回日露学術報道専門家会議『ロシア、中国、アメリカ、日本」報告集』二〇一六年九月、六一～一〇八頁を参照されたい。
(78) Bernstein, "On the Rocks," p. 194.
(79) *Ibid.*, p. 240.
(80) パノフ『不信から信頼へ』、七五～七七頁。
(81) Radchenko, *Unwanted Visionaries*, p. 274.
(82) *Ibid.*
(83) 小島敦『ゴルバチョフの闘い——ペレストロイカは生き延びるか』読売新聞社、一九九一年、六五～六八頁。
(84) パノフ『不信から信頼へ』、八三頁。

(85) 大野正美「旧ソ連・ゴルバチョフ政権の北方領土問題検討文書について」『海外事情』二〇一三年一一月号、六四～六八頁および『朝日新聞』二〇一三年四月二四日。

(86) Bernstein, "On the Rocks," p. 259.

(87) Gorbachev, *Zhizn' i reformy*, vol. 2, p. 265.

(88) 山内聡彦・NHK取材班『ゴルバチョフが語る冷戦終結の真実と二一世紀の危機』NHK出版新書、二〇一五年、二〇五頁。

(89) Radchenko, *Unwanted Visionaries*, p. 271.

(90) Saito, "Japan's 'Northward' Foreign Policy," p. 288.

(91) Igor' Latyshev, *Yaponiya, yapontsy i yaponovedy* (Moskva: Algoritm, 2001), p. 702.

(92)『読売新聞』一九九一年一月三日。

(93)「日ソ首脳会談記録(第一回～第六回)」の「第一回首脳会談(二国間関係)」、情報開示法に基づく部分開示。開示請求番号2015–00575。

(94) V. Gribenko, *et al.* eds., *Vizit M. S. Gorbacheva v Yaponiyu: 16–19 aprelya 1991 goda: Dokumenty i materialy* (Moskva: Izdatel'stvo politicheskoi literatury, 1991), p. 7.

(95) "Zapis' peregovorov prezidenta SSSR Mikhaila Gorbacheva s prem'er-ministrom Yaponii Tosiki Kaifu," *Politicheskii klass* (March 15, 2007), pp. 3–4.

(96) *Ibid.*, p. 107.

(97)『北海道新聞』二〇〇九年一二月二日。

(98)「北方領土●●〔黒塗り〕の問題点」、外務省ソヴィエト連邦課、一九九一年四月五日。情報開示法に基づく部分解示。開示請求番号2015–00575。

(99)『毎日新聞』二〇〇九年二月二日。

(100)『北海道年鑑(一九九二年版)』北海道新聞社、二五五頁。

(101) N. Lebedeva *et al.* eds., *Katyn', 1940–2000: dokumenty* (Moskva: Ves' Mir, 2001).

(102) Igor Tyshetskii, "The Gorbachev-Kaifu Summit: The View from Moscow," in Tsuyoshi Hasegawa *et al.* eds., *Russia and Japan an Unresolved Dillenmma between Distant Neighbors* (Berkeley: University of California at Berkeley, 1993), p. 92.

(103) オルロフ蔵相発言『日本経済新聞』一九九一年四月九日夕刊。
(104) 金成浩「盧泰愚とゴルバチョフ」〈https://src-h.slav.hokudai.ac.jp/news/78/kim.html〉.
(105) 斎藤『ロシアの外交政策』勁草書房、二〇〇四年、一一〇頁。
(106)『朝日新聞』一九九一年四月一九日。
(107)『読売新聞』一九九一年四月二六日。
(108)『北海道新聞』および『毎日新聞』一九九一年四月一九日。
(109)『読売新聞』一九九一年八月二六日夕刊。
(110) クナーゼ、G、A・キリチェンコ、ザイツェフ・V（川上洸訳）『ソ連より日本人へ――北方領土が還ったら我々に何をしてくれるのか?』新森書房、一九九一年、七〇頁。
(111) Haness Adomeit, "Russia as a 'Great Power' in World Affairs," *International Affairs* (London), no1, 1995, p. 5.
(112) 国境線の約一七・三キロは豆満江に沿っており、約二二・一キロは海上を通過する。『RPソ連ニュース』一九九〇年九月四日号。ただし、全面的な国境画定ではなかった。
(113) Jerry Hough, "Gorbachev's Strategy," *Foreign Affairs* (Fall 1985), pp. 45–46.
(114) ジェームス・ダウアー講演。『産経新聞』二〇一六年三月一一日。
(115)「日ソ首脳会談記録（第一回〜第六回）」の「第一回首脳会談（二国間関係）」、情報開示法に基づく部分解示。開示請求番号2015–00575。
(116) *Izvestiya*, 1990. 4.27.
(117) 訪日についてのゴルバチョフ大統領自身の評価については、*Izvestiya*, 1991. 4. 27. を参照されたい。
(118) Shinichiro Tabata, "The Booming Russo-Japanese Economic Relations," *Eurasian Geography and Economics*, vol. 53, no. 4, 2012, pp. 422–428.

主要参考文献（上）

定期刊行物

【新聞】

Istoricheskaya pravda, Izvestiya, Kommersant, Komsomol'skaya pravda, Nezavisimaya gazeta, Nezavisimoe voennoe obozrenie, Novoe vremya, Rossiiskaya gazeta, Segodnya, Vedomosti, Sovetskii Sakhalin, Asahi Evening News, Financial Times, Global Times, Guardian, Independent, Japan Times, Moscow Times, New York Times, South China Morning Post, Stars and Stripes, Washington Post 『人民日報』（海外版）

『朝日新聞』、『産経新聞』、『東京新聞』、『日本経済新聞』、『北海道新聞』、『毎日新聞』、『読売新聞』

【雑誌・定期刊行物】

Mezhdunarodnaya zhizn', Problemy Dal'nego Vostoka, The Diplomat, Far Eastern Affairs, Foreign Affairs, Foreign Policy, International Affairs, Newsweek, Problems of Communism

『海外事情』、『中央公論』、『世界』、『ＲＰ北朝鮮動向』、『マヤーク通信』

【配信ニュース・ｗｅｂサイト】

ITAR-TASS, RIA Novosti, Russian Analytical Digest, Jamestown Daily News, TASS, Voice of Russia, Radio Free Europe/ Radio Liberty, 『Foresight』

外交文書・資料集・条約集

英国国立公文書館所蔵資料

日本外務省外交史料館所蔵資料

米国国立公文書館所蔵資料

ロシア連邦国立公文書館所蔵資料

ロシア連邦国立社会・政治史公文書館所蔵資料

Diplomaticheskii vestnik, *CRS Report*

Galkin, Aleksandr, and Anatolii Chernyaev, *Mikhail Gorbachev i germanskii vopros: sbornik dokumentov. 1986–1991 gg.*（Moskva: Ves' Mir, 2006）.

N. Adyrkhaev, "《Taina》vstrechi I. Kono s Bulganinym," *Problemy Dal'nego Vostoka*, 1990, vol. 1.

Russkii arkhiv: Velikaya Otechestvennaya, Sovetsko-yaponskaya voina 1945 goda: istoriya voenno-politicheskogo protivoborstva dvukh derzhav v 30–40–e gody: Dokumenty i materialy, vol.18（7–2）,（Moskva: TERRA, 2000）.

Sevost'yanov, G., *et al.* eds., *Sovetsko-amerikanskie otnosheniya, 1939–1945*（Moskva: Materik, 2004）.

"Soglashaetsya na peredachu Yaponii ostrov Khabomai i Sikotan," *Istochnik*, June, 1996.

Vizit Kantslera Adenauera v Moskvu 8–14 *sentyabrya 1955 g. Dokumenty i materialy*（Moskva: Izdatel'stvo《Prava Cheloveka》, 2005）.

Zagorul'ko, Maksim, ed., *Voennoplennye v SSSR, 1939–1956.: Dokumenty i materialy*（Moskva: Logos, 2000）.

Zasedanie Politbyuro TsK KPSS, 1983. 5. 31.

Zasedanie Politbyuro TsK KPSS, RGANI: 1983. 5. 31.

"Zapis' peregovorov prezidenta SSSR Mihaila Gorbacheva s prem'er-ministrom Yaponii Tosiki Kaifu," *Politicheskii Klass*, March 15, 2007.

Zilanov, V., A. Koshkin, A. Plotnikov, and S. Ponomarev, eds., *Russkie Kurily: istoriya i sovremennost': Sbornik dokumentov po istorii formirovaniya russko-yaponskoi i sovetsko-yaponskoi granitsy*（Moskva: Algoritm, 2015）.

U.S. Department of State, *The Foreign Relations of the United States: The Conferences at Malta and Yalta, 1945*（Washington, D.C.: U.S. Goverment

Printing Office, 1955).
外務省編『サン・フランシスコ会議議事録』一九五一年
外務省中国課監修『日中関係基本資料集』霞山会、一九七〇年
外務省調査局第三課『ソ連の対日政策資料（一九四七年夏執務報告第五部）』一九四八年、外務省開示文書A'1.3.0.11（外交史料館所蔵）
外務省調査部編纂『大日本外交文書』第二巻第一冊、日本國際協會、一九三七年
外務省調査部編纂『大日本外交文書』第八巻、日本國際協會、一九四〇年
茂田宏・末澤昌二編著『日ソ基本文書・資料集——一九五五年—一九八八年』世界の動き社、一九八八年
末澤昌二・茂田宏・川端一郎編著『日露（ソ連）基本文書・資料集』（改訂版）、RPプリンティング、二〇〇三年
日刊労働通信社編『コミンフォルム重要文献集』日刊労働通信社、一九五三年
——『日ソ間主要交換文書論説集』日刊労働通信社、一九六四年
野口芳雄「モスクワの日ソ国交交渉——『閣議決定済み』と譲歩を拒む」『政治記者OB会報』二〇〇五年三月一五日号
日本国外務省・ロシア連邦外務省編『日露間領土問題の歴史に関する共同作成資料集』一九九二年
日本国際問題研究所中国部会編『新中国資料集成』第一巻、日本国際問題研究所、一九六三年
日本社会党日ソ問題特別委員会編『日ソ問題関係資料集』日本社会党、一九七八年
フルシチョフ、ニキータ（角田安正訳）「ソビエト共産党大会第一書記N・S・フルシチョフ同志の、第二〇回党大会に対する報告」（私家版）、二〇一七年
毎日新聞社編『対日平和条約』毎日新聞社、一九五二年
横田喜三郎・高野雄一編集代表『国際条約集　一九八九年版』有斐閣、一九八九年
「一九五六年『日ソ共同宣言』舞台裏で交わされていた〝密約〟」『Foresight』一九九三年八月号

回顧録・伝記・オーラルヒストリー

Dobrynin, Anatolyii *Sugubo doveritel'no*: *Posol v Vashingtone pri shesti prezidentakh SShA*（1962–1986 gg.）（Moskva: Avtor, 1997）.

Gorbachev, Mikhail, *Perestroika i novoe myshlenie dlya nashei strany i dlya vsego mira*（Moskva: Politidat, 1988）.

————, *Zhizn' i reformy*, vol.2（Moskva: Novosti, 1995）.

Gromyko, Andrei, A. *Pamyatnoe*, 2 vols.（Moskva: Politiadat, 1988）.

Ivanov, Mikhail, *Yaponiya v gody voiny*: *Zapiski ochevidtsa*（Moskva: Nauka, 1978）.

Kapitsa, Mikhail, *Na raznykh parallelyakh: Zapiski diplomata*（Moskva: Kniga i biznes, 1996）.

Kunadze, Georgii, *Yapono-kitaiskie otnosheniya v sovremennom etape*,（1972–1982）（Moskva: Nauka, 1983）.

Malinovskii, R.Ya., ed., A. *Final: Istoriko-memuarnyi ocherk o razgrome imperialisticheskoi Yaponii v 1945 g.*（Moskva: Nauka, 1966）.

Tikhvinskii, S., L., *Vospominaniya diplomata i zametki istorika: Avtor o sebe, svoikh kollegakh-istorikakh i diplomatakh*（Moskva: Nauka, 2006）.

Troyanovskii, Oleg, *Cherez gody i rasstoyaniya*: *istoriya odnoi sem'i*（Moskva: Vagrius, 1997）.

Vasilevskii, Aleksandr, *Delo vsei zhizni*, vol.2（Moskva: Izdatel'stvo politicheskoi literatury, 1990）.

Adomeit, Hannes, "Gorbachev, German Unification and the Collapse of Empire," *Post-Soviet Affairs*, vol.10（July–September 1994）.

Brzezinski, Zbigniew, *Power and Principle: Memoirs of the National Security Adviser 1977–1981*（New York: Farrar Straus & Giroux, 1983）.

————, *The Soviet Bloc: Unity and Conflict*, revised. ed.（New York: Frederick A. Praeger, 1961）.

Eden, Anthony, *The Reckoning: The Memoirs of Anthony Eden*（Boston: Houghton Mifflin Company, 1965）.

Harriman, W., Averell, and Elie Abel, *Special Envoy to Churchill and Stalin, 1941–1946*（New York: Random House, 1975）.

Kennan, George F., *Memoirs, 1925–1950*（New York: Random House, 1968）.

Khlevniuk, Oleg（trans.by Nora Favorov）, *Stalin: New Biography of a Dictator*（New Haven: Yale University Press, 2015）.

Khrushchev, Nikita（Strobe Talbott, trans. and ed., by）, *Khrushchev Remembers*（New York: Bantam Books, 1970）.

Khrushchev, Nikita（Jerrold Schecter and Vyacheslav Luchkov, trans. and eds.）, *Khrushchev Remembers: The Glasnost Tapes*（Boston: Little, Brown & Company, 1990）.

Khrushchev, Sergei, ed., *Memoirs of Nikita Khrushchev: Statesman* [*1953–64*], vol. 3 (University Park: The Pennsylvania State University Press 2003).

Khrushchev, Sergei (Translated by Shirley Benson), *Nikita Khrushchev and the Creation of a Superpower* (University Park: The Pennsylvania State University Press, 2000).

McNeal, Robert, *Stalin: Man and Ruler* (London: Macmillan Press, 1988).

Medvedev, Zhores, *Gorbachev* (New York: www Norton, 1986).

Moskin, J. Robert, *Mr. Truman's War: The Final Victories of World War II and the Birth of the Postwar World* (New York: Random House, 1996).

Nixon, Richard M. *The Memoirs of Richard Nixon* (New York: Grosset & Punlap, 1978).

Palazchenko, Pavel, *My Years with Gorbachev and Shevardnadze: The Memoir of a Soviet Interpreter* (University Park: The Pennsylvanica State University Press, 1997).

Shevardnadze, Eduard, *The Future Belongs to Freedom* (London: Sinclair-Stevenson Ltd., 1991).

Shevchenko, Arkady N., *Breaking with Moscow* (New York: Ballantine Books, 1985).

Sneider, Richard, *U.S.-Japanese Security Relations: A Historical Perspective* (New York: Columbia University East Asian Institute, 1982).

Stalin, I. V., *Economic Problems of Socialism in the U. S. S. R.* (Peking: Foreign Languages Press, 1972).

Truman, Harry S., *Year of Decisions 1945*, vol.1 (London: Hodder, and Stoughton, 1955).

Ulam, Adam B, *Stalin*: *The Man and His Era* (New York: The Viking Press, 1973).

Witte, Sergei I. (Avrahm Yarmolinsky, ed.), *The Memoirs of Count Witte* (Garden City, New York: Doubleday, Page & Company, 1920).

赤城宗徳『今だからいう』文化総合出版、一九七三年

芦田均『革命前後のロシア』自由アジア社、一九五八年

新井弘一『モスクワ・ベルリン・東京――一外交官の証言』時事通信社、二〇〇〇年

――――『日本外交の宿題』国策研究会、二〇一一年

五百旗頭真・宮城大蔵『橋本龍太郎外交回顧録』岩波書店、二〇一三年

上野芳江『プチャーチン提督――一五〇年の航跡』（ユーラシア・ブックレット）東洋書店、二〇〇五年
枝村純郎『帝国解体前後――駐モスクワ日本大使の回想一九九〇～一九九四』都市出版、一九九七年
桂川甫周（亀井高孝校訂）『北槎聞略――大黒屋光太夫ロシア漂流記』岩波文庫、一九九〇年
川路聖謨（藤井貞文・川田貞夫校注）『長崎日記・下田日記』東洋文庫、平凡社、一九六八年
草地貞吾『その日、関東軍は――元関東軍参謀作戦班長の証言』宮川書房、一九六七年
工藤平助『赤蝦夷風説考』教育社新書、教育社、一九七九年
来栖三郎『日米外交秘話――わが外交史』創元社、一九五二年
河野一郎『今だから話そう』春陽堂書店、一九五八年
ゴロヴニン（井上満訳）『日本幽囚記』（上）（中）（下）、岩波文庫、一九四三年、一九四六年
ゴロウニン、W・M（徳力真太郎訳）『ロシア士官の見た徳川日本――続・日本俘虜実記』講談社学術文庫、一九八五年
コワレンコ、イワン（清田彰訳）『対日工作の回想』文藝春秋、一九九六年
ゴンチャロフ（井上満訳）『日本渡航記（フレガート「パルラダ」号より）』岩波文庫、一九四一年
斎藤勉『スターリン秘録』産経新聞ニュースサービス、二〇〇一年
斎藤良衛『欺かれた歴史――松岡と三国同盟の裏面』読売新聞社、一九五五年
佐藤尚武『回顧八十年』時事通信社、一九六三年
重光葵（伊藤隆・渡邊行男編）『続重光葵手記』中央公論社、一九八八年
下田武三『戦後日本外交の証言――日本はこうして再生した』（上）、行政問題研究所、一九八四年
蔣介石（毎日新聞社外信部訳）『中国のなかのソ連――蔣介石回顧録』毎日新聞社、一九五七年
ジョンジュ、アレクス・ド（中澤孝之訳）『スターリン』心交社、一九八九年
新関欽哉『第二次大戦下ベルリン最後の日――ある外交官の記録』日本放送出版協会、一九八八年
――『日ソ交渉の舞台裏――ある外交官の記録』日本放送出版協会、一九八九年
杉原荒太『外交の考え方』鹿島研究所出版会、一九六五年
鈴木敏明『逆境に生きた日本人』展転社、二〇〇八年

銭其琛（濱本良一訳）『銭其琛回顧録――中国外交20年の証言』東洋書院、二〇〇六年
丹波實『「日露外交秘話」中央公論新社、二〇〇四年わが外交人生』中央公論新社、二〇一一年
チェーホフ（中村融訳）『サハリン島』（上）、（下）、岩波文庫、一九九七年
チャーチル、W・S（佐藤亮一訳）『第二次世界大戦』全四巻、河出文庫、一九八三年―八四年
土肥恒之『ピョートル大帝とその時代――サンクト・ペテルブルグ誕生』中公新書、一九九二年
ドイッチャー、アイザック（上原和夫訳）『スターリン』Ⅱ、みすず書房、一九六四年
東郷和彦『北方領土交渉記録――失われた五度の機会』新潮社、二〇〇七年
東郷茂徳『時代の一面――大戦外交の手記　東郷茂徳遺稿』改造社、一九五二年
中澤孝之『ゴルバチョフと池田大作――冷戦、ペレストロイカ、そして未来へ向けて』角川学芸出版、二〇〇四年
西春彦『回想の日本外交』岩波新書、一九六五年
野村吉三郎『米国に使して――日米交渉の回顧』岩波書店、一九四六年
鳩山一郎『鳩山一郎回顧録』文藝春秋新社、一九五七年
花谷正「満州事変はこうして計画された」『別冊　月刊知性』一九五六年一二月号
パノフ、アレクサンドル（高橋実・佐藤利郎訳）『不信から信頼へ――北方領土交渉の内幕』サイマル出版会、一九九二年
林董『後は昔の記他――林董回顧録』平凡社、一九七〇年
フルシチョフ、ニキータ（佐藤亮一訳）『フルシチョフ最後の遺言』（上）、河出書房新社、一九七五年
プレオブラジェンスキー、コンスタンチン（名越陽子訳）『日本を愛したスパイ――KGB特派員の東京奮戦記』時事通信社、一九九四年
ベレズホフ、ワレンチン（栗山洋児訳）『私は、スターリンの通訳だった。――第二次世界大戦秘話』同朋舎出版、一九九五年
法眼晋作『外交の真髄を求めて――第二次世界大戦の時代』原書房、一九八六年
本多熊太郎『魂の外交――日露戦争における小林侯』千倉書房、一九四一年
前坂俊之『明石元二郎大佐――日露インテリジェンス戦争を制した天才情報参謀　帝政ロシア破壊工作報告書を読み解く』新人物往来社、二〇一一年

間宮林蔵述・村上貞助編『東韃地方紀行　他』平凡社、一九八八年
陸奥宗光『蹇蹇録』岩波文庫、一九三三年
メドベージェフ、ジョレス（毎日新聞外信部訳）『アンドロポフ――クレムリン権力への道』毎日新聞社、一九八三年
保田孝一『最後のロシア皇帝ニコライ二世の日記』講談社学術文庫、二〇〇九年
油橋重遠『戦時日ソ交渉小史――一九四一年～一九四五年』霞ヶ関出版、一九七四年
レザーノフ、ニコライ（大島幹雄訳）『日本滞在日記――一八〇四―一八〇五』岩波文庫、二〇〇〇年
レフチェンコ、スタニスラフ（日本リーダーズダイジェスト社編集部訳）『ＫＧＢの見た日本――レフチェンコ回想録』日本リーダーズダイジェスト社、一九八四年
ロバーツ、ジェフリー（松島芳彦訳）『スターリンの将軍　ジューコフ』白水社、二〇一三年

帝政ロシア・ソ連外交全般

Bishopk, Kris and Kristfer Elisbi, *Voiska SS na polyakh srazhenii Vtoroi mirovoi voiny 1939–1945. Zapadnyi i Vostochnyi front*（Moskva: Eksmo, 2006）.

Gromyko, A., and B. Ponomarev, eds., *Istoriya vneshnei politiki SSSR, 1917–1985*, 2 vols.（Moskva: Nauka, 1986）.

Mlechin, Leonid, *MID: Ministry inostrannykh del. Vneshnyaya politika Rossii: ot Lenina i Trotskogo do Putina i Medvedeva*（Moskva: Tsentrpoligraf, 2001）.

Lukin, A., *et al.* eds., *Rossiya i Kitai: chetyre veka vzaimodeistviya: Istoriya, sovremennoe sostoyanie i perspektivy razvitiya rossiisko-kitaiskikh otnoshenii*（Moskva: Ves' Mir, 2013）.

Adomeit, Hannes, "Russia as a 'Great Power' in World Affairs-Images and Reality," *International Affairs*（London）, no1, 1995.

Allison, Roy, *Finland's Relations with the Soviet Union, 1944–84*（New York: St. Martin's Press, 1985）.

Alperovitz, Gar, *Atomic Diplomacy: Hiroshima and Potsdam: The Use of the Atomic Bomb and the American Confrontation with Soviet Power*, 2nd expand ed.（London: Pluto Press, 1994）.

Beloff, Max, *Soviet Policy in the Far East, 1944–1951* (New York: Books for Libraries Press, 1953).

Brezhnev, Leonid, *Peace, Détente and Soviet-American Relations: A Collection of Public Statements* (New York: Harcourt Brace Jovanovich, 1979).

Brzezinski, Zbignew, *The Soviet Block: Unity and Conflict*, revised and enlarged ed. (Cambridge: Harvard University Press, 1968).

————, Zbigniew, *Game Plan: How to Conduct the U.S.-Soviet Contest* (Boston: The Atlantic Monthly Press, 1986).

————, *The Grand Chessboard: American Primacy and Its Geostrategic Imperatives* (New York: Basic Books,1997).

Burr, William, ed., *The Kissinger Transcripts: The Top Secret Talks with Beijing and Moscow* (New York: The New Press, 1999).

Clubb, O. Edmund, *China and Russia: The "Great Game"* (New York: Columbia University Press, 1971).

Cronin, Audrey, *Great Power Politics and the Struggle over Austria, 1945–1955* (Ithaca: Cornell University Press, 1986).

Dallin, David, *The Soviet Russia and Far East* (New Haven: Yale University Press, 1948).

Daniels, Robert, *Russia: The Roots of Confrontation* (Cambridge: Harvard University Press, 1985).

DePorte, A.W., *Europe Between the Superpowers: The Enduring Balance* (New Haven: Yale University Press, 1979).

Dulles, Foster, *The Road to Teheran: The Story of Russia and America, 1781–1943* (Princeton: Princeton University Press, 1922).

Dunn, Frederick, *Peace-Making and the Settlement with Japan* (Princeton: Princeton University Press, 1963).

Feis, Herbert, *Churchill・Roosevelt・Stalin: The War They Waged and the Peace They Sought* (Princeton: Princeton University Press, 1957).

Fursenko, Aleksandr, and Timothy Naftali, *Khrushchev' s Cold War: The Inside Story of an American Adversary* (New York: W.W. Norton & Company, 2006).

Gaddis, John Lewis, *Russia, The Soviet Union, and The United States: An Interpretive History* (New York: John Wiley and Sons, Inc.1978).

————, *We Now Know: Rethinking Cold War History* (Oxford: Clarendon Press, 1997).

Griffith, William, ed., *The Soviet Empire: Expansion and Détente* (Lexington,: Lexington Books, 1976).

Haslam, Jonathan, *The Soviet Union and the Threat from the East, 1933–41: Moscow, Tokyo and the Prelude to the Pacific War* (London: the Macmillan, 1992).

Holloway, David, *Stalin and the Bomb: The Soviet Union and Atomic Energy, 1956* (New Haven: Yale University Press, 1994).

Hough, Jerry F., *Russia and the West: Gorbachev and the Politics of Reform*（New York: Simon & Schuster, 1988）.

Howard, Colby, and Ruslan Pukhov, eds., *Brothers Armed: Military Aspects of the Crisis in Ukraine,* 2nd ed.（Minneapolis: East View Press, 2015）.

Iriye, Akira, *The Cold War in Asia: A Historical Introduction*（Englewood Cliffs: Prentice-Hall, 1974）.

Kennan, George F., *Russia and the West under Lenin and Stalin*（New York: New Amerrican Library, 1960）.（尾上正男他訳『レーニン、スターリンと西方世界——現代国際政治の史的分析』未來社、一九七〇年）

Kennedy-Pipe, Caroline, *Russia and the World, 1917–1991*（London: Arnold, 1998）.

Klinghoffer, Arthur J., *The Soviet Union & International Oil Politics*（New York: Columbia University Press, 1977）.

Kuromiya, Hiroaki, "The mystery of Nomonhan, 1939", *The Journal of Slavic Military Studies*, Vol. 24, issue 4.

Mandelbaum, Michael, ed., *The Strategic Quadrangle: Russia, China, Japan, and the United States in East Asia*（New York: Council on Foreign Relations Press, 1995）.

MccGwire, Michael, *Military Objectives in Soviet Foreign Policy*（Washington, D.C.: Brookings Institution Press, 1987）.

Murphy, George, *Soviet Mongolia: A Study of the Oldest Political Satellite*（Berkeley: University of California Press, 1966）.

Ponomaryov, B., A. Gromyko and V. Khnostov eds., *History of Soviet Foreign Policy*, 1945–1970（Moscow: Progress Publishers, 1973）.

Ragsdale, Hugh, ed., *Imperial Russian Foreign Ploicy*（Cambridge: Cambridge University Press, 1993）.

Roberts, Geoffrey, *Stalin's Wars: From World War to Cold War, 1939–1953*（New Haven: Yale University Press, 2006）.

Ulam, Adam B., *Expansion and Coexistence: Soviet Foreign Policy, 1917–73*, 2nd ed.（New York: Praeger Publishers, 1974）.（アダム・B・ウラム（鈴木博信訳）『膨脹と共存——ソヴエト外交史』全三巻、サイマル出版会、一九七八年）

Werth, Alexander, *Russia at War, 1941–1945*（New York: Carroll & Graf Publishers, 1988）.

Westad, Odd Arne, *The Rise and Fall of the Sino-Soviet Alliance 1945–63*（Washington, D. C.: The Woodrow Wilson Center Press, 1998）.

Yakhontoff, Victor, *Russia and the Soviet Union in the Far East*（New York: COWARD-McCANN, 1931）.

Ziegler, Charles, E., *Foreign Policy and East Asia: Learning and Adaptation in the Gorbachev Era*（Cambridge: Cambridge University Press, 1993）.

Zubok, Vladislav, "Soviet Policy Aims at the Geneva Conference, 1955" in Bischof, Günter and Saki Dockriill, eds., *Cold War Respite: The Geneva*

Summit of 1955（Baton Rouge: Louisiana State University Press, 2000）.
————, "The Case of Divided Germany, 1953–1964," in Taubman, William, Sergei Khrushchev, and Abbott Gleason, eds., *Nikita Khrushchev*（New Haven: Yale University Press, 2000）.
Zubok, Vladislav, and Constantine Pleshakov, *Inside the Kremlin's Cold War: From Stalin to Khrushchev*（Cambridge: Harvard University Press, 1996）.
斎藤元秀『ロシアの外交政策』勁草書房、二〇〇四年
田村幸策『ソヴィエト外交史研究』鹿島研究所出版会、一九六五年
外川継男『ロシアとソ連邦』講談社、一九七八年

日露・日ソ関係史

Cherevko, K., and A. Kirichenko, *Sovetsko-yaponskaya voina: 9 avgusta–2 sentyabrya 1945g: Rassekrechennye arkhivy*（*predystoriya, khod, posledstviya*）（Moskva: BIMPA, 2006）.
Gol'dberg, D., *Vneshnyaya politika Yaponii v 1941–1945 gg.*（Moskva: Izdatel'stvo sotsial'no-ekonomicheskoi literatury, 1962）.
Grishachev, S., ed., *Istoriya rossiisko-yaponskikh otnoshenii: XVIII-nachalo XXI veka*（Moskva: Aspekt Press, 2015）.
Koshikin, Anatolii, *Yaponskii front marshala Stalina. Rossiya i Yaponia: ten' Tsusimy dlinoy v vek*（Moskva: OLMA-PRESS, 2004）.
Kutakov, Leonid, *Vneshnyaya politika i diplomatiya Yaponii*（Moskva: Mezhdunarodnye otnosheniya, 1964）.
————, *Moskva-Tokio: Ocherki diplomaticheskikh otnoshenii, 1956–1986*（Moskva: Mezhdunarodnye otnosheniya,1988）.
Latyshev, Igor', *Rossiya i Yaponiya v tupike territorial'nogo spora*（Moskva: Algoritm, 2004）.
Pavlov, Dmitrii, *Russko-yaponskie otnosheniya v gody Pervoi mirovoi voiny*（Moskva: ROSSPEN, 2014）.
Pernavskii, G., *Sovetsko-yaponskie voiny, 1937–1945*（Moskva: Yauza and Eksmo, 2009）.
Petrov, Dmitri, *Yaponiya v Mirovoi politike*（Moskva: Mezhdhnarodnye otnosheniya, 1973）.
Popov, V., *et al.* eds., *Istoriya Yaponii, 1945–1975*（Moskva: Nauka, 1978）.

Safronov, V., *SSSR, SShA i yaponskaya agressiya na Dal'nem Vostoke i Tikhom okeane. 1931–1945 gg.*（Moskva: Institut rossiiskoi istorii RAN, 2001）.

————, *SSSR-SShA-Yaponiya v gody 〈Kholodnoi voiny〉. 1945–1960 gg.*（Moskva: Institut rossiiskoi istorii RAN, 2003）.

————, *Voina na Tikhom okeane: SSSR, SShA i Yaponiya v usloviyakh mirovogo konflikta,1931–1945gg.*（Moskva: MPPA MPPA BIMPA, 2007）.

Samasnov, A., *Vtoraya voina: 1939–1945: Ocherk vazhneishkh sobytii*（Moskva: Nayka, 1990）.

Sarkisov, K., *Rossiya i Yaponiya: Sto let otnosheii*（1817–1917）（Moskva: OLMA Media Grupp, 2015）.

Shefov, Nikolai, *Vtoraya mirovaya. 1939–1945. Istoriya velikoi voiny*（Moskva: Veche, 2010）.

Shirokorad, A., *Russko-yaponskie voiny, 1904–1945*（Moskva: Kharvest, 2003）.

Slavinskii, Boris, *Pakt o neitralitete mezhdu SSSR i Yaponiei: diplomaticheskaya istoriya, 1941–1945 gg.*（Moskva: Too Novina, 1995）.（ボリス・スラヴィンスキー、ボリス（高橋実・江沢和弘訳）『考証　日ソ中立条約――公開されたロシア外務省機密文書』岩波書店、一九九六年）

————, *SSSR i Yaponya–na puti k voine: diplomaticheskaya istoriya, 1937–1945* gg.（Moskva: Yaponiya segodnya, 1999）.（ボリス・スラヴィンスキー（加藤幸廣訳）『日ソ戦争への道――ノモンハンから千島占領まで』共同通信社、一九九九年）

Dunn, Frederick, *Peace-Making and the Settlement with Japan*（Princeton: Princeton University Press, 1963）.

Ferguson, Joseph, P. *Japanese-Russian Relations, 1907–2007*（New York: Routledge, 2008）.

Hara, Kimie, *Japanese-Soviet /Russian Relations since 1945: A Difficult Peace*（London: Routledge, 1998）.

Hasegawa, Tsuyoshi, ed., *The End of the Pacific War: Reappraisals*（Stanford: Stanford University Press, 2007）.

————, *Racing the Enemy: Stalin, Truman, and the Surrender of Japan*（Cambridge: The Belknap Press of Harvard University Press, 2005）.（長谷川毅『暗闘――スターリン、トルーマンと日本降伏』中央公論新社、二〇〇六年）

Haslam, Jonathan, *The Soviet Union and the Threat from the East,1933–41: Moscow, Tokyo and the Prelude to the Pacific War*（London: Macmillan, 1992）.

Kimura, Hiroshi, *Japanese-Russian Relations under Brezhnev and Andropov*（Armonk: M. E. Sharpe, 2000）.

Kuromiya, Hiroaki, "The Mystery of Nomonhan,1939," *Journal of Slavic Military Studies*, no.24, 2011.

Lensen, George Alexander, *Russia's Japan Expedition of 1852 to 1855*（Florida: The University of Florida Press, 1955）.

————, "The Importance of Tsarist Russia to Japan," *Contemporary Japan*, vol. xxiv, nos. 1–2（April 1957）.

————, *The Russian Push toward Japan: Russo-Japanese Relations, 1697–1875*（Princeton: Princeton University Press, 1959）.

————, *The Strange Neutrality: Soviet-Japanese Relations during the Second World War 1941–1945*（Tallahassee: The Diplomatic Press, 1972）.

Morley, James, W, *The Japanese Thrust into Siberia, 1918*（New York: Columbia University Press, 1957）.

————, "The Soviet-Japanese Peace Declaration," *Political Science Quarterly*, vol. 72, no.3（September 1957）.

————, "Soviet and Communist Chinese Policies Toward Japan 1950–1957: A Comparison," paper presented to the 13th Conference, Institute of Pacific Relations, Lahore, Pakistan, February 1958.

Nish, Ian, *The Origins of the Russo- Japanese War*（London: Longman, 1985）.

Radchenko, Sergei, *Unwanted Visionaries: The Soviet Failure in Asia at the End of the Cold War*（Oxford University Press, 2014）.

Pond, Elizabeth, " Japan and Russia: View from Tokyo," *Foreign Affairs*（October 1973）.

Rozman, Gilbert, ed., *Japan and Russia: The Tortuous Path to Normalization, 1949–1999*（New York: St. Martin's Press, 2000）.

Saito, Motohide, "Japan's 'Northward' Foreign Policy," in Gerald L. Curtis, ed., *Japan's Foreign Policy after the Cold War*: *Coping with Change*（Armonk: M.E. Sharpe, 1993）.

Swearingen, Rodger, and Paul Langer, *Red Flag in Japan: International Communism in Action 1919–1951*（Cambridge: Harvard University Press, 1952）.

Vigor, Hast, *Soviet Blitzkrieg Theory*（New York: St. Martin's Press, 1983）.

Vysokov, Mikhail, *A Brief History of Sakhalin and the Kurils*（Yuzhno-Sakhalinsk: The Sakhalin Book Publishing House and LIK Ltd, 1996）.

Zagorsky, Alexei, V., "Soviet-Japanese Relations under Perestroika: The Territorial Dispute and Its Impact," in T. Akaha and F. Langdon, eds., *Japan in the Posthegemonic World*（Boulder: Lynne Rienner Publishers, 1993）.

————, "Russian-Japanese Relations: Back to the Deadlock," in Gennady Chufrin, ed., *Russia and Asia: The Emerging Security Agenda*（Oxford: Oxford University Press,1999）.

麻田雅文『シベリア出兵——近代日本の忘れられた七年戦争』中公新書、二〇一六年

――『満蒙――日露中の「最前線」』講談社、二〇一四年
有馬哲夫『歴史問題の正解』新潮新書、二〇一六年
粟屋憲太郎・NHK取材班『東京裁判への道』日本放送出版協会、一九九四年
安野正士・河原地英武「近代化とアイデンティティーの模索」東郷和彦、アレクサンドル・パノフ編『ロシアと日本――自己意識の歴史を比較する』東京大学出版会、二〇一六年
五百旗頭真、下斗米伸夫、A・V・トルクノフ、D・V・ストレリツォフ編『日ロ関係史――パラレル・ヒストリーの挑戦』東京大学出版会、二〇一五年
伊藤一哉『ロシア人の見た幕末日本』吉川弘文館、二〇〇九年
伊東六十次郎『機密文書でつづるロシアの太平洋侵略史』日本生活問題研究所出版局、一九八〇年
稲葉千晴『バルチック艦隊ヲ捕捉セヨ――海軍情報部の日露戦争』成文社、二〇一六年
ウォーナー、デニス、ペギー・ウォーナー（妹尾作太男・三谷庸雄共訳）『日露戦争全史』時事通信社、一九七八年
ウッドハウス暎子『日露戦争を演出した男　モリソン』（上）、新潮文庫、二〇〇四年
NHK取材班編『一億玉砕への道――日ソ終戦工作』角川書店、一九九四年
尾佐竹猛『大津事件――ロシア皇太子大津遭難』岩波文庫、一九九一年
小澤治子「ワシントン会議とソビエト外交――極東共和国の役割を中心に」『政治経済史学』第三〇七号（一九九二年）
外務省欧亜局第一課編『日「ソ」交渉史』巌南堂書店、一九四二年
外務省編纂『小村外交史』（下）、紅谷書店、一九五三年
外務省政務局第三課編『日露交渉史』原書房、一九六九年
河東哲夫『ロシア皆伝』イースト新書、二〇一五年
木崎良平『漂流民とロシア――北の黒船に揺れた幕末日本』中公新書、一九九一年
――『光太夫とラクスマン――幕末日露交渉史の一側面』刀水書房、一九九二年
木村汎『新版 日露国境交渉史――北方領土返還への道』角川学芸出版、二〇〇五年
――『遠い隣国――ロシアと日本』世界思想社、二〇〇二年

キリチェンコ、アレクセイ（川村秀訳）「東京裁判へのクレムリン秘密指令」『正論』二〇〇九年一〇月号
――（川村秀編、名越陽子訳）『知られざる日露の二百年』現代思潮新社、二〇一三年
工藤美知尋『日ソ中立条約の研究』南窓社、一九八五年
郡山良光『幕末日露関係史研究』国書刊行会、一九八〇年
小町恭士『対ロ平和的積極外交』中央公論新社、二〇一七年
ゴールドマン、スチュアート（山岡由美訳）『ノモンハン　１９３９――第二次世界大戦の知られざる始点』みすず書房、二〇一三年
ゴンチャロフ、イワン（井上満訳）『日本渡航記――フレガート「パルラダ」号より』岩波文庫、一九四一年
斎藤元秀「アメリカの対ソ・対露政策」五味俊樹・滝田賢治共編『現代アメリカ外交の転換過程』南窓社、一九九九年
ザドルノフ、ニコライ（西本昭治訳）『北から来た黒船』朝日新聞社、一九七七年
サルキソフ、コンスタンチン（鈴木康雄訳）『もうひとつの日露戦争――新発見・バルチック艦隊提督の手紙から』朝日新聞出版、二〇〇九年
信夫清三郎・中山治一編著『日露戦争史の研究』河出書房新社、一九五九年
志水速雄『日本人のロシア・コンプレックス――その源流を探る』中公新書、一九八四年
清水美和『「驕る日本」と闘った男――日露講和条約の舞台裏と朝河貫一』講談社、二〇〇五年
下斗米伸夫「戦後ソ連の北東アジア政策――アジア冷戦への一試論」『法学志林』第一〇〇巻第二号（二〇〇三年）
――『日本冷戦史――帝国の崩壊から55年体制へ』岩波書店、二〇一一年
――「冷戦下の日ソ関係」波多野澄雄編『日本の外交　第二巻　外交史戦後編』岩波書店、二〇一三年
――編著『日ロ関係――歴史と現代』法政大学出版局、二〇一五年
白石仁章『プチャーチン――日本人が一番好きなロシア人』新人物往来社、二〇一〇年
――『諜報の天才　杉原千畝』新潮社、二〇一一年
ソシンスキー、C・E他（川内唯彦監訳）『「日ソ」戦争と外交I――関東軍潰滅と中立条約』世紀社、一九八〇年
高野明『日本とロシア――両国交渉の源流』紀伊國屋新書、一九七一年
田口英爾『最後の箱館奉行の日記』新潮社、一九九五年

田中克彦『ノモンハン戦争――モンゴルと満洲国』岩波新書、二〇〇九年
田畑則重『日露戦争に投資した男――ユダヤ人銀行家の日記』新潮新書、二〇〇五年
玉木功一『プチャーチン使節団の日本来航――ロシアからみた安政の日露通好条約への道』協同組合岐阜マルティメディア研究所、二〇〇七年
筒井清忠編『昭和史講義――最新研究で見る戦争への道』ちくま新書、二〇一五年
――編『昭和史講義2――専門研究者が見る戦争への道』ちくま新書、二〇一六年
鄭成『国共内戦期の中共・ソ連関係――旅順・大連地区を中心に』御茶の水書房、二〇一二年
寺山恭輔「満州事変とソ連における『備蓄』の構築」『東北アジア研究』第二号（一九九八年）
董彦平（加藤豊隆訳）『ソ連軍の満洲進駐』原書房、一九八二年
徳富猪一郎『日露英蘭條約締結篇』民友社、一九三〇年
富田武『戦間期の日ソ関係　1917―1937』岩波書店、二〇一〇年
中山隆志『一九四五年夏　最後の日ソ戦』国書刊行会、一九九五年
沼田市郎『日露外交史』大阪屋號書店、一九四三年
バールィシェフ、エドワルド『日露同盟の時代　1914～1917年――「例外的な友好」の真相』花書院、二〇〇八年
――「第一次世界大戦期の『日露兵器同盟』とロシア軍人たちの『見えない戦い』――ロシア陸軍省砲兵本部の在日武器軍需品調達体制を中心に」『ロシア史研究』第九三号（二〇一三年）
函館日ロ交流史研究会編『函館とロシアの交流　函館日ロ交流史研究会一〇周年記念誌』函館日ロ交流史研究会、二〇〇四年
秦郁彦『明と暗のノモンハン戦史』PHP研究所、二〇一四年
原暉之『ウラジオストク物語――ロシアとアジアが交わる街』三省堂、一九九八年
平岡雅英『日露交渉史話――維新前後の日本とロシア』原書房、一九八二年
ファインベルク、E（小川政邦訳）『ロシアと日本――その交流の歴史』新時代社、一九七三年
藤野順『日ソ外交事始』山手書房、一九八〇年
古川万太郎『日中戦後関係史』原書房、一九八一年

古澤健一『日中平和友好条約——昭和秘史』講談社、一九八八年
細谷千博「三国同盟と日ソ中立条約（1939年—1941年）」日本国際政治学会 太平洋戦争原因研究部編著『太平洋戦争への道 第五巻 三国同盟・日ソ中立条約』朝日新聞社、一九六三年
——『シベリア出兵の史的研究』新泉社、一九七六年
——「日ソ関係の歴史的性格」『外交フォーラム』一九九一年三月号
堀内謙介監修『日本外交史 第21巻——日独伊同盟・日ソ中立条約』第二一巻、鹿島平和研究所出版会、一九七一年
本田良一『日ロ現場史 北方領土——終わらない戦後』北海道新聞社、二〇一三年
松本忠雄『近世日本外交史研究』博報堂出版部、一九四二年
真鍋重忠『日露関係史 一六九七〜一八七五』吉川弘文館、一九七八年
三浦信行「樺太、千島交換条約に関する歴史的展開」『日本政教研究所紀要』第四号、一九八〇年
森本良男『日本にとってのソ連——不気味な隣人がわかる11章』サイマル出版会、一九八〇年
モルグン、ゾーヤ（藤本和貴夫訳）『ウラジオストク——日本人居留民の歴史 1860〜1937年』東京堂出版、二〇一六年
モロジャコフ、ワシーリー（木村汎訳）『後藤新平と日露関係史——ロシア側新資料に基づく新見解』藤原書店、二〇〇九年
山下恒夫『大黒屋光太夫——帝政ロシア漂流の物語』岩波新書、二〇〇四年
山室信一『複合戦争と総力戦の断層——日本にとっての第一次世界大戦』人文書院、二〇一一年
吉澤清次郎監修『日本外交史 第29巻 講和後の外交（I） 対列国関係（下）』第二九巻、鹿島研究所出版会、一九七三年
陸文栄「ゴルバチョフ就任以来のソ日関係」総合研究開発機構・矢野暢編『事典アジア・太平洋——新しい地域像と日本の役割』中央経済社、一九九〇年
ロシア史研究会編『日露二〇〇年——隣国ロシアとの交流史』彩流社、一九九三年
ワイマント、ロバート（西木正明訳）『ゾルゲ 引裂かれたスパイ』新潮社、一九九六年
渡辺京二『黒船前夜——ロシア・アイヌ・日本の三国志』洋泉社、二〇一〇年

帝政ロシア・ソ連の対日政策

Koshkin, Anatolii, *Yaponskii front marshala Stalina. Rossiya i Yaponiya: ten' Tsusimy dlinoy v vek*（Moskva: OLMA-PRESS, 2004）.

———, *Rossiya i Yaponiya: Uzly protivorechii*（Moskva: Veche, 2010）.

Nosov, Mikhail, *Yapono-kitaisikie otnosheniya*（*1949–1975*）（Moskva: Nauka, 1978）.

Petrov, Dmitrii, *Yaponiya v mirovoi politike*（Moskva: Mezhdunarodnye otnosheniya, 1973）.

Slavinskii, B., *SSSR i Yaponia-na puti k voine: diplomatiheskaya istoria–1937–1945 gg.*（Moskva: Yaponia segodnya, 1999）.

Glantz, David, *The Soviet Strategic Offensive in Manchuria, 1945: 'August Storm'*（London: Frank Cass, 2003）.

Ha, Joseph, "Moscow's Policy toward Japan," *Problems of Communism*, vol. 26, no. 5（September/October 1977）.

Harada, Chikahito, *Russia and North-east Asia*, Adelphi Paper 310（New York: Oxford University Press, 1997）.

Lensen, George Alexander, *Russia's Japan Expedition of 1852 to 1855*（Florida: The University of Florida Press, 1955）.

———, *The Strange Neutrality: Soviet-Japanese Relations during the Second World War 1941–1945*（Tallahassee: The Diplomatic Press, 1972）.

Morley, James, W. "Soviet and Communist Chinese Policies Toward Japan, 1950–1957: A Comparison," paper presented to the 13th Conference, Institute of Pacific Relations, Lahore, Pakistan, February 1958.

Panov, Alexander, "The Policy of Russia toward Japan 1992–2005," in Gilbert Rozman, *et al.*, eds., *Russian Strategic Thought toward Asia*（New York: Palgrave Macmillan, 2006）.

Robertson, Myles, *Soviet Policy towards Japan: An Analysis of Trends in the 1970s and 1980s*（Cambridge: Cambridge University Press, 1988）.

U.S. Department of Defense, *Soviet Entry into the War against Japan: Entry of the Soviet Union into the War against Japan Military Plans, 1941–1945*（Washington, D.C.: U.S. Department of Defense, 1955）.

朝日新聞社安全保障問題調査会編『ソ連外交とアジア』朝日新聞社、一九六七年

石川一洋「歴史の文脈で見た日ロ関係」『ロシア・ユーラシアの経済と社会』第一〇〇〇号、二〇一五年一二月―二〇一六年一月号

稲垣敏夫・中村光一「日ソ外交における交渉ロシア語の分析」ソ連問題研究会編『ソ連外交の交渉技術』ソ連問題研究会、一九八〇年

岩間徹『露国極東政策とウイッテ』博文館、一九四一年

内田甲『露西亜論』黒龍會本部、一九二二年
NHK日ソプロジェクト『NHKスペシャル　これがソ連の対日外交だ――秘録・北方領土交渉』日本放送出版協会、一九九一年
片岡實『ソ連対日政策分析』民主日本協会、一九五五年
キム、ヤン・C『クレムリンの対日戦略――日米中ソ四極構造の中で』TBSブリタニカ、一九八三年
キリチェンコ、アレクセイ「スターリン　執念の対日参戦――それは『死の鉄道建設』から始まった」『THIS IS 読売』一九九二年一二月号
甲谷悦雄『平和的共存のかげにあるもの――ソ連邦の対日基本方略』自由アジア社、一九五五年
サルキソフ、コンスタンチン他『ソ連は日本をどう見ているか？――急進展する民主化の原点と政策』日新報道、一九九一年
スミルノーフ、レフ、エヴゲニー・ザイツェフ（川上洸・直野敦訳）『東京裁判』大月書店、一九八〇年
スラビンスキー、ボリス（菅野敏子訳）『無知の代償――ソ連の対日政策』人間の科学社、一九九一年
曽野明『ソビエトウオッチング40年――あたまを狙われる日本人』サンケイ出版、一九八三年
デレヴヤンコ中将述・日ソ親善協會訳『ソ連は日本に何を望むか（對日理事會における發言集）』黄土社、一九四九年
クナーゼ・G、キリチェンコ・A、ザイツェフ・V（川上洸訳）『ソ連より日本人へ――北方領土が還ったら我々に何をしてくれるのか？』新森書房、一九九〇年
三宅正樹『スターリン、ヒトラーと日ソ独伊連合構想』朝日新聞社、二〇〇七年
――『スターリンの対日情報工作』平凡社新書、二〇一〇年

帝政ロシア・ソ連の対日政策決定過程

Goldwin, Robert, *et al.* eds., *Readings in Russian Foreign Policy* (New York: Oxford University Press, 1959).
Ignat'ev, A., "The Foreign Policy of Russia in the Far East at the Turn of the Nineteenth and Twentieth Centuries," in Hugh Ragsdale, ed., *Imperial Russian Foreign Policy* (Cambridge: Cambridge University Press, 1993).
Kramer, Mark, "New Evidence on Soviet Decision-Making and the 1956 Polish and Hungarian Crises," *Cold War International History Project Bul-*

letin, Woodrow Wilson International Center for Scholars, 9（Winter 1996–97）.

Legvold, Robert, "Soviet Learning in the 1980s," in George W. Breslauer and Philip Tetlock, eds., *Learning in U.S. and Soviet Foreign Policy*（Boulder: Westview Press, 1991）.

———, ed., *Russian Foreign Policy in the 21st Century & the Shadow of the Past*（New York: Columbia University Press, 2007）.

Saito, Motohide, "The 'Highly Crucial' Decision Making Model and the 1956 Soviet-Japanese Normalization of Relations," *Acta Slavica Iaponica*（Hokkaido University）, vol.9, 1991.

Schwartz, Morton, *The Foreign Policy of the USSR: Domestic Factors*（California: Dickenson Publishing Company, 1975）.

Staar, Richard F., *Foreign Policies of the Soviet Union*（Stanford: Hoover Institution Press, 1991）.

Wallander, Celeste A. Celeste A., "Lost and Found: Gorbachev's 'New Thinking'," *Washington Quarterly*, vol.25, no.1（Winter 2002）.

植木安弘「ソ連対日政策形成の構造と動態――対日政策『コンプレックス』と一九七一―七二年のソ連対日政策変化過程の研究」『共産主義と国際政治』第五巻第三号（一九八〇年）

木村汎「ソ連の戦略的『意図』の規定要因」衛藤瀋吉他編『日本の安全・世界の平和――猪木正道先生退官記念論文集』原書房、一九八〇年

富田武『スターリニズムの統治構造――１９３０年代ソ連の政策決定と国民統合』岩波書店、一九九六年

西村文夫「ソ連における政策決定――ブレジネフ政権下における資源分配論争を中心に」西村文夫・中沢精次郎編『現代ソ連の政治と外交』現代ソ連編第二巻、日本国際問題研究所、一九七八年

ニュースタット、R・E、E・R・メイ（臼井久和・滝田賢治・斎藤元秀・阿部松盛訳）『ハーバード流歴史活用法――政策決定の成功と失敗』三嶺書房、一九九六年

長谷川毅「ゴルバチョフの『新しい思考』とソ連の外交・軍事政策――その意義と軍の対応」ピーター・ジュヴィラー、木村汎編『ゴルバチョフのペレストロイカ』勁草書房、一九八九年

平井友義編『ソ連対外政策の諸様相』日本国際問題研究所、一九七七年

ブラウン、アーチー（小泉直美・角田安正共訳）『ゴルバチョフ・ファクター』藤原書店、二〇〇八年

米上院政府活動委員会（新岡武訳）『ソ連邦における国家政策決定機構』日刊労働通信社、一九六〇年

ポポヴィチ、エドアルド「戦後初期の米ソ関係における日本ファクター――ソ連の対日政策を中心に」『ロシア史研究』第八一号（二〇〇七年）
横手慎二「モスクワの対外政策における日本ファクター」平成五年度外務省委託研究報告書『ロシア政治システムの転換と外交に対するインパクト』日本国際問題研究所、一九九四年

北方領土問題

Bondarenko, Oleg, *Neizvestnye Kurily*: Sereznye Resheniya o statuse Kuril'skikh ostrovov（Moskva: VTI-Deita Press, 1992）.
Gribenko, V., et *al.* ed., *Vizit M. S. Gorbacheva v Yaponiyu, 16–19 aprelya 1991 g. Dokumenty i materialy*（Moskva: Politizat, 1991）.
Kuz'minkov, Viktor, *K istorii territorial'nogo razmezhevaniya mezhdu Rossiei i Yaponiei*: yaponskii vzglyad（Moskva: IDV RAN, 2016）.
Latyshev, Igor', *Kto i kak prodaet Rossiyu: Khronika rossiisko-yaponskikh territorial'nykh torgov*（*1991–1994 gody*）（Moskva: Paleya, 1994）.
Lazarev, A., Rossiya-Yaponiya: istoricheskii puti' k doveriyu（Moskva: Yaponiya segodnya, 2008）.
Pyzh'yanov, F., *Kuril'skie ostrova*（*Slovar' po istorii geograficheskikh nazvanii*）（Yuzhno-Sakhalinsk: Gosudarstvennyi arkhiv Sakhalinskoi oblasti, 1998）.
Senchenko, Ivan, *Sakhalin i Kurily: istoriya osvoeniya i razvitiya*（Moskva: Moya Rossiya; Kuchkovo pole, 2006）.
Zyukov, A.E., *et al.* eds., *Istoriya Yaponii*, vol. I（Moskva: Ivran, 1998）.
Bernstein, Lisbeth T. "On the Rocks: Gorbachev and the Kurile Islands," Ph.D. dissertation presented to the Fletcher School of Law and Diplomacy, 1997.
Clemens, Diane, *Yalta*（London: Oxford University Press, 1970）.
Hara Kimie, "50 Years from San Francisco: Re-examining the Peace Treaty and Japan's Territorial Problems," *Pacific Affairs* , vol 74, no. 3（Fall 2001）.
Lüthi, Lorenz, *The Sino-Soviet Split: Cold War in the Communist World*（Princeton: Princeton University Press, 2008）.
Russel, Ricard A., *Secret Soviet-American Cooperation in the War against Japan*（Washington, D. C.: Naval Historical Center, 1997）.

Shigemitsu, Akira, "Postwar Soviet Territorial Issues in Europe and Northern Territories Problem," *Asia Pacific Community*, no. 11（Winter 1981）.
Stephan, John J., *The Kuriles Islands: Russo-Japanese Frontier in the Pacific*（Oxford: Clarendon. Press, 1974）.
秋月俊幸『日露関係とサハリン島――幕末明治初年の領土問題』筑摩書房、一九九四年
――「幕末の樺太における日露雑居の成立過程（承前）」『北方文化研究』一九七八年一二号
――一九七八年一二号『千島列島をめぐる日本とロシア』北海道大学出版会、二〇一四年
朝日新聞北方領土取材班『北方四島』朝日新聞社、一九九一年
石郷岡建『論点整理　北方領土問題』ユーラシア・ブックレット、二〇一二年
入江啓四郎「南千島と第二六條」『中央公論』一九五六年一〇月号
岩下明裕『北方領土問題――4でも0でも、2でもなく』中公新書、二〇〇五年
――「フルシチョフ対日外交のインプリケーション――『二島返還』オプションとその挫折」『ロシア史研究』第八〇号（二〇〇七年）
大野正美「旧ソ連・ゴルバチョフ政権の北方領土問題検討文書について」『海外事情』二〇一三年一一月号
――「中ロ国境交渉に見るロシアの領土外交の特質」『海外事情』二〇一五年六月号
小笠原信之『「北方領土問題」読本――どう解決すべきか？』緑風出版、二〇一二年
岡田和裕『ロシアから見た北方領土――日本から見れば不法でも、ロシアにとっては合法』光人社NF文庫、二〇一二年
岡部伸『消えたヤルタ密約緊急電――情報士官・小野寺信の孤独な戦い』新潮社、二〇一二年
笠原英彦「樺太問題と対露外交」『法学研究』第七三巻第一号、二〇〇〇年
梶浦篤「ヤルタ協定をめぐる米国の政策――CAC文書とローズヴェルト」『ロシア研究』第二五号（一九九七年）
金子俊男『樺太一九四五年夏――樺太終戦記録』講談社、一九七二年
木村汎編『北方領土を考える』北海道新聞社、一九八一年
木村汎、B・スラビンスキー編著『北方領土――ソ連の五つの選択肢』読売新聞社、一九九一年
久保田正明『クレムリンへの使節――北方領土交渉　1955―1983』文藝春秋、一九八三年
黒岩幸子『千島はだれのものか――先住民・日本人・ロシア人』ユーラシア・ブックレット、東洋書店、二〇一三年

黒岩幸子・石郷岡建『北方領土の基礎知識』東洋書店新社、二〇一六年
国際法学会編『北方領土の地位――千島・樺太をめぐる諸問題』南方同胞援護会、一九六二年
近藤清吉編『小樽市史蹟　樺太國境制定會議誌』北海道小樽市郷土研究會、一九三九年
サヴェーリエヴァ、エレーナ（小山内道子訳）『日本領樺太・千島からソ連領サハリン州へ　一九四五年―一九四七年』成文社、二〇一五年
佐瀬昌盛『対ソ国交回復交渉の軌跡――戦後日本の政治風土』南窓社、二〇一六年
志賀義雄編『アジア集団安全保障とクリール（千島）問題』四谷書林、一九七三年
重光晶『「北方領土」とソ連外交』時事通信社、一九八三年
ステファン、ジョン・J（安川一夫訳）『サハリン――日・中・ソ抗争の歴史』原書房、一九七三年
スラヴィンスキー、ボリス（加藤幸廣訳）『千島占領――一九四五年夏』共同通信社、一九九三年
ソルジェニーツィン、アレクサンドル（井桁貞義他訳）『廃墟のなかのロシア』草思社、二〇〇〇年
醍醐龍馬「榎本武揚と樺太千島交換条約（一）――大久保外交における「釣合フヘキ」条約の模索」『阪大法学』第六五巻二号（二〇一五年）
――「榎本武揚と樺太千島交換条約（二・完）――大久保外交における「釣合フヘキ」条約の模索」『阪大法学』第六五巻三号（二〇一五年）
高野雄一『日本の領土』東京大学出版会、一九六二年
――『国際法からみた北方領土』岩波ブックレット、岩波書店、一九八六年
田中孝彦『日ソ国交回復の史的研究――戦後日ソ関係の起点：１９４５～１９５６』有斐閣、一九九三年
東郷和彦『北方領土交渉秘録――失われた五度の機会』新潮社、二〇一一年
ドブズ、マイケル（三浦元博訳）『ヤルタからヒロシマへ――終戦と冷戦の覇権争い』白水社、二〇一三年
名越健郎『クレムリン秘密文書は語る――闇の日ソ関係史』中公新書、一九九四年
――『北方領土の謎』海竜社、二〇一六年
バートン、ピーター（田村幸策訳）『日露領土問題（一八五〇―一八七五）』鹿島研究所出版会、一九六七年

長谷川毅『北方領土問題と日露関係』筑摩書房、二〇〇〇年
パノフ、アレクサンドル（高橋実・佐藤利郎訳）『不信から信頼へ――北方領土交渉の内幕』サイマル出版会、一九九二年
――（鈴木康雄訳）『雷のち晴れ――日露外交七年間の真実』日本放送出版協会、二〇〇四年
麓慎一「樺太・千島交換条約の締結と国際情勢」明治維新史学会編『明治維新とアジア』吉川弘文館、二〇〇一年
プレシャコフ、コンスタンチン（斎藤元秀訳）「ヤルタ体制の形成とソ連」細谷千博他編『太平洋戦争の終結――アジア・太平洋の戦後形成』柏書房、一九九七年
不破哲三『スターリンと大国主義』新日本新書、一九八二年
ベレジン、V・N（江川昌訳）『北方領土はないという現実』世紀社、一九七九年
本田良一『密漁の海で――正史に残らない北方領土』凱風社、二〇〇四年
――『新訂増補版　密漁の海で――正史に残らない北方領土』凱風社、二〇一一年
村山七郎『クリル諸島の文献学的研究』三一書房、一九八七年
和田春樹『開国――日露国境交渉』日本放送出版協会、一九九一年
――『北方領土問題――歴史と未来』朝日新聞社、一九九九年

シベリア抑留

Karpov, Viktor, *Plenniki Stalina: Sibirskoe internirovanie yaponskoi armii. 1945–1956 gg.* (Kiev-L'vov, 1997).（ヴィクトル・カルポフ（長勢了治訳）『スターリンの捕虜たち――ソ連機密資料が語る全容』北海道新聞社、二〇〇一年）
Katasonova, E. L., *Poslednie plenniki Vtoroi mirovoi voiny: Maloizvestnye stranitsy rossiisko-yaponskikh otnoshenii* (Moskva: Institut Vostokovedeniya IVRAN, 2005).（カタソノワ、エレーナ（白井久也監訳）『関東軍兵士はなぜシベリアに抑留されたか――米ソ超大国のパワーゲームによる悲劇』社会評論社、二〇〇四年）
Kuznetsov, S., *Problema voennoplennykh v rossiisko-yaponskikh otnosheniyakh posle Vtoroi mirovoi voiny: Ucheb. posobie* (Irkutsk: Irkut. un-t, 1994).

Hilger, Andreas, "Soviet Policy and the Repatriation of German POWs to divided Germany," paper presented to the ICCEES IX World Congress in Makuhari, August 4, 2015.
Ross, Jacques（Translated from the Russian）, The Gulag Handbook（New York: Paragon House, 1987）
Wienand, Christiane, *Returning Memories: Former Prisoners of War in Divided and Reunited Germany*（New York: Camden House, 2015）.
川越史郎『ロシア国籍日本人の記録――シベリア抑留からソ連邦崩壊後まで』中公新書、一九九四年
樺太終戦史刊行会編『樺太終戦史』全国樺太連盟、一九七三年
草地貞吾『関東軍作戦参謀　草地貞吾回想録』芙蓉書房出版、一九九九年
栗原俊雄『シベリア抑留――未完の悲劇』岩波新書、二〇〇九年
斎藤六郎『シベリア捕虜志――その真因と全抑協運動』波書房、一九八一年
ザンダー、ヘルケ、バーバラ・ヨール編（寺崎あき子・伊藤明子訳）『一九四五年・ベルリン解放の真実――戦争・強姦・子ども』パンドラ、一九九六年
徐大粛（林茂訳）『金日成――思想と政治体制』御茶の水書房、一九九二年
高杉一郎『シベリアに眠る日本人』同時代ライブラリー、岩波書店、一九九二年
富田武『シベリア抑留――スターリン独裁下、「収容所群島」の実像』中公新書、二〇一六年
長勢了治『シベリア抑留――日本人はどんな目に遭ったのか』新潮社、二〇一五年
林利雄『時痕』近代文藝社、一九九五年
吹浦忠正『捕虜たちの日露戦争』日本放送出版協会、二〇〇五年
北海道新聞社編『慟哭の海――樺太引き揚げ三船遭難の記録』北海道新聞社、一九八八年
満蒙同胞援護会編『満蒙終戦史』河出書房新社、一九六二年
森田芳夫『朝鮮終戦の記録――米ソ両軍の進駐と日本人の引揚』巌南堂書店、一九六四年
横手慎二「スターリンの日本人送還政策と日本の冷戦への道（一）（二）（三）」『法学研究』第八二巻第九号第一〇号（二〇〇九年）、および第一一号（二〇〇九年）
若槻泰雄『シベリア捕虜収容所』明石書店、一九九九年

シベリア・ロシア極東開発、日ソ貿易

Curtis, Gerald, L., "The Tyumen Oil Development Project and Japanese Foreign Policy Decision-Making," in Robert Scalapino, ed., *The Foreign Policy of Modern Japan* (Berkeley: University of California Press, 1977).
Dallin, David, *Soviet Russia and the Far East* (New Haven: Yale University Press, 1948).
Shabad, Theodore, and Victor Mote, *Gateway to Siberian Resources* (*The BAM*) (New York: John Wiley & Sons Inc, 1977).
Stephan, John, *The Russian Far East: A History* (Stanford: Stanford University Press, 1994).
Whiting, Allen, *Siberian Development and East Asia: Threat or Promise?* (Stanford: Stanford University Press, 1994).（池井優訳『シベリア開発の構図――錯綜する日米中ソの利害』日本経済新聞社、一九八三年）
石井浩『シベリア開発――その現状と展望』ダイヤモンド社、一九六三年
加藤九祚『シベリアの歴史』紀伊國屋書店、一九九四年
熊谷独『モスクワよ、さらば――ココム違反事件の背景』文藝春秋、一九八八年
白井久也『新しいシベリア――希望の大地からの報告』サイマル出版会、一九七六年
杉本侃「サハリンプロジェクトのルーツは戦前――石油天然ガスめぐる日露のつながり」『別冊正論25号』二〇一五年
鈴木啓介『財界対ソ攻防史――一九六五―九三年』日本経済評論社、一九九八年
立花宏『シベリア開発と日ソ協力の将来』教育社、一九七九年
中嶋猪久生『石油と日本――苦難と挫折の資源外交史』新潮社、二〇一五年
日ソ・日ロ経済交流史出版グループ編『日ソ・日ロ経済交流史――ロシア・ビジネスに賭けた人々の物語』東洋書店、二〇〇八年
日本ロシア経済委員会編著『日ソ経済委員会史（１９６５―１９９２）――日ソ経済協力　四半世紀の歩み』経済団体連合会日本ロシア経済委員会、一九九九年
深水明美「日露・日ソ貿易の史的考察――シベリア開発史との関連より」『文化と言語』第一五巻第一号（一九八一年）
村上隆『北樺太石油コンセッション　１９２５～１９４４』北海道大学図書刊行会、二〇〇四年

望月喜市『シベリア開発と北洋漁業』北海道新聞社、一九八二年
望月喜市、V・P・チチカノフ、P・A・ミナキル編著『太平洋新時代の日ソ経済』北海道新聞社、一九八八年

ソ連の安全保障政策

Kuroedov, V. *et al.* eds., *Voenno-Morskoi Flot Sovetsk ogo Soyuza v Velikoi Otechestvennoi voine 1941–1945 gg.*: vol.4, *Tikhookeanskii flot. Flotilii,* 2nd ed.（Peterburg: Morskoi Peterburg, 2006）.
Verbitskii, Semen, *Yapono-amerikanskii voenno-politicheskii soyuz*（1951–1970 gg.）（Moskva: Nauka,1972）.
Cunha, Derek da, *Soviet Naval Power in the Pacific*（Boulder: Lynne Rienner Publishers, 1990）.
Holloway, David, *Stalin and the Bomb: The Soviet Union and Atomic Energy, 1939–1956*（New Haven: Yale University Press, 1994）.
Jukes, Geoffrey, *The Soviet Union in Asia*（Sydney: Angus and Robertson, 1973）.
Kataoka, Tetsuya, "Japan's Northern Threat," *Problems of Communism*, vol. 32, no. 2（March -April, 1984）.
Langer, Paul, "Moscow, Peking and Tokyo: Views and Approaches," in Kurt London, ed., *Unity and Contradiction: Major Aspects of Sino-Soviet Relations*（New York: Frederick A. Praeger, 1962）.
Noorani, A., *Brezhnev Plan for Asian Security: Russia in Asia*（Bombay: Jaico Publishing House, 1975）
岡田春夫「ソ日善隣協力条約の狙いは何か」『中央公論』一九七八年五月号
ゴルシコフ、セルゲイ（宮内邦子訳）『ソ連海軍戦略』原書房、一九七八年
コワレンコ、イワン（ソビエト外交研究会訳）『ソ連とアジアの集団安全保障』恒文社、一九七七年
阪中友久「『ソ連の脅威』の検討」『国際問題』第二四七号（一九八〇年）
志賀義雄編『アジア集団安全保障とクリール（千島）問題』四谷書林、一九七三年
スコット、ハリエット・F、ウィリアム・F・スコット（乾一宇訳）『ソ連軍――思想・機構・実力』時事通信社、一九八六年
瀬川高央『米ソ核軍縮交渉と日本外交――INF問題と西側の結束　1981―1987』北海道大学出版会、二〇一六年

ソ連式外交交渉術

Dubinin, Yurii, *Masterstvo peregovorov: Uchebnik dlya studentov, obuchayushchikhsya po spetsial'nosti «Mezhdunarodnye otnosheniya»*, 3rd ed.,（Moskva: Mezhdunarodnye otnosheniya, 2009）.

Whelan, Joseph, *Soviet Diplomacy and Negotiating Behavior: The Emerging New Context for U.S. Diplomacy*（Boulder: Westview Press, 1983）.

Zartman, William, and Maureen Berman, *The Practical Negotiator*（New Haven: Yale University Press, 1982）.

木村汎『ソ連式交渉術――対ソ交渉のノウハウ』講談社、一九八二年

帝政ロシア・ソ連政治全般

Gorbunov, Evgenii, *Stalin i GRU*（Moskva: Yauza: Eksmo, 2010）.

Mlechin, Leonid, *MID: Ministry inostrannykh del. Romantiki i tsiniki*（Moskava: Tsentrpoligraf, 2001）.

Andrew, Christopher, and Vasili Mitrokhin, eds., *The Mitrokhin Archive II: The KGB and the World*（London: Allen Lane, 2005）.

Barghoorn, Frederic, *Politics in the USSR*, 2nd ed.（Boston: Little, Brown and Company, 1972）.

Bittman, Ladislav, *The KGB and Soviet Disinformation: An Insider's View*（Virginia: Pergamon-Brassey's, 1985）.

Holloway, David, *Stalin and the Bomb*: *The Soviet Union and Atomic* Energy., 1939–1956（New Haven: Yale University Press, 1994）.

Moore, Barrington, Jr., *Soviet Politics: The Dilemma of Power: The Role of Ideas in Social Change*（Cambridge: Harberd University Press, 1950）.

Moorhouse, Roger, *The Devils' Alliance: Hitler's Pact with Stalin, 1939–1941*（New York: Basic Books, 2014）.

Pipes, Richard, *Russia under the Old Regime, revised ed.*（London: Penguin Books, 1997）.

Roxburgh, Angus, *Pravda: Inside the Soviet News Machine*（New York: George Braziller, 1987）.

Tacker, Robert, *The Soviet Political Mind,: Stalinism and Post-Stalin Change,* revised ed.（New York: W.W. Norton & Company, 1971）.

Tompson, William, *The Soviet Union under Brezhnev*（London: Peason, 2003）.

Ulam, Adam B., *A History of Soviet Russia*（New York: Praeger, 1976）.

White, Stephen, *Gorbachev and After*（Cambridge: Cambridge University Press,1992）.
Zubok, Vladislav, *A Failed Empire: The Soviet Union in the Cold War from Stalin to Gorbachev*（Chapel Hill: The University of North Carolina Press, 2007）.
伊藤憲一「ロシア近代化とストルィピンの改革」㈠、㈡、㈢『月刊共産圏問題』第八巻第一二号、一九六四年、第九巻第一号、一九六五年、第九巻第二号、一九六五年
宇多文雄『グラースノスチ――ソ連邦を倒したメディアの力』新潮社、一九九二年
――――『ソ連――政治権力の構造』中央公論社、一九八九年
小島敦『ゴルバチョフの闘い　ペレストロイカは生き延びるか』読売新聞社、一九九一年
コッツ、デーヴィド・M、F・ウィア（角田安正訳）『上からの革命――ソ連体制の終焉』新評論、二〇〇〇年
塩原俊彦『ネオKGB帝国――ロシアの闇に迫る』東洋書店、二〇〇八年
谷畑良三『クレムリンの熱き日々――体験的ソビエトロジー』現代評論社、一九八四年
中澤孝之『ブレジネフ体制のソ連――テクノクラートの権力構造をさぐる』サイマル出版会、一九七五年
メドベージェフ、ロイ・A、ジョレス・A・メドベージェフ（下斗米伸夫訳）『フルシチョフ権力の時代』御茶の水書房、一九八〇年
レオンハルト、ヴォルフガング（加藤雅彦訳）『ソ連の指導者と政策――スターリン以後のクレムリン』サイマル出版会、一九六九年

その他

Konrad, N., ed., *Voennyi yapono-ryusskii slovar'*（Moskva: Gosudarstvennyi institut《Sovetskaya entsiklopediya》, 1935）.
Kunadze, Georgii, *Yapono-kitaiskie otnosheniya na sovremennom etape*（*1972–1982*）(Moskva: Nauka, 1983）.
Lebedeva, N. *et al.* eds., *Katyn', 1940–2000: dokumenty*（Moskva: Ves' Mir, 2001）.
Lobodyuk, Nikolai, *Ostrov Damanskii: Dopolnitel'nye shtrikhi k sobytiyam v marte 1969 goda: Interv'yu, vospominaniya, fotografii*（Moskva: Granitsa, 2009）.
Torkunov, A., *Zagadochnaya voina*: *Koreiskii konflikt 1950–1953 godov*（Moskva: ROSSPEN, 2000）.

Vanin, Yu., *Sovetskii Soyuz i Severnaya Koreya, 1945–1948* (Moskva: Institut vostokovedeniya RAN, 2016).
Allison, Roy, *Finland's Relations with the Soviet Union, 1944–84* (New York: St. Martin's Press, 1985).
Bittman, Ladislav, The *KGB and Soviet Disinformation: An Insider's View* (Washington D. C.:Pergamon-Brassey's, 1985).
Goldeman, Marshall, *Détente and Dollars* (New York: Basic Books, 1975).
Kissinger, Henry, *Diplomacy* (New York: Simon & Schuster, 1995).（ヘンリー・A・キッシンジャー（岡崎久彦監訳）『外交』（上）、（下）、日本経済新聞社、一九九六年）
LaFeber, Walter, *The American Age: United States Foreign Policy at Home and Abroad since 1750 to Present* (New York: W. W. Norton & Company, 1989).（ウォルター・ラフィーバー（久保文明他訳）『アメリカの時代——戦後史のなかのアメリカ政治と外交』芦書房、一九九二年）
Nish, Ian, *Alliance in Decline: Study in Anglo-Japanese Relations 1908–23* (London: Palgrave, 1972).
Packard III, George, *Protest in Tokyo: The Security Treaty Crisis of 1960* (Princeton: Princeton University Press, 1966).
Takemae, Eiji, *The Allied Occupation of Japan* (New York: Continuum, 2002).
秋野豊『偽りの同盟——チャーチルとスターリンの間』勁草書房、一九九八年
荒井信一『原爆投下への道』東京大学出版会、一九八五年
家近亮子『蔣介石の外交戦略と日中戦争』岩波書店、二〇一二年
五十嵐武士『対日講和と冷戦——戦後日米関係の形成』東京大学出版会、一九八六年
池田佑編『改訂版縮刷決定版　秘録大東亜戦史　満洲篇』富士書苑、一九五四年
石井明「珍宝島事件に関する一考察」石井明編『二〇世紀アジアの国際関係』原書房、一九九五年
——「中国の動き」五百旗頭真・北岡伸一編『開戦と終戦——太平洋戦争の国際関係』情報文化研究所、一九九八年
井出敬二『〈中露国境〉交渉史——国境紛争はいかに決着したのか?』作品社、二〇一七年
伊藤之雄『山県有朋——愚直な権力者の生涯』文春新書、二〇〇九年
猪口孝編『日本のアジア政策——アジアから見た不信と期待』NTT出版、二〇〇三年
岩瀬昇『日本軍はなぜ満洲大油田を発見できなかったのか』文春新書、二〇一六年

ＮＨＫ取材班編『太平洋戦争　日本の敗因６――外交なき戦争の終末』角川ソフィア文庫、一九九五年
遠藤誉『毛沢東――日本軍と共謀した男』新潮新書、二〇一五年
岡部達味『現代中国の対外政策』東京大学出版会、一九七一年
小此木政夫「三八度線の設定――ポストリビジョニズムの視角」慶應義塾大学東アジア研究所編『アジア・アフリカ研究――現在と過去との対話』慶應義塾大学出版会、二〇一五年
門田正文「英国の対日認識と日英同盟の終焉――第一次世界大戦と米国要因」『海幹校戦略研究』第五巻第一号（通巻第九号）、二〇一五年
神谷不二編『日本とアメリカ――協調と対立の構造』日本経済新聞社、一九七三年
神田豊隆『冷戦構造の変容と日本の対中外交――二つの秩序観　一九六〇―一九七二』岩波書店、二〇一二年
菊池一隆『中国抗日軍事史　一九三七―一九四五』有志舎、二〇〇九年
高坂正堯『世界史の中から考える』新潮社、一九九六年
小谷賢『日本軍のインテリジェンス――なぜ情報が活かされないのか』講談社、二〇〇七年
五島昭『大国ドイツの進路――欧州の脅威か統合の中核か』中公新書、一九九五年
駒村哲「中ソ不可侵条約とソ連の対中国軍事援助」『一橋論叢』第一〇一巻第一号、一九八九年
斎藤治子『第二次世界大戦を見直す――終戦60年によせて』ユーラシア・ブックレット（東洋書店）、二〇〇五年
下斗米伸夫『日本冷戦史――帝国の崩壊から55年体制へ』岩波書店、二〇一一年
田久保忠衛『戦略家ニクソン――政治家の人間的考察』中公新書、一九九六年
田村幸策『太平洋戦争外交史』鹿島研究所出版会、一九六六年
チャ、ヴィクター（船橋洋一監訳、倉田秀也訳）『米日韓　反目を超えた提携』有斐閣、二〇〇三年
寺山恭輔『スターリンと新疆――一九三一―一九四九年』社会評論社、二〇一五年
仲晃『黙殺――ポツダム宣言の真実と日本の運命』（上）、（下）、日本放送出版協会、二〇〇〇年
萩原徹『大戦の解剖――日本降服までの米英の戦略』読賣新聞社、一九五〇年
波多野澄雄『国家と歴史――戦後日本の歴史問題』中公新書、二〇一一年

原暉之編集代表／伊東孝之・木村汎・林忠行編『スラブの国際関係』弘文堂、一九九五年
ハリディ、ジョン、ユン・チアン（土屋京子訳）『マオ――誰も知らなかった毛沢東』（上）、講談社、二〇〇五年
細谷千博『両大戦間の日本外交――一九一四―一九四五』岩波書店、一九八八年
水上千之『日本と海洋法』有信堂、一九九五年
三谷博『ペリー来航』吉川弘文館、二〇〇三年
三輪芳明「冷戦終結後のフィンランド・ソ連（ロシア）関係――「友好・協力・相互援助条約」の廃棄から「国家基本条約」の締結に到る経緯を中心に」『北欧史研究』第一一号（一九九四年）
毛里和子『日中関係――戦後から新時代へ』岩波新書、二〇〇六年
森永貴子『ロシアの拡大と毛皮交易――16～19世紀シベリア・北太平洋の商人世界』彩流社、二〇〇八年
ヤコブソン、マックス（北詰洋一訳）『フィンランドの知恵――中立国家の歩みと現実』サイマル出版会、一九九〇年
尹錫貞「李承晩政権の対日政策、一九五四―一九五六年――日本の共産圏外交への対応と日韓関係の停滞」『法学政治学論究――法律・政治・社会』第一〇四号（二〇一五年）
吉田金一『近代露清関係史』近藤出版社、一九七四年
吉見直人『終戦史――なぜ決断できなかったのか』ＮＨＫ出版、二〇一三年
李圭泰『米ソの朝鮮占領政策と南北分断体制の形成過程――「解放」と「二つの政権」の相克』信山社出版、一九九七年
ローエンタール、マーク（茂田宏監訳）『インテリジェンス――機密から政策へ』慶應義塾大学出版会、二〇一一年
渡辺昭夫・宮里政玄編『サンフランシスコ講和』東京大学出版会、一九八六年

斎藤元秀（さいとう　もとひで）
1948年函館市生まれ。慶應義塾大学大学院法学研究科博士課程修了。フルブライト全額給費奨学生としてコロンビア大学大学院留学、Ph.D.（国際関係論）取得。杏林大学総合政策学部教授、北海道大学スラブ研究センター客員教授などを歴任。
専攻：国際関係論、ロシア外交
主要業績：『ロシアの外交政策』（勁草書房、2004年）、『テロの時代と新世界秩序』（共編著、時事通信社、2002年）、『危機の朝鮮半島』（共著、慶應義塾大学出版会、2006年）、『ニクソン訪中と冷戦構造の変容——米中接近の衝撃と周辺諸国』（共著、同、2006年）、*Japan's Foreign Policy after the Cold War: Coping with Change*（共著、Armonk: M.E. Sharpe, 1993）、*Russia and Asia-Pacific Security*（共著、Stockholm: SIPRI, 1999）、ほか。

ロシアの対日政策（上）
——帝政ロシアからソ連崩壊まで

2018年1月25日　初版第1版発行

著　者————斎藤元秀
発行者————古屋正博
発行所————慶應義塾大学出版会株式会社
〒108-8346　東京都港区三田2-19-30
TEL〔編集部〕03-3451-0931
〔営業部〕03-3451-3584〈ご注文〉
〔　〃　〕03-3451-6926
FAX〔営業部〕03-3451-3122
振替　00190-8-155497
http://www.keio-up.co.jp/
装　丁————鈴木　衛（写真提供：dpa＝時事）
印刷・製本——株式会社理想社
カバー印刷——株式会社太平印刷社

Printed in Japan　ISBN 978-4-7664-2424-9